Politische Traulichkeiten

Das Brecht-Jahrbuch 34

Herausgeber:
Friedemann J. Weidauer

Redaktions-Assistenz:
Ute Bettray

Mitherausgeber:
Stephen Brockmann, Jürgen Hillesheim,
Karen Leeder, Astrid Oesmann, Marc Silberman,
Vera Stegmann, Antony Tatlow, Carl Weber

Die Internationale Brecht-Gesellschaft
Vertrieb: University of Wisconsin Press

Political Intimacies

The Brecht Yearbook 34

Editor:
Friedemann J. Weidauer

Editorial Assistant:
Ute Bettray

Editorial Board:
Stephen Brockmann, Jürgen Hillesheim, Karen Leeder, Astrid Oesmann, Marc Silberman, Vera Stegmann, Antony Tatlow, Carl Weber

The International Brecht Society
Distribution: University of Wisconsin Press

Copyright ©2009 by the International Brecht Society. All rights reserved. No parts of this book may be reproduced without formal permission.

Produced at the University of Connecticut—Storrs, Storrs, Connecticut, USA.
Distributed by the University of Wisconsin Press, 1930 Monroe Street, Madison, WI 53711, USA.

www.wisc.edu/wisconsinpress/brecht.html

ISBN 0-9718963-7-2
ISBN 978-0-9718963-7-6

Photographic material courtesy of the Brecht Archive, Berlin.

Printed in Canada

Submissions
Manuscripts in either English or German should be submitted to The Brecht Yearbook via email as attachments, or via snail mail on compact discs. Hard-copy submissions are also acceptable, but they should be accompanied by an electronic file. For English language submissions, American spelling conventions should be used, e.g."theater" instead of "theatre," "color" instead of "colour," etc. Submissions in German should use the new, not the old, spelling conventions. Endnote or footnote format should be internally consistent, preferably following The Chicago Style Manual. Specific guidelines for the Yearbook in both English and German can be found at the website address listed on the next page. Address contributions to the editor:

> Friedemann Weidauer, Department of Modern and Classical Languages, University of Connecticut, Storrs, CT 06269, USA.
> Email: friedemann.weidauer@uconn.edu

Inquiries concerning book reviews and conference participation should be addressed to:

> Marc Silberman, Department of German, 818 Van Hise Hall, University of Wisconsin, Madison, WI 53706, USA.
> Email: mdsilber@wisc.edu

Officers of the International Brecht Society

Hans Thies Lehmann, President, Institut für Theater-, Film-und Medienwissenschaft, Johann Wolfgang Goethe-Universität, Grüneburgplatz 1, 60323 Frankfurt/M., Germany. Email: H.T.Lehmann@tfm.uni-frankfurt.de

Erdmut Wizisla, Vice-President, Bertolt Brecht-Archiv, Chausseestr. 125, 10115 Berlin, Germany. Email: bba@adk.de

Paula Hanssen, Secretary/Treasurer, Dept. of International Languages and Cultures, Webster University, 470 E. Lockwood, Saint Louis, MO, 63119, USA. Email: hanssen@webster.edu

Norman Roessler, Editor, *Communications*, Intellectual Heritage Program, Temple University, Philadelphia, PA, 19122, USA. Email: nroessler@temple.edu

Internet Website address
http://www.brechtsociety.org

Internet Website Communications from the IBS:
http://ecibs.org/new/index.php

Internet Website The Digital Brecht Yearbook Vols. 1 – 28:
http://digicoll.library.wisc.edu/German/subcollections/BrechtYearbookAbout.html

Membership
Members receive The Brecht Yearbook and the annual journal Communications of the International Brecht Society. Dues should be sent in US$ to the Secretary/Treasurer or in Euro to Deutsche Bank Düsseldorf, Konto Nr. 76-74146, BLZ 300 700 24, IBAN — DE53 3007 0024 0767 4146 00, BIC bzw. Swift Code: DEUTDEBDUE.

Student Member (up to three years)	$20.00	€20
Regular Member		
annual income under $30,000	$30.00	€30
annual income over $30,000	$40.00	€40
Sustaining Member	$50.00	€50
Institutional Member	$50.00	€50
Lifetime (retirees only)	$200.00	€160

Online credit card payment is possible at the IBS website listed above; click on "membership" for instructions.

The International Brecht Society

The International Brecht Society has been formed as a corresponding society on the model of Brecht's own unrealized plan for the Diderot Society. Through its publications and regular international symposia, the society encourages the discussion of any and all views on the relatioship of the arts and the contemporary world. The society is open to new members in any field and in any country and welcomes suggestions and/or contributions in German, English, Spanish or French to future symposia and for the published volumes of its deliberations.

Die Internationale Brecht-Gesellschaft

Die Internationale Brecht-Gesellschaft ist nach dem Modell von Brechts nicht verwirklichtem Plan für die Diderot-Gesellschaft gegründet worden. Durch Veröffentlichungen und regelmäßige internationale Tagungen fördert die Gesellschaft freie und öffentliche Diskussionen über die Beziehungen aller Künste zur heutigen Welt. Die Gesellschaft steht neuen Mitgliedern in jedem Fachgebiet und Land offen und begrüßt Vorschläge für zukünftige Tagungen und Aufsätze in deutscher, englischer, spanischer oder französischer Sprache für *Das Brecht-Jahrbuch*.

La Société Internationale Brecht

La Société Internationale Brecht a été formée pour correspondre à la société rêvée par Brecht, "Diderot-Gesellschaft." Par ses publications et congrès internationaux à intervalles réguliers, la S.I.B. encourage la discussion libre des toutes les idées sur les rapports entre les arts et le monde contemporain. Bien entendu, les nouveaux membres dans toutes les disciplines et tous les pays sont accueillis avec plaisir, et la Société sera heureuse d'accepter des suggestions et des contributions en français, allemand, espagnol ou anglais pour les congrès futurs et les volumes des communications qui en résulteront.

La Sociedad Internacional Brecht

La Sociedad Internacional Brecht fué creada para servir como sociedad corresponsal. Dicha sociedad se basa en el modelo que el mismo autor nunca pudo realizar, el plan "Diderot-Gesellschaft." A través de sus publicaciones y los simposios internacionales que se llevan a cabo regularmente, la Sociedad estimula la discusión libre y abierta de cualquier punto de vista sobre la relación entre las artes y el mundo contemporáneo. La Sociedad desea, por supuesto, la participación de nuevos miembros de cualquier área, de cualquier país, y accepta sugerencias y colaboraciones en alemán, inglés, francés y español para los congresos futuros y para las publicaciones de sus discusiones.

Contents

Editorial ... iv

Reinhold Grimm (1931-2009) ... 1

Political Intimacies/Politische Traulichkeiten

Peter Kammerer (Urbino) ... 5
Von der Erziehung der Hirse, der Völker und von missglückten, Experimenten. Ein Gespräch mit Käthe Reichel in Buckow

Karoline Sprenger (Augsburg) ... 25
Der „Bürgerschreck" und die „verkrachte" Opernsängerin: Brecht und seine erste Ehefrau Marianne Zoff

Jürgen Hillesheim (Augsburg) ... 43
Dienstmagd und Diva: Brechts *Kindesmörderin Marie Farrar*

Margaret Setje-Eilers (Nashville) ... 69
The Berliner Ensemble and its Children: The Helene-Weigel-Haus Opens in Putgarten

Ehrhard Bahr (Los Angeles) ... 95
Bertolt Brecht: „Das Fischgerät"

Multimedia Brecht

Peter Villwock (Sils Maria und Berlin) ... 101
„Die Not des Theaters" und das Elend der Edition. Zum Rundfunk-Dreigespräch zwischen Brecht, Kerr und Weichert im April 1928 und zur Lage der Brecht-Forschung heute

Joachim Lucchesi (Karlsruhe) ... 151
„Ihr Hauptleut, laßt die Trommel ruhen"
Unbekannte Musik zu Brecht-Stücken

Hans Bernhard Moeller (Austin) ... 173
Brechtian Comic Overtones Alive in Today's German Cinema: A Conversation with Michael Verhoeven about Brecht and Cinema, Tabori and Brecht, and Great Humorists as Models

Rudolf Schier (Vienna)(reprint from vol. 33) ... 185
E.T.A. Hoffmanns herrlicher Verfremdungseffekt

Theory and Practice/Theorie und Praxis

Bill Gelber *(Lubbock)* 197
Teaching Brecht: A Twenty-First Century Curriculum

Kenneth Scott Baker *(Kansas City)* 207
Bertolt Brecht and the Insufficiency of Irony

Kristopher Imbrigotta *(Madison)* 227
Brecht's "Fischweiber": Crossroads of Criticism and Transformation

Ulrich Scheinhammer-Schmid *(Neu-Ulm)* 243
„Der Tod ist groß. Wir sind die Seinen." Ein Versuch über das Lehrstück vom Verschwinden des "Lehrstücks"

Reviews

Darko Suvin *(Lucca)* 267
Reflections On And At A Tangent From "Bertolt Brecht und der Kommunismus"

Book Reviews 275

Books Received 337

Contributors 341

Editorial

As with Volume 33, a common theme evolved for this volume as well: political intimacies, a variation on the commonplace "the private is the political." Even those articles without a direct link to the biography of Bertolt Brecht demonstrate that, as I assume Brecht himself would have wanted to see it, there is no distinction between his public and private personae, they are one and the same: "Wo ich bin, ist Links," Brecht's take on Thomas Mann's "Wo ich bin, ist Deutschland."

The texts that bracket this volume, **Kammerer's** interview with **Käthe Reichel** and **Suvin's** review essay on "Bertolt Brecht und der Kommunismus" once again point out the huge gap in dialectical thinking between the analysis of what is, and the lack of answers to the question "What to do?" Roughly a year after I assume most readers of this Yearbook spent the night smiling happily about the election results trickling in, answers to the questions that concern the burning issues in today's world remain elusive. As Peter Hacks described it in the previous volume (p. 247), politicians bound to the current economic system can only shift their weight from one side to the other as they yield to the competing pressures and perform what the German word *Eiertanz* captures most accurately. Brecht would have had a field-day with the campaign slogans of the past election: Hope, but for whom and for what? Change, but in what direction? Hope dies last as the German saying goes, and everything always changes, as a Greek philosopher once observed. But knowing it better does not mean being able to do it any better.

Sprenger's, and **Hillesheim's** contribution to a certain degree as well, show the negative aspects of a life spent trying to make the private persona overlap with the public one. As these texts show these efforts cost others dearly. **Setje-Eilers'** text on Helene Weigel offers a pleasant alternative, and one wonders to what extent this is only due to more favorable circumstances, or if perhaps, in contrast to Weigel, Brecht thought little of "foreshadowing" a better world in one's actions in the here and now. This question has been raised before and it casts a new light on the archival material edited by Gesine Bey for Volume 33, the letters of Margarete Steffin from Finland: Was it simply because Brecht thought his work would suffer without Steffin's help that he stayed with her in Finland for so long hoping she would get the right papers so she could leave with him? But **Bahr's** essay shows us once again also the political dimension and positive effects of what could otherwise be perceived as utter self-centeredness: The modest birthday gift from a second-hand store comes with a huge political responsibility, a reminder that there are others who shared Brecht's fate while in exile in the US, but were much worse off for lack of a powerful lobby.

Villwock's contribution then shifts our attention to the tremendous amount of work left to do in editing Brecht's work, or as he would put it, to the fact that this work has only just started. He shares this concern with **Scheinhammer-Schmid**. As it seems, Villwock argues that we don't even have a firm textual basis yet for making certain textual claims that, in respect to Brecht's work, always have a political dimension. Scheinhammer-Schmid, however, argues that already a fairly innocuous carelessness in putting a text in the wrong editorial context may mask political intentions, or, at the very least, will have major implications for future interpretations. The questions raised by Villwock and Scheinhammer-Schmid go far beyond philological concerns as they recast questions raised by literary theory. If deciphering the "message" of a text depends on a reliable textual basis, but if this textual basis can only be established by reference to the authors personality, work habits, and the like, how are we to conceive of the relationship between text and author? Once again, something as "private" as certain spelling habits or even coffee stains, take on a new, political dimension.

Lucchesi's article as well reminds us that with Brecht, anything that seems straightforward is anything but straightforward. The question of which music should be played with each play is settled for the foreseeable future through binding contracts, but the question Lucchesi's article raises is an important one: doesn't this create some unwanted time warps that could be avoided by being able to pick the music freely? Filmmakers, as we see in **Moeller's** interview with Verhoeven, do not have to deal with this problem; but while it seems like filmmaking is a particularly well suited medium for the adoption of Brechtian methods, with few exceptions (some of Verhoeven's films being among them) films have not had much success in wedding the intellectual challenge of the epic theater to the popularity of sporting events, as Brecht had envisioned it.

In fact, as **Gelber** once again reminds us, the work necessary to educate actors so one can even start thinking of widening the scope of a Brechtian type of theater is one of the huge obstacles that this tradition faces. While Gelber's curriculum will go a long way in paving the way, it still seems like the day-to-day work will be a constant uphill battle against engrained habits and perceptions. Those familiar with the epic theater often stay away from US productions of Brecht's plays for fear of being disappointed, which of course feeds into a vicious spiral.

Baker's essay provides an excellent example of how Brecht persistently tried to improve on the supposed effects of his plays by paying careful attention to how audiences have reacted and anticipating how they might react in the future. **Imbrigotta** rounds out the picture by a careful analysis of one of Brecht's many techniques, in this instance the use of "translation" in its various meanings. We might add the meaning it has in the motto of the State of Connecticut where we usually find the rendering "transplant" (Qui transtulit sustinet), a fitting link to the place where this volume was put together.

Friedemann Weidauer
Storrs, CT, October 2009

Reinhold Grimm (1931-2009)

Reinhold Grimm.
With friendly permission by the Grimm family.

Reinhold Grimm, founding member of the International Brecht Society and co-editor of the first ten volumes of the *Brecht Yearbook*, died on March 5, 2009, in Riverside, California, from complications after a stroke.

Born on May 5, 1931, in Nuremberg (Germany), Grimm studied German literature at the University of Erlangen, during which time he was also a Fulbright fellow at the University of Boulder. At the youthful age of twenty-five, he earned his Dr. phil. *summa cum laude* from the University of Erlangen with a dissertation on Gottfried Benn. After teaching for a decade at the universities of Erlangen and Frankfurt, he emigrated to the United States, first as a visiting professor at Columbia University (New York City), and in 1967 as the Alexander Hohlfeld Professor of German at the University of Wisconsin in Madison. In 1980 he was awarded the prestigious Vilas Research Professorship of German and Comparative Literature at the UW-Madison. Reinhold Grimm received various prizes and awards, including a Guggenheim Fellowship (1969/70), an honorary doctorate from Georgetown University (1988), and the Hilldale Career Award of the University of Wisconsin (1988). He was a member of the International P.E.N. Club, he also served as the national president of the American Association of Teachers of German (1974/75), and as president of the International Brecht Society (1980). In 1990 he accepted a Distinguished Professorship at the University of California in Riverside, where he taught until his retirement in 2003. He was also visiting professor at New York University and the University of Virginia, and he traveled on lecture tours worldwide (Turkey, Nigeria, South Africa, Australia, and throughout Europe).

His fields of research, teaching, publishing, and editing were German and comparative literature from the eighteenth to the twenty-first centuries and translations into German and English. He published fifteen monographs, edited ten volumes, co-edited thirty-five more, and published over 200 articles and essays. His books and articles were translated into many languages, and his essays appeared in prominent journals and newspapers, among them his regular contribution to Marcel Reich-Ranicki's "Frankfurter Anthologie," a series of interpretations of modern poetry in the *Frankfurter Allgemeine Zeitung*. His talent for languages and his love of poetry led him over the years to translate and interpret modern poetry, and he published widely on Gottfried Benn, Hans Magnus Enzensberger, Günter Kunert, Felix Pollak, and others.

Reinhold Grimm made his name as one of the early Brecht scholars in West Germany with books like *Bertolt Brecht: Die Struktur seines Werkes* (1959, 6th edition 1971, Spanish edition 2008), *Bertolt Brecht und die Weltliteratur* (1961), and *Bertolt Brecht* (Metzler 1961, 3rd edition 1971). He published monographs on authors such as Benn (1958/62), Büchner (1985), Nietzsche (1979), Rilke (1981), Enzensberger (1984), and Felix Pollak (2002). He was interested in genre theory and edited handbooks on *Episches Theater* (1966, 3ed edition 1972), *Zur Lyrik-Diskussion* (1966/74), *Deutsche Romantheorie* (1968/74), and *Deutsche Dramentheorie* (1972/1980). He contributed substantially to the theory discussions of the 1970s (*Methodenfragen der deutschen Literaturwissenschaft*, with Jost Hermand, 1973), and there is hardly a topic in modern literature on which he did not publish.

Together with Jost Hermand he established the annual Wisconsin Workshop in 1969, and together they published 25 volumes of its proceedings on topics such as *Die Klassik-Legende* (1971), *Exil und innere Emigration* (1972) *Popularität und Trivialität* (1974), *Realismustheorien* (1975), *Blacks in German Culture* (1986), *Our Faust* (1987), and many more, which noticeably influenced the direction of German Studies in the United States.

As a colleague he was reliable and cooperative, as a teacher he was superb (as many of his students can confirm), and as a friend he was compassionate and supportive. He will be missed by his former colleagues, students, and friends.

Reinhold Grimm is survived by his wife, Anneliese, his daughter, Sabine Goldberg, his son-in-law, Gary Goldberg, and his two grandsons, Daniel and Matthew, all of Riverside, California.

We also mourn the loss of these members of the international Brecht community:

Hanne Hiob, Brecht's eldest child (born in 1923, when Brecht was together with the opera singer Marianne Zoff), died on June 24, 2009, in Munich.

Alexander Stephan, Brecht scholar and IBS president from 2002-2004, died on May 29, 2009, in Berlin at the age of 62.

Augusto Boal, known as "Latin America's Brecht," passed away at the age of 78 on May 2, 2009.

Stefan Brecht, son of Bertolt Brecht and Helene Weigel, died at the age of 84 in New York City on Monday, April 13, 2009.

VON DER ERZIEHUNG DER HIRSE, DER VÖLKER UND VON MISSGLÜCKTEN EXPERIMENTEN.
Ein Gespräch mit Käthe Reichel in Buckow (4.2.1990)

Vorwort von Peter Kammerer

Käthe Reichel. (Foto Utz Havemann©).

Als sich im Herbst 1989 die Ereignisse in Deutschland überstürzten, zeichnete sich für kurze Zeit die Möglichkeit ab, die DDR könne sich in einem selbstkritischen Prozess auf eigene und neue Füße stellen. Das hätte Zeit und eine Öffentlichkeit erfordert, in der progressive Köpfe aus beiden Teilen Deutschlands ein Gespräch hätten beginnen können. Diese Zeit und diese Öffentlichkeit gab es nicht, die Hoffnung starb, als sie möglich wurde, erwürgt von einer penetranten Unschuld, die jedem Drama die Luft nimmt. Aber gab es überhaupt einen gemeinsamen

Punkt, von dem aus man die Geschichte der DDR und der BRD als Zusammenhang bedenken konnte? War es möglich Gespräche wieder aufzunehmen, die schon vor Jahrzehnten abgerissen waren? Konnte man jetzt Brechts *Buckower Elegien* mit neuen Augen lesen?

Mit solchen Fragen im Kopf fuhr ich Anfang 1990 aus Rom, wo die kommunistische Partei einfach ihren Namen änderte, um sich aus der Geschichte zu schleichen, in die noch existierende DDR. Der Fall der Mauer hatte alle Etiketten obsolet gemacht, was neuen Schwindel beflügelte. Und doch war jetzt alles leichter, anders als vor zwei Jahren, als ich an der Heinrich-Heine-Strasse als unerwünscht zurückgewiesen worden war. Utz und Lesja Havemann holten mich in Westberlin ab und wir fuhren nach Buckow: nasses Kopfsteinpflaster, das kleine Haus unter hohen Bäumen, der Garten, in dem Käthe Reichel so hoch im Norden in glasgeschützten Beeten ihr Gemüse zieht. Es gab Kaffee und Kuchen. Frau Reichel sprach sehr langsam und genau, eigentlich druckreif, und ich schrieb das Band später so ab, dass ich Betonung und Tonfall beim Lesen bis heute mithören kann. Wenn nicht die Hirse wäre, wäre dieses Interview in einer inzwischen untergegangenen italienischen Zeitschrift[1] begraben geblieben. Doch im Juli 2008 löste das Wort „Hirse" in mir eine besondere Erinnerung aus. Es flog über mich wie die Kraniche des Ibikus. Ich las die Rede, mit der Daniel Kehlmann das Augsburger Brecht-Festival eröffnete und „uns alle, jeden Einzelnen" dazu beglückwünschte, „dass die Welt nicht so geworden ist, wie er (Brecht) sie sich gewünscht hat." Nach diesem Satz, der nicht Taten und Untaten, sondern die Hoffnung denunzierte, fiel das Wort „Hirse." Es verriet den Redner, der befand: „Lenin-Requiem lächerlich, ‚Die Erziehung der Hirse' ein schlechter Witz." Im Schweigen unter dem Beifall hörte ich die Stimme von Käthe Reichel wieder, die von Brecht erzählte, „dass er jeden, der in die Tür reinkam, fragte: ‚Haben Sie schon mal Hirse gegessen,' er wollte den Geschmack der Hirse beschreiben, und kein Mensch hatte Hirse gegessen." Bei Kehlmann wird dieses Preisgedicht auf eine Pflanze zum „berüchtigten Preisgedicht auf die antidarwinistischen Hochstapler Lyssenko und Mitschurin," deren Kritiker von Stalin umgebracht wurden, während Brecht schrieb: „Und des Sowjetvolkes großer Ernteleiter/ Nannt die Hirse ein verwildert Kind." Es sind Kinder und Schulen, an die sich Brecht mit seinem von Dessau vertonten Loblied auf die Erziehung von Pflanzen wendet:

> Träume! Goldnes Wenn!
> Sieh die schöne Flut der Ähren steigen!
> Säer, nenn
> Was Du morgen schaffst, schon heut dein Eigen!

Als mich jüngst in den Räumen des Brechtarchivs Erdmut Wizisla zu dieser Veröffentlichung ermutigte, spürten meine Füße beim Weggehen im Hof die gerundeten, abgetretenen Steine, über die Brecht täglich gegangen war, schön geworden und geblieben durch den Gebrauch. Auf der Strasse berichteten die Zeitungen von der Gewalt in den Schulen, von der Sparpolitik und von biogenetischen Grosstaten der Monsanto und Novartis. Ich dachte an das Bild der Fruchtbarkeit der Ara Pacis des Augustus und durch die staatstragende des Vergil drang die Stimme Brechts: „Träume! Goldnes Wenn! Sieh die schöne Flut der Ähren steigen!"

Peter Kammerer

BBA 1675-182 Käthe Reichel als Jeanne d`Arc. Brecht Archiv Berlin©.

Brief von Käthe Reichel vom 1. Februar 09

Dieses Gespräch führten wir vor 20 Jahren mitten in dem Epochenbruch. In diesen 20 Jahren wünschte ich mir immer: „Weise zu werden im Alter." Einen Zipfel von dieser Hoffnung bekam ich in diesem Jahr (2008) durch ein Gespenst.

Es war nicht das alte Gespenst des Kommunismus, denn es hatte sich verwandelt; völlig verwandelt in ein Globales, die Welt umfassendes Raubtier, das man KAPITALISMUS nennt; das jetzt, tot, im Nebel der Lügen vegetiert, und mit der Wahrheit in die Kapitalvernichtung sinkt, und das Brotlose Elend in den Tod schickt.

Heute, am 1. Februar 2009 höre ich im Radio, dass die Demokratie nur noch ein Monster sei. Ich will genauer wissen, was ein Monster ist. Da lese ich, es ist ein Ungeheuer. Und was ist ein Ungeheuer? Da bekomme ich ein Beispiel. Das deutet das Wort so: „die Kosten steigern sich ins Ungeheure." Das Ungeheure ist also das Ende? Aber die Macht der weltumspannenden Krise ist nicht das Ende. Sie ist erst der Anfang, der die Wirtschaft und die hungrigen Menschen unter die Erde bringt, aus deren Tiefe nun KARL MARX aufsteigt, in jeder Buchhandlung- und man kann fühlen, <u>wie</u> er nun grinst bei dieser Auferstehung.

BBA 1807-023 Käthe Reichel im Kaukasischen Kreidekries. Brecht Archiv Berlin©.

Interview mit Käthe Reichel in Buckow am 4.2.1990

PK: Die *Buckower Elegien* sind eine ganz radikale Kritik an der Politik der DDR 1953. Eine fundamentale Kritik, die nicht nur auf momentane Schwierigkeiten eingeht, sondern überhaupt auf die Schwierigkeit des Aufbaus im Sozialismus. Wahrscheinlich ist es tragisch, dass diese Kritik nie wirklich zur Kenntnis genommen wurde. Welche Konsequenzen haben sich für Intellektuelle und die Leute um Brecht aus dieser Kritik ergeben, und wie lebt man mit so einer radikalen Kritik, die ja zunächst in eine betont freundliche Form gekleidet ist?

Käthe Reichel: Nun ja, es ist aber so doch, dass diese Kritik immer auch eine Kritik ist an deutscher Geschichte, an deutscher Vergangenheit, denn Brecht tut ja in den Elegien auch Leute beschreiben, Buckower Leute: der Mann, der den Arm hebt, der gefürchtete SS-Mann; und fragt auch, was war der Elektriker? Diese Geschichte, dass in diesem Teil von Deutschland seit 1933, also 57 Jahre nie Demokratie war, sondern immer Diktatur, und ich will nicht sagen, dass die Demokratie der BRD dem entspricht, was Brecht und andere Leute, ich auch, sich unter Demokratie vorstellen; aber da das Land (BRD) sehr reich ist, kommt sozusagen die Diktatur des Kapitals schwächer zum Ausdruck als in einem ärmeren Land. Das ist ganz klar. Je reicher ein Land ist, desto besser kann es Demokratie spielen und vor allem den wunderbaren Schein der Demokratie, weil die Demokratie, solange sie reich ist, nicht befragt wird. Sie wird immer erst befragt, wenn die Baisse kommt, wenn es wirtschaftlich bergab geht. Die *Buckower Elegien* haben außerordentlich viel mit deutscher Vergangenheit, mit deutscher Geschichte zu tun. Dass von allem anderen abgesehen - von einem zerschossenen, zerstampften, kaputten Land, vom Abbau der Industrie zur Zahlung der Reparation usw.; also der Geist, den die Leute, die aus Moskau kamen, hier vorgefunden haben, war der Geist eines Volkes, das mit Hitler und ganz Europa in der Tasche und Auschwitz gerne diesen Krieg gewonnen hätte. Insofern war Brecht auch für eine Diktatur, die Diktatur des Proletariats, über dieses absolut faschistoide Volk, das ja bis Berlin gekämpft hat. Nicht? Das ist ganz klar. Und der Aufstand 1953, von dem ja die *Buckower Elegien* ausgehen, war ein noch halb faschistischer und auch schon halb sozialistischer Aufstand, wie auch Biermann sagt, und ich finde da seine Einschätzung — ich glaube, die stimmt auch mit Robert Havemann voll überein. Das war noch halb so und schon ein bisschen anders. Auch, nicht wahr? Aber, was ich sagen will, ist, dass, mit einem Volk, das 12 Jahre durch diesen Hitlerfaschismus gegangen ist, mit einem industrialisierten Mord, mit einem Namen Auschwitz, der so unauslöschlich in der Geschichte der Menschheit bleibt wie biblische Ereignisse. Mit so einem Volk Sozialismus zu machen — in dem Wort Sozialismus ist ja auch das Wort Solidarität drin, wenn ich das Wort richtig verstehe — ist auch schon ein Ding der Unmöglichkeit, abgesehen von allen ökonomischen Grundlagen, die fehlten. Man kann

also Sozialismus ja wohl nicht machen in einem Land, das mit Recht
— Gottseidank — diesen Krieg verloren hat, das dann wirtschaftlich
vollkommen abmontiert wird, also die Reparationen, die zu 93 % die
DDR getragen hat, und das dann auch keinen Marshallplan hat und das
dann noch dazu der Teil Deutschlands war, der der ärmste war. Also
ohne große Industrie wie im Ruhrgebiet usw. Also alle Voraussetzungen
für Sozialismus waren die denkbar schlechtesten, und eigentlich konnte
er nur von Leuten, die schon sehr tief, vom vorigen Jahrhundert her die
Utopie in sich trugen, also nur mit dieser Utopie konnte man sich auf den
Weg zu einem solchen Ziel begeben. Ich will Ihnen mal ein Beispiel sagen:
also, wenn der Brecht z.b. wohin kam, wo die Bedienung unfreundlich
war, wo die Leute mit großem Lustgefühl sagten „ham wa nich, kriegn
wa auch nich wieder rein," also sehr faschistoid, also sehr siegreich
dieses „hamwanich," jetzt haben wir eine Scheiße in Deutschland, wo
es überhaupt nichts mehr gibt und so, also der Brecht hat z.b. ganz oft
— ich war da oft mit dabei — das Beschwerdebuch eingeklagt und sich
die Mühe gemacht, die Beschwernisse einzutragen. Ich tu das auch. Ich
habe das vor zwei Tagen wieder auf dem Postamt gemacht an einem
Donnerstagnachmittag um halb drei, wo in einem großen Postamt in der
Tucholskystraße nur ein einziger Schalter besetzt war, und wir waren 25
Leute, die standen. Ich habe einen einzigen Menschen dazu bekommen
mit zu unterschreiben. Der hat es auch gleich angeboten. Alle anderen
haben gesagt, es hat ja doch keinen Zweck. Sie waren nicht bereit —
auch jetzt, wo dieser Versuch von Demokratie gemacht wird — waren
sie nicht bereit, da mit zu unterschreiben, entweder aus Furcht, wenn
in einem Buch die Adresse steht, dass die Stasi kommen kann oder
aus Lethargie, weil es sowieso keinen Sinn hat, also sie haben gar kein
Lustgefühl für demokratische Bedürfnisse irgendwie zu investieren.
Es ist ja wirklich unmöglich, dass am Donnerstagnachmittag um halb
drei, wenn die Mittagszeit vorbei ist, an einem riesigen Postamt nur
ein Schalter geöffnet ist. Und es ist nicht nur ein Schalter da, es sind
mindestens drei Leute bezahlt, die sind aber nicht vorhanden. Da sie
stehen mussten, Schlange, hätten sie gar keinen Zeitverlust gehabt, ihren
Namen drunter zu schreiben, also ich will sagen, sie haben keinen Spaß
an Demokratie, jedenfalls zunächst nicht, oder es ist nur ein kleiner Teil
des Landes, der Spaß daran hat. Ihre Frage, was jetzt die *Buckower Elegien*
betrifft: diese berühmte Tüchtigkeit des deutschen Volkes, wie auch jetzt
von Westdeutschland, ständig tut Herr Kohl Lobhudeleien auf die DDR-
Bevölkerung, die genauso fleißig ist, sagt er, wie die Bevölkerung der
BRD. Dies ist nicht wahr. Dies ist nicht wahr, weil ganz klar feststeht,
dass unsere Arbeitsproduktivität um 50 % niedriger ist und dass auch der
Sozialismus erfunden ist, nicht um die Arbeitsproduktivität zu steigern,
sondern um das Leben menschlich zu machen. Also z.B. kein Akkord. Ich
rede jetzt nicht davon, dass hier viel Arbeitszeit vergeudet wird, dadurch
dass kein Material vorhanden ist, dass die Leute rumhängen, rumstanden.
Ich rede von der Zeit, in der sie auch arbeiteten, wo Material da war oder

auch Betriebe, die vom Material gar nicht abhängig sind, dass die Leute während der Arbeitszeit zum Friseur gehen und ihre Einkäufe machen, ihr Brot kaufen, ihren Kuchen

PK: miteinander reden, menschlicher sind

KR: [akustisches Missverständnis] Nein, einer bedient den Laden und sie gehen Kuchen kaufen und Fleisch fürs Wochenende, Gemüse; müssen sie auch, weil es nicht immer alles gibt, und sie müssen ein bisschen anstehen, es wird dann auch gleich für alle mit gekauft und so. Dies hier war ein gemütliches Land, die DDR, und bescheiden. Und die Produktivität, man könnte sagen, es war so ein latenter Bummelstreik auch. Das hängt natürlich auch mit der Mauer zusammen, die Opposition gegen die Mauer hat Resistenz bei den Leuten erzeugt, auch dass oft Materialien nicht da waren, aber auch wenn das alles da gewesen wäre, wenn wir von unseren Ressourcen her so reich gewesen wären wie die BRD mit ihrem Ruhrgebiet usw., der Sozialismus ist nicht erfunden worden, dass die Leute sich tot machen, d.h. er will gar nicht von sich aus so viel produzieren, d.h. also auch, man muss ein bisschen bescheidener leben. Dafür ist das Leben lebenswerter. Also dieses berühmte kapitalistische Wort, das über die Menschheit ausgebrochen ist, Lebensqualität! Wenn die Lebensqualität nur davon bestimmt wird, dass ich einen Mercedes habe, und wenn eben der kleine Trabi, dieses Auto, der kann natürlich diesen Lauf zwischen Igel und Hase mit dem Mercedes nicht gewinnen. Wenn aber das Ziel der Menschheit der Mercedes ist, wenn es das ist, was aufs Innigste gewünscht wird, dann hat der Sozialismus verloren, dann hat er keine Chance. Und das Ziel dieser Bevölkerung war jeden Abend um 20 Uhr diesen Mercedes, wenn ich das einmal als Synonym nehmen kann, vor Augen zu haben, aber nicht zu wissen, welche ungeheure Schinderei, welcher ungeheure Akkord, dass z.B.

[kurze Unterbrechung]

also z.B. weiß ich, dass VW in Wolfsburg Leute über 37 nicht mehr engagiert. Und in der DDR durften die Leute, wenn sie das wollten, sie mussten nicht, aber wenn sie mehr Geld haben wollten, durften sie, wenn sie noch gesund waren, auch mit 70 arbeiten, d.h. sie wurden als Rentner nicht entlassen. Sie bekamen ihre volle Rente und konnten noch voll oder halb weiterarbeiten. Das sind Unterschiede und das sind auch die Errungenschaften der DDR gewesen, und für die war der Brecht natürlich. Die Frage, die Menschheitsfrage, die zu lösen ist, ist: macht der Mercedes glücklich, also, brauche ich zum Glück den Mercedes. Das ist eigentlich die Frage des Sozialismus, wenn seine Produktivkraft niedriger sein soll, wenn er die Menschen weniger schinden will, also auch natürlich weniger Reichtum da ist und alle aber ein bisschen gemütlicher dafür leben. Und die DDR war ein gemütliches Land, das muss man sagen.

PK: Die Kritik in den *Buckower Elegien* geht zum großen Teil nicht so sehr gegen die Hinterlassenschaft des Nazismus, sondern auch gegen die Führung, d.h. gegen die Leute, die Kaderwelsch sprechen, gegen die Kommunisten in der Regierung, von denen Brecht sagt, dem, der Kaderwelsch spricht, vergeht das Hören; denen, die es hören, das Essen... oder in „Die Lösung" oder in „Große Zeit, vertan," da geht er einen Schritt weiter, als das, was wir bisher besprachen.

KR: Das ist richtig. Das ist die zweite Sache. Dass das, was wir hier, was hier Sozialismus genannt wurde, eben nie Sozialismus war, sondern schlicht und einfach Stalinismus. Stalin ist erst 1953 gestorben und die Leute, die hier die Regierung übernahmen, kamen aus Moskau, die Leute, die aus der westlichen Emigration kamen, denen ging es sehr schlecht hier, die wurden auch sehr bekämpft, die hatten auch Verfahren hier, wurden z.T. aus der Partei ausgeschlossen, ihnen wurde Trotzkismus nachgesagt usw., also, wir hatten diese Riege aus Moskau, diese Stalinisten, die selbst unter dem Stalinismus z.T. im Hotel Lux sehr bedroht waren, sehr eingeschüchtert, nehmen Sie mal Becher, der ja gesehen hat, wie die Leute aus dem Lux abgeholt wurden und das verarbeiten musste, also, dadurch, dass wir den Sozialismus stalinistischer Machart übernommen haben und nicht den von Marx und Rosa, sondern den von Stalin und auch von Lenin; Lenin war auch nicht so — ich meine, er ist nicht zu vergleichen mit Stalin — aber Strukturen waren schon bei Lenin angelegt, wenn Sie allein so einen Begriff nehmen wie Sozialismus plus Elektrifizierung, d.h. 1917 die ganze bürgerliche Revolution überspringen und die Ausbeutung, die der Kapitalismus ein paar Jahrhunderte betrieben hat, jetzt machen müssen unter sozialistischen Fahnen. Das kann nicht gut gehen.

PK: Aber dieses „Sowjet plus Elektrifizierung," ist das nicht genau das, was der Brecht im Gedicht über die Wolga „Bei der Lektüre eines sowjetischen Buches" gemeint hat, genau derselbe Ton, dieser Optimismus, dass jetzt die Produktivkräfte entfaltet werden durch den Staudamm?

KR: Wissen Sie, der Brecht war ein großer Verehrer von Lenin. Und diese Diskussion, also, den Marx zu verlassen, was der Lenin getan hat, also, dass die Produktivkräfte eine solche Spitze erreichen, dass sie umschlagen können in den Sozialismus, das haben diese Leute, die so begeistert waren von der Revolution von 1917 und die so hypnotisiert waren vom Faschismus in Deutschland

[Unterbrechung]

die Faszinierung, die Hoffnung auf den Sozialismus Leninscher Machart hing dann, 1933, als Lenin längst tot war, aber auch mit dem Entsetzen über den Faschismus in Deutschland zusammen. Also man wollte unbedingt, dass das Ding glückt in der Sowjetunion, man wollte es mit aller Gewalt.

Und darum auch diese Begeisterung über die U-Bahn, bei Brecht, über die Metro, die Wolga und dieses Lyssenko-Gedicht da mit der Hirse, „Die Erziehung der Hirse," wo auch der Name Stalin fällt, „Stalin sprach von Hirse," ich erinnere mich, das hat Brecht in Ahrenshoop geschrieben, damals, als es das Haus in Buckow noch nicht gab, und dass er jeden, der in die Tür reinkam, fragte: „Haben Sie schon mal Hirse gegessen," er wollte den Geschmack der Hirse beschreiben und kein Mensch hatte Hirse gegessen.

[Pause]

Also, ich glaube schon, dass die Generation von Brecht, die aus Amerika auch diese kapitalistische Erfahrung hatte, Santa Monica, Hollywood, New York und wo immer die Emigranten waren, dass sie schon glaubte, dieser Sozialismus in einem Land, also in der SU, dass der vielleicht doch zu machen sei und dass vor allen Dingen diese ganze intellektuelle Elite so hypnotisiert vom Faschismus war, dass sie auch den Stalinismus, wenn sie was darüber hörte, sehr verdrängt hat. Ich erinnere mich z.b., dass der Brecht, wenn er Leute, die in russischer Emigration waren, nach Carola Neher befragte, sagte, sie sei umgekommen. Und ich war sehr erstaunt, dass er dieses Wort „umgekommen" benutzte, er, der sonst so konkret war in Begriffen. „Umgekommen" ist ja ein sehr abstruses Wort, hat ja nichts Konkretes an sich. Umkommen kann ich auch, wenn ich ins Wasser falle und nicht schwimmen kann, dann komme ich um. Nicht ? Oder wenn ich den Berg runter stürze, dann komme ich auch um. Also, dass er dieses Wort wählte, das war vielleicht auch ein Vorsichtswort natürlich, ein Wort der Vorsicht, aber es war auch der ungeheure Wunsch, dass der Stalinismus nicht so grausam gewesen sein sollte, wie der Kapitalismus behauptete. Es war ein großes, inniges Wünschen. Und da der Faschismus so schlimm war, war der Sozialismus in Russland immer besser, immer gar nicht vergleichbar, von seiner Idee her. Denn die Idee des Sozialismus ist nicht Auschwitz zu bauen, ein Volk auszurotten. Durch dieses Doppelte, das auf die DDR flog, einerseits Leute, die den Sozialismus bei Stalin gelernt hatten, die andererseits in ein Land kamen, das ihre Heimat war, unter dem sie fürchterlich als Emigranten gelitten hatten, das diesen Krieg von Berlin bis Moskau und nach Berlin zurück gewollt und nicht früher aufgegeben hatte, das keine ökonomisch günstigen Bedingungen hatte, das konnte eigentlich nicht, das ist ein dreifacher Salto, der da zu springen gewesen wäre, das konnte eigentlich nicht gut gehen, und trotzdem konnte man diesen Zipfel Hoffnung nicht aufgeben. Nicht ?

PK: Obwohl, der Radwechsel, der hat plötzlich was von Hoffnungslosigkeit, von einem Schwebezustand

KR: Ja, das habe ich erlebt, den Radwechsel. Da sind wir hier von Buckow los über Müncheberg, und dort ging das Rad kaputt, und der Brecht konnte das nicht machen, da kamen dann Leute, also jedenfalls wurde am Chausseegraben das Rad gewechselt. Und da ging es darum, dass er zur Akademiesitzung fuhr, und es ging um Peter Huchel, der von seinem *Sinn und Form* entmachtet werden sollte. Und der Brecht wollte dringend zu dieser Sitzung, weil seine Stimme ungeheuer wichtig war. Und er saß wirklich schweißtriefend im Graben. Es war ein schöner Tag voll Sonne, eigentlich wäre Buckow viel schöner gewesen, und der Mann wechselte das Rad, und dem Brecht stand der Schweiß auf der Stirn. Er saß ungeheuer angestrengt da, auch in Panik, dass er jetzt zu spät käme, dass er den Huchel vielleicht nicht mehr retten könnte vor den Stalinisten in der Akademie. Daher kommt dieses Gedicht vom Radwechsel. Wo ich hinfahre, bin ich nicht gerne, das war die Akademiesitzung. Trotzdem sehe ich den Radwechsel mit Ungeduld. Das heißt, ich will den Huchel vor den Stalinisten retten.

PK: Er sieht schon, dass es keinen Sinn hat, denn woher kommt er ungern?

KR: Ja, aber dieses „trotzdem sehe ich den Radwechsel," wie das Gedicht endet, dieses Prinzip Hoffnung

PK: Nein, er fragt: „Warum sehe ich den Radwechsel/ mit Ungeduld?"

KR: Nein, das ist falsch, ich habe zu Hause eine andere Fassung: „Trotzdem sehe ich den Radwechsel mit Ungeduld." Nein, nein, das ist ganz falsch. Ich habe die Originale zu Hause, schade, ich könnte Ihnen das noch zeigen.

PK: Das ist ja ungeheuer, denn ich stütze mich auf die neue, kritische Ausgabe.

KR: Es gibt vielleicht zwei Fassungen, das gibt's ja auch bei Brecht.

PK: Aber das müsste doch im Kommentar stehen. Hier steht's als Frage. Und das gibt einen anderen Sinn.

KR: Ja, die Fassung, die ich habe, lautet: „Trotzdem sehe ich den Radwechsel mit Ungeduld." Das hat auch seinen Sinn. Aber auch das „Warum" tut in abgeschwächter Form doch die Utopie aufrechterhalten. Abgeschwächt, aber...

PK: Ich habe das als Schwebezustand, es geht einfach nicht mehr weiter, zurück geht's nicht, weiter geht's nicht, gelesen. Irgendetwas treibt mich, aber was eigentlich?

KR: Jaja, das Fragezeichen ist immer drin, auch im „trotzdem." Da muss ich einen so banalen Satz sagen wie: Das Leben ist einfach stärker, das dieses „trotzdem" erzwingt, sonst geht man und nimmt den Strick und hängt sich auf. Jemand wie Brecht konnte ohne den Zipfel Utopie nicht leben. Dazu war er nicht in der Lage. Er hätte auch nicht schreiben können. Er hat ja auch kaum etwas geschrieben in der DDR. Er hatte auch wenig Zeit. Das Berliner Ensemble hat alle seine Zeit genommen. Sicher, wenn er nicht gestorben wäre. Er hatte ja auch vor, einmal ein paar Jahre wegzugehen, um wieder schreiben zu können und dann den jungen Leuten für eine Weile das Berliner Ensemble zu überlassen. Dann sicher hätte er diese Dialektik, die hier in der DDR waltete, einerseits stalinistische Herrschaft, andererseits faschistische Vergangenheit...Aus dem ein sozialistisches Land zu machen! Das muss ich sagen, der Brecht, das weiß man ja auch aus anderen Gedichten, er war kein Anhänger von Demokratie, und ganz besonders natürlich nicht mit einem Volk, das diesen Faschismus über Europa gebracht hatte. Er war sehr misstrauisch gegen demokratische Verhältnisse. Der Brecht wusste wohl sehr gut, dass die Demokratie ein wirkungsvoller Scheinmantel ist. Die Demokratie funktioniert eben, wenn die Wirtschaft funktioniert, und wenn sie nicht funktioniert, gibt's eben Faschismus. Sehr, sehr brutal.

PK: Gleich nach dem Radwechsel kommt — die Anordnung der Gedichte ist ja fragwürdig, es gibt verschiedene — hier in der Anordnung kommt „Der Radwechsel," dann „Die Lösung," eine ganz harte Kritik an denen, die das Volk...

KR: Das hat er vom Kleist. Diese Frage hat der Kleist schon gestellt. Den Preußen. Ich weiß, dass es der Brecht daher hat. Die Frage scheint in Preußen eine gewisse Tradition zu haben. Sehen Sie, jetzt dieser Krenz, die haben ja auch den Versuch gemacht, dass sie die Revolte oder wie immer man dieses Ding jetzt nennen will, dass sie das angeführt haben. Bis die Leute sie ausgeschrien haben und sie dann gesagt haben „ja, das Volk hat das gemacht, das Volk hat es gemacht." Ich weiß nicht, sie haben so einen Ehrgeiz, immer alles gemacht zu haben. Sie haben ja auch immer alles gemacht, 40 Jahre lang. Sie haben sich so daran gewöhnt, dass sie die Macher sind, dass sie auch das für sich vereinnahmen wollten. Bloß das Volk hat da also wirklich aufgeschrien dagegen. Im Grunde genommen ist es dieses: „Wäre es da nicht doch einfacher, die Regierung löste das Volk auf." Es kommt eben darauf an, wie reich ein Land ist. Ich glaube, dass wirklich alle Verhältnisse zu lösen sind von der Frage her, wie reich oder wie arm ein Land ist. Also Schweden, von dem man sagt, dass der Kapitalismus noch viel besser funktionieren würde als in der BRD, hat an 2 Weltkriegen Milliarden verdient, keinen Feind im Land gehabt und deswegen ist noch viel mehr Geld da, um noch mehr soziale Netze zu bauen als in der BRD. Andererseits hat in Amerika, das ja auch nicht gerade ein armes Land ist, der Unternehmergeist, der auch dadurch, dass das Land einmal durch viele fremde Völker gefunden und erfunden worden ist, eine Hemdsärmeligkeit und Ellenbogenhaftigkeit produziert, die eben anders ist als ein Land, das eine sehr alte Kultur und ein langes Wachstum hat. Ich glaube wirklich, dass der Brecht große Schwierigkeiten hatte mit „Deutschland, bleiche Mutter," also mit seinem Volk. Und an diesem Erbe, Sohn dieses Volkes zu sein, sind ja sehr viele Dichter krepiert. In Deutschland. Es gibt ja kein Land in Europa, in dem so viele Dichter sich umgebracht haben oder sehr jung gestorben worden sind wie in Deutschland. Das haben Sie in Italien gar nicht. Dieser Bruch zwischen Geist und Tüchtigkeit ist in Deutschland evident, und immer lebt die Intelligenz in Deutschland in einem ziemlichen Streit mit dem Volk. Ich bin nicht so bewandert in der italienischen Literatur, aber ich sehe das wichtige Thema des Streites des Geistes mit der Macht und mit der Produktivkraft nirgends so scharf gegeben wie gerade in Deutschland.

PK: Aber da war doch gerade die DDR eine Chance. Die DDR war doch — Brecht hat das ja auch z.t. geschrieben — zum ersten Mal konnte man ein neues Verhältnis zwischen Bevölkerung und Intellektuellen herstellen. Das unheimlichste Gedicht in der ganzen Elegie ist „Böser Morgen."

KR: Der See eine Lache

PK: Unwissende, schrie ich schuldbewusst.

KR: Ja, dieses „Unwissende," das könnte ich jetzt heute hier schreien. Im Moment, jetzt, heute, am 4. Februar 1990 könnte ich wieder schreien „Unwissende."

PK: Warum?

KR: Ich könnte das schreien, weil die Leute nicht wissen, wonach sie schreien. Was ich schon dreimal betont habe, dass die Leute ausgezogen sind, um der Regierung hier das Fürchten zu lehren, dass sie die Mauer weg haben wollten. Und dass sie wirklich gemeint haben, dass sie dann frei sind und dass Freiheit ein Ding auf der Welt ist, das keinen Preis hat. Und jetzt kriegen sie, wie sie sich umgesehen haben, den Kapitalismus. Und sie wissen nicht, dass das in einem industriell so schwach entwickelten Land — immer im Verhältnis zur BRD, nicht zu anderen Ländern—, dass das fürchterlich teuer für sie werden wird. Sie kennen den Preis nicht und sie werden ihn erfahren und es wird sehr spannend sein, wie sie dann reagieren werden; zu fürchten ist, dass sie rechts reagieren, also Schönhuber, und das hängt mit ihrer Unwissenheit zusammen.

PK: Aber es heißt „schrie ich schuldbewusst." Woher dieses Schuldbewusstsein. Brecht hat ja wirklich alles gegeben für diesen Aufbau.

KR: Aber er spricht ja oft von dieser schrecklichen Verführung zur Güte. Und Verführung überhaupt, „lasst euch nicht verführen." Brecht war natürlich in diesem Sinne, so wie Lenin auch, ein Verführer. Also, er hat alle Leute, die für zwei Pfennig Gehirn hatten, natürlich für diese wunderbaren utopischen Ideen des Sozialismus, die ja auch zutiefst human sind, verführt. Und dass der Stalinismus nun sich so tief inhuman äußerte, erzeugte dieses Schuldbewusstsein in Brecht. Er hatte diesen Antihumanismus der Stalin-Ära ja ungeheuer am eigenen Leib erfahren. Er hat Stalin nur drei Jahre überlebt. Ich glaube, das heißt das „schrie ich schuldbewusst." Dieses, die Leute zu einer wunderbaren, menschheitsbeglückenden Idee zu verführen und keinen Schritt zu sehen eigentlich, der diese Verführung dann legitimiert. Wobei das aber auch so wiederum nicht wahr ist, denn das Brot auf dem Tisch und das Dach über dem Kopf waren 40 Jahre in diesem Land kein Handelsobjekt, und das ist ja auch ein Schritt gewesen. Nur in dieser Stalin-Herrschaft in Form von Staatssicherheit und in Rumänien Securitate, das ist ja auch nicht das, was Brecht unter Diktatur (des Proletariats) verstanden hat, um Gottes Willen, das möchte ich scharf auseinanderhalten. Diktatur, wie Brecht sie versteht, die des Proletariats, ist eigentlich nur, dass Freiheit nicht für alles, nicht für die Faschisten, nicht für die Ausbeuter, Freiheit nicht für Kriegstreiberei, für Porno, also, dass es ein Maß in der Freiheit gibt. Weil, wie Hegel sagt, das Maß zerfällt in der Maßlosigkeit. Wenn die Freiheit total ist, ist man auch total unfrei wieder, dann schlägt sie um, denn so große Freiheit erzeugt Unfreiheit. Also wird sie zum Gegenteil der Freiheit, wenn sie ihr Maß verliert.

PK: Aber warum hat er bestimmte Kritiken, die der Freiheit ihren Sinn gegeben hätten, dass z.B. die Leute aufhören im Kaderwelsch zu sprechen, warum hat er solche Kritiken nicht veröffentlicht haben wollen? Da bestand eine Solidarität zur Regierung?

KR: Wer sagt denn, dass er das nicht veröffentlicht haben wollte?

PK: Steht hier im Kommentar, S. 449, „wollte B. nicht veröffentlicht haben, laut Gespräch mit E. Hauptmann."[2]

KR: „Wollte" ist eine sehr freimütige Metapher. „Konnte" hätte ich gesagt. Ich kann Ihnen ein Beispiel erzählen. Erfahrungen. Ich glaube, das ist auch von 1952, ein Gedicht, das heißt, „O Deutschland, wie bist du zerrissen und nicht mit dir allein, in Kält und Finsternissen schlägt eins aufs andere ein. Und hättst so schöne Augen und stolzer Städte viel, tätst du dir selbst vertrauen, wär alles Kinderspiel." Dieses Gedicht schickte Brecht an das *Neue Deutschland*. Die schickten es zurück und verweigerten dem Brecht diesen Begriff „schlägt eins aufs andere ein," und Brecht änderte das dann. Er änderte das dann. Sie können sich vorstellen, was mit ihm schon passiert war. Statt „schlägt eins aufs andere ein" nun „lässt eins das andere sein." Das haben sie dann gedruckt. Dass das eigentlich viel schlimmer ist, haben sie nicht verstanden. Und was jetzt passiert, ist, dass die Bevölkerung der BRD im Grunde gerne das andere Deutschland lassen würde. Es ist nicht die Bevölkerung der BRD, die die DDR haben will. Es sind die Industriekapitäne, es ist das Kapital. Wenn man die DDR jetzt industrialisiert, kann man Polen kapitalistisch aufrollen, man hat ein ungeheures Expansionsfeld vor sich: Russland. Aber die Bevölkerung in der BRD würde die DDR lassen wie sie ist, die haben sich nie interessiert, die Linke hat sich nie stark gemacht für die DDR, die war 68 mit sich beschäftigt; es gibt eigentlich in der BRD, außer wenn es verwandtschaftliche Rüber und Nüberhänge noch gibt, kein Bedürfnis. Diese Sache da am 9. November war mehr vom Sentiment bestimmt, also von Sentimentalität und nicht von wirklicher Brüderlichkeit. Herr Kohl möchte das Land gerne haben und die SPD auch, aber die Bevölkerung lebt doch sehr gut in der BRD, das bedeutet vielleicht doch nur Unsicherheiten für die Arbeiter, Dumpingpreise, also die sind gar nicht so entzückt von der Wiedervereinigung. Und auch die Bevölkerung der DDR, wenn sie das Westgeld ohne Wiedervereinigung bekäme, auch! Sie schreien nach Wiedervereinigung, weil das nur eine Metapher für Westgeld ist. Und darum ist dieses „lässt eins das andre sein," das sie damals gedruckt haben, gültig, erhält seine Gültigkeit gerade in diesen Tagen.

PK: Dazu gehört auch das Bild von diesem Himmel, wo die Leute hochschauen, „die Schnäbel aufreißend, der Nahrung entgegen."

KR: Die Bombengeschwader

PK: „Der Himmel dieses Sommers," dieses tragische Schicksal, dem man da entgegensieht.

KR: Man muss ja auch wissen, wie die Bomber in den 12 Jahren Faschismus besungen worden sind. In den Liedern: „Bomben, Bomben auf Engelland." Da gab es viele, die Stukas...

PK: Noch zwei Fragen, bitte. Darf ich? Die erste betrifft „Bei der Lektüre eines spätgriechischen Dichters."

KR: Ja, die Totenklage. Man weiß schon, es wird nicht gehen. Und dann tut man im Restaurant, auf der Bahn, im Postamt oder im Kaufhaus nach dem Beschwerdebuch verlangen: die allerkleinste Kleinarbeit, eben wie gute Maulwürfe den Boden locker machen wollen. Das ist im Grunde diese Geschichte, dass er nicht aufhörte das Beschwerdebuch zu verlangen. Den Leuten zu Verantwortungsbewusstsein, zu einem freundlicheren Ton, auch zu einem sozialistischen Demokratieverständnis zu verhelfen usw. usw. Ich erinnere mich, dass Brecht einmal erzählt hat, in Amerika seien die Verkäuferinnen alle sehr freundlich, alle sehr liebenswürdig, und sagte, sonst verlieren sie ihren Job. Und ich als gute Schülerin dachte mir, vollkommen undialektisch, na ja, wenn sie nur freundlich sind, um ihren Job nicht zu verlieren, ist das nichts wert, eine solche Freundlichkeit hat keine Qualität. Und der Brecht lachte über meine Nasenweisheit und sagte, hm, hm, wenn sie 14 Tage Freundlichkeit geübt haben, dann werden sie freundlich. Und sie bleiben freundlich. Man kann das üben. Brecht glaubte ja an die Veränderbarkeit des Menschen. Freundlichkeit ist lernbar.

PK: Im Kommentar zu „Die Wahrheit einigt" steht, Brecht hätte das Gedicht an Grotewohl geschickt mit der Bitte, es im Ministerrat vorzulesen. Das stelle ich mir sehr explosiv vor, so ein Gedicht in der Ministerratssitzung. Ich weiß nicht, ob die Führungsgruppe damals schon so doof war.

KR: Wir wissen nichts darüber, Grotewohl hat ihn scheinbar nie angerufen.

PK: Hatte Brecht in diese Leute einigermaßen Vertrauen; wenn er ihnen z.B. so etwas schickte?

KR: Jedenfalls hatte er weniger Angst vor ihm als vor Ulbricht. Dass Grotewohl sich nicht gegen Ulbricht durchsetzen konnte, das schwante dem Brecht sicher, aber er wäre nicht Brecht gewesen, wenn er nicht diesen Versuch gemacht hätte. Ich erinnere mich z.B., dass diese große Lukullus-Diskussion, bei der die FdJ den Lukullus fix und fertig gemacht hatte, dass da auch der Wilhelm Pieck war und dass der Brecht so bescheiden geworden war, dass er sagte, aber wenn der Präsident eines Landes auf eine solche Auseinandersetzung kommt und dabei ist, das ist der Fortschritt, das ist das Neue. Das war für ihn die neue Qualität. Trotzdem Lukullus verboten wurde. Das ist viel von Brecht, wie bescheiden das auch war. Seine Oper wird verboten und er sagt, aber der Präsident ist erschienen.

PK: Das Schlussgedicht, „Beim Lesen des Horaz," „Selbst die Sintflut dauerte nicht ewig."

KR: „Freilich wie wenige dauerten länger," das habe ich nie verstanden, diese Zeile.

PK: Ich hatte sie so gelesen: den ersten Satz ähnlich wie die Moldau, die Nacht hat 12 Stunden, dann kommt schon der Tag. Auch die Sintflut kann unsere Hoffnung nicht begraben, einerseits; aber nur wenige werden sie überstehen. Das ist die andere Seite.

KR: Das ist es, klar. Wir hatten schon vor zwei Monaten...Man darf ja das Wort „Sozialismus" in der DDR schon gar nicht mehr in den Mund nehmen. Verstehen Sie, das Problem dieser Bevölkerung ist hier, dass sie, dass sie ein wütendes Bewusstsein davon haben 40 Jahre einem Experiment gedient zu haben. 40 Jahre ist ein großer Teil des Lebens, manche werden gar nicht 40 Jahre alt. Diese Wut, die sie darüber haben, die macht sie so steif, dass wenn sie das Wort Sozialismus nur irgendwo hören, dass sie dann sozusagen mit Händen und Füßen schreien. Sie können es nicht mehr hören, denn es war ihr Leben. Und das fanden sie eben so furchtbar schlimm. Und ich meine, was die Staatssicherheit hier betroffen hat, in diesem Leben, so war das auch unerträglich. Was diesen anderen Punkt, die soziale Sicherheit betrifft, meine ich natürlich, dass man dieses bescheidene Leben, das wir in der DDR in Ruhe und Gelassenheit geführt haben, dass wir das sehr gut hätten führen können ohne jede Staatssicherheit. Also, dass man diese Schweinerei, diesen Stalinismus, schon sehr lange, seit den 60er Jahren, nicht mehr gebraucht hätte. Absolut nicht mehr. Besonders spätestens seit dem Bau der Mauer nicht mehr, absolut. Dass die Leute sich umdrehten, wenn sie sprachen miteinander, dass die Leute auch im Zimmer, dass sie sagten, wenn fünf beieinander waren, ist einer vom Konsum, von der Stasi, das hat doch einen großen Hass, eine große Wut geschaffen, und da haben die Leute vollkommen das Recht auf ihrer Seite. Aber die ökonomische Seite, was werden sie jetzt erfahren müssen, wie werden sie reagieren, denn sie sind an soziale Unsicherheit gar nicht gewöhnt, überhaupt nicht. Und da sind 40 Jahre auch wieder sehr lang.

PK: Und wenn die „schwarzen Gewässer" wieder verrinnen?

KR: Ich meine, wir, Heiner Müller, Plenzdorf oder ich, wir gehören zu denen, die das überdauern wollen, die also von einer Opposition ohne Übergang in die nächste gehen. Also jetzt in Opposition zu den Leuten, die nichts bis zu Ende denken können, wo wir immer nur schreien können „Unwissende." Dem, was sie da ökonomisch entgegengehen. Ich meine davon, dass der Kapitalismus die Umwelt genauso, nur ein bisschen später kaputt macht, erst erfindet er noch Filter usw. und wie er die dritte Welt ausbeutet und dass hier Hühner, Schafe, Gänse, Schweine mit Brot gefüttert wurden und dass man da eigentlich keine Revolution macht, also hat man sie für Freiheit — und mit Recht — gemacht, und jetzt kriegt man aber den Preis und der wird auch der Brotpreis sein.

PK: Ein irrer Widerspruch, den es so noch nie gab.

KR: Wenn die Leute der Hungerzonen in Afrika gegen die Mauer, gegen die DDR angerannt wären, weil hier Brot an Schweine verfüttert wurde, dann könnte man von einer Revolution sprechen. Umgekehrt aber, wenn die Leute nur über die Mauer verreisen und die Stasi los haben wollen — und da haben sie ja auch recht — aber es sind nicht die klassischen Merkmale einer Revolution und gerade deswegen denke ich, dass die

Sache einen ungeheuren Rückschlag bekommt, gerade deswegen, weil, wissen Sie, weil der Mensch so konstruiert ist, was er hat, das braucht er nicht, und was er braucht, das hat er nicht, muss er die Erfahrung dieses Habens, was den Kapitalismus ausmacht und auszeichnet, erfahren. Nicht hören und sehen, sondern erfahren. Und das soll nicht etwa eine Absolution an Stasi oder Mauer sein. Da hatten sie ein volles Recht. Nur, wenn das Dach überm Kopf und das Brot so billig sind und ringsum Kapitalismus herrscht — wir sehen das ja jetzt: die armen Leute kommen rüber, tauschen zehn Westmark gegen hundert Ostmark, gehen hier essen, was sie im Westen so nicht könnten, weil es zu teuer käme, und das war ja auch die Legitimation der Mauer, wenn sie nicht gewesen wäre, wären wir schon vor 28 Jahren kaputt gegangen, denn man hätte uns ökonomisch aufgekauft, und wenn sie jetzt nicht schnell etwas hier unternehmen, dann ist „O Fallada, die du da hangest," dann liegt die DDR auf dem Arsch und auf den Knien und kommt nicht mehr hoch. Und das wissen die auch. So geht's nicht weiter.

Käthe Reichels Haus in Buckow. (Foto Utz Havemann©).

Kurzbiographie Käthe Reichel

Käthe Reichel arbeitete als Schauspielerin an Theatern in Freiz, Gotha und Rostock, bevor sie 1950 ans Berliner Ensemble kam und dort in vielen Inszenierungen Brechts und Benno Bessons auftrat, unter anderem als Gretchen in *Urfaust* (1952), Natella Abaschwili und Grusche Nachadze in *Der kaukasische Kreidekreis* (1954) und Shen Te/Shui Ta in *Der gut Mensch von Sezuan* (1957). Seit 1961 gehörte sie zum Ensemble des Deutschen Theaters. Auf dem 2. Nationalen Spielfilmfestival der DDR in Karl-Marx-Stadt erhielt sie 1982 für den Film *Levins Mühle* den Preis für die beste Nebenrolle. Zusammen mit Heiner Müller rief sie 1995 aus Solidarität mit den Müttern russischer Soldaten in Tschetschenien zur Aktion „Mütter, versteckt Eure Söhne" auf. Sie erhielt im Jahre 2000 den Preis der Gesellschaft für Bürgerrechte und Menschenwürde. Ihr Band *Windbriefe an Herrn b.b.* erschien im Jahr 2006 in Leipzig, in dem es ihr darum geht, die „Menschen zur Vernunft aufzurütteln."

Anmerkungen

1   Dieses und andere Gespräche wurden in der Zeitschrift „Il Passaggio", die vom Januar 1988 bis Mitte 1995 in Rom erschien, veröffentlicht. Das Gespräch mit Käthe Reichel (in der Doppelnummer Jg. II, 6, 1989- Jg. III, 1, 1990), es folgten Interviews mit Utz Havemann und Jelena Jamaikina (deren Freundschaft ich den Zugang zu Käthe Reichel verdanke) sowie mit Jürgen Kuczynski und Elmar Altvater (Jg.III, 4/5, 1990), eine Begegnung mit Heiner Müller (Jg. V, 1,1991) und schließlich Gespräche mit Karl Heinz Drescher und Werner Mittenzwei (Jg.VI, Juli-Oktober 1993).

2   Zeilenkommentar zu BFA 12, S. 311, Zeile 1, "Die neue Mundart" in *Buckower Elegien*.

The "Rabble Rouser of the Bourgeoisie" and the "Wannabe Opera Singer": Brecht and his First Wife Marianne Zoff

Brecht`s relation to Marianne Zoff, probably one of his most problematic, has rarely been explored. Brecht`s first wife is often described as a successful opera singer. However, there is little evidence for this beyond her statements and Brecht`s opinion. Here, for the first time, all programmes of the Stadttheater Augsburg and the relevant newspapers from the period were analyzed, leading to a different conclusion. She did not perform often and mostly appeared as a supporting actress. When she did sing bigger parts–only four times–reviews in the press evaluated her acting as somewhere between mediocre and appalling. Her singing skills appear quite moderate and failure in Augsburg was inevitable. From this perspective, everything Brecht called the "prostitution" of Zoff, can be seen from a different angle. Without a successful singing career she depended on men`s money to maintain her living standards. This put a strain on her relationship with Brecht, and is reflected in his creative works.

Brechts Beziehung zur Opernsängerin Marianne Zoff, eine seiner problematischsten überhaupt, hat in der Forschung vergleichsweise wenig Aufmerksamkeit gefunden. Die erste Ehefrau des „Stückeschreibers" wird meist als erfolgreiche Opernsängerin charakterisiert. Für diese Sichtweise gibt es jedoch, neben ihren Selbstaussagen und den Stilisierungen Brechts, nur wenige Belege. Erstmals wurden nun sämtliche Programmzettel des Augsburger Stadttheaters und alle relevanten Tageszeitungen im Zeitraum von Marianne Zoffs Augsburger Engagement ausgewertet, was zu einem gänzlich anderen Bild führt. Die Sängerin kam nur recht selten zum Einsatz; zudem trat sie meist in Nebenrollen auf. Durfte sie – insgesamt nur viermal – eine größere Partie singen, folgten bisher nicht zur Kenntnis genommene Besprechungen in der Presse, die überwiegend kritisch, teilweise gar vernichtend waren. Offensichtlich waren ihre Fähigkeiten als Sängerin bestenfalls mittelmäßig, ihr Scheitern in Augsburg absehbar. Vor diesem Hintergrund erscheint das, was Brecht in seinen autobiografischen Aufzeichnungen als das „Hurentum" seiner späteren Frau charakterisiert, in einem neuen Licht: Auf großem Fuße lebend, dabei erfolglos, benötigte sie die finanziellen Mittel anderer Männer, um ihren Lebensstandard beibehalten zu können. Eine Situation, die die Beziehung zwischen Brecht und Marianne Zoff nicht nur immer wieder aufs Äußerste belastete, sondern die sich auch in seinem dichterischen Werk spiegelt.

Der „Bürgerschreck" und die „verkrachte" Opernsängerin: Brecht und seine erste Ehefrau Marianne Zoff

Karoline Sprenger

BBA 06-059 Marianne Zoff mit Hanne Hiob.
Brecht Archiv Berlin ©.

So sind die guten Geister von der Marianne Zoff gewichen, daß es anfing mit Herumlaufen und endete mit einem Kinderleichlein im Lavor! Die Hure sollte kein Kind haben, mein Kind ging von ihr, da sie kein reines Herz hatte!...Ich könnte das Mensch erwürgen. Es ist das Schmutzigste, was ich erlebt habe, aber ich kenne mich nicht aus darin. Ich habe ihr tausendmal gesagt: Das kannst du nicht. *Du* nicht. Das ist die Quittung. Jetzt kann sie hinuntergondeln: *ohne* Belastung. *Das* hat sie gewollt! Alles andere war Attitüde in Bühnenbeleuchtung bei Kaffeehausmusik. *Das* hat sie *eigentlich* gewollt! Nie habe ich den Schwindel des Hurentums: die Romantik, so nackt gesehen. So entlädt sich die schwangere Hure! Und diesen gesprungenen Topf, in den die Abflüsse aller Männer rinselten, habe ich in meine Stube stellen wollen!... Heraus aus mir! Heraus! Heraus! Jetzt sie als Hure benutzen lassen, den andern hinwerfen...,[1] schreibt Brecht erbittert in einem Tagebucheintrag vom 9. Mai 1921 über seine spätere Frau Marianne Zoff. Immer wieder hatte sich die Beziehung zur Opernsängerin als problematisch erwiesen, möglicherweise ist sie überhaupt die problematischste aller Verbindungen Brechts. Umso mehr erstaunt es, dass in der Forschung zwar Brechts zahlreiche Freundschaften und sexuelle Verflechtungen oft zu ausgiebig untersucht worden sind, die zu Marianne Zoff jedoch recht wenig Berücksichtigung gefunden hat. Dabei bildet offensichtlich gerade diese komplizierte und kräftezehrende Beziehung für Brecht eine Schnittstelle: Sie zeigt einen Paradigmenwechsel an, der Brechts Präferenzkriterien bei der Wahl seiner Frauen, aber auch sein sich ihnen gegenüber veränderndes Selbstbewusstsein betrifft. Dies alles ist außerordentlich gut dokumentiert und durch die Brief- und Tagebuchedition innerhalb der Bertolt Brecht'schen *Werke: Große kommentierte Berliner und Frankfurter Ausgabe* (BFA) leicht nachzuvollziehen. Wichtig sind in diesem Zusammenhang auch die Briefe Brechts an Marianne Zoff, die von deren Tochter Hanne Hiob herausgegeben wurden und der BFA vorausgingen[2] sowie die Interviews, die Marianne Zoff dem Journalisten Willibald Eser gab.[3] So ist hinlänglich bekannt, dass Brecht die als sehr attraktiv beschriebene Marianne Zoff in Augsburg kennen lernte, als er noch mit Paula Banholzer liiert war und die kaum Achtzehnjährige zur – ledigen – Mutter gemacht hatte. Marianne Zoff dagegen hatte zu dieser Zeit ein Verhältnis mit dem bedeutend älteren und kranken Geschäftsmann Oskar Camillus Recht. Über Jahre lösten Zoff wie Brecht, aus verschiedenen Gründen, ihre alten Bindungen nicht endgültig. Dies alles ist in der Literatur recht ausführlich beschrieben, inklusive der munteren Abfolge von Schwangerschaften und Abtreibungen/Abgängen, die aus diesen Konstellationen resultierten.[4]

Trotzdem näherte die Forschung sich manchen Aspekten dieses Beziehungsgeflechts nur äußerst zaghaft. Etwa der Tatsache, dass Brecht die um etwa fünf Jahre ältere Marianne Zoff während der gesamten Dauer ihrer Beziehung eigentlich als Hure betrachtete – und dies keineswegs nur literarisch-idealisierend ausgekleidet, sondern in einer Vielzahl konkreter Aussagen in Briefen und autobiografischen Notaten. Zwar ist bekannt, dass Brecht sich und ihm nahestehende Personen auch in privaten Schriften gerne stilisierte, doch ist der reale Hintergrund vieler Aussagen nicht in Zweifel zu ziehen, da sie oft durch andere Quellen belegt sind. Sein plötzlich larmoyant-kleinbürgerlicher Ton angesichts der eigenen Verflechtungen in andere Beziehungen – es gab zeitweise auch noch in München die Studentin Hedda Kuhn und in Augsburg Rosa Maria Amann – entbehrt nicht einer gewissen unfreiwilligen Komik: Das einleitende Zitat reflektiert eine wirkliche Schwangerschaft Marianne Zoffs, wirklich stattgefundene Überlegungen einen Abbruch betreffend, und beschreibt ganz ohne Zweifel auch das „Ende" dieser Angelegenheit. Dabei handelt es sich keineswegs ausschließlich, wie Werner Mittenzwei glaubt, um „eine Art Konfliktabwehr"[5] durch Stilisierung. Und es gibt keinen Grund, daran zu zweifeln, dass Brecht, so wie er es in seinem Tagebuch darstellt, Marianne Zoff wenige Tage nach dem Abortus tatsächlich im Krankenhaus besuchte, ihr sehr überlegt Fotos seines und Paula Banholzers knapp zweijährigen Sohnes Frank unter die Nase hielt und sie damit zum Weinen brachte.[6] Dass er sich um diesen wiederum Zeit seines Lebens kaum kümmerte und Paula Banholzer durch diese Schwangerschaft in eine furchtbare Situation gebracht hatte,[7] ist ebenfalls eine Tatsache und Bestandteil jener vielschichtigen Beziehungsgeschichte.

Es sei unbestritten, dass Brecht in seinen Werken Frauen, gerade auch Prostituierte, sehr reflektiert und differenziert betrachtet und darstellt.[8] Privat sah er das aber offenbar anders, trennte in seltener Art „Dichtung und Wahrheit" einmal konsequent und verwendete Begriffe wie „Hure" häufig und durchaus abwertend. In seiner erstmals 1977 erschienenen, jedoch bis heute lesenswerten Dissertation beschreibt Klaus Theweleit dies wie folgt:„Ein seltsames Verhältnis zur Hur´ hatte auch der Mann Brecht. Als wichtiger Bestandteil des Milieus seiner ersten Stücke – Straßen der Stadt – waren ihm die Prostituierten unentbehrlich; er hat nicht schlecht über sie geschrieben, im Gegenteil."[9]

Als dann allerdings im Falle Marianne Zoffs „sein eigener Leib involviert" war, sah dies anders aus. „Brecht war getroffen und wütend." Theoretisch habe er „über das Problem Prostitution Bescheid"[10] gewusst.

> Im Moment aber, wo die eigenen Liebesbeziehungen... betroffen sind, ist es mit dem Verständnis vorbei und ein der eigenen Einsicht völlig widersprechender erheblicher affektiver Betrag aus einem verborgen gewesenen Anti-Huren-Syndrom tritt zutage (und bei Brecht sogar in wirklich unerwarteter Schärfe).[11]

Doch gerade hier blieb die Forschung über Jahrzehnte zurückhaltend. So erkennt Genia Schulz durchaus vorhandene Parallelen zwischen Marianne Zoff und jener romantisierten Hure, die der *Ballade von der Hanna Cash* ihren Namen gab; sie scheut jedoch aus Bedenken einer ihr fragwürdig erscheinenden biografischen Lesart gegenüber davor zurück, jene Entsprechungen allzu sehr in den Mittelpunkt der Analyse zu stellen und genauer zu untersuchen.[12] Herbert Frenken beschäftigt sich in seiner Dissertation vornehmlich mit anderen Frauen um Brecht,[13] und Werner Mittenzwei deutet ihr vermeintliches Hurentum nur vorsichtig an.[14] Jürgen Hillesheim nennt das Kind zwar durchaus beim Namen und lässt keinen Zweifel an Brechts offenkundiger Sichtweise seiner ersten Frau als Hure, die sich auch im dichterischen Werk niederschlage. Allerdings weist er im Rahmen seiner umfassenderen Untersuchung zum jungen Brecht nur auf einzelne Aspekte hin.[15]

In der Tat kennt Brecht in seinen Aufzeichnungen wenig Hemmungen und greift schnell zu Begriffen wie Hure, Dirne oder Kokotte[16], wenn es um Auseinandersetzungen mit Marianne Zoff geht, um Auseinandersetzungen, deren Ursache nicht zuletzt bei ihm (der sich ebenfalls aus seiner Beziehung mit Paula Banholzer nicht zurückziehen wollte) lagen. Insbesondere wirft er Zoff immer wieder vor, sie würde sich einzig des Geldes wegen nicht von dem reichen und schwer zuckerkranken Oskar Camillus Recht lossagen, obwohl dieser sie anekle. Recht war wohlhabend; unter anderem besaß er eine Spielkartenfabrik in Bad Reichenhall. Seine finanziellen Mittel aber, so Brecht, nehme sie nicht aus Not in Anspruch, sondern weil sie auf zu großem Fuße lebe. Auch mit pathetischen Formulierungen ist er da schnell zur Hand:

> Ich bedaure, dass ich kein Geld habe zum Hinauswerfen,
> ich bedaure, dass du einesandern Geld hinauswirfst.
> Nimm du´s, um zu essen; gut oder nicht gut, aber
> vielleicht nötig. Aber für Blusen![17]

notiert er am 16. März 1921. Dabei richtete sich sein Groll auch gegen den Rivalen Oskar Camillus Recht, dem er, obgleich er sich immer wieder mit ihm trifft, u.a. ein bitterböses Gedicht aus der *Hauspostille* widmet.[18] In seinen autobiografischen Notaten versieht er ihn mit herabwürdigendsten Charakterisierungen, z. B.: „Er ist so alt. So abgenutzt, schmierig, elend, er entblödet sich nicht, mich mit seinem Aasgeruch zu schrecken."[19]

Doch spätestens mit Zoffs Wechsel nach Wiesbaden musste Brecht zur Kenntnis nehmen, dass das Problem nicht in der Person des Oskar Camillus Recht wurzelte, sondern eher im Wesen seiner Frau, die sich auch weiterhin gerne von anderen Männern aushalten ließ und sich vom vertraulichen Umgang mit ihnen Vorteile versprach. Offensichtlich kokettierte sie in Briefen von ihrer neuen Wirkstätte an Brecht sogar mit ihrer Fähigkeit, auch hier Männer zu beeindrucken. Brecht antwortet ihr Mitte/Ende August 1921 nach Wiesbaden:

> Ist der rothaarige Gentleman noch nicht auf der Szene?
> Vielleicht schickst Du mir gelegentlich die Kurliste, in
> der Du angestrichen hast, wer Dich nicht liebt...Kommst
> Du nicht bald, mir beizustehen?[20]

Brecht bleibt argwöhnisch: August/September desselben Jahres konstatiert er: „Merkwürdigerweise freue ich mich nicht darüber, daß das ganze Theater über Deine Beine spricht. Wirst Du dort eigentlich keine künstlerische Aufgabe kriegen?"[21]

Beinahe flehentlich, seine Verwundbarkeit und Verlustängste kaum kaschierend, schreibt er schließlich im November 1921:

> Ich mag nicht mehr, daß Du zu Hagemann gehst, bitte lehne die Einladungen ab. Ziehe es auch nicht hinaus, sondern erledige es. Sage ihm deutlich: ich will nicht und ich werde verhindern, dass Sie sich verlieben. Oder sage ihm von mir, wenn nötig.[22]

Man weiß nicht, ob es letztlich zu einer Liaison gekommen ist oder nicht: Der Schriftsteller und Bühnenleiter Carl Hagemann hätte sehr wohl ins Bild und zu Marianne Zoffs „Zielgruppe" gepasst: Der wohlhabende Recht konnte die schöne Marianne mit finanziellen Mitteln halten; sie machte keinen Hehl daraus, sich „Pelzmäntel, Ringe, Kostüme schenken zu lassen."[23] Hagemann hingegen trat, nur wenige Wochen nach Brechts bittenden Brief, zu Beginn des Jahres 1922 gar die Stelle des Intendanten des Nassauischen Landestheaters in Wiesbaden an, in der Stadt, in die das neue Engagement sie geführt hatte. Weitere Engagements, beruflich profitable persönliche Verbindungen hätten da zum Greifen nahe gelegen.[24] Was hatte ihr dagegen der damals unbekannte Brecht zu bieten? Lassen wir ihn selbst antworten: „Ich kann sie nicht bezahlen und nichts für sie. Und was bin ich? Ein kleines, freches Knäuel, man sieht mein Gesicht noch nicht, ein kreditiertes Versprechen."[25]

Damit ist ein Thema berührt, welches Aufschluss gibt über eine wichtige Seite jenes „Kokottentums" der Marianne Zoff, wie Brecht es ausdrückt. Denn so sehr der junge Autor auch immer wieder geneigt war, seine Frau als Hure zu verunglimpfen, eine andere Eigenschaft Zoffs verschwieg er stets: ihre ausgeprägte künstlerische Mittelmäßigkeit. Geht es um Brechts erste Frau, ist stets von der „Opernsägerin" Marianne Zoff die Rede. Und nicht ungern, schon in ihrer Augsburger Zeit, ließ sie sich, in Hauptrollen-Kostümen posierend, fotografieren, z. B. als „Carmen" oder als „Rosenkavalier."[26] Dabei hatte sie diese Rollen bestenfalls vertretungsweise oder gar nicht gesungen. Die Liaison mit Marianne Zoff passte gut zu dem Image, das Brecht sich in dieser Zeit zuzulegen bemühte. Der Bürgerschreck, der, mit gerade einmal Anfang zwanzig, anstößige Texte schreibt, seine Promiskuität offen auslebt, sich zelebriert, unehelicher Kinder rühmt und nun gar „mit der schönsten Frau Augsburgs" ein Verhältnis hat, die nicht zuletzt durch ihre schwarzen Haare, ihren dunklen Teint, also ihr exotisches Aussehen,[27] die Blicke auf sich zog. Wenn das nicht ziert!

Dass ihn ihr „Kokottentum" aber immer wieder verletzte, aufs Tiefste traf, ist nicht anzuzweifeln.[28] Aber diese „Schwäche" konnte Brecht in entspannteren Zeiten stilisieren. In Gedichten versah er sich, sich selbst idealisierend, mit dem Image des Bohemiens, der eben auch mit Huren verkehrt und sogar mit ihnen liiert sein kann, etwa in der *Ballade von der Hanna Cash*.[29] Aber sein Selbstbewusstsein, seinen Stolz auf die schöne, wenn auch ältere Geliebte definierte er eben auch durch deren

Künstlertum: Nicht nur Blickfang sollte sie sein, nein, auch begnadete Sängerin. Eine Diva – und Brecht an ihrer Seite!

Mit Mariannes Zoffs Können jedoch war es nicht weit her. Es stand sogar ausgesprochen schlecht darum; wesentlich schlechter als bisher vermutet und behauptet. Mag sein, dass die Eitelkeit es dem jungen Schriftsteller verbot, sich dies einzugestehen oder gar gegenüber anderen anzusprechen und sei es in größter Wut, oder dass er ihre Mittelmäßigkeit nicht hinreichend durchdrang: Er war von den Sangeskünsten Zoffs angetan und zeigte sich auch noch nach ihrem Weggang nach Wiesbaden davon beeindruckt. Als sie hier in Wagners *Rheingold* sang, war Brecht zwar von der Oper angewidert, ihre Fähigkeiten allerdings überzeugten ihn nach wie vor: „Erstaunlich einzig Mariannes schöne, zarte Stimme."[30] Und dies, obwohl sich in Wiesbaden innerhalb weniger Wochen andeutete, dass sie sich auch hier mit ihren künstlerischen Fähigkeiten nicht würde etablieren können. Noch im Dezember 1921 erhielt sie einen Brief von Hagemann, zu dieser Zeit noch Bühnenleiter, in dem er ihr offenbar mitteilte, dass ihr Vertrag nicht verlängert werde.[31] Wie auch immer sich die Verbindung zu Hagemann als dem neuen Intendanten im Einzelnen gestaltet haben mag, sie führte letztlich nicht zu einer weiteren Anstellung der Zoff. Unklar bleibt, inwieweit Brechts Insistieren – er legte Marianne Zoff immer wieder nahe, nicht länger in Wiesbaden zu bleiben[32] – dabei eine Rolle spielte. Jedenfalls stellt er November/Dezember 1921 erleichtert fest: „Ich bin froh darüber, daß Du anscheinend das Richtige tust bei Hagemann, man darf ihm keinen kleinen Finger reichen. Laß Dich nicht einwickeln mit Kunst."[33]

*

Tatsächlich verlief Marianne Zoffs Karriere keineswegs rühmlich. Sie wurde am 30. Juni 1893 in Hainfeld (heute Tschechien, damals Deutsches Reich) geboren, erhielt nach dem Abitur Schauspiel- und Gesangsunterricht und wollte Opernsängerin werden. Nachdem sie mit kleinen Rollen als Mezzosopranistin in Wien aufgetreten war, folgte für die Spielzeit 1919/1920 ein Engagement an das Augsburger Stadttheater. Wie dieses zustande kam, weiß man nicht. Sie debütierte am 23. September 1919 in der Rolle der Mercédés, eines Zigeunermädchens in Bizets Oper *Carmen*. Wenig später lernte Brecht sie kennen, der sie, vermutlich mit Hilfe seines Presseausweises, einfach in der Theatergarderobe aufsuchte und ihr Komplimente machte. Vertretungsweise sang sie am 30. November die Partie der Carmen. In der Titelrolle enttäuschte sie jedoch, wie die für damalige Verhältnisse selten deutliche Besprechung in den *Augsburger Neuesten Nachrichten* außer Zweifel stellt: Der Rezensent weist hier nicht nur auf spielerische, sondern explizit auch auf gesangliche Schwächen hin. Marianne Zoff hielt auch gesanglich, besonders in den tieferen Lagen, den kräftigeren Orchesterklängen nicht stand. In musikalischer Beziehung geriet ihr der zweite Akt am wenigsten, da hier neben einigen entschuldbaren Vergesslichkeiten auch eine schlimmer zu bewertende Entgleisung passierte: das deutlich hörbare Trompetenduett hinter der Szene hätte sofort auf den Pfad musikalischer Tugend zurückführen müssen.[34]

Nach Lage der Dinge scheint sich der Autor dieser bereits an anderer Stelle zur Kenntnis genommenen Besprechung[35] noch höflich zurückzuhalten, indem er zwar auf die „Entgleisung" hinweist, sie aber nicht konkretisiert, offenbar voraussetzend, dass der Besucher der Aufführung im Nachhinein weiß, was gemeint ist. Jedenfalls handelte es sich um alles andere als einen „Achtungserfolg," den Marianne Zoff errungen habe,[36] auch wenn der Rezensent am Anfang der Darstellung ihres Auftritts einräumt, dass sie im ersten Akt „allerbeste Hoffnungen"[37] erweckt habe. Was folgt, ist nichts anderes als ein gnadenloser Verriss.

Weiterhin heißt es in der Literatur[38] über Marianne Zoff, dass sie in der folgenden Zeit in Augsburg nur recht spärlich eingesetzt wurde, weshalb sie nach der Spielzeit 1920/21 nach Wiesbaden gegangen sei.[39] Sehr aufschlussreich ist ein genauerer Blick auf das Augsburger Engagement der Sängerin. Um hier zu konkreten Ergebnissen zu gelangen, wurden erstmals sämtliche Theaterprogramme und -zettel aus Marianne Zoffs Zeit am Augsburger Stadttheater gesichtet und ausgewertet.[40] Folgendes Bild ergibt sich:

In der Zeit vom 23. September 1919 (ihr Augsburger Debüt als Zigeunermädchen in *Carmen*) bis 16. Mai 1921 (sie sang bei ihrem letzten Auftritt die Waltraute in Wagners *Walküre*) wurde Marianne Zoff insgesamt 57mal in 18 verschiedenen Inszenierungen des Musiktheaters eingesetzt. Was zunächst gar nicht so wenig erscheint, relativiert sich, wenn man sich die damaligen Spielpläne deutscher Theater anschaut. Sie dokumentieren, dass es wesentlich mehr Inszenierungen gab als heutzutage, besonders im Bereich des Musiktheaters. So gab es während Zoffs Augsburger Zeit etwa zehn Inszenierungen von Opern mit mehrfachen Aufführungen, bei denen sie gänzlich unberücksichtigt blieb, darunter bekannte Werke wie Mozarts *Don Giovanni*, Beethovens *Fidelio*, Webers *Freischütz*, Wagners *Siegfried* und Verdis *Aida*. Sie wurde in der Tat nur selten eingesetzt und dies, von vier Ausnahmen abgesehen, während ihrer gesamten Augsburger Zeit nur in Nebenrollen, wie z.B. als die „zweite Dame der Königin" in Mozarts *Zauberflöte* oder eine „brabantische Edle" in Wagners *Lohengrin*. Marianne Zoff konnte sich zu keiner Zeit durchsetzen, nie ein Profil als Sängerin gewinnen, das bessere und häufigere Besetzungen hätte rechtfertigen können.[41] Und keineswegs ist es so, dass ihr Augsburger Engagement lediglich eine Station auf dem steinigen Weg zu einer erfolgreichen Mezzosopranistin markiert hätte. Es blieb bei ihrer Mittelmäßigkeit, die verhinderte, dass sie sich auf den Bühnen zumindest halbwegs bedeutender Theater durchsetzen konnte. In Wiesbaden bekam sie wieder nur kleinere Rollen. Auch später sollte sich nie eine erwähnenswerte Karriere als Sängerin anschließen.

Bedeutsam für ihre gesamte Augsburger Zeit ist indessen das Scheitern in der Rolle der Carmen am 30. November 1919. Es sollte ein Scheitern markieren, das sich fortsetzte und in der Öffentlichkeit durchaus wahrgenommen wurde. Hier ist nicht nur auf die Besprechung in den *Augsburger Neuesten Nachrichten* hinzuweisen, sondern auch auf die außergewöhnlich lange Auftrittspause, die anhand der Theaterprogramme unmittelbar nach Marianne Zoffs Debüt als Carmen nachzuweisen und mit Abstand die längste während ihres Augsburger Engagements ist. Erst am 28. Dezember 1919 durfte sie wieder singen, und zwar in der Rolle der Fuhrmannsfrau Lola in *Cavalleria rusticana* von Mascagni, die sie vor ihrem Auftritt als Carmen schon gesungen hatte. Sehr offensichtlich ist es so, dass Marianne Zoff nach ihrem Misserfolg als Carmen für eine Zeit aus den Besetzungslisten gestrichen wurde, um sie aus der „Schusslinie" zu nehmen, sie möglicherweise zu schützen, um sie dann, nachdem ihr Auftritt etwas an Aktualität verloren hatte, wieder in Nebenrollen einsetzen zu können. In einem Gespräch, das Marianne Zoff mit dem Journalisten Willibald Eser führte, erzählt sie, dass die Carmen gar ihre allererste Rolle in Wien gewesen sei und dass sie mit dieser Rolle „einen großen Erfolg" gehabt habe: „Sie bietet ja auch fabelhafte Möglichkeiten. Ich sang Mezzo-Sopran und gefiel den Leuten. Was will man als blutjunges Mädchen mehr? Ich bitt´ Sie."[42]

Zu einem zweiten Versuch, Marianne Zoff eine größere Rolle singen zu lassen, kam es erst wieder Monate später. Am 11. März 1920 durfte sie den Cherubino aus Mozarts *Figaros Hochzeit* singen, jener Oper, die Brecht Monate zuvor wohl zum Einakter *Die Hochzeit* inspiriert hatte. In dieser „Hosenrolle" fand der Kritiker sie „ausgezeichnet," fügt aber gleich an, dass ihr „herbes, resonanzloses Organ"[43] schließlich auch gut zu Männerrollen passe.

Wie noch heute in der Weihnachtszeit nicht unüblich, wurde am 28. Dezember 1920 Engelbert Humperdincks Kinder-Oper *Hänsel und Gretel* aufgeführt. Marianne Zoff bekam die Titelrolle des Hänsel. Dies führte dazu, dass sie abermals zum Mittelpunkt einer Besprechung wurde, die einen Tag später in den *Augsburger Neuesten Nachrichten* erschien. Konnte bei der Kritik ihres ersten und auch zweiten Auftritts in einer größeren Rolle bei aller Deutlichkeit noch eine gewisse Zurückhaltung der Debütantin gegenüber konstatiert werden, so hatte sich dies nun grundlegend geändert:

Theater und Musik.
Stadttheater.
„Hänsel und Gretel".

Humperdincks volkstümliche Märchenoper, die gewohnte Weihnachtsgabe unseres Stadttheaters, die letztes Jahr vor Pitzners „Christelflein" das Feld räumen mußte, trat heuer mit einer kleinen Verspätung wieder in ihre alten Rechte. Trotz dieser Verspätung noch zu früh, da manches unausgeglichen, unausgereift herauskam. Die beiden ersten Aufzüge, welche pausenlos abrollten, hatten — zum Teil infolge Unsicherheit — zu wenig Leben; erst im dritten brach einiger Kinderhumor durch. Daß Frl. Zoff als Hänsel eine so blasse Kopie von bubenhaftem Spiel bieten könne, war uns eine sonderbare Ueberraschung; auch gesanglich war vieles Unsichere und tonlich Unstete in Kauf zu nehmen, falls in der mittleren und tiefen Lage überhaupt etwas zu hören war. An die Bombenstimme von Frl. Panzer (1918) durfte man nicht zurückdenken. Gesanglich und darstellerisch ungleich sicherer, freier und origineller war die Gretel des Frl. Jessel. Das distret gesetzte, aber doch ungeheuer polyphone Orchester Humperdincks verlangt von dem Geschwisterpaar ausgiebige Singstimmen und dazu auch eine musterhafte Aussprache, um so mehr als die Musik meist lebhafte Weisen und kurze Notenwerte vorschreibt. Das Elternpaar (Frl. Scheyer und Herr Ditter) war weit besser, insbesondere der Besenbinder Ditters in seiner markigen Stimmkraft und gelungenen Erscheinung eine erstklassige Leistung. Frl. Anni Kißling machte sich zu einem charakteristischen Typ von abstoßender Hexe; auch wohltuend sicher in ihrem nicht leichten Part, scheint die vortreffliche Künstlerin nur für eine derartige Rolle noch zu viel zu „singen". Das melodiöse Sandmännchenlied erledigte Frl. Schmiemann mit ihrer schönen, nach unten zu leider etwas klangarmen Stimme; das Taumännchen sang sehr hübsch Frl. Röschlein, die arg lieb aussah, aber in Uebereinstimmung mit der Orchestereinleitung einen frischen Sausewind, einen ecken Morgensonnenstrahl mimen sollte. In vielen solchen „Kleinigkeiten" müßte die leitende Hand des Regisseurs nachhelfen, die sich hier namentlich in den ersten zwei Akten manche Wirkungsmöglichkeit hatte entgehen lassen. Der Prospekt der Himmelsleiter war neu, doch wollten die Lichteffekte nicht gleich parieren.

Der zuverlässige musikalische Führer war Herr Tutein, der selbstverständlich die reiche Polyphonie des Orchesters unmöglich in eine akustische Linie mit der Stimmbefähigung der beiden Hauptgesangskräfte bringen konnte. Die kleine Flöte war am Anfang, weil uneingeblasen, viel zu tief, und die Echostimmen im Walde detonierten nach der Höhe, was bei einem Widerhall in der Natur nicht vorkommt. Jedenfalls aber war ein ernstes Streben des Kapellmeisters unverkennbar; das sicher studierte Schlußensemble bewies es.

Das Haus war gut, aber nicht voll besetzt. Viel Kinderlein horchten und guckten dem musikalischen Märchen zu, aber das Theater scheint sich mit „Peterchens Mondfahrt", mit „Max und Moritz" selber Konkurrenz zu machen. Ist übrigens Humperdincks Oper ein Kinderstück? Zur Zeit der Erstaufführungen vor nahezu dreißig Jahren nannte mancher die großartig kontrapunktische Polyphonie dieser Musik allzu schwere Kost für den Kindergaumen. Ob die Jugend von heutzutage vielleicht mehr Verständnis für den aparten Satz, für die instrumentale Kunst dieser Partitur besitzt? dr.

Augsburger Neueste Nachrichten 59/593, 29. 12. 1920.
© Staats-und Stadtbibliothek Augsburg.

> Daß Frl. Zoff als Hänsel eine so blasse Kopie von bubenhaftem Spiel bieten könne, war uns eine sonderbare Überraschung; auch gesanglich war vieles Unsichere und tonlich Unstete in Kauf zu nehmen, falls in der mittleren und tiefen Lage überhaupt etwas zu hören war. An die Bombenstimme von Frl. Panzer (1918) durfte man nicht zurückdenken. Gesanglich und darstellerisch ungleich sicherer, freier und origineller war die Gretel des Frl. Jessel...Der zuverlässige musikalische Führer war Herr Turein, der selbstverständlich die reiche Polyphonie des Orchesters unmöglich in eine akustische Linie mit der Stimmbefähigung der beiden Hauptgesangskräfte bringen konnte.[44]

Der Verriss gewinnt eine besondere Schärfe, weil er Marianne Zoffs Fähigkeiten nicht nur gegen die – offensichtlich bessere – zweite Titelrolle ausspielt, sondern auch unterstellt, dass ihr Nichtkönnen dazu geführt habe, dass beide Partien und Orchester nicht recht in Einklang zu bringen waren.

Abermals folgten spärliche Auftritte in Nebenrollen, bis ihr knapp drei Monate später letztmalig die Gelegenheit geboten wurde, sich in einer größeren Rolle zu profilieren. Marianne Zoff konnte, insgesamt dreimal, die Dorabella in Mozarts *Cosi fan tutte* singen. Brecht schreibt: „Ihr Spiel ist sehr schön, ruhig und graziös, und sie singt leicht trällernd, lerchenhaft."[45] In diesem Zusammenhang nun kann, wie Hiltrud Häntzschel es tut,[46] erstmals auf eine eindeutig positive Kritik verwiesen werden, die Brecht geradezu sekundiert:

> Die Dorabella Frl. Zoffs war ganz Stil, von der spielerischen Leichtigkeit der Tonführung, wie der Behandlung der buffonesken Schnellsprechmanier der Rezitative, der Leichtigkeit des Spiels, bis zur kleinsten Geste.[47]

Und nochmals Brecht in diesem Zusammenhang: In „den Blättern steht Glänzendes über ihre Dorabella."[48] Mehr noch: Werner Hecht zitiert einen kurzen Zeitungsartikel über Marianne Zoffs Weggang aus Augsburg vom 16. April 1921, in dem es heißt, ein Professor Mannstedt habe sie aufgrund ihrer Rolle als Dorabella gleich ans Nassauische Landestheater in Wiesbaden verpflichtet „und zwar als erste Vertreterin des Charakterfaches."[49] Offensichtlich ohne eingehenderes Quellenstudium betrieben zu haben, leitet Hecht davon ab: „Die guten Kritiken ebnen Marianne Zoff die Anstellung in Wiesbaden."[50]

Doch dies spiegelt nicht das komplette Bild, denn es existiert noch eine bisher nicht wahrgenommene Kritik in den *Augsburger*

Neuesten Nachrichten, die alles andere als wohlmeinend ausfiel und Hechts Folgerungen und Häntzschels Resümee, Marianne Zoff habe als Dorabella nicht nur die Kritiker bezaubert,[51] derart verallgemeinernd als anzweifelbar erscheinen lässt. Abermals wird die Sängerin der zweiten weiblichen Hauptpartie entgegengestellt:

> Elisabeth Delius gab die lilienblumige Schwester mit so viel Geschmack und schönem Gesang, als man billig von einer ausgesprochen dramatischen Stimme verlangen kann; ihre großen Arien, die weit in Höhe und Tiefe ausgreifen, waren hoch anerkennenswerte Leistungen. Marianne Zoff umkleidete die Dorabella mit dem Charme einer echten Rokokoerscheinung, ohne freilich im Gesanglichen ganz über die Mängel ihrer Ausbildung hinweggehen zu können...Die Offiziersrollen waren bei Schwarz und Kremer in guten und besten Händen (die Frage Guglielmos ‚Was pocht denn so hier?' muß auf Dorabellens Brust bezogen werden).[52]

Ein weiterer Verriss, der nicht gänzlich einer gewissen Subtilität entbehrt und die Sängerin mit feinsinnigem Humor auf das reduziert, was sie vermeintlich wirklich ausmachte – und das offenbar nicht nur in den Augen des Rezensenten: auf ihr Aussehen und ihren Habitus. Sogar die zitierte wohlmeinende Besprechung der Beilage der *München-Augsburger Abendzeitung* bestätigt im Weiteren, dass die Erscheinung der Sängerin und ihr gestisches Talent eine große Rolle spielten: „Als besonders ergötzlich darf ihr stummes Spiel im Finale des zweiten Aktes genannt werden."[53]

Während die in Hauptrollen dieser Zeit standardmäßig eingesetzte Elisabeth Delius mit – so der Kritiker der *Augsburger Neuesten Nachrichten* – „hochanerkennenswerter gesanglicher Leistung" hervortritt, überzeugt Marianne Zoff durch ihre „Rokokoerscheinung." Akzentuiert wird diese Gegenüberstellung mit der – witzigen, wenn auch zweifellos unverschämten – Bemerkung über ihre Brust, die Guglielmos Frage wohl provoziert habe. Dieses wiederum lässt Rückschlüsse auf Zoffs auch öffentliches Auftreten in Augsburg zu, das, wie nur wenig später in Wiesbaden, nicht zuletzt durch Kokettieren mit ihrer Schönheit geprägt gewesen sein dürfte.

Aber noch ein letztes Mal zur Besprechung im *Stadt-Anzeiger*: Sie entspringt offenbar einer singulären Meinung. Dies lässt sich nicht ausschließlich von der überwiegenden Zahl der negativen Stimmen ableiten, sondern der Rezensent räumt es selbst ein: Er kritisiert nämlich, dass Marianne Zoff „viel zu selten und meist am unrechten Platze beschäftigt"[54] werde. Dies dürfte die vorangegangenen eineinhalb Jahre ihres Augsburger Engagements widerspiegeln: Marianne Zoff kam am Stadttheater in der Tat nur spärlich zum Zuge; sie konnte also weder die Spielleitung, noch die Kritiker, noch das Publikum von ihren Fähigkeiten als Sängerin überzeugen.

Nach ihren Auftritten als Dorabella sang Marianne Zoff noch zweimal in Nebenrollen, und damit war ihre Augsburger Zeit beendet. Es ist unbekannt, ob ihr Engagement nicht verlängert oder vorzeitig beendet wurde oder ob sie gar von sich aus die Konsequenzen aus ihren oft nicht einmal mediokren Auftritten zog. Als Quelle liegt hier lediglich der von Hecht zitierte Zeitungsartikel vor. Fest steht, dass ihre anhaltende, über zwei Spielzeiten währende Erfolglosigkeit eine längere Anstellung am Augsburger Stadttheater unmöglich gemacht hätte und jener Professor Mannstedt sich kaum schwer getan haben dürfte, die Sängerin von Augsburg wegzulocken. Ob er sie, wie ehemals Brecht, gleich in ihrer Garberobe besucht und ihr Komplimente gemacht hatte, ist ebenfalls unbekannt, wäre aber interessant zu wissen.

Das, was Brecht mit Bezug auf seine spätere Frau als „Huren- oder Kokottentum" anprangerte, hatte offensichtlich seinen guten wirtschaftlichen Grund. Marianne Zoffs finanzielle Ansprüche auf der einen Seite und ihr berufliches Können auf der anderen klafften weit auseinander. Also ließ sie sich von Männern aushalten. Sie konnte sich Brecht zugunsten gar nicht von Oskar Camillus Recht trennen, da weder Brecht noch sie selbst für ihren aufwändigen Lebensunterhalt hätten sorgen können und sie gleichzeitig keineswegs zu einem bescheideneren Lebenswandel bereit war. Klar ist auch, Brechts Briefe und Notate aus Marianne Zoffs Wiesbadener Zeit stellen dies außer Zweifel, dass andere finanziell potente oder einflussreiche Männer gefolgt wären, hätte sie sich tatsächlich von Recht getrennt – zumindest solange, bis Brecht sich als erfolgreicher Schriftsteller etabliert hätte. Gerade darum bemühte er sich in dieser Zeit enorm; nicht nur, aber gewiss auch, um Marianne Zoff zu beeindrucken und um für sie finanziell unabhängiger zu sein. Und dies unter der permanenten „Bedrohung," Marianne könne sich mit anderen Männern abgeben:

> In den Geschäften gehe ich stiermäßig vor, erwarte nicht viel und benütze alles...Arbeite doch und lies, statt des Tanzens, aber Du tanzt ja wohl auch nicht! Lies Döblin und Dostojewski an den Abenden und trainiere Dich im Alleinsein.[55]

schreibt Brecht November/Dezember 1921 in beinahe anrührend hilfloser Weise mit der Absicht, Zoffs profitorientierten Umgang mit Männern zu verhindern, indem er sie auffordert, sich doch lieber mit Literatur zu befassen.

Wie sich die Beziehung zwischen Brecht und Marianne Zoff weiter entwickelte, sei hier nur kurz wiedergegeben: Im Sommer 1922 gab Paula Banholzer ihren und Brechts Sohn für einige Monate zu Marianne Zoff. Diese wurde abermals von Brecht schwanger. Oskar Camillus Recht, immer noch präsent, suchte Paula Banholzer auf, um sie darüber in Kenntnis zu setzen, woraufhin es in München zu einer Aussprache zwischen Brecht und beiden Frauen kam. Brechts und Marianne Zoffs Tochter Hanne wurde am 12. März 1923 geboren, bereits im Dezember 1922 allerdings war Brecht seiner späteren zweiten Frau Helene Weigel begegnet.

Marianne Zoff erhielt 1925/26 nochmals ein Engagement in Münster/Westfalen, nachdem sie sich vergebens um ein solches in Wien bemüht hatte. Brecht nahm die Ehe mit ihr immer weniger ernst; geschieden wurde er am 16. September 1928. Schon am 3. November 1924 war Brechts und Helene Weigels gemeinsamer Sohn Stefan geboren worden. Dennoch wurde auch Marianne Zoff im Sommer 1925 erneut von ihm schwanger. Brechts Ansicht einem weiteren Kind gegenüber hatte sich zwischenzeitlich allerdings grundlegend geändert.[56] Keineswegs mehr bezeichnet er Marianne Zoff in Zusammenhang mit einer möglichen Abtreibung als „Hure." Er befürwortet, die Angst vor einem weiteren unehelichen Kind im Nacken, in zuckersüßem, überredendem Tonfall nicht nur eine solche, sondern weiß, dank seines alten Augsburger Freundes, des Arztes Otto Müllereisert, gleich auch Rat, wie ein Abbruch bzw. Abgang herbeigeführt werden könne:

> Liebste Mariandel, Maschinko, Mäsche,
> 1) Wenn Du das Kind willst, dann bekomm´s
> 2) Wenn nicht (und klüger ist´s, zu warten, denn jetzt kostet´s 6000 Mark und Deine Bühnenlaufbahn für immer und im Frühling kannst Du Zwillinge haben. Du weißt, daß ich von Dir so viele Kinder will, als ich haben kann), dann warte auf meinen Brief von morgen Mittag mit einem Rezept Ottos. Otto ist jetzt in München, um mit dem zu reden, von dem wir sprachen – für alle Fälle![57]

Im darauf folgenden Brief an Marianne Zoff heißt es, Otto

> brachte ein Rezept mit, das gut ist und das Du unter allen Umständen, vor du was anderes tust, probieren musst. Also Du musst in der Apotheke chininum sulfuricum Tabletten...verlangen, insgesamt zehn Stück...Wenn die Apotheker fragen wofür, sag wegen Malaria, die Du gehabt hast.[58]

Der Versuch, die Schwangerschaft zu unterbrechen, war offensichtlich von Erfolg gekrönt, über ein weiteres Kind Brechts und Marianne Zoffs ist jedenfalls nichts bekannt. Ihrer Lebensausrichtung offensichtlich treu bleibend, heiratete Marianne Zoff später den bekannten Schauspieler Theo Lingen, mit dem sie schon länger eine Beziehung hatte. Dieser verstand sich später mit Brecht passabel, trat gar über zweihundert Mal als „Mackie Messer" in der *Dreigroschenoper* auf und kümmerte sich um dessen Tochter Hanne. Zunächst allerdings stand Brecht Lingen keineswegs unvoreingenommen gegenüber: Noch Ende März/Anfang April 1926 bezeichnet er ihn in einem Brief an Marianne Zoff, in dem er sich vorgeblich um die Erziehung der gemeinsamen Tochter sorgt, als „minderwertigen Menschen," „der mir verhaßt und verdächtig ist und mit dem Du schläfst und also in einer Beziehung stehst, die keine Atmosphäre für ein kleines Mädchen schafft."[59]

Unter allen Frauengeschichten Brechts markiert die Beziehung mit Marianne Zoff einen wichtigen Wandel. Vor ihr hatte sich Brecht jungen, naiv-bodenständigen Augsburger Frauen genähert. Diese konnte er, noch keineswegs erfüllt mit übergroßem Selbstbewusstsein und schüchtern trotz allem antibürgerlichen Impetus, beeindrucken, sich ihnen überlegen fühlen. Zu nennen sind hier in erster Linie Rosa Maria Amann und jene „charakterlich-autonome"[60] Paula Banholzer. Marianne Zoff hingegen ist die Frau, die für Brechts offen ausgelebte, prononcierte Antibürgerlichkeit steht und werkgeschichtlich am ehesten mit der *Hauspostille* zu verbinden ist, darüber hinaus mit seiner Entwicklung zum „neusachlich" auftretenden Individualisten, zum Provokateur, der rücksichtslos Konventionen bricht, für die „Außenansicht" Abgebrühtheit zelebriert und sich gar mit einer vermeintlichen Diva schmücken kann. Sein Empfinden hingegen erweist sich dabei, wenn auch oft durch Selbststilisierung verfremdet, als erstaunlich gewöhnlich, verwundbar, bisweilen gar kleinbürgerlich.

Schon während dieser Jahre war Brecht zunehmend angetan von einem anderen Frauentyp, trotz der anhaltenden emotionalen Bindung an Marianne Zoff. Helene Weigel, seine zweite Frau, ist hier als exemplarischste, zweifellos wichtigste und bekannteste, wenngleich nicht einzige noch folgende zu nennen. Wie Weigel verkörpern Elisabeth Hauptmann, Ruth Berlau, aber auch die Schauspielerin Carola Neher eigenständige Frauen, die in der Lage waren, ihr Selbstbewusstsein von ihren intellektuellen oder künstlerischen Begabungen abzuleiten. Dass es in der ersten Hälfte der zwanziger Jahre alle drei Frauentypen gab, die einander sukzessive ablösten, die eher biederen Augsburgerinnen, die aufsehenerregende, aber talentlose Marianne Zoff, die Persönlichkeiten a là Helene Weigel, zeugt vom tiefgreifenden Entwicklungs- und Orientierungsprozess, den Brecht in dieser Zeit durchlebte.

Anmerkungen

1   Bertold Brecht, *Werke: Große Berliner und Frankfurter Ausgabe*, Bd. 26, Werner Hecht u.a., Hrsg. (Berlin, Frankfurt/Main: Aufbau und Suhrkamp, 1987-2000), S. 211.

2   Bertolt Brecht, *Briefe an Marianne Zoff und Hanne Hiob*, Hanne Hiob, Hrsg. (Frankfurt/Main: Suhrkamp, 1990).

3   Vgl. Paula Banholzer, *So viel wie eine Liebe. Der unbekannte Brecht. Erinnerungen und Gespräche*, Axel Poldner und Willibald Eser, Hrsg. (München: Universitas, 1981); darin: „Marianne Zoff-Lingen-Brecht erzählt Willibald Eser über ihre Zeit mit Brecht." S. 155-193.

4   Vgl. Werner Mittenzwei, *Das Leben des Bertolt Brecht oder Der Umgang mit den Welträtseln*, Bd. 1 (Frankfurt/Main: Suhrkamp, 1987), S. 140-153; S. 208-211; Jürgen Hillesheim, *Augsburger Brecht-Lexikon* (Würzburg: Königshausen & Neumann, 2000), S. 184-186.

5   Mittenzwei, *Das Leben*, S. 144.

6   Vgl. BFA 26, S. 212.

7   Vgl. hierzu: Jürgen Hillesheim, *Bertolt Brecht – Erste Liebe und Krieg. Mit einem bislang unbekannten Text und unveröffentlichten Fotos* (Augsburg: Verlagsgemeinschaft Augsbuch, 2008), S. 78-83.

8   Vgl. hierzu z.B. die umfassende neuere Darstellung von Ana Kugli, *Feminist Brecht? Zum Verhältnis der Geschlechter im Werk Bertolt Brechts* (München: M-Press, 2006).

9   Vgl. hierzu: Klaus Theweleit, *Männerphantasien*, Bd. 1 (Reinbek: Rowohlt, 1980), S. 170.

10   Ebd., S. 170f.

11   Ebd., S. 171.

12   Vgl. Genia Schulz, „Ballade von der Hanna Cash. Lektionen über die Liebeskunst," in Hans-Thies Lehmann und Helmut Lethen, Hrsg., *Bertolt Brechts Hauspostille* (Stuttgart: Metzler, 1978), S. 173-203; hier S. 195.

13   Vgl. Herbert Frenken, *Das Frauenbild in Brechts Lyrik* (Frankfurt/Main, Berlin, Bern: Lang, 1993), S. 176-235.

14   Vgl. Mittenzwei, *Das Leben*, S. 141f.

15   Vgl. Jürgen Hillesheim, *„Ich muß immer dichten." Zur Ästhetik des jungen Brecht* (Würzburg: Königshausen & Neumann, 2005), S. 277-289.

16   Vgl. z. B. BFA 26, S. 255.

17   BFA 28, S. 190.

18   Vgl. BFA 11, S. 65-68.

19   BFA 26, S. 203.

20   BFA 28, S. 123.

21   Ebd., S. 126.

22   Ebd., S. 136.

23   Vgl. BFA 26, S. 177.

24   Vgl. hierzu: Hiltrud Häntzschel, *Brechts Frauen* (Reinbek: Rowohlt, 2002), S. 51.

25   Ebd.

26   Vgl. *Briefe an Marianne Zoff und Hanne Hiob*, Abb. 3 und 4.

27   Vgl. BFA 26, S. 189 bzw. BFA 28, S. 118, S. 135 und S. 211.

28   Vgl. hierzu auch: Mittenzwei, *Das Leben*, S. 145.

29   Vgl. hierzu: Hillesheim, *„Ich muß immer dichten,"* S. 277-289.

30   BFA 28, S. 256.

31　Vgl. hierzu: Brecht, *Briefe an Marianne Zoff und Hanne Hiob*, S. 39.

32　Vgl. BFA 28, S. 137f.

33　Ebd., S. 139.

34　*Augsburger Neueste Nachrichten*, 01.12.1919, S. 4.

35　Vgl. Hillesheim, *„Ich muß immer dichten,"* S. 28.

36　Vgl. Häntzschel, *Brechts Frauen*, S. 37.

37　Vgl. *Augsburger Neueste Nachrichten*, 01.12.1919, S. 4.

38　Vgl. Hillesheim, *„Ich muß immer dichten,"* S. 280.

39　Vgl. ders., *Augsburger Brecht-Lexikon.*, S. 185.

40　Sämtliche Dokumente befinden sich im Bestand der Staats- und Stadtbibliothek Augsburg, deren Direktor, Dr. Helmut Gier, ich herzlich für ihre Bereitstellung danke.

41　John Fuegi spricht von Marianne Zoffs „wunderbarem Mezzosopran", als habe er ihn selbst gehört. Von ihren Augsburger Auftritten leitet er eine „erfolgreiche Karriere" ab. Die Aufzählung allerdings ist unvollständig, so fehlt z. B. Cherubino aus Mozarts *Figaros* Hochzeit, Hänsel aus Humperdincks *Hänsel und* Gretel und Dorabella aus Mozarts *Cosi fan tutte*. Fuegi nimmt auch nicht zur Kenntnis, dass Marianne Zoff die Carmen nur singen durfte, weil die für diese Rolle eigentlich vorgesehene Sängerin erkrankt war. Seine Meinung, Marianne Zoffs Augsburger Zeit sei von Erfolg gekrönt gewesen, resultiert aus mangelnder Kenntnis der Operngeschichte: Fuegi zählt – wie gesagt: unvollständig – ihre Auftritte auf, hält auch einzelne Rollen fest, vermag es dabei aber offensichtlich nicht, die Hauptpartien von den Nebenrollen zu unterscheiden. Vgl. John Fuegi, *Brecht & Co. Biographie* (Hamburg: Europäische Verlagsanstalt, 1997), S. 102f.

42　*Marianne Zoff-Brecht-Lingen erzählt Willibald Eser über ihre Zeit mit Brecht*, S. 156.

43　*Augsburger Neueste Nachrichten*, 12. März 1920 (Abendausgabe), S. 4.

44　Ebd., 29. Dezember 1920 (Abendausgabe), S. 3.

45　BFA 26, S. 190.

46　Vgl. Häntzschel, *Brechts Frauen*, S. 46.

47　*Stadt-Anzeiger für Augsburg*. Beilage der *München-Augsburger Abendzeitung*, 19. März 1921, S. 1.

48　BFA 21, S. 200.

49　Werner Hecht, *Brecht Chronik. 1898-1956*. (Frankfurt/Main: Suhrkamp, 1997), S. 113.

50　BFA 21, S. 556.

51　Vgl. Häntzschel, *Brechts Frauen*, S. 39.

52　*Augsburger Neueste Nachrichten*, 17. März 1921 (Abendausgabe), S. 2.

53　*Stadt-Anzeiger für Augsburg*. Beilage der *München-Augsburger Abendzeitung*, 19. März 1921, S. 1.

54　Ebd.

55　BFA 28, S. 139f.

56　Vgl. hierzu Häntzschel, *Brechts Frauen*, S. 59f.

57　BFA 28, S. 232.

58　Ebd., S. 233.

59　Ebd., S. 255.

60　Vgl. Sabine Kebir, *Ein akzeptabler Mann? Brecht und die Frauen* (Berlin: Aufbau Taschenbuch, 1998), S. 55.

Maiden and Diva: Of Brecht's *Child-Murderer Marie Farrar*

"Von der Kindesmörderin Marie Farrar," written in 1922, is among the best-known poems in the *Hauspostille*. Over the decades, research has not been able to decode with certainty Brecht's presumed allusion behind 'Marie Farrar,' due to a missing connection to any person or event. Using the name Geraldine Farrar, one of the most important sopranos of her time, who achieved worldwide fame as Carmen in Bizet's opera of the same name, Brecht creates a link to Marianne Zoff, who had been a singer at the municipal theatre of Augsburg at the time and who would later become his first wife. This reveals a special „Augsburg-based layer" of highly artificial poetry, reflecting the existential situation of the problematic relation between the writer and the opera singer. It touches on Zoff's two pregnancies from the years 1921 and 1922, and on the conflicts resulting from the question of whether she should have a child with Brecht or instead have an abortion. This reference also enables the date of origin of this poem to be more clearly defined.

„Von der Kindesmörderin Marie Farrar," 1922 entstanden, zählt zu den bekanntesten Gedichten der *Hauspostille*. Bis heute konnte die Forschung die Anspielung Brechts, die sie über Jahrzehnte hinter „Marie Farrar" vermutet hatte, weder einer Person noch einem Ereignis eindeutig zuordnen. Über den Namen der Amerikanerin Geraldine Farrar, eine der bedeutendsten Sopranistinnen seiner Zeit und weltweit berühmt in der Rolle der Carmen aus Bizets gleichnamiger Oper, schafft Brecht eine Verbindung zu Marianne Zoff. Letztere war seit 1919 Sängerin am Augsburger Stadttheater und später seine erste Ehefrau. Damit erschließt sich eine spezielle „Augsburger Schicht" des hochartifiziellen Gedichts, welche die existenzielle Situationen der problematischen Beziehung zwischen dem „Stückeschreiber" und der Opernsängerin spiegelt. Berührt werden die beiden Schwangerschaften Marianne Zoffs aus den Jahren 1921 und 1922 und die Konflikte, die aus der Frage resultierten, ob die Sängerin ein Kind von Brecht haben oder die Schwangerschaften abbrechen lassen wollte. Dieser Bezug gestattet zudem, die Entstehungszeit des Gedichtes genauer als bisher festzulegen.

Dienstmagd und Diva: Brechts *Kindesmörderin Marie Farrar*

Jürgen Hillesheim

Sie gilt als eine der bedeutendsten Lyrik-Sammlungen deutscher Sprache, Brechts *Hauspostille*, und sie ist auch in anderer Hinsicht dazu angetan, Superlative für sich in Anspruch nehmen zu können. Denn wohl keine andere Anthologie dieser Qualität ist von einem derart dichten Geflecht von Anspielungen, Bezugnahmen auf historische Ereignisse oder Begebenheiten aus dem engsten Umkreis ihres Autors geprägt. Vielfach kommen diese Bezüge ganz offen daher: So lässt Brecht in der *Hauspostille* beinahe seinen kompletten Augsburger Freundeskreis aufmarschieren, jeden einzelnen seiner Mitglieder gar beim Namen nennen,[1] um ihn so in Form von Dichtung zu verewigen. Dass die Freunde darüber hinaus die Funktion haben, Brecht gewissermaßen zu flankieren, sich um ihn als den unbestrittenen Mittelpunkt dieses Kreises zu gruppieren, steht außer Zweifel. Es ist symptomatisch für die außergewöhnliche Dynamik, die innerhalb dieser Clique herrschte, dass die Bereiche von Leben und Literatur, „Dichtung und Wahrheit," zunehmend ineinander übergingen.[2]

Aber auch Gedichte mit vermeintlich ganz anderen Themen erweisen sich vielfach als geradezu bedeutungsschwanger, sind geschickt konstruierte Gebilde aus Anlehnungen und Versatzstücken verschiedenster Herkunft, gleichermaßen virtuos wie vielschichtig. So überrascht gleich das früheste, 1916 entstandene Gedicht der Sammlung, „Das Lied von der Eisenbahntruppe von Fort Donald,"[3] als Kollage diverser Vorlagen aus spektakulären Ereignissen, wie dem Untergang der *Titanic,* und der Literaturgeschichte, von Theodor Fontane bis Karl May.[4] Und seit über zehn Jahren ist bekannt, dass eines der meistzitierten Gedichte aus der *Hauspostille*, „Erinnerung an die Marie A.," alles andere als ein sentimentales Liebeslied ist. Zwar trug es zunächst gar den Titel „Sentimentales Lied No. 1004," doch gerade dies weist auf das Gegenteil: Denn mit der Zahl 1004 übertrifft Brecht die 1003 Geliebten, die Don Giovanni aus der gleichnamigen Oper Mozarts alleine in Spanien gehabt haben soll, um genau eine. Damit ist der Bezug, den das Gedicht auf Brechts Verhältnis, das er mit der jungen Augsburgerin Rosa Maria Amann gehabt haben mag, relativiert, wenn nicht gar aufgehoben. Denn nicht um sie geht es, nicht ihr wurde ein literarisches Denkmal gesetzt, sondern der Promiskuität.[5]

Mit gutem Grund war es stets eines der Ziele der Brechtforschung, sofern sie sich mit der *Hauspostille* befasste, diese Hinweise des jungen Autors, Quellen und Anregungen, die in seine Gedichte eingingen, sie zum Teil gar motivierten, nachzuvollziehen. Besonders die „Anleitung" zu der Gedichtsammlung, in der Brecht den Hintergrund des katholischen Erbauungsbuchs parodiert, indem er den Leser im Gebrauch der einzelnen Lektionen zu unterweisen vorgibt, ist weniger eine ernst gemeinte Anleitung als eine Aneinanderreihung von Hinweisen auf mehr oder minder versteckte Bezüge. Bisweilen betrifft dies Deutungshorizonte einzelner Gedichte, ohne deren Entschlüsselung ganze Interpretationsebenen unzugänglich bleiben würden und auch lange Zeit unzugänglich geblieben sind.

Werfen wir einen genaueren Blick auf die „Anleitung": Es zeigt sich, dass Brecht auf eine Reihe einzelner Gedichte der *Hauspostille* verweist, von denen einige im Titel zunächst unbekannte Personennamen tragen, andere wiederum Personen gewidmet sind. Es geht konkret um Apfelböck, Marie Farrar, François Villon, Orge, das Schwein Malchus, Hanna Cash, Franz Diekmann und Frieda Lang und schließlich Christian Grumbeis.[6] Da einige in der Tat schnell zuzuordnen waren – Villon ist eines der wichtigsten literarischen Vorbilder in Brechts früher Zeit, Orge ist ein Spitzname von Georg Pfanzelt, einem Jugendfreund, Apfelböck verweist auf den jungen Elternmörder Josef Apfelböck, der im entsprechenden Gedicht jedoch bezeichnenderweise „Jakob" heißt, und das Schwein Malchus deutet auf Oskar Camillus Recht, den Rivalen Brechts um die Gunst seiner späteren ersten Ehefrau Marianne Zoff[7] – lag stets die Auffassung nahe, dass auch alle anderen der genannten Namen, trotz möglicher bewusst in die Irre führender Elemente, nicht rein fiktiv sind und in Brechts näherem Umfeld Hinweise auf sie zu finden sein könnten. Hanna Cash wurde so aufgrund inhaltlicher Entsprechungen zwischen Gedicht und Einzelheiten aus Brechts Briefen bereits vor mehr als dreißig Jahren mit eben jener Marianne Zoff in Verbindung gebracht, wenn auch zunächst nur vage.[8]

Unbekannt blieben Marie Farrar, das Liebespaar Franz Diekmann und Frieda Lang und Christian Grumbeis. Intensivere Recherchen in Augsburg während der letzten Jahre führten dazu, dass trotz aller ins Leere führenden Hinweise, wie etwa der auf Aichach als vermeintliche Geburtstadt des Grumbeis und Karasin/Südrussland als Ort seines Todes,[9] jener Christian Grumbeis über das entsprechende Geburtsdatum eindeutig Brechts Freund Caspar Neher und dessen Kriegsschicksal mit dem Ergebnis zugeordnet werden konnte, dass die „Legende vom toten Soldaten" einen neuen, völlig unerwarteten Deutungshorizont gewann. Was lange ausschließlich als virtuos-groteske Kritik am Wilhelminischen Kriegswahn galt, hat seinen Ursprung in Brechts engstem Umfeld, fernab von der großen Politik. Seinen Freund Neher, Kriegsfreiwilliger der ersten Stunde, verwundet und gar bereits verschüttet, wollte Brecht vor weiteren sinnlosen Kriegseinsätzen warnen. Und spätestens die Montage der „Legende vom toten Soldaten" in eine Schlüsselszene von *Trommeln in der Nacht* erweist, dass es um einen allgemeinen Appell geht, sich vor politischer Vereinnahmung zu hüten, gleich welcher coleur, und nicht um die Kritik einzig spätbürgerlicher Strukturen, die in der Kriegstreiberei des Wilhelminismus gipfelten.[10]

Auf den engen Augsburger Dunstkreis Brechts, einen kleinen, schäbigen Skandal, verweist auch die „Ballade vom Liebestod," bevor sie zur Parodie von Wagners Oper *Tristan und Isolde* wird: Hier lässt sich der Bezug über den Namen Franz Dieckmann (bei Brecht: Diekmann) herstellen. Dieser stand in Augsburg für einen gesellschaftlichen Affront, der sich einige Jahre vor Brechts Geburt zugetragen hatte, aber dennoch immer wieder Gesprächsthema war: Der arme, aber durchaus lebenstüchtige Brauereipraktikant Franz Dieckmann hatte sich an die äußerst wohlhabende, aber wenig ansehnliche Tochter des Direktors der größten Augsburger Brauerei herangemacht und sie geheiratet. Beziehungen zu anderen Frauen pflegte er allerdings nach wie vor, und dies ganz offen. Sein Schwiegervater sah sich aus gesellschaftlichen Gründen nach wenigen Jahren gezwungen, ihn mit größeren finanziellen Mitteln auszustatten, damit er die Stadt verlässt. Mit diesen gründete er im Rheinland eine eigene Brauerei, seine Ehe wurde wenig später unter skandalösen Umständen geschieden.[11]

Blieb nur noch der Name Marie Farrar, der für eines der exponiertesten Gedichte der *Hauspostille* steht und bislang weder einer konkreten Person noch einem Ereignis zugeordnet werden konnte. In der *Großen kommentierten Ausgabe* der Werke Brechts wird festgestellt, dass „ein historisches Vorbild nicht nachgewiesen ist."[12] Im übereifrigen Bemühen, dieses Rätsel zu lösen, und Brecht viel zu wörtlich nehmend, gibt Werner Hecht einen Kriminalfall, über den er in der *Neuen Augsburger Zeitung* vom 22. Mai 1922 las, eindeutig als Vorlage des Gedichts an. Es wird in der BFA durchaus zeitnah, auf 1922 datiert.[13] Es geht um einen nur im Detail ähnlichen Fall einer Dienstmagd, die wegen fahrlässiger Tötung verurteilt wurde, weil sie ihr angeblich bereits tot geborenes Kind heimlich weggeschafft hatte.[14] Klaus-Detlev Müller weist darauf hin, dass die „Übereinstimmungen...doch nur recht ungefähr"[15] seien und betont, dass der Kindsmord seit dem 18. Jahrhundert ja auch in der Literatur ein durchaus geläufiges Motiv sei. Hinzu kommt, dass, wie eine nochmalige Sichtung der *Neuen Augsburger Zeitung* vom 22. Mai 1922 ergeben hat, Werner Hecht einfach verschweigt, dass im selben Text noch über einen weiteren, ebenfalls ähnlichen Fall der Kindstötung berichtet wird, der zur gerichtlichen Aburteilung kam. Dies war in dieser Zeit alles andere als ein seltenes Vergehen. Die Zeitungen berichteten immer wieder über solche Delikte, und fast naturgemäß klingen diese Texte auch fast immer sehr ähnlich. Zum konkreten Vergleich: In den Augsburger Tageszeitungen aus dem ersten Halbjahr 1922 finden sich alleine neun solcher Fälle. Müller konstatiert also noch 2001, dass „der Bezug auf einen authentischen Gerichtsfall nur wahrscheinlich, bisher aber nicht nachgewiesen"[16] sei.

Dabei ist es gerade der als Anregung des Gedichts stets vermutete „authentische Gerichtsfall," der in die Irre führte. Nahe liegend allerdings war ein solcher zweifellos, alleine schon aufgrund der Tatsache, dass das Gedicht in der *Hauspostille* unmittelbar nach „Apfelböck oder Die Lilie auf dem Felde" folgt, dem erwiesenermaßen ein tatsächlich verhandelter Kriminalfall zugrunde liegt. Scheinbar also handelt es sich um zwei tragische Tötungsdelikte, die Brecht thematisch bewusst zusammenfügte. So geht es in beiden Gedichten um fürchterliche Mordtaten, die die Gesellschaft entsprechend sanktioniert. Doch sie waren letztlich von ihr herbeigeführt worden; Apfelböck wie auch Marie Farrar sind daher nicht Täter, sondern Opfer.

*

Die Forschung befasste sich immer wieder und schon recht früh mit dem Gedicht „Von der Kindesmörderin Marie Farrar," und seine Bedeutung lässt sich nicht zuletzt an der Tatsache messen, dass es im zweiten Band des von Jan Knopf herausgegebenen *Brecht-Handbuchs*, das insgesamt hundert Gedichte abhandelt, einer Einzelinterpretation für wert erachtet wurde.[17]

Bereits 1959 deutet Martin Esslin das Gedicht als Hinweis Brechts auf die Unabänderlichkeit menschlichen Schicksals. Marie Farrar bringe ein Kind zur Welt ohne zu wissen warum und wisse auch nicht, warum sie es töte.[18] In ähnlicher Tendenz, aber vor konkretem politisch-programmatischen Hintergrund, beklagt Klaus Schuhmann 1964, dass Brecht die durchaus richtige „soziale Anklage gegen die bürgerliche Gesellschaft" durch die „allgemein-menschliche Fürbitte im Refrain" wieder zurücknehme.[19] Darüber hinaus fällt auf, dass Schuhmann bei seinem Ideologisierungsversuch Brechts philologische Selbstverständlichkeiten aus dem Blickfeld geraten. So betrachtet er die „Anleitung" zur *Hauspostille* unreflektiert als „Gebrauchsanleitung" realen Charakters und geht davon aus, dass es sich bei Marie Farrar um ein wirkliches „Augsburger Dienstmädchen" handelt,[20] ein Fauxpas, den Horst Jesse noch 1994 wiederholt.[21] Darüber hinaus identifiziert Schuhmann die Haltung des lyrischen Ichs, die im Refrain deutlich werde, wie selbstverständlich mit der Brechts, des Autors.[22]

Nach Carl Pietzcker, der sich 1974 erstmals ausführlicher mit der „Kindesmörderin Marie Farrar" beschäftigt, vermittele das Gedicht eine „Botschaft," die Brecht in verschiedenen Sprechweisen, versteckt hinter „Masken," mitteile. So unterscheidet Pietzcker zwischen Strophensprecher und Refrainsprecher einerseits und den Sprachebenen der „leidenden Marie" und der „aussagenden Marie" andererseits.[23] Er vermisst, in diesem Punkt Schuhmann nicht unähnlich, eine politische Programmatik. Brecht mache die „Standpunktlosigkeit zur Tugend,"[24] und das sozialkritische Moment des Gedichts verliere sich letztlich im „Grotesken."[25] Hans-Thies Lehmann, der im Übrigen Pietzckers Einteilung in verschiedene Sprecher als „problematische Vereinfachung" einschätzt,[26] stellt „Von der Kindesmörderin Marie Farrar" als komplexes Gebilde verschiedenster Anspielungen und Deutungsebenen dar, die einander wieder infrage stellten. Verschiedene Haltungen der Realität gegenüber würden so gegeneinander und ineinander geschrieben.[27] „Hoch organisiert"[28] sei der Text dementsprechend.

> Der spielerische Charakter der Verweise hindert das Gedicht daran, zum Anlaß für ein gebildetes Dechiffrieren zu werden. Die Einschreibung gegenläufiger, differenter, widersprüchlicher, sich aber gegenseitig aufhebender Bedeutungen ist nicht als vollkommen beherrscht oder beherrschbar zu denken. Objektiv verliert sich das Schreiben im Geflecht der Sprache, ihrer Ambiguitäten, in der Vielzahl der vom Text heraufbeschworenen Beziehungen.[29]

Klaus-Detlev Müller schließlich erkennt 2001, was Schuhmann und Pietzcker noch verwehrt blieb: In den „subversiven Tendenzen der Unterprivilegierten" sei der Adressat des Gedichts zu finden:[30]

> Marie empfängt und gebiert unter anderen Bedingungen als diejenigen, die über sie richten. Sie wird von einer Gesellschaft verurteilt, deren Opfer sie bereits in ihrer Lebensweise ist. Die Strafe liegt voraus und wird in der Bestrafung als einem Akt der Ungerechtigkeit einer ungerechten Gesellschaft verdoppelt. Der Balladensprecher, der spontan selbst in Zorn verfallen war, beläss es zwar bei dem vergeblichen Appell an ein schon widerlegtes Postulat, aber er verändert die unverbindlichen Konjunktionen ‚und,' ‚doch,' ‚auch' zum verpflichtenden ‚darum,' mit dem der Refrain eine neue Qualität gewinnt.[31]

Es sei zunächst einmal dahingestellt, ob das Gedicht nun eine nihilistische oder sozialprogrammatische Tendenz hat. Die Forschung hat auf der einen Seite in umfassender, ausführlicher Weise Haltungen, Ebenen und Anspielungen analysiert. Auf der anderen Seite wurde nicht selten die Grenze zum Spekulativen tangiert, nicht zuletzt wohl aufgrund der Tatsache, dass der über den Titel nahe gelegte Bezug nicht nachgewiesen werden konnte, mit Recht aber stets einer vermutet wurde.

Da Christian Grumbeis und Franz Diekmann auf Brechts engstes Umfeld, sein persönliches und das seiner Vaterstadt, deuten, lag es nahe, vor diesem Hintergrund bestimmte Konstellationen, die das Leben des angehenden „Stückeschreibers" zur Entstehungszeit prägten, nochmals genauer zu betrachten – mit einem Ergebnis, das nicht zuletzt wegen seiner Offenkundig- und Eindeutigkeit überrascht.

*

Es sind wenige, eng umrissene Themen in Brechts Leben, die in unterschiedlicher Weise im Frühwerk nicht nur Spuren hinterließen, sondern vielfach konstituierender Bedeutung sind: Die Beziehung zu seinen Freunden, besonders die zu Caspar Neher, und die zu verschiedensten Frauen, wobei unter diesen bis zur Entstehung des Gedichts nur zweien eine größere Wichtigkeit zukommt: Paula Banholzer und Marianne Zoff. Der Arzttochter Paula Banholzer widmete Brecht nicht nur das Drama *Trommeln in der Nacht*, sondern in seinem anderen bedeutenden Theaterstück dieser Zeit, *Baal*, tritt sie, wie man neuerdings weiß, nicht nur durch ein Akrostichon in Erscheinung, sondern gar als die Figur der Johanna, die eine Nebenhandlung des Dramas bestimmt.[32] Weitere kleinere literarische Reminiszenzen an die Mutter seines ersten, nach Wedekind Frank genannten Sohnes, kommen hinzu. Und gar eines der letzten Gedichte Brechts ist ihr zugeeignet.[33] Marianne Zoff hingegen schien im Werk vergleichsweise wenig präsent. Die bekannten schlimmen Auseinandersetzungen wegen ihres vermeintlichen „Kokottentums" und verschiedener Schwangerschaften,[34] von denen noch die Rede sein wird, spiegeln sich, so dachte man, eher in seinen Briefen und Tagebuchaufzeichnungen. Zwar erkannte man in der *Hauspostille* Bezugnahmen auf die spätere erste Ehefrau Brechts, direkt, wie erwähnt, in der „Ballade von der Hanna Cash," indirekt in der „Historie vom verliebten Schwein Malchus,"[35] einem Gedicht, in dem sich der junge Autor über seinen langjährigen Rivalen, Oskar Camillus Recht, den Geliebten Marianne Zoffs, in bösartiger Weise lustig macht. Erwähnenswert noch der Erstdruck des Dramas *Im Dickicht der Städte*, den Brecht Marianne Zoff widmete. Doch damit hatte es im Wesentlichen sein Bewenden.

Auch wenn es für den mit Brechts Leben genau Vertrauten auf den ersten Blick hin widersinnig erscheinen mag: Hinter jener ominösen Marie Farrar steckt niemand anderes als Marianne Zoff. Ihr ist das Gedicht nicht nur, wie zu zeigen sein wird, in sehr spezieller Weise „gewidmet," sondern Vorgänge aus der Beziehung zwischen ihr und Brecht waren gar sein Anlass. Und dies, obwohl doch niemand ein Neugeborenes umgebracht hatte und es demzufolge auch kein entsprechendes juristisches Verfahren gab.

Doch der Reihe nach: Brecht lernte die in Augsburg engagierte Opernsängerin im Herbst 1919 kennen. Wenige Monate zuvor war er Vater geworden; am 30. Juli desselben Jahres wurde Paula Banholzers und sein Sohn Frank geboren. Zuvor schon hatte Brecht bereits eine Schwangerschaft Paula Banholzers befürchtet, allerdings grundlos. Er schreibt diesbezüglich an seinen Freund Caspar Neher:

> Ich hoffe, Du betest für mich; denn einem Kind stünde ich fassungslos gegenüber...ich fürchte sehr, daß Du lachst, aber noch mehr fürchte ich, daß *ich nicht* lachen kann. Ich war natürlich nicht vorsichtig, kein bißchen, es hätte der Heiterkeit geschadet, es wäre unästhetisch gewesen und dann: es ist nicht gegangen. Ich bin doch kein Tarockspieler. Ich *kann* meine Trümpfe nicht so zurückhalten.[36]

Als Paula Banholzer wenig später tatsächlich ein Kind erwartete, fand Brecht sich, obwohl verdienst- und damit fast mittellos, recht schnell mit der Schwangerschaft ab. Er besuchte die zum Austragen ihres Kindes ins Allgäuer „Exil" verbannte Paula regelmäßig und freute sich offenbar gar auf seinen Nachwuchs, obwohl er sich dann Zeit seines Lebens nie um den Sohn kümmern sollte. Hans-Thies Lehmann diesbezüglich so lapidar wie richtig: „In der Tat scheint der Brecht dieser Jahre mit der Befürchtung, Verhinderung und dem Herbeiwünschen von Kindern selbst ständig schwanger gegangen zu sein."[37]

Die über Jahre währende, äußerst konfliktreiche Beziehung mit Marianne Zoff, den Rivalen Recht auf der einen Seite und Paula Banholzer, mit der er nach wie vor ein Verhältnis hatte, auf der anderen, ist ausführlich beschrieben worden; auch die Abfolge der Schwangerschaften der Opernsängerin, für die abwechselnd einmal Brecht, einmal Oskar Camillus Recht, verantwortlich waren, und die, von der Geburt Hannes abgesehen, alle mit Abgängen, wenn nicht Schwangerschaftsabbrüchen endeten.[38] Es entsteht der Eindruck, dass gerade während der ersten Jahre der Beziehung Brechts mit Marianne Zoff eine mögliche Schwangerschaft für den jungen Schriftsteller einen besonderen Stellenwert hatte. Sie trennte sich von Geschäftsmann Recht nicht, weil sie auf dessen finanziellen Zuwendungen nicht verzichten wollte. Im regelrechten Wettbewerb um die Gunst der – wie wir jetzt wissen, alles andere als erfolgreichen – Opernsängerin, der zwischen beiden Männern ausgetragen wurde, versprach Brecht sich offenbar von einer Schwangerschaft, von einem Kind, mehr Präsenz, Vorteile, letztlich die Aussicht, Marianne Zoff enger an sich zu binden und den Rivalen auszustechen.[39] Daher war Brecht nach anfänglichem Schreck guter Dinge, als sich im März 1921 abzeichnete, dass die Sängerin ein Kind von ihm erwartete:

> Nun kriege ich ein Kind von der schwarzhaarigen Marianne Zoff, der braunhäutigen, welche in der Oper singt. Ich knie mich auf die Erde, weine, schlage mir an die Brust, bekreuzige mich zu vielen malen. Der Frühjahrswind läuft durch mich wie durch einen Papiermagen, ich verbeuge mich. Mir wird ein Sohn geboren werden.[40]

Oft genug zitiert dann Brechts Reaktion, als er wenige Wochen später, im Mai 1921, davon erfuhr, dass Marianne Zoff gegen seinen ausdrücklichen Willen die Schwangerschaft offenbar hatte abbrechen lassen, so zumindest seine Deutung.[41] Ganz sicher ist das freilich nicht; in Brechts Tagebuch ist auch des Öfteren von Schmerzen, Krämpfen und Blutungen der Sängerin zu lesen.[42] Es bleiben Zweifel, ob es tatsächlich um einen Abbruch geht, es ein Unglücksfall war oder, wie Brecht unterstellt, Marianne Zoff, später die Frau des bekannten Schauspielers Theo Lingen,[43] mit ihrem Ungeborenen bewusst fahrlässig umging: „So sind die guten Geister von der Marianne Zoff gewichen, dass es anfing mit Herumlaufen und endete mit einem Kinderleichlein im Lavor!"[44]

Es sind verschiedene Gründe, die die Sängerin dazu veranlassten, zumindest sehr konkret über einen Abbruch nachzudenken, und die sich in Brechts Tagebuchaufzeichnungen recht deutlich spiegeln: Ihr Engagement in Wiesbaden stand schon fest, als sich die Schwangerschaft abzeichnete. Ihre Anstellung, von der sie sich große Vorteile für ihre Karriere versprach,[45] hätte sie also nicht antreten können. Deshalb zog sie einen Abbruch in Erwägung.[46] In dieser Zeit bedrängte Oskar Camillus Recht Marianne Zoff nach wie vor. Er setzte alles daran, sie davon zu überzeugen, dass sie sich für ihn entscheiden solle. Sogar gewalttätig wurde er offenbar.[47] Und: Brecht wollte zwar das Kind, aber wird nicht müde zu betonen, dass er Marianne keinesfalls heiraten werde,[48] und das teilweise in nicht gerade schmeichelhaften Formulierungen: „Bin ich ihr Heiland? Ich helfe ihr. Aber ich sitze nicht bei ihr, fett zu werden."[49] Eine Heirat aber machte sie ihm zur Bedingung: „Sie sagt: Ich kann das Kind nicht haben ohne Ehe, und sie zweifelt wieder, ob sie's behalten soll."[50] Eine Situation, die so verworren wie belastend war.

Es ist genau dieser Konflikt, diese für ihn offenbar existenzielle Auseinandersetzung, die Brecht zum Schreiben des Gedichts „Von der Kindesmörderin Marie Farrar" veranlasste.

*

Eine erste, freilich vage Verbindung liegt in den einander teilweise entsprechenden Vornamen „Marianne" und „Marie." Nach Lehmann wird durch den Vornamen „Marie" allerdings auch ein Bezug zu Maria, der „Gottesmutter," hergestellt:

> Dem Predigerton des Refrains korrespondiert, dass die Leiden der irdischen Marie überhöht werden durch eine beständige Referenz auf die biblische Geschichte, die Dulderin Maria...Vor allem aber ist es Brechts Verknüpfung der grauenhaften Szene der Geburt mit der Weihnacht, mit Stall und Weihnachtsschnee und Ärmlichkeit, die den Mord beim Abort zur Umkehrung der Geburt des Erlösers werden lassen. Das Kind wird erschlagen, ,bis es still war,' und man findet sich in der stillen, heiligen Nacht.[51]

Die Entsprechung zur Geburt Jesu bzw. deren Umkehr liegt auch deshalb nahe, weil Brecht in größter zeitlicher Nähe zu „Von der Kindesmörderin Marie Farrar" eigens ein Gedicht über die Weihnachtsgeschichte schreiben sollte, bezeichnenderweise betitelt mit „Maria."[52] Dass die Anspielung auf Marianne Zoff nicht derart stringent wie der Bibelbezug ist, sei unbestritten, so lange sie für sich steht. In Verbindung mit anderen jedoch ergibt sich ein Sinnhorizont, in dessen Rahmen die Namensparallelen ein sprechendes Indiz sind.

Ein zweiter Anhaltspunkt, der auf Marianne Zoff weist, ist wesentlich spezifischer. Kehren wir zurück zu ihrer vermeintlichen Abtreibung, die Brechts Erschütterung hervorrief, seine Hasstiraden auslöste, und, vor allem, zu deren Vorgeschichte. Die Tagebuchaufzeichnungen dokumentieren, trotz aller ihrer Stilisierungen und Brechts Hang, sich und sein Umfeld zu literarisieren, einen fast achtwöchigen Kampf um die Schwangerschaft. Gelegentlich resigniert er: „Ich sehe immer Wasser. Darin ertrinkt das Kind."[53] Doch er taktiert weiterhin mühselig und atmet auf, wenn er die Sängerin davon überzeugt zu haben glaubt, das Kind bekommen zu wollen: „Sie gewöhnt sich, lento daran zu denken, das Kind alleine zu haben. Da will ich sie. Der Arzt versinkt in der Versenkung..., das Thema wird ad acta gelegt."[54] Auch für die Notate dieser Zeit ungewohnt pathetisch vermag Brecht in seinem Bemühen zu werden, die Sängerin zu überreden: „Aber ich sage dir: wenn du in den Wehen liegst, ist dir meine Hand wichtiger als der Beifall Wiesbadens!"[55] Ergänzt sei, dass für Brecht durchaus konkreter Anlass zur Sorge bestand, dass es in Wiesbaden wieder Männerbekanntschaften geben würde, von denen Marianne Zoff sich in beruflicher Hinsicht Vorteile versprach: „Das Wort: Erfolg um jeden Preis, taucht wieder auf, Hagemann [damals Oberspielleiter und Theaterintendant in Wiesbaden] ist interessant, Kavalier, vielleicht verliebt sie sich ernstlich, das ist die Karriere."[56] Stellt Brecht sich direkt dem Thema der in Erwägung gezogenen Abtreibung, bedient er sich eines markanten Vokabulars: Er will den Abbruch als Kindstötung, als Mord verstanden wissen; und dies schon Wochen vor dem Ende der Schwangerschaft, immer, wenn er davon spricht, davon schreibt. „Timbuktu ist gut und ein Kind ist auch gut, man kann beides haben. Es heißt Peter oder Gise, man kann sie nicht morden,"[57] notiert Brecht bereits am 24. März 1921. Exotische geografische Bezeichnungen wie Timbuktu, Tahiti und Himalaya[58] sind in dieser Zeit Brechts Synonyme für seine persönliche und künstlerische Unabhängig- und Antibürgerlichkeit, seine ins fast Unermessliche gestiegenen literarischen Ambitionen. Zwei Tage später heißt es, in Zusammenhang mit einer erneuten Auseinandersetzung mit Recht: „Ich nahm sie gleich fort, wir liefen zu ihr, sie packte. Nachts, die Flucht nach Ägypten, vor dem Kindermord!"[59] Dass Brecht gerne biblisch wurde, wenn es um Schwangerschaften in eigener Sache ging, ist nichts Neues. Bereits knapp zwei Jahre zuvor, in Zusammenhang mit Paula Banholzers Schwangerschaft, folgt er nur allzu gern heilsgeschichtlichen Spuren:

> Und vielleicht sieht unser Kind zum ersten Mal das Licht einer dämmerigen Bauernstube und hört als erstes das sanfte Blöken der guten Schafe und das dunkle Gemuhe mütterlicher Kühe – wie der kleine Jude in Bethlehem, nur dass damals ein noch heiligerer Geist schuld war als ich es bin.[60]

Aber weg von diesem eher peinlich anmutenden Krippenidyll und Brechts Eitelkeit und zurück zur Auseinandersetzung mit Marianne Zoff: Seine Tagebuchaufzeichnungen dokumentieren zunehmend, dass er sich diese Sichtweise des Schwangerschaftsabbruchs als Mord an seinem, des genialen Brechts Kind, immer mehr zueigen gemacht, sie geradezu internalisiert hatte. Anfang April 1921 heißt es: „Schließlich entdecke ich, daß es sich für sie darum handelt: Kokotte oder Frau, daß Eitelkeit über allen Krämpfen bleibt...und attackiere brutal den Kindermord."[61] Und abermals etwa zwei Wochen später: „Die Karriere geht über Kindsleichlein in die öffentlichen Schauhäuser."[62] Die Angelegenheit endet in Brechts Tagebuchaufzeichnungen schließlich am 9. Mai, mit jenem „Kinderleichlein im Lavor," und Brechts – hier nur knapp zitierten – Ausfälligkeiten: „Ich könnte das Mensch erwürgen. Es ist das Schmutzigste, das ich erlebt habe...So entlädt sich die schwangere Hure!"[63]

Fassen wir zusammen: Auf der einen Seite, der der Dichtung, steht Marie, die Kindsmörderin, auf der anderen, der der Realität, Marianne, die Brecht als Kindsmörderin betrachten möchte, obwohl sie keine ist. Trotz der bekannten moralischen, religiösen wie auch juristischen Vorbehalte einer Abtreibung gegenüber bleiben ein Schwangerschaftsabbruch und die Tötung eines bereits geborenen Kindes zwei verschiedene Delikte. Kindsmord und Abtreibung verwendet

Brecht in seinen Tagebuchaufzeichnungen und offensichtlich auch in den Auseinandersetzungen mit der Sängerin jedoch in polemischer Absicht synonym. Vor dem Hintergrund seiner typischen Schaffensweise der „Materialverwertung" genug Anlass, einen Zusammenhang vermuten zu dürfen: Das Gedicht erfährt einen neuen Interpretationshorizont, der Begriff der „Kindesmörderin" gleichsam eine in Betracht zu ziehende Bedeutungserweiterung, da Brecht mit ihm nicht mehr ausschließlich eine Frau benennt, die ihr bereits Geborenes umbringt, sondern möglicherweise auch eine solche, die einen Schwangerschaftsabbruch über sich ergehen lässt.

Der dritte Anhaltspunkt für eine Verbindung zwischen Marie Farrar und Marianne Zoff ist so eindeutig, dass ihm die Eigenschaften eines Beweises zukommen. Er schafft nicht mehr zu diskutierende Fakten, ähnlich wie das Geburtsdatum des Christian Grumbeis, das exakt dem Caspar Nehers entspricht.

Anfangs in Augsburg in Nebenrollen auftretend, so. z.B. als „Zigeunermädchen" in Bizets Oper *Carmen*, konnte Marianne Zoff aufgrund einer Erkrankung der ursprünglich dafür vorgesehenen Künstlerin am 23. November 1919 die Partie der Carmen singen. Es war die Zeit, in der Brecht sie kennen lernte. Bizets Oper war damals ausgesprochen populär, nicht zuletzt aufgrund Friedrich Nietzsches Schrift *Der Fall Wagner*, in der sie in polemischer Absicht dem Werk Richard Wagners gegenübergestellt ist.[64] Nach dem von Skandalen begleiteten Misserfolg der Uraufführung am 3. März 1875 entwickelte sich in der Opernwelt schon nach wenigen Monaten ein regelrechter *Carmen*-Boom; Bizets Werk war in fast sämtlichen Theaterprogrammen vertreten. Sopranistinnen wurden durch ihre Carmen-Interpretationen geradezu berühmt, z. B. Minnie Hauk und Emma Calvé. Und auch der Film bemächtigte sich frühzeitig dieses Stoffs. Ernst Lubitschs *Carmen*-Verfilmung von 1918, mit der polnischen Schauspielerin Pola Negri in der Hauptrolle, zählt zu den bekanntesten Stummfilmen.

Nach ihrem Auftritt galt Marianne Zoff Brecht fortan als personifizierte Carmen, zu der sie sich auch bewusst stilisierte. Nicht zuletzt die professionelle, 1920 im Augsburger Fotoatelier Siemssen gefertigte Aufnahme im Kostüm der Carmen, die sie zuvor ja nur vertretungsweise und alles andere als erfolgreich gesungen hatte, dokumentiert dies. Sie hatte ein sehr exotisch wirkendes Äußeres, schwarzes Haar,[65] einen dunklen Teint,[66] – Brecht nennt sie zeitweise „Maori-Frau"[67] – all das ließ sie in seinen Augen wie geschaffen für die Rolle der Carmen erscheinen. Hinzu kommt, dass er offenbar wirklich von ihrem Können überzeugt war, sich dies zumindest erfolgreich eingeredet hatte; ein Glanz, der auch auf ihn als ihr Partner abstrahlen sollte.

Marianne Zoff als Carmen. Fotograf unbekannt.

„Hure," „rassige Zigeunerin," „große Opernsängerin" – Attribute des Bildes Brechts von Marianne Zoff, die sich, weiß man um diese Zusammenhänge, auch anhand einer kleinen „Reminiszenz" in einem Drama verifizieren lassen: In der Fassung von *Trommeln in der Nacht* von 1922 treten im vierten nund fünften Akt Auguste und Marie, zwei „Prostituierte,"[68] auf, die das Geschehen um den Protagonisten Kragler flankieren und kommentieren. Zieht man nun die „Augsburger Fassung," die den Stand vor 1922 und eine Vielzahl diverser Anspielungen auf Brechts Augsburger Umfeld dokumentiert, heran, fällt auf, dass eine der Prostituierten, hier noch nicht anders als „Carmen"[69] heißt. Wohl kaum ein Zufall, zumal in dieser Zeit die Auseinandersetzungen Zoffs und Brechts um die diversen Schwangerschaften und deren mögliche Folgen sehr aktuell waren.

Damit sind wir beim Nachnamen der Marie Farrar angelangt, der doch bislang nicht nachgewiesen werden konnte; zumindest nicht in Zusammenhang mit einem Delikt der Kindstötung. In einem anderen Bereich, der einen direkten Zusammenhang mit Marianne Zoff herstellt, ist er hingegen geradezu prominent: in dem der Opernwelt. Farrar ist der Nachname einer der weltweit bedeutendsten, aber auch exponiertesten Sopranistinnen dieser Zeit, der US-Amerikanerin Geraldine Farrar, ähnlich wie Enrico Caruso ein absoluter Superstar, von dem man sprach, der über Jahrzehnte die Kolumnen vieler Blätter füllte.

*

Geraldine Farrar wurde am 28. Februar 1882 in Melrose (Masachusetts) als Tochter eines bekannten Baseball-Spielers geboren. Mit zwölf Jahren begann sie ihre gesangliche Ausbildung in Boston und New York; ihr erstes Konzert gab sie 1896 in ihrer Heimatstadt. 1899 ging sie zur weiteren Ausbildung zu berühmten Sängern nach Europa, zunächst nach Paris und schließlich zu Lilli Lehmann, einer der bedeutendsten deutschen Opernsängerinnen und Gesangspädagoginnen, in Berlin. Als Marguerite in Gounods *Faust* gab Geraldine Farrar 1901 an der Hofoper Berlin, an der sie bis 1906 engagiert war, ihr Bühnendebüt und konnte im November des gleichen Jahres einen Aufsehen erregenden Erfolg in Verdis *La Traviata* feiern. Es folgten weitere sensationelle Auftritte u. a. als Massenets Manon, als Zerlina aus Mozarts *Don Giovanni*, als Juliette aus Gounods *Roméo et Juliette* und 1905 als Elisabeth aus *Tannhäuser* in ihrer einzigen Wagner-Partie. Gastspiele führten sie in dieser Zeit nach Monte Carlo, Paris, London, Stockholm und Brüssel. 1906 sang sie in Berlin in Verdis *Rigoletto* als Partnerin von Enrico Caruso. Geraldine Farrar war in ihrer Berliner Zeit das wohl bewundertste Mitglied der Hofoper; sie war u. a. befreundet mit dem deutschen Kronprinzen Friedrich Wilhelm und dessen Familie.

Geraldine Farrar als Carmen. Fotograf unbekannt.

Seit 1906 war Farrar an der Metropolitan Opera in New York engagiert. Bis 1914 gastierte sie noch in Paris und Berlin, 1906 und 1910 war sie in Salzburg abermals als Zerlina zu hören. In New York war sie nach kürzester Zeit die Primadonna der Met. Hier wurde sie als Partnerin Carusos immer wieder gefeiert und wirkte an zahlreichen Erstaufführungen und Premieren dieses Opernhauses mit. In insgesamt sechzehn aufeinander folgenden Spielzeiten sang sie 35 verschiedene Partien in 517 Vorstellungen, davon alleine 94mal in der Titelrolle von Puccinis *Madame Butterfly*. Sie arbeitete mit den berühmtesten Künstler-Persönlichkeiten ihrer Zeit zusammen, darunter Arturo Toscanini und Gustav Mahler.

Geraldine Farrar war indessen nicht nur als Puccini-Interpretin berühmt, sondern auch in einer weiteren Rolle, als deren Personifikation sie bald gelten sollte, mehr als alle ihre Vorgängerinnen: Als Bizets Carmen begeisterte sie das Publikum der Metropolitan Opera 1914. Von 1915 bis 1920 trat Farrar, die vielen als erste große Medien-Diva gilt, als Schauspielerin in insgesamt vierzehn Stummfilmen auf. Zunächst arbeitete sie mit dem Regisseur Cecil DeMille zusammen. Ihre bekannteste Rolle war die der Carmen, in einem Film, der 1915, drei Jahre vor dem Lubitschs, entstand, ein Jahr nach ihrem sensationellen Erfolg in dieser Partie an der Met. Dies manifestierte ihren weltweiten Ruf als Carmen schlechthin. Denn im Gegensatz zu Pola Negri im späteren Film vereinigte sie in sich beides: gesangliches und schauspielerisches Können; sie war die Carmen der Bühne wie auch die des Filmes.

Die berühmte Sängerin machte nicht nur eine spektakuläre Karriere, sondern führte auch ein extravagantes Privatleben. 1916 heiratete sie einen holländischen Schauspieler, den sie bald wieder verließ. Eine Reihe von Affären werden ihr nachgesagt; Gerüchte gab es auch bezüglich ihrer Freundschaft mit dem Kronprinzen, die in Deutschland zu einer wahren Pressekampagne gegen sie führte.[70] Im beruflichen Umgang galt sie als schwierig. Als eine der bedeutendsten Sopranistinnen ihrer Zeit nahm sie 1922, auf dem Zenit ihrer Karriere, ihren Bühnenabschied. Dabei kam es vor der Metropolitan Opera zu Massenhuldigungen der hoch verehrten Diva. Später trat sie nur noch in Konzerten auf. Bereits 1916 schrieb sie ihre Autobiografie *The Story of an American Singer*, die 1938 unter dem Titel *Such Sweet Compulsion* in zweiter Auflage erschien. Geraldine Farrar starb am 11. März 1967 in Ridgefield (Connecticut), wohin sie sich bereits 1922, nach ihrem Bühnenabschied, zurückgezogen hatte. Teile ihrer Korrespondenz überließ sie 1954 der Library of Congress in Washington. Eine Reihe von erhaltenen Aufnahmen, darunter recht frühe aus den Jahren 1904 bis 1906, ihrer Berliner Zeit, dokumentieren die Einzigartigkeit ihrer Stimme und ihres Könnens, das sich nicht nur in der Weite ihres Tonumfangs, sondern auch in ihrer Ausdruckskraft zeigte.

Geraldine Farrar, die begnadete Sängerin, „der Star," und Marianne Zoff, die sich mit Brecht für einen solchen hielt. Weitere, in die Augen springende Entsprechungen lassen sich anführen: Beide Frauen hatten dieselbe Paraderolle, auch wenn dies im Falle der Zoff wohl eher Wunschdenken war, die der Carmen, und nicht zuletzt bestand zwischen beiden, wie die Foto-Dokumente belegen, eine frappierende Ähnlichkeit Auffallend in diesem Zusammenhang, dass in der Literatur über Geraldine Farrar gerne auf deren „exotisch" anmutenden Phänotyp,[71] wie bei Marianne Zoff auf die schwarzen Haare und den dunklen Teint, verwiesen wird. Auch was Brecht am Erscheinungsbild seiner späteren Frau so faszinierte, hatte also sein Pendant, ein Vorbild auf der internationalen Bühne. Es drängt sich gar der Eindruck auf, dass Marianne Zoff ihr Äußeres, vom Habitus bis zur Frisur, auf die große Farrar abstimmte, sie imitierte, zu dem machte, was sie für viele Sängerinnen zweifellos war: zu einem Idol. Und mag Genia Schulz in solchen Fällen auch noch so empört von „indiskreten Analogisierungen"[72] sprechen, es ist eindeutig: Mit der „Kindesmörderin" Marie Farrar deutet Brecht auf Marianne Zoff: „Marie," die Sängerin, die, nach seiner Vorstellung, einen Mord an einem Kind verüben will oder, je nach Blickwinkel, den man dem lyrischen Ich einräumt, bereits verübte, und zwar einen solchen an seinem, Brechts eigenem Kind.

*

Was bedeutet dies nun für das Gedicht? Denn trotz der nicht von der Hand zu weisenden Entsprechungen zu Marianne Zoff, der nicht zu leugnenden Verbindung, die Brecht herstellt, und der Tatsache, dass er, in beinahe gut katholischer Manier und damit durchaus passend zum Erscheinungsbild der späteren *Hauspostille*, den Abbruch der Schwangerschaft zum Kindsmord erklärte: Das Gedicht beschreibt einen gänzlich anderen Fall. Tatsächlich verlegt Brecht die Kindstötung in ein soziales Umfeld, das der jungen Mutter, wie oft beschrieben, kaum eine andere Wahl zu lassen scheint. Sie ist, mit Müller, „unterprivilegiert," ein mittelloses Dienstmädchen, das ohnehin bis an die Grenzen ihrer Kräfte zu arbeiten hat und nun auch noch mit seiner Schwangerschaft und Geburt, von der niemand erfahren darf, zurecht kommen soll. Dies ist beinahe unmöglich. Die gesellschaftlichen Strukturen, auf die Brecht zu deuten scheint, absorbieren zunächst die Arbeitskraft der Magd und sanktionieren dann ihren „Fall," ohne dass sie sich bewusst ist, dass die Ursachen für diese Kindstötung in eben diesen Strukturen zu suchen sind. Parallelen zur Apfelböck-Ballade sind in dieser Hinsicht offensichtlich.

Der durch die Zuordnung der Personennamen bereits kurz beschriebene mögliche Zugang zur „Ballade vom Liebestod" und zur „Legende vom toten Soldaten" erweist sich auch in diesem Fall als geradezu modellhaft. Denn so, wie die beiden Gedichte nicht das sind, was sie vordergründig zu sein vorgeben, eine „linke" Kritik am deutschen Kriegswahn und eine Parodie Wagnerschen Pathos nämlich, verhält es sich auch mit *Von der Kindesmörderin Marie Farrar*. Das Gedicht ist in erster Linie nicht das, was es scheint, keine genaue Milieustudie, die schlimmstenfalls ihre Konsequenz, eine ideologische Botschaft vermissen lässt. Allen dreien liegt eine nachweisbare „Augsburger Schicht," ein konkreter „Anlass" aus Brechts Umfeld zugrunde, den er dann auf eine verallgemeinernde Ebene hebt: So wird in der Ballade der chiffrierte Augsburger Skandal erst durch die doppeldeutige Verwendung des Begriffs „Liebestod" zur Wagner-Parodie, und die „Legende vom toten Soldaten" wird erst in einer zweiten Dimension zur grotesken Wilhelminismus-Kritik. So von jedermann zu verstehen, ist sie aber zunächst und in erster Linie ein Appell an den Augsburger Freund, sich aus dem politischen Geschehen so weit wie möglich heraus zu halten. Als ein solcher ist er allerdings nur nachvollziehbar, wenn die durch den Namen Christian Grumbeis herbei geführte Anspielung auf Neher nachvollzogen werden kann. Dazu allerdings dürften zunächst nur Brecht nahe Stehende, der Augsburger Freundeskreis, in der Lage gewesen sein.

Warnung und Anklage gleichermaßen ist auf ihrer „Augsburger Schicht" auch „Von der Kindesmörderin Marie Farrar," und auch in diesem Falle scheint offenkundig, dass zunächst nur ein engerer Kreis „Eingeweihter," die Sängerin selbst, einige Freunde Brechts, die Anspielung nachvollziehen konnten. Doch nur der nachweisbare Bezug zu Brechts „Privatleben," die eindeutige Verbindung, die er zwischen Marie Farrar und Marianne Zoff über den Namen der amerikanischen Sopranistin herstellt, gestattet es, in einzelnen Aspekten und ausnahmsweise hinter dem lyrischen Ich Belange des Autors zu erkennen, und auch dies freilich nur in gebrochener, literarisierter Form.

Brecht tut nichts anderes als das Schicksal jener „merkmallosen"[73] Marie Farrar Marianne Zoffs „Kindesmord" entgegenzustellen, sie mit ihm zu konfrontieren. Das Adjektiv „merkmallos," im Sinne von „austauschbar" zu verstehen, deutet nur scheinbar auf eine Analyse, die Allgemeingültigkeit beansprucht, auf eine Gesellschaft, in der es nun einmal so ist, dass die Armen in derlei Bedrängnis geraten. Durch ihre Merkmallosigkeit wird Marie Farrar auf der „Augsburger Ebene" des Gedichts zum Platzhalter, zur Variablen für Marianne Zoff, und die Konfrontation, der diese sich durch das Gedicht ausgesetzt sehen sollte, ist am Schluss recht direkt:

> Ihr, die ihr gut gebärt in saubern Wochenbetten
> Und nennt ‚gesegnet' euren schwangeren Schoß
> Wollt nicht verdammen die verworfnen Schwachen
> Denn ihre Sünd war schwer, doch ihr Leid groß.[74]

Zu den Privilegierten, denen der Appell gilt, zählt auch Marianne Zoff. Sie, die zum „Establishment" gehört, die besten Voraussetzungen hat, ein Kind zu gebären, treibt es ab, ohne Anlass, ohne geringste Not – zumindest in Brechts Sichtweise. Dann geht man zum Alltag über, als sei nichts geschehen. Denn es gibt Mittel und Wege, den Ab-„bruch" in einer Arztpraxis als bedauerlichen Ab-„gang" darzustellen.[75] Hier wird der schäbige Abort,[76] als Schauplatz und häufig wiederkehrendes Requisit in Geschichten über Kindstötungen, zum sterilen, fast schon eleganten Lavor. Und die Tat bleibt folgenlos. Marie Farrar hingegen, die „Unmündige,"[77] der keine „Hilf" zuteil wurde, muss etwas, das sie letztlich nicht verschuldet hatte, mit dem Leben bezahlen. Was als Gerichtsprotokoll und -verfahren erscheint, das das Ziel hat, Marie Farrar abzuurteilen, ist ein Verfahren, das Marianne Zoff gelten sollte. Niemand anderes als Brecht nimmt in diesem die Rolle des Anklägers ein; es ist sein eigenes, privates Tribunal. Deshalb – Klaus-Detlev Müller weist darauf hin – verfällt das ansonsten so distanziert wirkende lyrische Ich der Protokollsprache unerwartet in Zorn, die gewollte Objektivität und Distanz verlassend, dies im ganzen Gedicht jedoch nur einmal:

> Und sie gebar, so sagt sie, einen Sohn.
> Der Sohn war ebenso wie andere Söhne.
> Doch sie war nicht so wie die andern, obschon:
> Es liegt kein Grund vor, daß ich sie verhöhne.
> *Auch ihr, ich bitte euch, wollt nicht in Zorn verfallen*
> *Denn alle Kreatur braucht Hilf von allen.*

Man sei an Brechts biblische Stilisierung des drohenden Schwangerschaftsabbruchs erinnert. Auch im Gedicht vollzieht sich durch die Geburt dem entsprechend ein Vorgang gleichsam heilsgeschichtlicher Qualität. Dies wird deutlich durch das Zitat „Und sie gebar ihren ersten Sohn,"[78] das sehr bekannt, beinahe „Allgemeingut" ist, weil es der Weihnachtsgeschichte entstammt und in der Tradition häufig und in verschiedenster Weise rezipiert wurde, z. B. in Johann Sebastian Bachs *Weihnachtsoratorium*, aber auch im *Zauberberg*, aus dem Brecht kurz zuvor Auszüge gehört hatte, die Thomas Mann in Augsburg las.[79] Kurz in die Rolle des Evangelisten schlüpfend, verleiht Brecht der Geburt damit etwas Heiliges, Unantastbares, und nicht nur dieser Geburt, sondern allen. Das Außerordentliche, Besondere vollzieht sich im Gewöhnlichen, genuin Menschlichen; pointiert sollte Brecht dies wenig später im erwähnten Weihnachtsgedicht „Maria" ein weiteres Mal thematisieren. Der Zorn des lyrischen Ichs, dessen Verhöhnung der Mutter jedoch resultiert aus der Feststellung, dass diese gerade nicht so war, wie die anderen „gewöhnlichen." Sie nämlich, so die Anklage, versündigt sich gewissermaßen am Heiligen, das Schwangerschaft und Geburt anhaftet, vergeht sich an ihm und tötet das Kind. Ein Kind, das, aus der Distanz betrachtet, wohl „wie andere" war, für das lyrische Ich, dessen Position Brecht einnimmt, bevor er es wieder in den litaneiartigen Refrain zurückkehren lässt, ist es durchaus ein besonderes, nämlich sein eigenes.

Dass diese Annahme der partiellen Präsenz Brechts im Gedicht alles andere als zu gewagt ist, hat Lehmann bereits 1978 außer Zweifel gestellt, ausgehend von einem ganz anderen Blickwinkel. Er dokumentiert auf Basis sprachlicher Anspielungen, dass Brechts Name „in der Ballade von der Kindesmörderin...auf obskure Weise anwesend ist..., ausgestreut wie Samenkörner auf das Feld des Geschriebenen."[80]

Wir wissen nun warum: Brecht macht den poetisch dargestellten Fall der Kindestötung zu seinem eigenen, versieht ihn gar mit seinem Namen. Versteckt allerdings, nicht ohne Aufwand nachvollziehbar, so wie er sich im Gedicht insgesamt hinter „Masken" verbirgt. Und auch Spuren, die ins Leere führen, legt er bewusst; so mit „Meißen" als Ort der Aburteilung und Hinrichtung der Marie Farrar und der sich wiederholenden zeitlichen Angabe „April" als Monat ihrer Geburt;[81] Marianne Zoff wurde im Juni geboren. Denn es ist abermals so wie bei der „Legende vom toten Soldaten:" Das Gedicht muss auch ohne Kenntnis der Bezüge lesbar und literarisch von großer Qualität, ästhetisch höchst ansprechend bleiben. Diese Art von Doppelbödigkeit ist sein eigentliches raffiniertes Moment. Nicht ein lediglich „gebildetes Dechiffrieren," wie Lehmann sich ausdrückt, ist der Sinn seiner Lektüre. Der von Pietzcker eingeführte Begriff der Masken erfährt, vor dem Horizont der aufgezeigten biografischen Verbindungen, eine Berechtigung, selbst wenn man nicht die dargelegte Auffassung des Autors teilt, dass sich hinter ihnen verschiedene Sprechweisen verbergen. Die Masken gewähren allerdings keinen „Ort außerhalb der beiden Klassen, Bourgeoisie und Proletariat";[82] Brecht denkt in diesen Kategorien nicht. Denn maskiert, hinter der vermeintlichen Allgemeingültigkeit verborgen und literarisiert wird, was das Gedicht konstituiert: ein privater Konflikt.

*

Der konkrete Anlass, der es auch gestattet, die Entstehungszeit des Gedichts präziser zu fassen, ist rasch gefunden. Das beschriebene Ende von Marianne Zoffs Schwangerschaft vollzog sich im Mai 1921; das Gedicht ist unter dem Titel „Ballade eines Mädchens" überliefert in Brechts Notizbuch BBA 436/72-76, bei Strophe 7 versehen mit Notenbeispielen. Brecht hatte es also als Lied geplant. Die Notizbücher, die er in der Regel bei sich trug, gelten als authentische Überlieferungsträger verschiedenster Arten von Notaten, aber auch erster Entwürfe und Fassungen von dichterischen Werken. Der früheste, von Brechts Hand datierte Eintrag ist der 27. Februar 1922 und war mit dem *terminus post quem*, die Entstehungszeit des Gedichts betreffend, gleichzusetzen. Mitte des Jahres 1922 zeichnete sich eine erneute Schwangerschaft Marianne Zoffs ab. Diesmal sind Brechts Briefe an die Sängerin die einzige Informationsquelle, da Tagebuchaufzeichnungen aus dieser Zeit nicht existieren.

Marianne Zoff war nach Kimratshofen im Allgäu gereist, um Brechts und Paula Banholzers Sohn Frank, der dort bei Pflegeltern untergebracht war, bemerkenswerter Weise für einige Wochen zu sich nach München zu nehmen. Im Mai 1921 noch hatte Brecht der Sängerin, die nach dem Ende ihrer Schwangerschaft im Krankenhaus war, Fotos von Frank gezeigt,[83] um ihr „glühende Kohlen aufs Haupt zu legen," Schuldgefühle wegen des vermeintlichen Abbruchs zu erzeugen. Ende August/Anfang September 1922 schreibt er ihr aus Augsburg einige Briefe, unter anderen. um sich nach dem Befinden seines Sohnes zu erkundigen. In einem dieser Briefe ist Marianne Zoffs erneute Schwangerschaft erstmals erwähnt: Brecht fragt nicht nur nach Frank, sondern auch nach „Peter und Hanne."[84] „Peter und Hanne" bzw. „Hannepeter"[85] sind in der sich anschließenden Korrespondenz Brechts Bezeichnungen für das Ungeborene, dessen Geschlecht er nicht wissen kann; daher bildet er ein Kompositum aus einem weiblichen und einem männlichen Vornamen.

Da die Briefe direkt an Marianne Zoff gerichtet sind, formuliert Brecht vorsichtiger als ehemals in seinen Tagebuchaufzeichnungen. Doch die Situation ist offensichtlich sehr ähnlich: Brecht will das Kind unter allen Umständen, bittet, fleht, nennt es übertrieben oft bei seinem, von ihm verliehenen Namen, um es zu einem Menschen, einer Person zu machen, die man nicht einfach „töten" kann. Zu vermuten ist, dass er sich in diesem Zusammenhang auch von Franks Aufenthalt bei der Sängerin erhoffte, dass ihr angesichts des Kindes eine Abtreibung schwerer fallen würde. Denn eine solche stand abermals zur Diskussion: Marianne Zoff war sich abermals unschlüssig, ob sie die Schwangerschaft austragen soll. Auch muss es Auseinandersetzungen zwischen ihr und Brecht gegeben haben: Seine Briefe, in denen er sie zu beschwichtigen versucht, spiegeln dies: „ich habe Dir unrecht getan, liebe Marianne, es tut mir leid, ich habe Dich lieb, Du mußt es durchstreichen."[86] Auseinandersetzungen, deren Inhalt unbekannt ist, deren Gegenstand aber auf der Hand liegt und deren Heftigkeit von ehemals Brechts Aufzeichnungen, die manches „Durchzustreichende" enthalten, dokumentieren. In den Briefen hingegen ist er vorsichtig, überaus fürsorglich – „Ich will aber unter keinen Umständen, daß Du zu viel herumläufst,"[87] – verspricht immer wieder, Geld für den Unterhalt des Kindes herbeizuschaffen und bitte Marianne Zoff um Geduld, wenn es in dieser Hinsicht zu Verzögerungen kommt.[88] Denn ein geregeltes Einkommen hatte der junge Dichter zu dieser Zeit immer noch nicht. Groß ist seine Angst, abermals vor vollendete Tatsachen gestellt, mit einem durchgeführten Schwangerschaftsabbruch konfrontiert zu werden: „Du hast versprochen, Du tust nichts, vor wir nicht redeten."[89] Und: „mache nichts Dummes."[90] Auch konkreter wird Brecht: „Ich bin sehr in Sorge über das, was du über Hannepeter schreibst."[91] Und schließlich: „Ich wage auch nicht mehr zu hoffen, Du seist schwanger. Wie ist es? Bitte schreib mir!"[92] Und über all dem der sich stereotyp wiederholende Name Hannepeter: „Three cheers for Hannepeter!...Ich werde bald zu Dir kommen und zu Hannepeter...Und wie ist es mit Hannepeter, hüpft er wieder?" – dies eine „Zitatausbeute" aus nur einer Seite.[93]

Es ist diese bedrückende Situation, die den „Sitz im Leben" des Gedichts „Von der Kindesmörderin Marie Farrar" markiert. Abermals werden die Parallelen zur „Legende vom toten Soldaten" evident. Zunächst ein Appell an Caspar Neher, sich der gefährlichen Lage an der Front zu entziehen, ist auch das Gedicht über die „Kindesmörderin" ein Appell an Marianne Zoff, ihr Kind zur Welt zu bringen, sich nicht erneut schuldig zu machen. Durch die dargestellte Gerichtssituation verurteilt Brecht die schon „begangene Kindstötung"; gleichzeitig warnt er mit ihr vor einer erneuten, die mit dem Tod der „Delinquentin" enden würde; wenn nicht mit dem physischen, so doch mit dem moralischen. Und noch eine weitere Ebene wird tangiert: Die Bibelanlehnungen realisieren vor diesem Hintergrund die Atmosphäre des letzten Gerichts, in dem „Todsünden" nicht vergeben werden können, so dass ewige Verdammnis droht.

Ob Brecht Marianne Zoff mit dem Gedicht direkt konfrontierte oder es lediglich dem eigenen Umgang mit der Konfliktsituation diente, es zunächst „für sich geschrieben" war, ist letztlich unerheblich. Es ist entstanden in der Zeit, als es für ihn galt, den in Aussicht stehenden erneuten Schwangerschaftsabbruch abzuwenden. Aber auch andere „Maßnahmen" ergriff Brecht: Am 3. November 1922 heiratete er Marianne Zoff und erfüllte damit eine Bedingung, die die Sängerin bereits 1921 gestellt hatte, um ein Kind von ihm zu bekommen. Beider Tochter Hanne wurde am 12. März 1923 geboren. Im Dezember 1922 verfasste Brecht dann jenes Weihnachtsgedicht „Maria," das zu den bedeutendsten deutscher Sprache zählt, gar in das Evangelische Gesangbuch aufgenommen wurde.[94] Es spiegelt neben dem sehr individuellen Zugang zur Weihnachtslegende auch die eigene Situation: Brecht sah nun der Geburt seines Kindes entgegen. Denn der Schwangerschaftsabbruch war abgewendet, sein Kind konnte sein „wie jedes," da die Mutter nun war „wie jede."

Die Entstehungszeit des Gedichts „Von der Kindesmörderin Marie Farrar" lässt sich daher wie folgt eingrenzen: Brecht muss es nach seiner Kenntnisnahme der erneuten Schwangerschaft Marianne Zoffs geschrieben haben, also ab Ende August/Anfang September 1922. Seine Briefe dokumentieren, dass er auch nach seiner Heirat noch Sorge um die Schwangerschaft hatte, bis etwa Anfang Dezember 1922. Das Gedicht dürfte er dementsprechend zwischen September und Anfang Dezember 1922 geschrieben haben.

*

Diese „Augsburger Schicht" macht das Werk indessen keineswegs eindeutiger, es ist nicht dekodiert, damit ärmer an literarischer Faszination, ganz im Gegenteil. Es erweist sich als komplexer, noch ambivalenter als angenommen. Denn keinesfalls ist es so, dass diese hier notwendigerweise isoliert darzustellende „Augsburger Schicht" auch isoliert von den anderen Zusammenhängen, Anspielungen und Verweisen zu lesen ist. Nach wie vor überlappen sich die Bezüge; sie relativieren, widersprechen sich, heben einander partiell auf. Die Komplexität, Mehrdeutigkeit des Gedichts besteht nicht aus getrennt voneinander wahrzunehmenden Aspekten, sondern sie kommt durch deren – durchaus widersprüchliche – Überblendung und Komprimierung zustande. Nicht klarer also wird das lyrische Gebilde durch die Offenlegung weiteren Materials, weiterer Quellen, sondern anspruchsvoller. Man wird seiner nicht habhaft, Fragen, Unsicherheiten in der Interpretation bleiben als eines seiner konstituierenden Merkmale. Auch ist es unstatthaft, von Brechts zweifelsfreier Präsenz im Gedicht etwa auf dessen Meinungen und Haltungen schließen zu wollen. Gewiss, er wollte einen Schwangerschaftsabbruch verhindern. Aber ihn deshalb als Abtreibungsgegner zu sehen, wäre abstrus, selbst wenn man nicht wüsste, dass er Marianne Zoff drei Jahre später, als sie abermals von ihm schwanger war, erfolgreich zu einem Abbruch brachte[95] – mit demselben Ehrgeiz, mit dem er ihn ihr zuvor ausgeredet hatte. „Timbuktu," „Tahiti" und anderweitige, neue persönliche Verpflichtungen und Bindungen Brechts hielten ihn offensichtlich davon ab, mit Marianne Zoff ein weiteres Kind haben zu wollen. Genau so verhält es sich mit den Versatzstücken und Anlehnungen an die Bibel. Schon seit früher Zeit einen prononcierten Atheismus pflegend, ist die Bibel dennoch eine der markantesten Quellen in Brechts Werk, ohne auch nur den geringsten Rückschluss auf dessen Glauben zuzulassen.

Ähnlich ist es mit der gesellschaftlich-politischen Dimension: Der Nachweis jener „Augsburger Schicht" in „Von der Kindesmörderin Marie Farrar" stellt endgültig außer Zweifel, dass das Gedicht jenseits jeglicher ideologischer Überlegungen entstand und auch keine werkgeschichtliche Station markiert, die auf solche voraus deutet. Sein Ausgangspunkt, der Anstoß liegt in Brechts Leben, und er war weit entfernt davon, daraus eine politische Programmatik zu entwickeln. Es ist, trotz stringenter Gesellschaftsanalyse, bar jeglicher Botschaft. Dennoch ist es alles andere als nihilistisch, sondern ein raffiniertes Spiel auf verschiedensten Ebenen, höchsten ästhetischen Reizes und damit typisch für die Lyrik der *Hauspostille*.

Anmerkungen

1   Vgl. Bertolt Brecht, *Große kommentierte Berliner und Frankfurter Ausgabe* , Werner Hecht, Jan Knopf, Werner Mittenzwei, Klaus-Detlev Müller, Hrsg. (Berlin, Weimar, Frankfurt/Main: Aufbau-Verlag, Suhrkamp, 1988-2000),   S. 11 und S. 118f. (Im Folgenden abgekürzt: BFA).

2   Vgl. hierzu: Tom Kuhn, „‚Ja, damals waren wir Dichter.' Hanns Otto Münsterer, Bertolt Brecht und die Dynamik literarischer Freundschaft," in Helmut Gier u. Jürgen Hillesheim, Hrsg., *Der junge Brecht. Aspekte seines Denkens und Schaffens* (Würzburg: Königshausen & Neumann, 1997), S. 44-64, hier S. 49.

3   Vgl. BFA11, S. 82f.

4   Vgl. Jürgen Hillesheim, „Karl May, Theodor Fontane und das ‚Lied von der Eisenbahntruppe vom Fort Donald,'" in Birte Giesler, Eva Kormann, Ana Kugli, Gaby Pailer, Hrsg., *Gelegentlich: Brecht. Jubiläumsschrift für Jan Knopf zum 15jährigen Bestehen der Arbeitsstelle Bertolt Brecht* (Heidelberg: Universitätsverlag Winter, 2004), S. 7-17.

5   Vgl. Jan Knopf, „,Sehr weiß und ungeheuer oben,'" in ders., Hrsg., *Gedichte von Bertolt Brecht* (Stuttgart: Reclam, 1995), S. 32-41, hier S. 34f.

6   Vgl. BFA 11, S. 39f.

7   Vgl. ebd., S. 313 und S. 316.

8   Vgl. Genia Schulz, „Ballade von der Hanna Cash. Lektionen über die Liebeskunst," in Hans-Thies Lehmann, Helmut Lethen, Hrsg., *Bertolt Brechts Hauspostille. Text und kollektives Lesen* .(Stuttgart: Metzler, 1978), S. 173-203, hier S. 195.

9   Vgl. BFA 11, S. 40.

10   Vgl. hierzu Jürgen Hillesheim, „Bertolt Brechts Eschatologie des Absurden. Von der ‚Legende vom toten Soldaten' zur ‚Maßnahme,'" in *The Brecht Yearbook* 28 (2003), S. 111-132, hier S. 117-123.

11   Vgl. ders., *BBB – Brecht, Bier Beweise. Die Ballade vom Liebestod und die Augsburger Hasenbrauerei.* (Augsburg: Hasenbräu AG, 2001).

12   BFA 11, S. 314.

13   Vgl. ebd.

14   Vgl. Werner Hecht, *Brecht-Chronik. 1898-1956* (Frankfurt/Main: Suhrkamp, 1997), S. 140f.

15   Klaus-Detlev Müller, „Von der Kindesmörderin Marie Farrar," in Jan Knopf, Hrsg., *Brecht-Handbuch*, Bd. 2: *Gedichte* (Stuttgart, Weimar: Metzler, 2001), S. 109-111, hier S. 109.

16   Ebd.

17   Vgl. ebd.

18   Martin Esslin, *Brecht. A Choice of Evils. A Critical Study of the Man, His Work and His Opinions* (London: Eyre & Spottiswoode, 1959), S. 211.

19   Klaus Schuhmann, *Der Lyriker Bertolt Brecht 1913 – 1933* (Berlin: Rütten & Loening, 1964), S. 308f.

20   Ebd., S. 308.

21   Vgl. Horst Jesse, *Die Lyrik Bertolt Brechts von 1914-1956 unter besonderer Berücksichtigung der „ars vivendi" angesichts der Todesbedrohungen* (Frankfurt/Main, Berlin, Bern: Lang, 1994), S. 84.

22   Vgl. Schuhmann, S. 309.

23   Vgl. Carl Pietzcker, „Von der Kindesmörderin Marie Farrar," in *Brechtdiskussion* (Kronberg: Scriptor Verlag, 1974), S. 172-206, hier S. 178.

24   Vgl. ebd., S. 193.

25   Vgl. ebd., S. 195.

26   Vgl. Hans-Thies Lehmann, „Der Schrei der Hilflosen," in Hans-Thies Lehmann, Helmut Lethen, Hrsg., *Bertolt Brechts Hauspostille. Text und kollektives Lesen* (Stuttgart: Metzler, 1978), S. 74-98, hier S. 95.

27   Vgl. ebd., S. 96.

28   Vgl. ebd., S. 85.

29   Ebd.

30   Müller, S. 109.

31   Ebd., S. 111.

32   Vgl. Jürgen Hillesheim, *Bertolt Brecht – Erste Liebe und Krieg* (Augsburg: Verlagsgemeinschaft Augsbuch, 2008), S. 23-31.

33   Vgl. BFA 15, S. 274.

34   Vgl. hierzu z.B. Hiltrud Häntzschel, *Brechts Frauen* (Reinbek: Rowohlt, 2002), S. 59-64.

35   Vgl. BFA 11, S. 65-68.

36   Ebd., S. 28 und S. 61f.

37   Lehmann, S. 95.

38   Vgl. z.B. Werner Mittenzwei, *Das Leben des Bertolt Brecht oder Der Umgang mit den Welträtseln*, Bd. 1, (Frankfurt/Main: Suhrkamp, 1987), S. 140-153.

39   Vgl. BFA 26, S. 188-190.

40   Ebd., S. 189.

41   Ebd., S. 211.

42   Vgl. ebd., S. 200 und S. 210

43   Die zum Teil durchaus bekannten näheren Umstände der in diesen Jahren nicht unbeträchtlichen Anzahl der Schwangerschaften Marianne Zoffs werden in der Literatur über Lingen wenn überhaupt, dann nur äußerst pauschal dargestellt oder gar unzutreffend, zu Brechts Nachteil. Dies ist beinahe schon „Tradition"; neuerdings wieder in: Rolf Aurich, Wolfgang Jacobsen, *Theo Lingen. Das Spiel hinter Masken* (Berlin: Aufbau, 2008), S. 44f.

44   BFA 26, S. 211.

45   Vgl. ebd., S. 199.

46   Vgl. ebd., S. 191.

47   Vgl. ebd., S. 196.

48   Vgl. ebd., S.190, S. 193 und S. 195.

49   Ebd., S. 192.

50   Ebd., S. 197.

51   Lehmann, S. 82f.

52   Vgl. BFA 13, S. 243.

53   Ebd., 26, S. 192.

54   Ebd., S. 200.

55   Ebd., S. 208.

56   Vgl. hierzu ebd., S. 199.

57   Ebd., S. 195.

58   Vgl. z. B. ebd., S. 210.

59   Ebd., S. 196.

60   Ebd., 28, S. 73.

61   Ebd., 26, S. 200.

62   Ebd., S. 206.

63   Ebd., S. 211.

64   Vgl. Friedrich Nietzsche, *Werke in drei Bänden* , Bd. 2, Karl Schlechta, Hrsg., (München: Hanser, 1981), S. 905f.

65   Vgl. BFA 26, S. 189.

66   Vgl. ebd., 28, S. 118.

67   Vgl. ebd., S. 135; 26, S. 193 und S. 218.

68   Vgl. ebd., 1, S. 176.

69   Vgl. Bertolt Brecht, *Trommeln in der Nacht,* Wolfgang M. Schwiedrzik, Hrsg. (Frankfurt: Suhrkamp, 1988), S. 11 und S. 103.

70   Vgl. hierzu: Geraldine Farrar, *Such Sweet Compulsion* (New York: Da Capo Press, 1970), S. 47-51.

71   Vgl. Emma Vely, „Geraldine Farrar," in *Bühne und Welt. Zeitschrift für Theaterwesen, Literatur und Musik.* 8.8 (1906), S. 280-284, hier S. 284.

72   Schulz, S. 196.

73   Vgl. BFA 11, S. 44.

74   Ebd., S. 46.

75   Vgl. ebd., 26, S. 210f.

76   Vgl. ebd., 11. S. 46.

77   Ebd., S. 44.

78   Lukas 2, 7.

79   Brecht schrieb über Thomas Manns Lesung im Augsburger Börsensaal am 22. April 1920 bekanntermaßen eine Kritik; vgl. BFA 21. S. 61f.

80   Lehmann, S. 85.

81   Vgl. BFA 11, S. 44 und 46.

82   Pietzcker, S. 194.

83   Vgl. BFA 26, S. 222.

84   Ebd., 28, S. 170.

85   Ebd., S. 176 und S. 182-186.

86   Ebd., S. 181.

87   Ebd., S. 178.

88   Vgl. ebd., S. 178, S. 184 und S. 186.

89   Ebd., S. 176.

90   Ebd., S. 185.

91   Ebd., S. 182.

92   Ebd., S. 181.

93   Ebd., S. 183.

94   Vgl. *Evangelisches Gesangbuch. Ausgabe für die Evangelisch-Lutherischen Kirchen in Bayern und Thüringen* (München: Evangelischer Presseverband für Bayern, 1994), S. 93.

95   Vgl. BFA 28, S. 232f.

Das Berliner Ensemble und seine Kinder

In der bescheidenen Kleinstadt Putgarten auf der Ostsee-Insel Rügen hat Helene Weigels reetgedecktes Haus seit den frühen 1960er Jahren das Leben vieler Mitglieder des Berliner Ensembles beeinflusst. Zu dieser Zeit hat sie das Haus und viele Bungalows auf zwei anderen Grundstücken sowohl den Mitarbeitern der Technik und ihren Familien für ihre Sommerurlaubszeit als auch den Kindern des Theaters als Sommerferienlager zur Verfügung gestellt. Bis zur Wiedervereinigung spielte die Anlage eine wichtige Rolle im Leben der Mitarbeiter des Berliner Ensembles. Nach der Wende hat der Erwerb des Hauses durch Claudia Zecher, deren Vater noch von Weigel angestellt wurde, dafür gesorgt, dass das Haus dem Theater als Sommerquartier und der Öffentlichkeit als einzigartiges Denkmal zur Verfügung steht. An dem nördlichsten Punkt des Kap Arkona und nur einen Kilometer vom Meer, dem Strand, den Kreidefelsen und den Leuchttürmen entfernt, feierte das Helene-Weigel-Haus zu ihrem 107. Geburtstag am 12. Mai 2007 als Café und Kulturzentrum mit Übernachtungsmöglichkeiten seine Eröffnung.

In the unassuming town of Putgarten on the Baltic Sea island of Rügen, Helene Weigel's thatched-roof house has influenced the lives of people of the Berlin Ensemble since the early 1960s, when she turned over the house and many cottages on two other properties to the technical crew and their families for summer vacations, and to the theater's children as a summer camp. Until reunification, these facilities played a crucial role in many people's lives of the Berliner Ensemble. Recently, the purchase of the house by Claudia Zecher, whose father was hired by Weigel, ensured that it will remain available to the theater, and be open to the public as a distinctive memorial. Located at the northernmost tip of Cape Arcona, one kilometer from beaches in three directions, white chalk cliffs, and lighthouses, the Helene-Weigel-Haus opened on her 107th birthday, 12 May 2007, as a café and center for cultural events with rooms for overnight guests.

The Berliner Ensemble and its Children: The Helene-Weigel-Haus Opens in Putgarten

Margaret Setje-Eilers

In the unassuming town of Putgarten on the Baltic Sea island of Rügen, Helene Weigel's thatched-roof house has influenced the lives of people of the Berlin Ensemble since the early 1960s, when she turned over the house and many cottages on two other properties to the technical crew and their families for summer vacations, and to the theater's children as a summer camp. Since reunification, the purchase of the house by Claudia Zecher, whose father was hired by Weigel, ensured that it will remain available to the theater and be open to the public as a distinctive memorial. Located at the northernmost tip of Cape Arcona, one kilometer from beaches in three directions, white chalk cliffs, and lighthouses, the Helene-Weigel-Haus opened on her 107th birthday, May 12th, 2007, as a café and center for cultural events with rooms for overnight guests. The attention Weigel showed to the well-being of others continues in Putgarten today.

Weigel-Haus, 1957. Courtesy of Gisela Knauf©

    The holiday spot not only exemplifies Weigel's engagement on behalf of the Berlin Ensemble and many of the theater's children, but also provides tangible evidence of her efforts and the commitment of several other women, including long-time employee Elfriede Bork, who found the house for Weigel. Moreover, the narrative of Putgarten is indirectly linked to Kurt Bork, Elfriede Bork's husband, who often negotiated on

Politische Traulichkeiten/Political Intimacies
Friedemann Weidauer et al., eds., *The Brecht Yearbook / Das Brecht-Jahrbuch*
Volume 34 (Storrs, CT: The International Brecht Society, 2009)

Brecht's behalf as a government functionary, serving in the Ministry of Public Education as chief advisor for theater on the Commission for Theater Affairs (1949-1951), in the newly founded State Commission for Artistic Affairs (1951-54), and in the Ministry of Culture from its beginning in 1954, later becoming Deputy Minister of Culture (1962-1973).[1] The history of the properties in Putgarten suggests cooperation in the often delicate working relationship between the Ministry of Culture and the Berlin Ensemble. With qualities unlike other employee facilities in the GDR, the theater's retreat may be unique.

The vacation destination for the Berlin Ensemble owes its existence to the enthusiasm Weigel felt for the area in the mid 1950s while visiting the island of Hiddensee, located to the west of Rügen in the Baltic Sea. In the first decades of the century, the tiny fashionable resort had already become popular with people from the arts such as Asta Nielsen, Gerhart Hauptmann, Billy Wilder, and Carl Zuckmayer. Hiddensee dropped out of sight during the Nazi years, but by the fifties it had become a vacation spot for high-ranking citizens of the GDR.[2] Soon after the workers' uprising in Berlin on June 17th, 1953, at the end of June/July, Weigel and her daughter Barbara traveled to Sellin, a popular spa on Rügen.[3] Their vacation came during a momentous period in the history of Brecht's theater, peaking perhaps when the Berlin Ensemble moved to the Theater am Schiffbauerdamm in March 1954.[4] That summer, Weigel's fame soared after international acclaim for her performances in *Mutter Courage* in Paris and later in *The Caucasian Chalk Circle*.[5] Brecht accepted the Stalin Peace Prize in May 1955; a month later the Ensemble took the *Chalk Circle* to Paris. As special gestures of recognition for such achievements, Walter Ulbricht's government had been entertaining high-profile personalities on Hiddensee.[6] Weigel's sensational stage success led to a special invitation from the Central Committee to relax at its vacation house in the summer of 1955.[7]

Accompanying Weigel to Hiddensee were Elfriede (known as "Blacky") and Kurt Bork, whose acquaintance with Brecht and Weigel had begun during the Weimar Republic. Kurt Bork had provided early assistance after they returned to Berlin in 1949, for instance finding suitable housing for them. Moreover, he had been one of four people with Weigel in September 1953 when she was informed that the Schiffbauerdamm-Theater would be turned over to the Berliner Ensemble.[8] Bork had a long and influential career in state cultural affairs, and intervened as a sympathetic liaison for Brecht concerning Party criticism of his works, for instance the *Lucullus* opera.[9] In 1954, shortly before Weigel purchased the property in Putgarten, he had been appointed head of the Department of Performing Arts at the newly founded Ministry of Culture.[10]

As soon as Weigel met the Borks again after returning to Berlin with Brecht in 1949, she knew she wanted Elfriede Bork to work for her: "Als wir im Adlon saßen, hat er [Kurt Bork] mir die Blacky ans Herz gelegt. Das war alles toll!"[11] With Brecht's swift approval, Weigel offered her a position as private secretary. Later, Bork headed the office of operations planning (*Künstlerisches Betriebsbüro, KBB*) until Weigel's death in 1971.[12] Among her duties was to write up and distribute Weigel's comments to the actors after rehearsals, but her favorite task was to plan guest performances outside the GDR.[13] Sharing Weigel's concern for the Ensemble, Bork also helped her wrap Christmas presents for the theater's employees.[14] For more than twenty years, they enjoyed a long and intense friendship, a relationship that remained candid. Shortly before her death, Weigel sent a straightforward message to Bork from the hospital: "Mir geht es mistig."[15] This distressing note came after they had had many good times together, including a summer vacation documented in photos that show Weigel and the Borks swimming in Hiddensee in 1955.[16] This stay had important consequences for the Berlin Ensemble.

Weigel and the Borks enjoyed Hiddensee so much that they discussed having a vacation spot on the Baltic. In a questionnaire designed in the early 1980s by Dr. Matthias Braun, director of the Helene-Weigel-Archiv (1977-1992), Elfriede Bork recalls:

> Im Sommer 1954 oder 1955 waren Helli, Kurt Bork, unsere Tochter Barbara [Barbara Bork] und ich in den Ferien im Haus am Hügel in Kloster auf Hiddensee. Es war ein schöner Sommer, da bekamen wir Lust, irgendwo an der Ostsee selbst ein Sommerhaus zu haben.[17]

She not only talked with Weigel about owning property on the Baltic Sea, but also played a crucial role in finding a house for Weigel. At Weigel's request, Elfriede Bork combed the area after their vacation, as she reports in Matthias Braun's questionnaire:

> Auf der Rückfahrt gab ich in Stralsund ein Inserat auf: 'Kaufe ausbaufähiges altes Bauernhaus.' Es gab viele Angebote. Ich fuhr die Küste ab und kaufte dann für H.W. in Putgarten ein altes Haus und 10 Morgen Land [approx. 6.2 acres] dazu für 2.500.- Mark. Das Haus halb Stall – halb Wohnung musste umgebaut werden.[18]

On August 29th, 1955 she sent Weigel an account of her search and the property she had found in Putgarten, taking the name of a tune by the Comedian Harmonists for the title of her glowing description, "Wochenend und Sonnenschein!!":

Also zurück nach Bergen und über Glowe auf der Schwabe entlang nach Putgarten b/Arkona. Kleiner Ort, altes strohgedecktes Fischerhäusel, sehr niedrige Stuben direkt an der Strasse mit kleinem Vorgarten und größerem Hintergarten. Licht ist im Haus. Wasserleitung läuft vor dem Haus, könnte reingezogen werden. Clo [sic] im Herzhäusel nebenbei, halbes Haus Wohnung, andere Hälfte Stall. 2 größere Stuben, 2 kleinere, 1 Küche, 1 Vorraum und dann noch der Stall zum Ausbau. Fachwerkbau mit Lehm. Hier kann man was machen. Zum Grundstück gehören etwa 7 1/2 Morgen Land [approx. 4.6 acres], die mitgekauft, aber dann der Gemeinde zur Nutzung übergeben werden könnten. Preis 2.000.- und Tragung der Verfahrens- und Überschreibungskosten. Wäre sofort frei, da die Renterin — der Mann starb vor kurzem — zum Sohn zieht. Der Genosse Bürgermeister kam zufällig gerade vorbei und bot für alles seine Dienste an, einschließlich Bauleute und Baumaterial. 2 Strände, schönes Schwimmwasser. Sandstrand mit ab und an sehr großen Steinen zum Sonnen oder Sichfotografieren lassen. Keine Strandkörbe, kaum Menschen. Und doch soll in den Ferien Betrieb gewesen sein. [Z].B. war Kaiser mit 60 Leuten vom Theater Weimar da und besonders scharf auf dieses Haus. Da wir uns aber vorher gemeldet hatten, will man unseren Entschluss abwarten. Einkaufsmöglichkeiten im Ort; 1 Laden beinahe vor der Tür, Konsum mit HO-Verkauf neu aufgebaut und wird am Samstag eingeweiht. Konsum hat Lieferwagen und nach Aussage des Bürgermeisters wird jeden Tag Ware geholt. Wasser ist klar — nicht braun. Einige Häuser sollen WC und Bad (Sickergruben) haben. Wald etwa 1½ km entfernt. Ich habe Aufnahmen gemacht, Paukschta hat sie schon entwickelt, morgen gibt es Bilder davon... Es war eine Rundreise von über 1000 km und ich kann Dir jetzt sagen, wo es schön ist und wo es l a u t ist. Barbara [Brecht] schwärmt von Arkona. Du müsstest es sehr bald sehen und dich entscheiden, denn Weimar wartet sehr darauf und drängt den Bürgermeister von Putgarten.[19]

Bork's description and theater photographer Percy Paukschta's prints may have reminded Weigel of the thatched-roof house in Danish Skovsbostrand near Svendborg, where the family had lived from 1933-1939, best known for Brecht's *Svendborger Gedichte*.[20]

Margaret Setje-Eilers

Weigel-Haus, downstairs. Courtesy of Gisela Knauf©.

Weigel responded to Elfriede Bork's report quickly, and Bork purchased the house and grounds in Weigel's name from Wilhelm Staude (*Flurstück* No. 102, September 9, 1955). The purchase price was 3,000 East German marks.[21] Not long afterward, the size of the complex grew to just under one acre (3781 square meters), when Weigel exchanged an extensive area of farmland on the coast (approximately 10,000 square meters not zoned for development) for two large connected properties. She gave small lots, of approximately 300 square meters each, to two employees who built small cabins there: Margarete ("Mathilde") Mantai, the first supervisor of the Weigel house, and Toni Schubert, model carpenter at the Berlin Ensemble. Weigel acquired the first large lot (No. 100) in 1962. The second (No. 99) bordered on the far end of the first. It became property of the state (*Volkseigentum*) in 1965, legally administered by the Berliner Ensemble (*Rechtsträger*).[22] The two lots were treated as one large area beginning in the early sixties, after the state Academy of Architecture (*Bauakademie*) constructed cabins for its own use as well.[23] Eventually, one of the larger lots was owned by Weigel and the other by the Berlin Ensemble. The cabin complex consisted of fifteen cottages, a kitchen cabin, and a washroom clustered around a grassy field used for volleyball, with badminton at one end and ping pong at the other.[24] Until showers were installed in the 1970s, facilities were simple. Visitors washed in a large trough with faucets, or they bathed in ocean water still renowned for its low salt content. A floor plan of the house from 1975 shows three double rooms and one triple room on two levels.[25] The house could sleep eighteen, and each cottage housed four. Capacity was therefore just under eighty. Several hundred meters away, vacationers from a theater in Leipzig stayed in fourteen cabins that no longer exist. Karl Kayser, theater director of the Deutsches Nationaltheater Weimar (1950-1958) and the Städtisches Theater Leipzig (1958-1990), is probably the same "Kaiser" from Weimar, who, as Bork reports, was interested in the Putgarten house.

Weigel's desire to expand her property to include a summer camp for employees' children may have been sparked by the excitement in the 1950s about these sorts of facilities, as well as by a letter asking Weigel for advice a year after the renovation of her house in Putgarten.[26] In August 1957, Ilse Büshow of nearby Altenkirchen informed Weigel that she wanted to turn a large barn into a vacation facility, and requested that Weigel suggest a company in Berlin that might be interested in the job. Weigel did not purchase this property. Yet, renowned for her sensitivity to the needs of her Ensemble, she might have had the idea of adding real estate and building cabins for her employees early on.

Although no written evidence indicates that Weigel and Brecht ever made the approximately five-hour drive from Berlin to visit Putgarten before he died, Elfriede Bork reported going there once with

Weigel: "Weigel und Brecht wollten dort Ferien machen — dazu kam es nicht mehr — Brecht starb. Später waren Helli und ich mal in Putgarten zum Kaffeetrinken, dann nie mehr."[27] In 1978, Bork noted that Weigel first saw the house after it had already been purchased.[28] Bork, whose chief contribution was searching for and discovering the property, vacationed there herself only in 1956. At age 93, she recalled finding Putgarten as a highlight of her relationship with Weigel:

> Mein Verhältnis zu ihr war sehr gut. Wir waren oft privat zusammen. Mal auf Hiddensee — da meinte sie, so ein altes Sommerhaus zu haben, wäre schön. Ich habe dann in der Ostseezeitung inseriert: 'Suche altes Bauernhaus.' Es kamen viele Angebote und so habe ich auf Hellis Namen in Putgarten auf Rügen ein altes Haus mit Land gekauft. Leider haben Weigel und Brecht dort nie Ferien gemacht. Es wurde den Ensemblemitgliedern zur Verfügung gestellt.[29]

Although Weigel was determined that a children's summer camp be established, she did not become directly involved in setting it up, and spent practically no time there. Brecht's lakeside weekend home in Buckow, only an hour's drive east of Berlin and rented three years earlier in 1952, was far more accessible.[30] The "Weigel-Zimmer" was furnished for her in Putgarten, but she never spent the night and visited the house only twice for a few hours each time (1956-57).[31] Yet she did want the facilities at Putgarten to be available to the theater's children, the technical staff, and their families.

After the purchase of the house, "Mathilde" Mantai took care of all matters concerning the property from 1955 to 1963. She handled renovation, repairs, and applications for vacation slots from theater employees, but the final decisions on eligibility were made with Weigel. When Mantai left for the West to join her husband in 1963, Gisela Knauf assumed the supervision of all activities at the Weigel house from 1964 to 1972, until after Weigel's death. Knauf spent three weeks there every summer from 1957-1975 in a room that Weigel had given her for life, although she later relinquished her rights to the Brecht heirs.[32]

At her death, Weigel had willed the house and property to the Berlin Ensemble, but the character of the legal system in the GDR did not allow for this kind of inheritance. Therefore, the Ministry of Culture took over responsibility for the house, while the Berlin Ensemble used it. The first of the additional lots likewise became property of the state in 1973, also legally administered by the Ministry of Culture. The second of the cabin lots continued to be managed by the Berliner Ensemble as property of the state, as it had been since 1965.[33] Yet for the Ensemble,

Politische Traulichkeiten/Political Intimacies

Neptune Festival, 1980s. Courtesy of Petra Cammin©.

it all remained one area: "Putgarten." For a considerable portion of its existence, therefore, Putgarten was administered jointly by the Berlin Ensemble and the Ministry of Culture. As Sabine Kebir and Laura Bradley both point out, these entities had mutual access to information about each other.[34] With respect to these properties, Putgarten is an example of cooperation between the Berlin Ensemble and the Ministry of Culture until the fall of the Berlin wall.

In addition to the challenge posed by executing Weigel's wishes concerning Putgarten, another complication arose when the former owners of both camp properties returned to the former East after the opening of the wall. They discovered that the town had traded their land for Weigel's property on the coast. In exchange for her seaside property, Weigel had received the two lots where cabins had been built and the properties she had given to her caretaking employees. Meanwhile one of their heirs had sold their lot to attorney Wolfgang Vogel, adjacent property owner and key figure in the exchange of political prisoners and emigration into the West. This tangle of ownership no doubt resembles numerous property claims in the former East after unification.

In the case of the Putgarten property however, the Weigel house passed from the hands of the Berlin Senate to the open market after the wall fell. By this time, a great number of people at the theater had visited and helped maintain the house and the summer camp area, and to this day their emotions run deep and strong for the place and its magnificent setting. Walter Braunroth, for example, technical director of the Berlin Ensemble for many years, was deeply committed to the house and its upkeep for decades. Carmen-Maja Antoni, who has played all the "Weigel roles" for the Berliner Ensemble, spent several weeks each summer with her family in Putgarten, from their first vacation in 1976 until their last trip with colleagues in 2003.[35]

With regard to real estate in the GDR, one should remember that it was not unusual to own private property at the time. Although every family could have a single family house or weekend cottage, not everyone could afford one, and even if a house had been inherited, it was difficult to find building material and labor to maintain it. Walter Ulbricht's government had long been offering large dwellings to entice people of rank to the East. Moreover, after the workers' protests in 1953, the government relaxed policies to improve the living conditions of the general population and stop the emigration to the West.[36] By the mid 1950s, a great number of state-owned companies provided summer vacation facilities for workers. Yet remarkably, shortly after the Wall had been built, Weigel made her privately owned property available to her technical staff and their children. In 1969, she described her desire to help in practical ways:

> Ich glaube nicht, dass der Humanismus etwas anderes ist, als dass man Leuten hilft, und zwar nicht 'den Menschen,' sondern Leuten. Das theoretisch auszudrücken, finde ich langweilig und überflüssig. Ich möchte es, wo ich es kann, lieber praktisch kriegen. Und das ist eine der riesigen Vergnügungen, die ich habe, dass mir das so möglich geworden ist.[37]

Perhaps it was the kind of pleasure that Weigel articulates here that lay behind her extraordinarily generous gesture of "donating" Putgarten to the theater.

In August 1962, the two properties with the cabins opened as a summer camp (*Kinderferienlager*) for the theater's children for two to three weeks each summer. In the early 80s, Elfriede Bork recalled Weigel's gifts to every child at the opening:

> Es wurde das Ferienhaus des BE mit Kinderferienlager. Als das 1. Ferienlager stattfand, kaufte H.W. jedem Kind einen Trainingsanzug, ebenso die benötigten Decken. Kinderkrippen und -gärten, die den Namen Helene Weigel trugen, wurden zweimal im Jahr reichlich beschenkt — überhaupt half H.W. finanziell sehr sehr sehr.[38]

On August 4th, 1962, the camp's first group wrote a thank-you letter to Weigel, signed by twenty children in different colored pencils:

> Liebe Frau Weigel! / Wir sind hier im Ferienlager in Putgarten und möchten Ihnen herzliche Feriengrüße senden. Wir schlafen in kleinen Häuschen, in jedem Haus sind 4 Betten, immer 2 übereinander, ein Schrank, ein Tisch und Bänke. Wir haben sehr schönes Wetter und waren auch schon baden. / Wir haben auch ein Eröffnungsfest gefeiert. / Wenn das Wetter so gut bleibt, fahren wir mit dem Boot zur Stubbenkammer. / Wir möchten uns herzlichst bedanken, daß dieses Ferienlager aufgebaut worden ist und daß wir daran teilnehmen durften. / Wir wünschen Ihnen auch gute Erholung und grüßen [signatures of children].[39]

Later, about forty children came to the summer camp every year.

According to the documentary film „Fröhlich sein und singen" (Katja Herr, 2005), DEFA and the Akademie der Wissenschaft also had children's camps on the Baltic Sea, facilities that reflected a much larger trend that began in the 1950s.⁴⁰ A great number of summer camps for children were founded after the first Youth Act (1950) granted periods of rest and relaxation to the younger generation in the best interest of the country.⁴¹ Soon, state-run companies had to provide an opportunity for employees' children to spend part of their summers at various types of camps, "in Betriebsferienlagern oder durch andere Formen der Kinderferienerholung."⁴² While only one such summer camp existed in 1949, there were two thousand by 1951 and as many as 6,500 by 1966.⁴³ *Glückliche Kinder* (1954), the first documentary by DEFA's Joachim Hellwig, even takes one of these camps at Maxhütte on the Baltic Sea as its theme. Because the vacation facilities soon became too expensive to finance, companies of a certain size had to fund their own. By the beginning of the 1970s, over 90% of the GDR's employees had joined the Free German Trade Union Federation (*Der Freie Deutsche Gewerkschaftsbund, FDGB*), and children's summer camps were financed from union dues.⁴⁴ According to historian Stefan Wolle, not only productivity bonuses, but also vacation slots at union and company-run facilities enticed employees to join the union, often providing the only chance for family vacations, "da es private Hotels und Pensionen kaum noch gab."⁴⁵ It was otherwise almost impossible to vacation on the ocean, and many employees joined the union simply for these sites on the Baltic Sea.⁴⁶ They were as inexpensive as they were popular; at Putgarten, for instance, the cost per person was roughly calculated to cover the cost of energy. Weigel's summer children's camp was therefore well in keeping with her time.

The Berlin Ensemble camp was administered by the union representative (*Betriebsgewerkschaftsleitung, BGL)*, but the theater camp was unlike the political youth camps of the *Pioneers* or *Free German Youth (FDJ)*. First of all, there were no uniforms. Even though uniforms were not worn constantly and political ceremonies did not predominate at *Pioneer* and *FDJ* camps, their programs included political elements such as evening films, craft making for political causes, and visits to nearby companies.⁴⁷ Putgarten, however, seems to have been an exception, even with regard to the non-political, company-run children's camps (*Betriebsferienkinderlager*). Carmen-Maja Antoni, whose children attended the camp at Putgarten for years, remembers an unsuccessful attempt to change the relaxed atmosphere:

> Irgendwann in den achtziger Jahren gab es im Berliner Ensemble eine neue Parteisekretärin, die kam aber nicht vom Theater und auch ihre Kinder fuhren mit nach Putgarten. Die packten ihre Pionierkleidung aus und fragten nach dem Fahnenappell. Das wurde von den anderen Kindern sehr heiter aufgenommen. Die hatten so was nicht im Gepäck. Es setzte sich auch nicht durch trotz Forderungen an die Theaterleitung.⁴⁸

The conspicuous non-political nature of the camp extends into other aspects of organized activities. For example, in the 80s, instead of taking an excursion to a nearby company to witness the workers' productivity, children attended an organ concert in a neighboring town. It is unclear how the Putgarten site was able to maintain its strong artistic orientation and keep itself surprisingly free of party and political content.

From the beginning, however, the demographics of the children's camp were decidedly different from those at other employee vacation sites. The children at the camps operated by state-run businesses came from a larger and more diverse base. Antoni emphasizes that children and adults in Putgarten formed a close-knit, long-term group:

> Die Ostsee war als Urlaubsort sehr begehrt, wegen der guten Luft und des Klimas. Viele Betriebe hatten Betriebsferienkinderlager, sogar sehr pompöse, aber Putgarten bestach durch das Einfache, Ursprüngliche, den FKK Strand, die Wildnis der Natur. Die Betreuer waren Angestellte des Theaters, den Kindern sehr vertraut und die Kinder kannten sich untereinander über viele Jahre. Es gab kaum Heimweh und wenn, dann wurden sie getröstet von Personen, die ihnen bekannt waren. Das war wichtig für uns Eltern und viele Jahre begann der gemeinsame Urlaub der Familien, gleich nach dem Kinderferienlager.[49]

Age was the main attrition factor. Younger children "grew into" the camp, often joining the staff at age sixteen when they became too old to be campers.

Year after year, the theater's children were the first summer guests in the cottages; when they left, the house and cabin facilities served as a company vacation spot (*Betriebsferienlager*) for theater employees and their families. Soon after the children's camp was established in 1963, Weigel turned the house over to the Berlin Ensemble's technical staff for use during the summer theater vacation.[50] Perhaps she did not want to visit the house alone after Brecht's death, or simply wanted to contribute to the well-being of the technical employees of the theater, who earned less than the actors. Weigel decided wisely, since the technicians were also able to make crucial repairs. In the GDR, it was necessary to have a permit from the government to obtain construction materials; Kurt Bork authorized a letter from Weigel for the procurement of these supplies.[51] Over the years, it became difficult to find materials to maintain the facilities and to transport them from Berlin to Rügen, but members of the technical crew discovered that they could barter, and often traded beer from Berlin for building materials on Rügen. It was almost as if they were taking the advice Weigel gave during a dress rehearsal for *The Threepenny Opera* in 1961: "Das ist ein Rat für spätere Zeiten: Lass die Leut nur glauben, der Einfall war von ihnen, sonst kommst du nicht durch."[52] The responsibility to keep the facilities in order strengthened the deep attachments to the spot.

The vacation weeks became the highlight of the year for a large portion of the Ensemble and their children, and Weigel recognized what a treasure she had. In response to New Year's greetings from the council of Rügen in 1966, she expressed her gratitude for the wonderful vacation spot: "Wir ergreifen die Gelegenheit, Ihnen zu danken, daß in Ihrem Kreis eine ganze Reihe von Mitarbeitern jedes Jahr die allerschönste Erholung finden."[53] For over twenty-seven years—during a substantial period of the GDR—congregating in Putgarten meant a special time "away."

Throughout the 70s and 80s, the Ensemble and its children continued to benefit from the relationship between the theater and the Ministry of Culture. During these years, the children's camp accommodated approximately forty children from the first to tenth grade (roughly from ages six to fifteen or sixteen), who lived in the small wooden cabins for about two to three weeks every summer.[54] Parents who wanted to send their children to the camp registered them with the theater's union representative. No children were rejected, and many spent their formative years there, in some cases over ten summers with the same small group.[55] The accompanying staff came from the theater. In the 80s, five unit leaders (*Gruppenleiter*) and a camp director (*Lagerleiter*) supervised campers from the theater and the *Brechtzentrum*. Intriguingly, the Putgarten experience eventually included employees and children from every area of the theater, including actors. Even the first group of children had come from all aspects of the theater — actors, administrative personnel, technical staff, make-up artists, and costume designers.[56]

Camp counselor (*Kinderbetreuerin*) Petra ("Peti") Maria Cammin, spent twelve consecutive summers in Putgarten, beginning at age twenty when she first joined the theater as an actress. At Putgarten from 1978-89, she was responsible for ten children from ages seven to thirteen or fourteen. They walked to stunning beaches twice a day—one kilometer each way—no small achievement for young children. Cammin sometimes woke them in the middle of the night for moonlit walks with flashlights through the fields, where they would see ghosts and characters from the stories she told them.[57] These nighttime adventures, along with disco evenings, swimming, crafts, campfires, and long hikes, were staples of children's camp life in the GDR, as illustrated in Herrmann Zschoche's film *Sieben Sommersprossen* (1978). However, Putgarten differed from these other camps because the group of children and supervisors remained basically the same over the years. According to Dietrich Baumgarten, head of finance and administration several times in the 1980s, the camp used the original fifteen cabins from the 60s.[58]

Putgarten vacationers emphasize the unique qualities of the children's camp. Strikingly, Rosel Schulz, a staff member there in the 80s, characterized it as "individual":

> Ich denke, dass die Kinder deshalb auch immer wieder gerne in dieses Ferienlager gefahren sind, weil es eine Abstimmung gab und trotz alledem konnte jeder so individuell seine Ferien gestalten. Natürlich musste man eine Ordnung und eine Disziplin haben, aber es gab viel Freiraum für jeden.[59]

Admittedly, the complex could have had various degrees of politically-oriented organized group activities like other company vacation spots, but vacationers are quick to explain that it did not. Like Rosel Schulz, Carmen-Maja Antoni also describes the site in terms of its distinctive flavor and its non-political atmosphere:

> Die Kinder lebten dort wie in einer großen Familie. Es gab wunderschöne Feste, kreative Spiele, Abenteuer, Nachtwanderungen, Discos, Bastelabende, Bücher und Spaziergänge. Kein Kind empfand dort politischen Druck, bestimmt nicht. Zum Fahnenappell wurde eine Unterhose oder ein Hut hoch gezogen oder die 'Neptunfahne.' Das waren eben Theaterkinder und die waren sehr individuell und lustig und jegliche Art von Protokoll hätte die Beteiligung verringert. Das Lager war immer knackenvoll, es gehörte zum Sommer, in Putgarten gewesen zu sein.[60]

One of the most prominent examples of the camp's resistance to politicization is Putgarten's version of the Neptune Festival (*Neptunfest*), a mid-summer event celebrated at summer camps, particularly on the ocean and not only in the former East.

Rosel Schulz explained that the high point of the summer at Putgarten in the 80s was its own Neptune Festival, celebrated as a theatrical rite, featuring costumes of seaweed and shells, faces painted with theater make-up, and baptism-like initiation rituals. With time, the festival naturally varied, but events remained basically the same, with ceremonies on the grassy volleyball field and parades to the beach. The beloved Neptune festivities at Putgarten stand out in contrast to the organized children's activities at the politically-oriented Pioneer camps (and one might even consider them covert parodies of hallowed ceremonies for youths in the GDR). The festival began when Neptune asked his helpers to capture certain children, usually the first-year campers and the most mischievous of the group. The other campers judged the captives. The "good" children were given a sweet drink (*rote Grütze*), while those pronounced "bad" had to taste a brew spiced with mustard and pepper. Planning for the event was a key part of the vacation weeks. In the 80s, older campers thought up humorous names such as "jellyfish" or "seahorse," and composed verses about the character traits of each initiate.[61] Over the years, baptism took place in the ocean or at the camp in a tub of sea water.

As Neptune, Rainar Schulz presided over the festival year after year. He was a strange sight with large trident, swimming goggles on his forehead, beard covered with a scrap of fishing net and dusted with flour.[62] In 1982, he composed his infant daughter's certificate: "Teresa ist der kleinste Racker / und der größte Windelkacker / die ständig ihre Pulle sauft, / darum wird sie jetzt getauft."[63] As a musician, he also provided entertainment for the children, but he was officially chef (*Küchenleiter*) at the children's camp, a function he filled for the Berlin Ensemble during the theater season. The children shared three meals a day, and lunch was often transported to the beach. In response to eager questions about the noontime meal, Schulz started to announce the menus as pictograph guessing games throughout the 80s. His hand-drawn menus incorporated western pop culture from Ottifanten to Alf, and became prize birthday presents.[64] Schulz was attentive to individual tastes, and even finicky eaters did not go hungry.[65]

Since the school vacation started before the summer theater break, children could be on the ocean in Putgarten during the last weeks of the theater season while their parents were working in Berlin.[66] After the children's camp season, some children stayed in Putgarten when their families arrived from Berlin for their vacations.[67] The theater's families stayed in the same cabins for about two (or as many as four) weeks during the rest of the summer theater break. Even then, children were favored and families with several children had priority. They stayed in the cabin area, while singles lived in the "Weigel house." During the first years, visitors came mainly from the technical areas of the theater; later that policy changed. Carmen-Maja Antoni remembers that families with small children always had a place at Putgarten, and she emphasizes that it was a great comfort for the Berlin Ensemble personnel to know that they could go to the Baltic Sea.[68] She explains how much the vacation complex meant to the theater:

> Das war eine tolle Einrichtung von Helene Weigel an die Technik und die Kollegen des Ensembles. Ein gesicherter Platz an der Ostsee. Die Technik wohnte im Weigelhaus

1980s Putgarten Menu. Courtesy of Rosel Schulz©.

und die Familien mit Kindern in den Bungalows. Wer viele Kinder hatte, bekam selbstverständlich zuerst den Urlaubsplatz. Egal, ob er Beleuchter oder Schauspieler war.[69]

A number of families returned every summer and saw their children grow up in Putgarten.[70] Rosel Schulz has kept many visual memoirs from the 80s and explains enthusiastically that the group has remained strong: "Wenn wir uns ab und an treffen, wird immer von Putgarten erzählt, weil es eine so schöne Zeit war."[71] Many former campers are in touch and meet regularly in Berlin.[72] From year to year, there was not much fluctuation in the crowd, since actors and technical staff who had "arrived" and joined the Berlin Ensemble were not likely to leave. After the Berlin Ensemble left, people from the Academy of Architecture used the cabins. And years ago, according to Carmen-Maja Antoni, when vacations were scheduled separately for theater personnel and administration, the administrative staff stayed in the cabins far into the fall. It was a place of simple, stark beauty: "Es war alles ganz primitiv und ganz einfach und weil es so war, war es schön."[73] The luxury was the camp's setting. Putgarten offered extremely inexpensive vacations in what is now one of the most popular spots in unified Germany.

While some of the adults recall singing folk songs together, others emphasize the autonomy in structuring the day's activities. Although the technical staff did not eat their meals together, they often congregated in the Weigel house's great room (*Kulturraum*) in the evenings.[74] Memories vary widely regarding community spirit and level of critique expressed about the GDR at Putgarten, but people agree that they felt they could speak openly. Theater prompter Eva Böhm, who vacationed there for eleven years (1979-1989), suggests that their artist status led to a special margin of freedom of speech both in Putgarten and at the theater.[75] Carmen-Maja Antoni emphasizes:

> Abends wenn die Kinder schliefen, gab es heiße Diskussionen über Tagesthemen oder politische Probleme und manchmal wurde auch nur gefeiert und getrunken. Man hat sich unterhalten, gestritten, geschlichtet, es war Urlaub und man lernte auch die Gedanken seiner Kollegen kennen, es wurde auch viel gelacht und irgendwann nachts ging man in seinen Bungalow.[76]

Despite the straightforward atmosphere, vacationers could not easily forget their political situation, since the coast was a restricted military area and the Danish islands were not far. Planes observed the shoreline during the day, soldiers from a base at the Cape walked the beach after the evening curfew, and boats patrolled with searchlights at night.

Because the Berlin Ensemble had its own Party committee and Party secretary, along with company representatives to the state union, it was likely that the SED was present in some capacity in Putgarten. Yet the landscape presented many natural obstacles to observation. At the tip of Cape Arcona, vacationers spent most of the day on vast dunes or swimming, and any state monitoring had to take place amidst wind, water, and nudism, a common feature on the Baltic Sea. Nudist beaches (*Freikörperkultur, FKK*) had been officially banned in 1954, and after much protest during the next two years, local authorities were permitted to make rulings.[77] As a result, the phenomenon of nudism on the Baltic Sea retained a strong note of protest and free expression.[78] *FKK* culture was also prominent on the beaches at Putgarten.

When visitors from the Berlin Ensemble were not swimming or at the ocean, they spent their days in elaborate "beach castles" (*Strandburgen*) built among the dunes. These structures were made from poles and fabric, usually painted bed sheets, individually-designed for privacy and wind protection against stiff ocean breezes, and often with roof-like coverings for shade. Carmen-Maja Antoni describes their construction:

> Manche Sommer waren die Kinder sechs Wochen oben, erst Ferienlager, dann mit den Eltern. Jeder hatte eine eigens gebaute Strandburg mit Namen und Datum versehen. Der Burgwall wurde mit Motiven geschmückt, kleine Steine und Muscheln ergaben zauberhafte Bilder, Strandgut wurde herbeigeschleppt, zu Tischen

umgebaut und am Abend gab es ein Feuerchen am Meer. Das war Glücklichsein für die Kinder, dazu Steine bemalen, baden, buddeln."[79]

The „owners" of the beach castles sometimes marked their sites with humorous signs to reserve their spots for the duration of the stay.[80] At the end of the vacation, the fabric was rolled up and packed with the luggage: "Und dann rollte man das zusammen, wenn man abgefahren ist, und stellte das auf den Boden. Und dann hatte man nächstes Jahr seine Laken wieder genommen."[81] No one anticipated that this ritual would come to an end.

At the end of summer 1989, people packed the beach materials up as usual and brought them back to Berlin, unaware that it was the last trip. Antoni notes with a good measure of melancholy: "das war der Strandschutz und den hat man irgendwie aufgehoben, weil man immer dachte, es geht weiter. Und jetzt braucht man es halt im Moment nicht."[82] The Antoni beach castle is still in storage. For the „regulars," the opening of the wall in 1989 brought an abrupt end to this gathering place; the property was no longer available to the theater after the end of the GDR. Instead of vacationers from the Berlin Ensemble, tourists came from the former West to Cape Arcona, having been shut off from the splendid beaches of Rügen. Although the area's natural beauty also attracted international real estate developers, Weigel's house and park-like grounds were not sold to an outsider, but remained in the theater community of the Berlin Ensemble.

After a period of interim ownership by the city of Berlin, the property inspired a heated debate between the theater and Putgarten Mayor Ernst Heinemann, who wanted to develop Weigel's house and gardens. His plans met with strong opposition from the Berlin Ensemble's Uwe Mehling, an employee representative, and from 1977 a regular visitor to Putgarten.[83] In the end, the municipality acquired the cottage properties, now summer quarters, for an open-air theater troupe that performs at the tip of Cape Arcona in the *Theatersommer am Kap*. The spot draws sightseers.[84] One of its lighthouses, reportedly the oldest in Mecklenburg-Vorpommern, was designed by architect Karl Friedrich Schinkel (1826/27).[85] Caspar David Friedrich's famous chalk cliffs are nearby, and travelers still read Romantic sagas of the sunken city of Arcona: "Manchmal, in nebligen Nächten, ist die Stadt als Schleier auf der Oberfläche des Wassers sichtbar."[86] In Putgarten, horse-drawn carriages and trolleys transport tourists through the town.

The house has managed to remain in the theater family thanks to a clause in Weigel's will that stipulated that part of the house had to remain available as summer quarters for the technical staff of the Berlin

Ensemble.[87] This condition distinguished the status of this property from other real estate for sale in the former East after the Wall was opened. It discouraged even the most well-meaning potential buyers, who were hesitant to invest in a home that had to keep rooms open to vacationing theater employees. In the best-case scenario, the house would have remained the property of the Berlin Senate. Berlin's executive government would have then made it available to the technical crew of the Berlin Ensemble, in accordance with Weigel's original intentions for the house. What happened is a compromise, and the site now serves a dual purpose as a café with rooms for which the theater's technical staff has first-booking rights. As a result, Weigel's thoughtful concern for her Ensemble not only continued after her death until the fall of the Wall, but also carries on into the present in a new form. Reunification brought an end to the children's summer camp system (*Betriebsferienlager*), and the cabin properties became municipal property, no longer available to the theater. Yet the Berlin Ensemble's technical crew is still able to vacation in the Helene-Weigel-Haus.

New owner and café proprietor Claudia Zecher first vacationed in Putgarten as a child in 1966. She purchased the property in 2004/05, renovated it a year later, and opened the Helene-Weigel-Haus in 2007, welcoming back the theater's technical staff to the four bedrooms (with room for nine) above the café. By turning this house and grounds into a café, Zecher carries on Weigel's charming gesture of caring for others, especially for members of the Berliner Ensemble. The combined professions of Claudia Zecher and her husband Joachim — landscape architect and architect respectively — helped them manage their ambitious renovation. Their efforts brought an early reward. Hidden under the attic floorboards was a copy of the *Ostsee-Zeitung* from Weigel's birthday on May 12th, 1956, apparently put there by construction workers during her restoration.[88] Wanting to contribute something other than a stone memorial to Weigel, Zecher searched for alternative modes of remembrance and authenticity. As a result, the entire house with rustic coffee shop, gardens, and overnight guests pays tribute to Weigel.

The café combines memories of Weigel's years as a leading actress and theater manager with the pleasure she took in entertaining and feeding her guests in many parts of the world. In Buckow, as Martha Schad notes, chimes from a cowbell summoned family and guests to a meal that often included mushrooms she had collected; earlier, in the US exile years, she had grown them herself.[89] Weigel speaks of her high regard for social contact in an interview with Werner Hecht: "Aber, wissen Sie, es ist auch so: Ich unterhalt mich doch gerne, das heißt, ich hab Leute auch gern."[90] Similar to Weigel, Zecher socializes with her guests, but instead of Weigel's *Schwammerlgulasch*, visitors find salads and fresh pastries.[91] Café guests can spend the afternoon outside, reading over coffee and cake

Weigel-Haus 2007. Courtesy of Margaret Setje-Eilers©.

in the park-like setting among flowers and towering trees. Visitors can also sit inside at one of the six tables designed by Weigel for the Berlin Ensemble's "old" canteen, which opened in March 1954, shortly before the purchase of Putgarten.[92] The tables in Putgarten are treasures from "Weigel's" canteen, still located in the basement next to the main theater, but now renovated and open to the public. Weigel speaks with fondness about what she calls her "invention," the wood-paneled space with metal lamps and well-scrubbed wood tables: "Der Eindruck entsteht natürlich durch die blanken Tische."[93] In 1954, the *Märkische Volksstimme* emphasized its special character: „Helene Weigel war nicht damit einverstanden, daß es eine Kantine schlechthin werde. Es sollte ein schöner, der Eigenart des Theaters entsprechender Raum werden."[94] Therefore, when she turned Putgarten over to the Ensemble in the early 60s, Weigel and her theater were using the same tables in Berlin that are now located at the Helene-Weigel-Haus.[95]

Aside from the original canteen tables and leather chairs from Weigel's era, one room contains memorabilia, information on Weigel and the Berlin Ensemble, and photos by theater photographer Vera Tenschert.[96] The room commemorates Weigel discretely, in keeping with her thoughts on the potentially isolating nature of fame: "Man muss sehr Acht geben, dass man sich, weil man bekannt ist, nicht selber als prachtvoll empfindet...Das ist dann kein menschlicher Zustand mehr.[97] Zecher justifies her eclectic celebration of Weigel: „I don't want to make the house into a museum."[98] At Putgarten's Dorfstrasse 16, the energies of many women converge in the hospitality of the Helene-Weigel-Haus, a distinctive, yet characteristic memorial to Helene Weigel.

Table, Weigel-Haus, 2007. Courtesy of Margaret Setje-Eilers©.

Endnotes

1   Hauptreferent für Theater im Ministerium für Volksbildung, Kommission für Theaterfragen; Staatliche Kommission für Kunstangelegenheiten; Stellvertretender Minister für Kultur. Bundesstiftung zur Aufarbeitung der SED-Diktatur. „Wer war wer in der DDR?" 2009. 27 Jan. 2009. <http://www.stiftung-aufarbeitung.de/service_wegweiser/www2.php?ID=286&OVERVIEW=1>.

2   Unda Hörner, *Auf nach Hiddensee! Die Bohème macht Urlaub* (Berlin: Edition Ebersbach, 2003), pp. 7-12.

3   Werner Hecht, *Helene Weigel: Eine große Frau des 20. Jahrhunderts* (Frankfurt am Main: Suhrkamp, 2000), p. 316.

4   Christoph Funke and Wolfgang Jansen, *Theater am Schiffbauerdamm: Die Geschichte einer Berliner Bühne* (Berlin: Christoph Links Verlag, 1992), p. 165.

5   Hecht, *Helene Weigel*, p. 115. Sabine Kebir, *Helene Weigel: Abstieg in den Ruhm. Eine Biographie* (Berlin: Aufbau Taschenbuch Verlag, 2002), p. 271.

6   Ute Fritsch, *Künstlerkarte Hiddensee* (Berlin: Verlag Jena 1800, 2003).

7   Ibid.

8   Werner Hecht, *Brecht Chronik: 1898-1956. Ergänzungen* (Frankfurt am Main: Suhrkamp, 2007), p. 88, 125.

9   Werner Hecht, *Brecht Chronik: 1898-1956* (Frankfurt am Main: Suhrkamp, 1998), p. 916.

10   Hecht, *Brecht Chronik*, p. 1103.

11   Hecht, *Helene Weigel*, p. 33.

12   Hecht, *Helene Weigel*, p. 32. During Weigel's time, the influential *Künstlerisches Betriebsbüro* was located next to Weigel's area. Its duties included administration, arranging and scheduling rehearsals, performances, guest performances, casting and recasting, scheduling vacations, and tasks such as granting permission to work outside the theater, e.g. in film. Silke Riemann. E-Mail to the author. 10 Apr. 2008. Werner Riemann, personal interview, Berlin, 14 July 2007.

13   Elfriede Bork, "Brecht nickte: Ein Gruß an Helene Weigel zum 100. Geburtstag," *Berliner Zeitung* 12 (May 2000).

14   Hecht, *Helene Weigel*, p. 35.

15   Stefan Mahlke, ed., ‚*Wir sind zu berühmt, um überall hinzugehen:' Helene Weigel: Briefwechsel 1935-1971* (Berlin: Theater der Zeit: Literaturforum im Brecht-Haus Berlin, 2000), p. 244.

16   "Helene Weigel, Elfriede und Kurt Bork auf Hiddensee, [Sommer] 1955," 8 Fotos. HWA 542. Quoted with kind permission of the Helene-Weigel-Archiv, Berlin. See Martha Schad for undated photo of Weigel and Elfriede Bork on Hiddensee. Martha Schad, *Komm und setz dich, lieber Gast: am Tisch mit Helene Weigel und Bertolt Brecht* (München: Collection Rolf Heyne GmbH, 2005), p. 201.

17   Matthias Braun, "Zu Ihrem Fragebogen! Blacky Elfr. Bork: Betr. Helene-Weigel-Archiv" (Berlin: Unpublished questionnaire quoted with the kind permission of Dr. Matthias Braun: Helene-Weigel-Archiv FH 91, early 1980s).

18   Braun, "Zu Ihrem Fragebogen!"

19   Elfriede Bork, "Wochenend und Sonnenschein!!" (Berlin: Reproduced with kind permission from Dr. Barbara Bork Stanek. Unpublished report to Helene Weigel (28 August 1955), Helene-Weigel-Archiv IM 7/4, 1955).

20   Three restored houses now commemorate the Brecht family: the Brecht-Haus in

Denmark (available for scholarly projects), the Brecht-Weigel-Haus in Buckow ("die Eiserne Villa," a cultural center and museum since 1977) and the Helene-Weigel-Haus in Putgarten. Ulla Fölsing, "Der gute Mensch von Svendborg," *Die Zeit* 33 (1997), p. 50, 1 Apr. 2008. <http://www.zeit.de/1997/33/Der_gute_Mensch_von_Svendborg>.

21 Gisela Knauf, personal communication, 26 June 2008.

22 Immobilienverwaltung des Landkreises Rügen, "Datenblatt: Helene-Weigel-Haus," (Bergen auf Rügen: Data quoted with kind permission from Immobilienverwaltung des Landkreises Rügen, 28 August 2007).

23 Sven Kleinert, "...das Richtige zeigen..." *Dreigroschenheft* 3 (2001), pp. 25-33, here p. 26.

24 Dietrich Baumgarten, personal interview, Berlin, 4 July 2007.

25 Knauf, "Information."

26 I have made every effort, but was unable to contact Ilse Büshow's heirs to ask for permission to reproduce this information. Ilse Büshow, "Handwritten letter to Helene Weigel-Brecht" (Altenkirchen: Helene-Weigel-Archiv Ko 3060, 16 August 1957).

27 Braun, "Zu Ihrem Fragebogen!"

28 Matthias Braun, "Gespräch mit Elfriede Bork über Helene Weigel am 29.11.1978" (Berlin: Unpublished notes quoted with the kind permission of Dr. Matthias Braun: Helene-Weigel-Archiv FH 171, 1978).

29 Bork, "Brecht nickte."

30 Werner Hecht, "Am Wasser des Schermützelsees: Bertolt Brecht in Buckow," ed. Landkreis Märkisch-Oderland (Landkreis Märkisch-Oderland, 1994), p. 3.

31 Knauf, "Information."

32 Ibid.

33 Immobilienverwaltung des Landkreises Rügen, "Datenblatt: Helene-Weigel-Haus."

34 Kebir, *Helene Weigel*, p. 232. Laura Bradley, "'Prager Luft' at the Berliner Ensemble? The Censorship of *Sieben Gegen Theben*," *German Life and Letters* 58 (2005), pp. 41-54, here, p. 48.

35 Carmen-Maja Antoni, personal interview, Berlin, 12 July 2007.

36 Ulrich Mählert, *Kleine Geschichte der DDR* (München: Beck, 2004), p. 78.

37 Hecht, *Helene Weigel*, p. 58.

38 Braun, "Zu Ihrem Fragebogen!"

39 Kinderferienlager, "Unpublished letter to Helene Weigel," (Reproduced with kind permission from the Brecht-Erben, Helene-Weigel-Archiv Rep 011 II. b. Nr. 596, Ko 3231, 4 August 1962).

40 Katja Herr, *Fröhlich sein und singen: Ferienlager in der DDR*, Fernsehfilm: DVD, Mitteldeutsche Rundfunk, Telepool GmbH, Leipzig, 12 July 2005.

41 Wolfgang Pieck, "Jugendgesetz der DDR (8 February 1950)," 3 Dec. 2008. <http://www.verfassungen.de/de/ddr/jugendfoerderungsgesetz50.htm>.

42 Ulrich Gill, *Der Freie Deutsche Gewerkschaftsbund (FDGB): Theorie, Geschichte, Organisation, Funktionen, Kritik* (Leske + Budrich, 1989), p. 361.

43 Herr, *Fröhlich sein und singen*.

44 Ibid.

45 Stefan Wolle, *Die heile Welt der Diktatur: Alltag und Herrschaft in der DDR 1971-1989*

(Berlin: Christoph Links Verlag, 1998), p. 113.

46 Gill, *Der Freie Deutsche Gewerkschaftsbund*, p. 361.

47 Riemann, E-Mail.

48 Antoni, Interview.

49 Ibid.

50 Claudia Zecher, personal interview, Putgarten, 17 July 2007.

51 Knauf, "Information."

52 Hecht, *Helene Weigel*, p. 24.

53 Helene Weigel, "Letter to district council of Rügen" (Unpublished letter reproduced with kind permission from the Brecht-Erben, Helene-Weigel-Archiv Ko 3026, 31 December 1966).

54 Children could join the Pioneers when they started school and the Free German Youth at age fourteen. Jochen Weyer, *Youth in the GDR : Everyday Life of Young People under Socialism* (Berlin: Panorama DDR, 1974), p. 25.

55 Petra Maria Cammin, personal interview, Berlin, 12 July 2007.

56 Carmen-Maja Antoni recognized some of the names on the children's thank-you letter to Helene Weigel at the opening of the first camp in 1962. Antoni, Interview.

57 Cammin spent each summer at Putgarten with virtually the same children, many of whom are still in contact. Some are now directors, actors, and professional theater staff. The ties with "her" children were so close that seventeen former campers donated blood for her when she became ill after the Wall fell. That winter, "Putgarten children" carried coal to her apartment from the cellar every weekend. Cammin, Interview.

58 Baumgarten reports thirteen cabins with four beds each, a larger cabin for staff, a storage facility, and two other buildings with a kitchen and showers. Baumgarten, Interview.

59 Rosel Schulz, personal interview, Berlin, 12 July 2007.

60 Antoni, Interview.

61 Schulz, Interview.

62 Ibid.

63 Rainar Schulz, "Certificate of baptism for Teresa Schulz at the Neptune Festival" (Unpublished document courtesy of Rosel Schulz, 1982).

64 Examples: Johannis / drawing of bear / kom / drawing of pot (= *Johannisbeerkompott*) / Kartoffel / br / drawing of egg (= *Kartoffelbrei*); B / picture of wheel / drawing of sausage (= *Bratwurst*); drawing of hunter / drawing of tomatoes / Soße / Makkaroni (=*Jägerschnitzel mit Tomatensoße und Makkaroni*). Documents kindly provided by Rosel Schulz (September 2007).

65 Baumgarten, Interview.

66 Ibid.

67 Antoni, Interview.

68 Ibid.

69 Ibid.

70 Beachcombers searched the heaps of stones and powdery sand for *Donnerkeile*, fossilized sea creatures, and *Hühnergötter*, rounded stones with holes from which chalk deposits have been removed by the surf, said to protect against evil spirits that pass through the openings. Carmen-Maja Antoni recalls: "Das war das Zeichen von dem

Kinderferienlager. Alle hatten einen Stein mit einem Loch und eine Schnur am Hals als Glücksbringer." Antoni, Interview.

71 Schulz, Interview. Members of the Berliner Ensemble provided generous information and material about Putgarten. The vivid memories of their experiences and continuing relationships illustrate the extent to which Helene Weigel's good will affected vacationers in Putgarten until the fall of the Wall and beyond.

72 Antoni, Interview.

73 Ibid.

74 Baumgarten, Interview.

75 Eva Böhm, personal interview, Berlin, 19 June 2008.

76 Antoni, Interview.

77 Ralf Pierau, ed., *Urlaub, Klappfix, Ferienscheck: Reisen in der DDR* (Berlin: Eulenspiegel, 2003), pp. 81-85.

78 Thomas Kupfermann suggests a link between the Neptune Festival and FKK on the Baltic Sea. Thomas Kupfermann, ed., *FKK in der DDR: Sommer, Sonne, Nackedeis* (Berlin: Eulenspiegel, 2008), pp. 112-13.

79 Antoni, Interview.

80 Silke Riemann, personal interview, Berlin, 7 July 2007.

81 Antoni, Interview.

82 Ibid.

83 Kleinert, "...das Richtige zeigen..." p. 26.

84 The opening of a large new bridge between Stralsund and Rügen in October 2007 has made the Helene-Weigel-Haus more easily accessible.

85 Verlag Baedeker, *Rügen* (Ostfildern: Karl Baedeker Verlag, 2005), p. 204.

86 Krystin Liebert, *Rügen: Neue Sagen und Geschichten* (Schwerin: Demmler Verlag, 2002), p. 12.

87 Deutsche Presse-Agentur, "Helene-Weigel-Haus auf Rügen an Mitglied vom Berliner Ensemble verkauft," *Welt Online*, 4 November 2004, 2 May 2008, <http://www.welt.de/print-welt/article350405>.

88 Zecher, Interview.

89 Schad, *Komm und setz dich, lieber Gast*, p. 200.

90 Hecht, *Helene Weigel*, p. 41.

91 Schad, *Komm und setz dich, lieber Gast*, p. 210.

92 Hecht, *Helene Weigel*, p. 38-39.

93 Ibid.

94 Hecht, *Helene Weigel*, p. 317.

95 Since then, the restaurant at the Berlin Ensemble has been renovated, and the "new" canteen has become a popular public gathering spot where spectators mingle with actors.

96 Vera Tenschert, *Helene Weigel in Fotografien von Vera Tenschert*, Henschel Verlag, Berlin, 2000.

97 Hecht, *Helene Weigel*, p. 43.

98 Ibid.

Bertolt Brecht: "Das Fischgerät"

This epigram belongs to a number of poems written during Brecht's exile in California that take an apologetic stance in regard to illegal acts by the U.S. government during World War II. This stance requires a reassessment of Brecht's exile poetry.

Das Epigramm gehört zu einer Reihe von Gedichten aus dem kalifornischen Exil, die eine apologetische Stellung zu den unrechtmäßigen Maßnahmen der amerikanischen Regierung im 2. Weltkrieg einnehmen. Diese Stellungnahme erfordert eine Neubewertung der brechtschen Exillyrik.

Bertolt Brecht: „Das Fischgerät"

Ehrhard Bahr

In meiner Kammer, an der getünchten Wand
Hängt ein kurzer Bambusstock, schnurumwickelt
Mit einem eisernen Haken, bestimmt
Fischnetze aus dem Wasser zu raffen. Der Stock
Ist erstanden in einem Trödlerladen in downtown. Mein
    Sohn
Schenkte ihn mir zum Geburtstag. Er ist abgegriffen.
Im Salzwasser hat der Rost des Hakens die Hanfbindung
    durchdrungen.
Diese Spuren des Gebrauchs und der Arbeit
Verleihen dem Stock große Würde. Ich
Denke gern, dieses Fischgerät
Sei mir hinterlassen von jenen japanischen Fischern
Die man jetzt von der Westküste weg in Lager trieb
Als verdächtige Fremdlinge, bei mir eingestellt
Mich zu erinnern an manche
Ungelöste, aber nicht unlösliche
Frage der Menschheit.[1]

Von Bertolt Brechts kalifornischer Exillyrik sind vor allem die „Hollywood-Elegien" und das Gedicht, das Los Angeles mit der Hölle vergleicht („Nachdenkend...über die Hölle"), bekannt geworden. Sie sind bestimmt von Brechts Kritik an der Filmindustrie, seinem Anti-Kapitalismus und seinem Anti-Amerikanismus. Er hat rund dreihundert Gedichte während seines amerikanischen Exils geschrieben. Darunter nehmen die Gedichte gegen den Nationalsozialismus und den von Deutschland geführten Krieg in Europa den größten Raum ein.[2]

„Das Fischgerät" gehört zu den zahlreichen Epigrammen, die er während dieser Zeit geschrieben hat. Man hat von einer epigrammatischen Wende in seiner Exillyrik gesprochen, für die das bekannte Gedicht „Die Maske des Bösen" besonders charakteristisch ist.[3] Der Anlaß für „Das Fischgerät" läßt sich genau datieren: Es handelt sich um die Evakuierung von amerikanischen Fischern japanischer Abstammung im Februar 1942 von einer Insel, die den Hafen von Los Angeles beherrscht. Sie mußten die Insel innerhalb von achtundvierzig Stunden verlassen.[4] Nach dem japanischen Angriff auf Pearl Harbor am 7. Dezember 1941 und der amerikanischen Kriegserklärung hatte Präsident Roosevelt den Militärbehörden an der Westküste in einem Sonderbefehl vom 19. Februar 1942 die Vollmacht erteilt, verdächtige

Bevölkerungsgruppen aus kriegswichtigen Gebieten zu entfernen.[5] Zu diesen Gruppen gehörten Amerikaner japanischer Abstammung sowie deutsche und italienische Immigranten, die nicht die amerikanische Staatsangehörigkeit besaßen. Darunter fielen auch die Hitlerflüchtlinge, die einen deutschen Pass hatten. Insgesamt 120 000 Japano-Amerikaner wurden in Internierungslager überführt, obwohl zwei Drittel von ihnen die amerikanische Staatsbürgerschaft besaßen.[6] Die deutschen und italienischen Flüchtlinge blieben auf Fürsprache von Albert Einstein, Thomas Mann und Arturo Toscanini von der Internierung verschont; für sie wurden eine Sperrstunde und Reisebeschränkung eingeführt. Brecht und seine Familie waren davon betroffen, wie er im *Arbeitsjournal* vom 26. Februar 1942 festhielt, während Thomas und Heinrich Mann aufgrund ihrer tschechoslowakischen Pässe von diesen Bestimmungen verschont blieben.

Das Wort Epigramm geht auf das griechische Wort „Aufschrift" zurück und führte in der Antike zur Bezeichnung einer literarischen Gattung, die aus Aufschriften auf Kunstwerken, Gebäuden und Denkmälern bestand. Die bevorzugten Versformen waren der Hexameter und das elegische Distichon, das sich aus je einem Hexameter und Pentameter zusammensetzt. Als „Aufschriften" waren die Epigramme auf den Raum beschränkt, der ihnen auf dem Artefakt zur Verfügung stand. Sie neigten daher zur Kürze. Im Deutschen haben bekanntlich Goethe und Schiller das elegische Distichon für ihre *Xenien* verwendet.

Brecht hatte sich während seines kalifornischen Exils der lateinischen Lyrik zugewandt, wobei er sich besonders das Epigramm zum Vorbild nahm, nicht wegen seiner Versform, die er nicht übernahm, sondern wegen seiner lakonischen Kürze. Es ist bezeichnend für Brecht, dass er das Werkzeug einer verfolgten Minderheit von Arbeitern zur Dekoration in seinem Arbeitszimmer wählte. Als ästhetischer Gegenstand ist das „Fischgerät" seiner Funktion entfremdet. Der Bambusstock mit dem eisernen Haken diente ursprünglich dazu, die Netze aus dem Wasser hochzuziehen. In den Internierungslagern in der kalifornischen Wüste hatten die Fischer keine Verwendung dafür und hatten ihr Werkzeug bei Pfandleihern versetzt. Es hatte seinen Gebrauchswert verloren. Doch der neue Besitzer weiß, die „Spuren des Gebrauchs und der Arbeit" zu schätzen – sie „verleihen dem Stock große Würde." Im Gedicht erhält das Werkzeug eine politische Funktion. Es erinnert den Sprecher an die Rechtsverletzung seitens der Regierung, die den Fischern die Grundrechte der amerikanischen Verfassung abgesprochen hatte und sie als verdächtige Ausländer in Internierungslagern hinter Stacheldraht gefangen hielt. Indem Brecht das Gedicht in die Tradition des Epigramms stellte, gelang es ihm, die dichterische Aussage mit dem politischen Protest zu verbinden.[7]

Die abschließende Pointe ist überraschend apologetisch. Der Sprecher hält die Situation der Fischer japanischer Abstammung für eine „ungelöste, aber nicht unlösliche/ Frage der Menschheit." Hier wäre für Brecht die Gelegenheit gewesen, seine anti-amerikanische Kritik anzubringen. Der Rechtsbruch war offensichtlich, doch Brecht hielt das Problem für lösbar. Er hat es nicht mehr erlebt, dass die amerikanische Regierung im August 1988 per Gesetzesvorlage eine Entschuldigung aussprach und den ehemaligen Insassen der Internierungslager eine Entschädigung von $20 000 auszahlte,[8] doch er hielt es bereits 1942 für möglich, dass die Regierung ihre Fehler eingestehen und korrigieren könnte. Diese im Gedicht implizierte Aussage fordert zu einem differenzierteren Verständnis des brechtschen Anti-Amerikanismus heraus, als es die gegenwärtige Literaturkritik anbietet.

Anmerkungen

1   Bertold Brecht,*Werke. Große kommentierte Berliner und Frankfurter Ausgabe*, Bd.15,Werner Hecht u.a., Hrsg. (Berlin/ Frankfurt am Main: Suhrkamp, 1988-2000), Bd. S. 94-95 und S. 371.

2   Vgl. Jan Knopf, "Die Lyrik des amerikanischen Exils (1941-1947)," in *Brecht-Handbuch: Theater, Lyrik, Prosa,Schriften* ungekürzte Sonderausgabe (Stuttgart, Weimar: Metzler, 1996), S. 141-170, sowie Ana Kugli, "Gedichte 1941-1947," in *Brecht Handbuch in fünf Bänden* Bd.2, Jan Knopf, Hrsg. (Stuttgart, Weimar: Metzler, 2001-2005), S. 349-351.

3   Vgl. Ingrid Hohenwallner, *Antikerezeption in den Gedichten Bertolt Brechts*, Arianna, 5 (Möhnesee: Bibliopolis, 2004), S. 157-162. Hohenwallner setzt die epigrammatische Wende bereits 1940 an, gestützt auf Einträge im *Arbeitsjournal* vom 25.7.1940 (BFA 26, p.401); 19.8.1940, 22.8.1940 und 26.8.1940 (BFA 26, pp. 413-7). Am 22.8.1940 spricht Brecht von seinen "finnischen Epigrammen." Vorbild war ihm damals die altgriechische Epigrammsammlung *Der Kranz des Meleagros von Gadara*, Auswahl und Übertragung von August Oehler [Pseudonym von August Mayer] (Berlin: Propyläen, 1920).

4   Siehe dazu den Artikel "Terminal Island," in *Encyclopedia of Japanese American History, Updated Edition, An A-to-Z Reference from 1869 to the Present*, Brian Niiya, Hrsg. (Los Angeles: The Japanese American National Museum, 2001), S. 385-386 und Page Smith, "Terminal Island and the Tolan Committee," in *Democracy on Trial: The Japanese American Evacuation and Relocation in World War II* (New York: Simon & Schuster, 1995), S. 131-143. Das Tolan- Committee, benannt nach dem Vorsitzenden, dem Kongressabgeordneten John H. Tolan, untersuchte negative Auswirkungen der Evakuierung. Thomas Mann vertrat die Interessen der deutschen und italienischen Emigranten in einer Anhörung durch das Komitee am 7.3.1942 in Los Angeles.

5   Glen Kitayama, "Executive Order," in *Encyclopedia of Japanese American History* (Anm. 4), S. 161. Vgl. ferner Maisie and Richard Conrat, *Executive Order 9066: The Internment of 100,000 Japanese Americans* (Los Angeles: University of California, Los Angeles Asian American Studies Center, 1992) sowie Greg Robinson, *By Order of the*

President: FDR and the Internment of Japanese Americans (Cambridge, Mass.: Harvard University Press, 2001).

6   Vgl. Bericht der Commission on Wartime Relocation and Internment of Civilians (CWRIC), *Personal Justice Denied: The Report of the Commission on Wartime Relocation and Internment of Civilians* (Washington, D.C.: The Civil Liberties Public Education Fund and Seattle: University of Washington Press, 1997) sowie Roger Daniels, *Concentration Camps: North America: Japanese in the United States and Canada during World War II* (Malabar, FL: Krieger Publishing Co., 1993) und Page Smith, *Democracy on Trial* (Anm. 4).

7   Vgl. dazu den Kommentar von John Willet: "It is political. It is poetic. Neither aspect interferes with the other; it is perfectly fused, right down to its elements. This is what Brecht could do. Could anybody else?" in *Brecht in Context: Comparative Approaches* (London, New York: Methuen, 1984), S. 210.

8   Glen Kitayama, "Redress and Reparations" and "Redress Movement," in *Encyclopedia of Japanese American History* (Anm. 4), S. 342, 342-344. Vgl. ferner William Minoru Hohri, *Repairing America: An Account of the Movement for Japanese-American Redress* (Pullman, WA: Washington State University Press, 1984).

Ehrhard Bahr

"The Misery of the Theater" and the Distress of Editing. On the Three-Way Radio Conversation between Brecht, Kerr, and Weichert on April 15th, 1928, and on the State of Brecht Research Today

On April 15th, 1928, the *Deutsche Welle* (the only nationwide German radio station) broadcast a three-way conversation between Bertolt Brecht, Alfred Kerr and Richard Weichert on the current "Theater Crisis." The program was a milestone in German broadcasting as well as a crucial point in Brecht's reflections on theater. Until today, the conversation itself and the still existing typescripts are not recognized in their importance and understood in their specific features. Reproduction of the documents, textual criticism, historical research, and interpretation can reveal and correct the editorial and hermeneutic deficits in this particular case. But this study points to a more general concern: It will become evident that based on the posthumous publications of unauthorized documents, i.e. the main part of the existing Brecht editions, serious research is impossible. A fundamentally different, scientific edition is proposed and outlined.

Das am 15. April 1928 von der *Deutschen Welle* (dem einzigen landesweiten deutschen Sender) ausgestrahlte „Dreigespräch" über die aktuelle „Not des Theaters" zwischen Bertolt Brecht, Alfred Kerr und Richard Weichert ist zugleich ein rundfunkhistorischer Meilenstein und ein Angelpunkt in Brechts theatertheoretischer Selbstverständigung. Das Gespräch selbst und die dazu erhaltenen Typoskripte sind bisher nicht in ihrer Bedeutung erkannt und in ihrer Besonderheit verstanden worden. Reproduktion der Dokumente, Textkritik, historische Recherche und Interpretation können die editorischen und hermeneutischen Defizite im vorliegenden Einzelfall aufdecken und korrigieren. Insgesamt wird dabei aber deutlich, daß auf der Grundlage der posthumen Nachlaß-Publikationen, d. h. dem Großteil der existierenden Brechtausgaben seriöse Forschung nicht möglich ist. Vorgeschlagen und skizziert wird eine grundsätzlich andere, wissenschaftliche Edition.

„Die Not des Theaters" und das Elend der Edition. Zum Rundfunk-Dreigespräch zwischen Brecht, Kerr und Weichert im April 1928 und zur Lage der Brecht-Forschung heute

Peter Villwock

1. Einleitung

„Hermeneutik und Kritik, beide philologische Disziplinen, beide Kunstlehren, gehören zusammen, weil die Ausübung einer jeden die andere voraussetzt." Um Texte verstehen und angemessen herausgeben zu können, müssen Textkritik und Interpretation Hand in Hand arbeiten.[1] Bisher wurde bei Brecht allzu oft in beiden Hinsichten nur der „laxeren Praxis" gefolgt, die meint, dass sich das Verstehen von selbst ergibt. Demgegenüber ist methodisch streng davon auszugehen, dass sich nur das Missverstehen von selbst ergibt, das Verstehen dagegen immer eigens „gewollt und gesucht" werden muss.[2] Verstanden werden soll die Sache selbst, nicht ihre spätere Aufbereitung. Mancher trägt Scheu, an die Quelle zu gehen, aber nur dort entspringt Erkenntnis ungefiltert und ungetrübt.

Am Sonntag, dem 15. April 1928 von 18.00 bis 19.00 Uhr übertrug die über den Sender Königswusterhausen fast landesweit zu empfangende *Deutsche Welle* aus Berlin „Die Not des Theaters, ein Dreigespräch zwischen dem Dichter Bert Brecht, dem Kritiker Alfred Kerr und dem Theaterleiter Richard Weichert"[3] (im folgenden: „Dreigespräch"). Der Kontext: unmittelbar zuvor glückt der erste deutsche Ozeanflug nach Amerika; Heidegger nimmt den Ruf auf Husserls Lehrstuhl in Freiburg an; linke Kräfte aus der KPD gründen den *Leninbund*; in Nürnberg laufen die Feiern zu Albrecht Dürers 400. Todestag; Amerika schlägt einen Antikriegspakt vor; in Mailand entgeht der italienische König nur knapp einem Bombenattentat, während gleichzeitig das Luftschiff *Italia* unter Umberto Nobile zu seinem Nordpolflug startet; Opel führt erste Experimente mit einem Raketenauto vor; auf der Picatorbühne hat *Der letzte Kaiser* von Jean Richard Bloch Premiere, während die Bühnenbilder von George Grosz zur *Schwejk*-Inszenierung von Piscator und Brecht wegen Blasphemie beschlagnahmt werden; Brecht verlängert seinen Generalvertrag mit Ullstein bis 1931 und erhält vom Verlag eine Bürgschaft, die ihm den Kauf seines ersten *Steyr*-Wagens ermöglicht; zusammen mit Elisabeth Hauptmann entsteht *Gesindel*, die erste Fassung der *Dreigroschenoper*, und Kurt Weill beginnt mit der Musik dazu; fünf

Tage nach dem „Dreigespräch" bringt der Sender Breslau das Hörspiel *Kalkutta, 4. Mai* von Feuchtwanger und Brecht, während gleichzeitig über den Sender Frankfurt am Main die Radiofassung von *Trommeln in der Nacht* von Ben Spanier läuft – eine solche Präsenz von Brecht ‚auf allen Kanälen' gab es weder zuvor noch danach je wieder.

Das im Rahmen der wöchentlichen Sendereihe *Gedanken zur Zeit* gemeinsam mit dem *Südwestdeutschen Rundfunk* Frankfurt am Main produzierte und vom *Süddeutschen Rundfunk Stuttgart* übernommene „Dreigespräch" machte Rundfunkgeschichte und ist für die Entwicklung von Brechts Theatertheorie von zentraler Bedeutung. Trotzdem sind die im Bertolt-Brecht-Archiv der Akademie der Künste, Berlin (im folgenden: BBA) dazu erhaltenen Dokumente bisher nur unzureichend ediert und verstanden.[4] Im vorliegenden Beitrag soll ein Anfang gemacht werden, dies zu ändern.[5] Daraus werden sich am Ende Folgerungen für die Brechtedition und -forschung überhaupt ergeben.

2. Text

2.1. Kerr: Einleitung[6]

Kerr: Einleitung
Weichert: Theaternot
Brecht: Ich brauche mich nur in einen Zuschauer zu verwandeln, der
ein ja auch als Stückeschreiben ja immer bin, um Ihnen zu erklären,
wieso, was ist, nicht gut ist und nicht bleiben kann. Wenn ich ins
Theater gehe, dann sehe ich nicht nur seine Krise, sondern sogar
seinen gestigen BB Bankerott. Es ist einfaches Bourgoistheater, was
sie da machen, eine Amüsierbude für geistig saturierte Geniesser.
Und ich meine jetzt nicht etwa Revue und Amüsierstück, die es immer
geben muss, sondern dass, was seit Jahrzehnten zum mindest als grosses
Drama und geistiges Theater gegolten hat.
Kerr: (Erstaunen über Krise)
Brecht: Nehmen wir an, ich sehe im Theater Rose Bernd oder die Gespenster. Warum finde ich diese Stücke langweilig und warum empfinde ich
nichts dabei? Weil ich hier dazu verlockt werden soll, Menschen typisch
zu finden, die nur insoweit typisch sind, als sie den ganzen bürger-
lcien Aberglauben des vorigen Jahrhunderts in typischer Weise vertreten, und weil ich hier etwas tragisch finden soll, was man ohne
weiteres oder mit weiterem durch einige zivilatorische Massnahmen oder
auch ein wenig Aufklärung (oder Aufklähricht) aus der Welt schaffen
kann. Die Nöte unehelicher Mütter können durch einige Aufklärung und
die Folgen der Lues durch Salvarsan beseitig beseitigt
werden. Die Darstellung des Selbstmordes der Rose Bernd interessiert
uns nicht, weil wir die Notwendigkeit nicht einsehen und rührt uns
nicht, weil sie uns erinnert an irgend ein Bild in der Gartenlaube
„ Die letzten Stunden einer Selbstmörderin". Die Mutterliebe der
Frau Alving müsste einfach im Interesse einer gesünderen Moral abge-
schafft werden. Überhaupt wollen wir im Theater nicht hineingezogen
werden in die Nöte anderer Leute. Ich will mich weder als Selbstmörderin fühlen,noch als verzweifelte Mutter. Ausserdem ist alles
viel zu kleines Format, es lohnt nicht,die Schicksale und das
Verhalten dieser in überholten Vorurteilen befangenen Leute zu
betrachten. Ein Mädchen zu sehen, das, weil es ein unehelich Kind
bekommt, in den Tod geht, interessiert uns weit weniger als eines,
das weiterlebt und dabei ist es noch sehr wichtig, wie sie weiterlebt,
und das Ganze ist höchstens der Stoff für eine Szene, keinesfalls für
ein Theaterstück.
In diesem bxxxxbourgoisem Amüsiertheater wird nach Erfindung des
Salvarsans das Stück „Gespenster" immer noch genossen. Die Zuschauer
xxxxxx geniessen den Menschenschmerz rein als Amüsement, sie haben

BBA 330/43; BBA 331/77

- 2 -

eine kulinarische Auffassung, es sind aber Leute, die vor geistigen
Kämpfen in die bequemen Amüsierstücke fliehen. Hebbel! Besitzrecht
an Frauen! Schamgefühl !

B[recht]: Für das zeitgenössische Theater ist die Auswahl des Wichtigen, was einem Menschen zustossen kann, wichtig. Wenn es einem Menschen von heute zustossen kann, dass er die Syphilis bekommt, so scheint uns das heute nicht so wichtig. Wenn er sich auch noch so schön darüber beklagt, wir halten ihn einfach für sentimental, wir geniessen seinen Schmerz nicht mit, er braucht ihn nicht zu haben.

Weichert: Wenn Sie lieber Brecht das derzeitige Theater radikal ablehnen müssen, so darf sich Sie fragen: glauben Sie etwa, dass wir mit dem ½ Dutzend zeitgenössischer Werke, die Sie gelten lassen, einen Spielplan aufbauen können? Und glauben Sie weiterhin, dass wir ein ausreichendes Publikum, d.h. einen Konsumentenkreis finden können, damit das Theater weiter existiert? Eine kleine bishafte Zwischenfrage: sagen Sie, wieviel Leute, glauben Sie, interessieren sich eigentlich für diese Ihr neue Theater , lieber Brecht.

Brecht: Ja, dass kann ich nicht wissen, wieviel Interessenten es für geistige Dinge gibt. Aber selbst, wenn es sehr viele gäbe, würden sie durch eure Schuld nicht darauf kommen, etwas geistiges im Theater zu suchen. Ihr müsst ihnen also erst mitteilen, dass Ihr jetzt Geistigew im Theater vorführt, dass Ihr jetzt die grossen geistigen Kämpfe der Gegenwart in Euren Theatern vorführt. Oder mit anderen Worten, dass Ihr nunmehr auf Euren Theatern vorführen wollt: das typische Verhalten der Menschen unserer Zeit, so wie es zu Zeiten, wo das Theater eine kulturelle Bedeutung hatte der Fall war.

Weichert: Wenn ich Sie also recht verstehe lieber Brecht, und wenn wir also in Ihren Stücken das geistige Verhalten den Menschen gestaltet finden und dieses Verhalten, das typische Verhalten der Zeitgenossen ist, wieso kommt das nicht heraus. Nehmen wir also einmal Ihr Stück „Mann ist Mann" dieses Stück ist vielen Leuten bekannt, da es in der Provinz und kürzlich erst hier an der Volksbühne gespielt wurde und auch durch den Rundfunk einer Menge Leute bekanntgemacht wurde. Sie sagen, Sie zeigen in diesem Stück also das typische Verhalten eines Menschen unserer Zeit. Na, wie ist also dieses Verhalten des Packer Galy Gay in diesem Stück „Mann ist Mann", dem es von seinen Mitmenschen zugemutet wird, seinen Beruf, seinen Namen ja sogar seinen Charakter zu ändern, nur, damit er für gerade diese Mitmenschen brauchbar wird.

- 3 -

Brecht: Ich glaube, lieber Herr Intendant, dass das Verhalten dieses Packers vielleicht nicht für einen wirklich modernen Menschen, wohl aber für einen Theaterliebhaber älterer Gattung sehr überraschend ist. Dieser Zeitgenosse Galy Gay wehrt sich überraschenderweiser durchaus dagegen, dass aus seinem Fall eine Tragödie gemacht wird, er gewinnt etwas durch den mechanischen Eingriff in seine seelische Substanz und meldet sich nach der Operation strahlend gesund.

Weichert: Sehen Sie lieber Brecht, das empfindet das Publikum, das heute vor Ihren Stücken sitzt, eben als völlig unglaubwürdig und ist so konsterniert von diesem Verhalten des Galy Gay, das auf dem Theater jede Wirkung ausbleibt, wenn nicht sogar aus Unbefriedigtheit heraus strikte Ablehnung erfolgt, in die Praxis des Theaterleiters umgesetzt: Abonnentenflucht, Intendantenkrise, Vorwurf der falschen Auswahl der Stücke usw., während das gleiche Publikum bei dem für seinen Standpunkt ebenso modernen Hasencluvers „Besseren Herrn" und Zuckmayers „Fröhlichen Weinberg" glatt mitgeht, weil es eben in solchen Stücken in der in der Welt des Theaters üblichen Form zugeht. Hans kriegt seine Grete. Es ist mir weiter klar, lieber Brecht, dass wir bei der Darstellung Ihrer Stücke eben auch schauspielerisch und was den Darstellungsstil anbetrifft, einen ganz anderen Wege gehen müssen, wenn wir das Verhalten dieses Packers Galy Gay als selbstverständlich, typisch und zeitgemäss glaubhaft machen wollen.

Brecht: Sehr richtig leiber Weichert. Sie ahnen also, dass unsere Stücke für Sie das ganze zeitgenössische Theater ein Stilproblem darstellen, das nicht ohne Arbeit und Intuition gelöst werden kann. Diese Gewissheit des Sichumstellenmüssens haben heute leider erst wenige Theaterleiter. Die meisten führten unsere Stücke wohl auf, da sie ja neue Zufuhr brauchten und ihr Theater nicht zu blossen Amüsierbude erniedrigen wollten, aber sie führten sie falsch auf, im alten Stil. Wenn Sie auf ein Auto mit einer alten Droschkenkutscherpeitsche einhauen, dann läuft es noch lang nicht. Zur Rettung des alten Theaters sind unsere Stücke völlig ungeeignet. Sie verlangen selber gebieterisch ein neues Theater und sie ermöglichen es auch—

Weichert: Also lieber Brecht, Sie lehnen nicht nur ab, was wir augenblicklich spilen, sondern auchm wie wir spielen. Können Sie irgend wie greifbar sagen, wie Sie sich den Darstellungsstil der neuen Stücke denken?

BBA 330/45

- 4 -

Brecht: Nun Sie können schon an der Form unserer Stücke erkennen wie der Stil ist: Es ist ein epischer Stil. Der Zuschauer muss das Theater in derselben Haltung betreten können, die irgend wo anders in einem anderen zeitgemässen Unternehmen einzunehmen gewohnt ist. Diese Haltung ist gegenwärtig eine gegen wir eine Art wissenschaftliche Haltung. Im Planetarium und im Sportpalast nimmt der Mensch von heute diese ruhig betrachtende, wägende und kontrollierende Haltung ein, die unsere Techniker und unsere Wissenschaftler zu ihren Ebtdeckungen und Erfindungen geführt hat. Nur sind es im Theater die Schicksale der Menschen, die interessieren und es ist das Gefühl, an das man sich wenden muss. Der moderne Zuschauer wünscht nicht, irgend einer Suggestion willenlos zu erliegen, indem er in allen möglichen Affektzustände hineingerissen wird, seinen Verstand zu verlieren. Er wünscht nicht, bevormundet und vergewaltigt zu werden, sondern er will einfach menschliches Material vorgeworfen zu bekommen, um es selber zu ordnen. Deshalb liebt er es auch, den Menschen in Situaitonen zu sehen, die nicht so ohne weiteres klar sind, deshalb braucht er weder logische Begründugen noch psyohologische Motivierungen des alten Theaters. Ein Mensch natürlich, der nichts von einem Forscher an sich hat, sondern der lediglich ein Geniesser ist, wird unsere Stücke darum für unklar halten, weil wir die Unklarheit menschlicher Beziehungen gerade gestalten. Die Beziehungen der Menschen unserer Zeit sind unklar. Das Theater muss also eine Form finden, diese Unklarheit in möglichst klassischer Form, d,h, in epischer Ruhe darzustellen. In einer anderen etwa der alten darmatischen Form, die mit Spannungen, Suggestion, Explosion arbeitet, sind die grossen Stoffe der Gegenwart nicht darzustellen. Solche grossen Stoffe sind: die Kämpfe der Menschen untereinander, ihr gemeinsamer Kampf mit den von der Natur gegebenen Daseinbedingen, die Kämpfe die Individuums um seinen Fortbestand usw.

BBA 331/152

- 5 -

Schauplatz geistiger Veranstaltung gemacht. Dazu brauchen wir aber auch die Unterstützung der Leute, die geistig interessiert sind, d.h., den phantasievollen Kritiker -

Brecht: - aber nicht den kulinarischen Kritiker, den auf aesthtische Reize aller Art fliegenden Genussmenschen, der nur etwas erleben will und nur seine Empfindungen bei seinen Erlebnissen schildern will, sondern den für die geistigen Kämpfe der Zeit interessierten Menschen, der wenig mit Erinnerungen belastet und mehr mit Appetiten gesegnet ist.

Weichert: Ironische Aufforderung, das Florett zu ziehen.

BBA 330/46

2.2. Die Not des Theaters

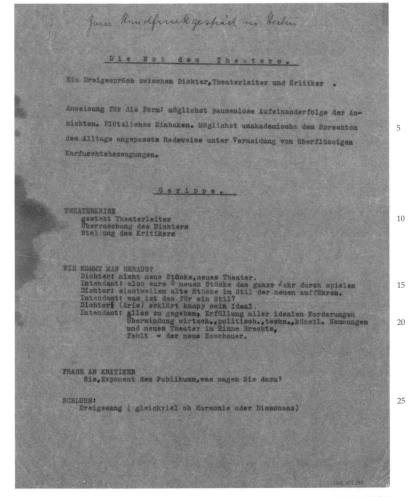

BBA 155/46

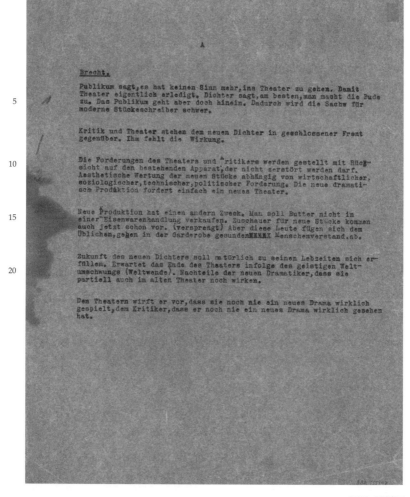

A

Brecht.

Publikum sagt,es hat keinen Sinn mehr,ins Theater zu gehen. Damit Theater eigentlich erledigt. Dichter sagt,am besten,man macht die Bude zu. Das Publikum geht aber doch hinein. Dadurch wird die Sache für moderne Stückeschreiber schwer.

Kritik und Theater stehen dem neuen Dichter in geschlossener Front gegenüber. Ihm fehlt die Wirkung.

Die Forderungen des Theaters und Kritikers werden gestellt mit Rücksicht auf den bestehenden Apparat,der nicht zerstört werden darf. Aesthetische Wertung der neuen Stücke abhängig von wirtschaftlicher, soziologischer,technischer,politischer Forderung. Die neue dramatisch Produktion fordert einfach ein neues Theater.

Neue Produktion hat einen andern Zweck. Man soll Butter nicht in einer Eisenwarenhandlung verkaufen. Zuschauer für neue Stücke kommen auch jetzt schon vor. (versprengt) Aber diese Leute fügen sich dem Üblichen,geben in der Garderobe gesunden Menschenverstand ab.

Zukunft des neuen Dichters soll natürlich zu seinen Lebzeiten sich erfüllen. Erwartet das Ende des Theaters infolge des geistigen Weltumschwungs (Weltwende). Nachteile der neuen Dramatiker,dass sie partiell auch im alten Theater noch wirken.

Den Theatern wirft er vor,dass sie noch nie ein neues Drama wirklich gespielt,dem Kritiker,dass er noch nie ein neues Drama wirklich gesehen hat.

BBA 155/47

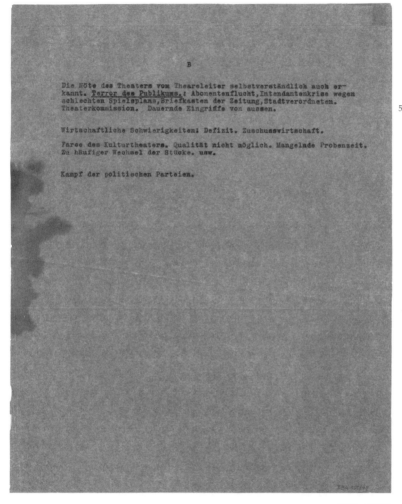

B

Die Nöte des Theaters vom Theaterleiter selbstverständlich auch erkannt. <u>Terror des Publikums.</u>: Abonentenflucht, Intendantenkrise wegen schlechten Spielsplans, Briefkasten der Zeitung, Stadtverordneten. Theaterkommission. Dauernde Eingriffe von aussen.

Wirtschaftliche Schwierigkeiten: Defizit. Zuschusswirtschaft.

Farce des Kulturtheaters. Qualität nicht möglich. Mangelnde Probenzeit. Zu häufiger Wechsel der Stücke. usw.

Kampf der politischen Parteien.

BBA 155/48

C
Ausführungsprobe.

W zu B: Also, Sie, verehrter Herr Brecht, sehen natürlich wieder stolz und unzufrieden aus. Wissen Sie, was mich diese Aufführung heute abend gekostet hat an Nerven, an Arbeit, an Ärger, an Geld usw. Meinen Sie, es macht mir Spass, mich nun auch wieder von der Presse vermöbeln zu lassen usw.
Lackschuhe zum Füsseküssen.

B zu W: Es scheint ja fast, wenn man Sie hört, als gefalle Ihnen etwas an Ihrem Laden nicht. Wieso sind Sie denn plötzlich in einer Krise?

W zu B: Was heisst plötzliche Krise ? Dauerkrise, lieber Kerr, wie alle meine Kollegen. Manche sind allerdings diplomatisch genug, nichts davon merken zu lassen. Deren Krise merkt man erst, wenn der Nachfolger ernannt ist. Übrigens ist das alles gar keine Personenfrage. Es ist die Krise des Theaters. XXXX

B zu W: Sie sind also der Ansicht, dass das Theater in einer Krise ist! das ist ja merkwürdig. Ich dachte, die Theater gingen glänzend, wenigstens laufen die Leute hinein. Herr Doktor Kerr, vermisst zwar ein paar gute neue Stücke, aber nicht wahr, Herr Doktor, Sie ,glauben doch nicht an eine wirkliche Theaterkrise?

Dr. Kerr

B zu W u.K: Das ist mir sehr interessant. Ich muss Ihnen wirklich dankbar sein, dass Sie sich so offen zu mir äussern. Da ich Sie nun beide schon nicht aufhängen kann, was ich als Dichter natürlich am liebsten möchte, lassen Sie mich wenigstens auch einmal ganz unverhohlen und offen meine Meinung sagen.
Brechtsche Hinrichtung des jetzigen Theaters. (Siehe A, 1-2)

———————

BBA 155/49

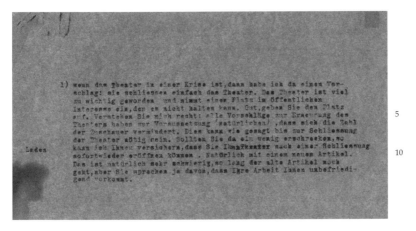

BBA 155/50

3. Kommentar

Zu klären ist, wie sich die beiden Typoskripte und das gesendete „Dreigespräch" zueinander verhalten. Erst wenn Abfolge, ‚Textsorte' und logische (Inter-)Dependenz dieser drei Sprachereignisse geklärt sind, können die erhaltenen Teile angemessen ediert, verstanden und gewertet werden. Dazu sind die Dokumente im BBA und die Zeugnisse der Rundfunkgeschichte zu betrachten, bevor eine Deutung versucht werden kann. Erst dann kann Textkritik zu einem vorläufigen Ende kommen und gegebenenfalls ein Text konstituiert werden.

3.1. „Amüsierbude für geistig saturierte Geniesser": zu „Kerr: Einleitung"

Das erste Typoskript (im Folgenden: „Kerr: Einleitung") ist auf zwei Konvolute (archivische Titel: (*Gesammeltes Arbeitsmaterial 2* und *3*) verteilt überliefert. Es entstand, wie Identität des Papiers, der Maschine, des Schreibers, der Schreibgepflogenheiten und durchgehende Blattzählung beweisen, in *einem* Zusammenhang. Die Blätter im Format 22,4 x 28,9 cm haben mittlere Papierstärke und sind bis auf den Durchschlag BBA 330/46 (Blatt 5) allesamt Schreibmaschinenoriginale. Die im Rahmen des ersten Korrekturdurchgangs mit Rotstift angebrachte eigenhändige Signatur „brecht" auf dem ersten Blatt könnte zur Unterscheidung des Autor-Exemplars von den an andere verteilten Durchschlägen gedient haben. Die uneinheitlichen Büroklammer- und Faltspuren, das Auseinanderschneiden von Blatt 1 (330/43 und 331/77) und Blatt 4 (331/152; unterer Abschnitt verloren) sowie die von Blatt zu Blatt unterschiedlichen Korrekturen (verschiedene Blei- und Farbstifte, verschiedene Korrekturkontexte und -intentionen) belegen, dass die erhaltenen Blätter von Brechts Exemplar früh getrennt und auf unterschiedliche

Arbeitsprojekte verteilt wurden. Hier interessiert vor allem die erste Phase, die im Hinblick auf das „Dreigespräch" entstandene Grundschicht mit den zugehörigen Korrekturen.[7]

„Kerr: Einleitung" wurde nach Gehör geschrieben. Darauf deuten syntaktisch-orthographische Fehldeutungen wie „dass" statt „das" (330/44.13 u. ö.), Kommafehler wie „[dass] dieses Verhalten, das typische Verhalten der Zeitgenossen ist" (330/44.33-34), Hörfehler wie „Pater" statt „Packer" (ebd. 40), Inkonsequenzen bei der Verwendung von Anführungszeichen bei Stücktiteln (die gesetzt werden, wenn sie zuvor gleichsam angekündigt werden: „das Stück ‚Gespenster'", 331/77.27, nicht aber ohne diese Voraus-Markierung: „ich sehe im Theater Rose Bernd oder die Gespenster", 331/77.1-2) und ähnliches. Einen Hinweis auf die an der Maschine sitzende Person könnte die Schreibweise ‚bourgois' statt ‚bourgeois' liefern, in „Kerr: Einleitung" mehrfach auftretend und also kein Flüchtigkeits- oder Tippfehler, sondern eine Kenntnislücke und damit ein ‚Leitfehler'.[8] Schon damit lassen sich die beiden naheliegendsten Schreiber von Typoskripten dieser Zeit, Brecht selbst und seine damalige ‚Sekretärin' Elisabeth Hauptmann, mit Sicherheit ausschließen; sie wussten beide, wie man ‚Bourgeoisie' schreibt.[9] Solche Befunde dürfen nicht ‚modernisiert' oder ‚normalisiert' oder ‚vereinheitlicht' oder ‚stillschweigend verbessert' werden, auch noch so ‚behutsam' und ‚unter Wahrung des Lautstands'[10] nicht, schon gar nicht bei einem Autor, bei dem (an dem) viele Hände mitgeschrieben haben. Sie können wesentliche Aufschlüsse auf Schreiber und/oder Mitarbeiter geben, die der einzelne Herausgeber im einzelnen Fall gar nicht alle absehen *kann*. Bei Nachlass-Editionen – und jede größere Brecht-Edition ist zwingend eine solche; die BFA beispielsweise besteht zu drei Vierteln aus Nachlasstexten – ist der Befund grundsätzlich *exakt* (durch Reproduktion und/oder Transkription) mitzuteilen, bevor ein Lesetext konstituiert werden kann (nicht muss) – und nicht umgekehrt.

Wenn nun „Kerr: Einleitung" nicht von Brecht selbst und nicht nach einer schriftlichen Vorlage, sondern von einem anderen Schreiber nach Gehör getippt wurde, dann könnte es sich um ein direktes Diktat Brechts, um die Mit- oder um die Nachschrift einer realen Diskussion zwischen Brecht, Kerr und Weichert handeln.

Verfolgen wir zunächst die Hypothese ‚direktes Diktat' beziehungsweise ‚Werk(entwurf)' Brechts, so bieten sich zwei Möglichkeiten: Entweder es erfolgte nach der Sendung – oder davor. Die erste Variante ist die unwahrscheinlichere. Warum sollte Brecht sich die Mühe machen, nach vollbrachter Tat das Gespräch zu rekonstruieren? Und wenn, warum sollte er, statt direkt nur seine eigene Position zu formulieren, bloß einige eher nichtssagende Voten Weicherts und nicht die mit Sicherheit kontroverseren Beiträge Kerrs übernehmen? Bei nachträglicher Autorschaft wäre der Stil des Textes auch mit Sicherheit anders (besser) ausgefallen als der dieses flüchtigen Typoskripts. Als Entwurf für eine Veröffentlichung ist „Kerr: Einleitung" kaum vorstellbar, weil Brecht der (berechtigte und gegebenenfalls auch juristische) Widerstand der anderen Teilnehmer gegen diese Manipulation ihrer Äußerungen sicher gewesen wäre – und das musste ihm auch klar sein. Im Übrigen hätte er in diesem Fall mit Sicherheit den ganzen Text überarbeitet und nicht ausschließlich seine eigenen Voten. Alles spricht dagegen, dass er den Text nachträglich diktierte – egal ob möglichst exakt dem gesendeteten Wortlaut entsprechend, in eigenmächtiger Variation oder gar in freier Fiktion.

Eher könnte Brecht „Kerr: Einleitung" im Voraus diktiert haben, zum Beispiel um die eigene allmähliche Verfertigung der Gedanken beim Reden zu befördern und ihr Ergebnis festzuhalten oder um sich seiner Position zu versichern, kurz (mit dem zu dieser Zeit von Marx entlehnten Begriff): zur Selbstverständigung. Diese war besonders gegenüber Weichert nicht unnötig. Als Theater-Avantgardist stand er Brecht – trotz dessen persönlichem Ingrimm[11] – in vielem nahe, vor allem in der öffentlichen Wahrnehmung, seitdem er im April 1923 mit großem Erfolg *Trommeln in der Nacht* in Frankfurt inszeniert hatte. Hier war eine Klärung der Fronten nötig, nicht aber bei dem ‚einfachen', nämlich eindeutigen Gegner Alfred Kerr, mit dem Brecht schon mehrfach, auch öffentlich, die Klingen gekreuzt hatte. So werden Kerrs Beiträge am Anfang nur durch Platzhalter markiert: „Kerr: Einleitung" und „Kerr: (Erstaunen über Krise)" (330/43.2/15), und als er am Ende mit dem Stichwort „kulinarischer Kritiker" wieder ins Spiel kommt und Weichert dieses Brechtsche Standardetikett für Kerr als Aufforderung an diesen weitergibt, „das Florett zu ziehen", kann Brechts Standortbestimmung abbrechen.

Auch für Weicherts Position reicht am Anfang ein Stichwort: „Theaternot", das vorgegebene Thema des „Dreigesprächs". Die Krise des Theaters ist ein in der zeitgenössischen Diskussion immer wiederkehrendes Thema. Im Mai 1927 hielt Weichert die Rede *Theaternöte*, die ihm im Rahmen des geplanten „Dreigesprächs" eine gewisse Priorität für diesen Begriff und gleichsam das Recht der Themensetzung gibt.[12] Vor allem Weicherts Mitarbeit an Publikationen, an denen Brecht seinerseits beteiligt war, wird dieser zur Kenntnis genommen haben, so den Beitrag zum Thema „Aufgaben, Möglichkeiten, Probleme des heutigen Theaters" in der Zeitschrift des Berliner *Theaters in der Königgrätzer Straße*,[13] den Aufsatz „Sprechkunst und Bühne" in *Die Scene*,[14] die Antwort auf die Umfrage der *Genossenschaft Deutscher Bühnenangehöriger* in deren Zeitschrift *Der neue Weg*[15] und seine Texte in der Festschrift des Frankfurter Schauspielhauses.[16] Auch Weicherts Beitrag zu der großen und für das Thema des Radiogesprächs einschlägigen Umfrage *Die Lebensbedingungen der Schaubühne im Jahre 1927* in *Die Scene*[17] könnte er registriert haben.

Durchaus vorstellbar, dass er Weicherts Part in „Kerr: Einleitung" aus seiner von hier her stammenden Kenntnis für die Lagebeschreibung am Anfang unausgeführt lassen, das eigentliche Gespräch mit ihm aber imaginieren und ausformulieren konnte. Natürlich musste er ihn dabei trotzdem weitgehend als bloßen Frager und Stichwortgeber setzen, da er im Voraus nicht wissen konnte, was Weichert vor dem Mikrophon dann wirklich sagen würde. Das war aber auch egal, denn geht man von einer ‚Selbstverständigung' aus, wäre es Brecht nur um die Klärung der eigenen Position gegangen.

Hinweise, dass „Kerr: Einleitung" *vor* der Sendung entstand, geben weiterhin die handschriftlichen Eintragungen. Brecht modifiziert nicht nur die eigenen Voten *en gros* (wie in der Streichung des gesamten Blattes 331/77) *et en détail* (wie in den stilistisch bedingten Umstellungen 330/43.13 und 44.8), sondern streicht auch Kerrs einzigen überhaupt ‚bestimmten' Beitrag: „(Erstaunen über Krise)" und ergänzt stenographisch eine Ausnahme vom Verdikt „flaches Bourgoistheater" (330/43.9-11), die nach Höflichkeitsgeste („ausgenommen alle Anwesenden') aussieht und offenbar auf Weichert zielt; sie wäre *nach* dem Gespräch nicht mehr nötig gewesen. All dies sind Hinweise sowohl darauf, dass es sich nicht einfach um die Mit- oder Nachschrift der Sendung handelt, als auch darauf, dass es im Voraus entstand und von Brecht als Arbeitsmaterial für diese betrachtet wurde.

Die Annahme einer zeitgleichen Mitschrift der wirklichen Sendung kann sofort ausscheiden. Im Studio selbst ist ein Schreiber an der Maschine undenkbar, und vor dem Radioempfänger wäre bei damaliger akustischer Technik gleichzeitiges Hören und Schreiben ebenfalls kaum möglich gewesen, auch für einen weit professionelleren Schreiber als den von „Kerr: Einleitung" nicht. Selbst für kleinste Sofortkorrekturen, wie sie hier ständig vorkommen, wäre keine Zeit gewesen.

Für die Vermutung ‚Gesprächsnachschrift' sprechen die durchaus authentisch wirkenden Voten Weicherts (man beachte den anderen Stil, beispielsweise das fünffache Vorkommen von „also" in den vier Sätzen 330/44.31-43, das Brecht selbst wohl kaum unterlaufen wäre), vor allem aber der insgesamt sehr improvisierte Ausdruck und die flüchtige Schreibweise. Für ein Gespräch typische Redundanzen wie „der ich ja auch als Stückeschreibe[r] ja immer bin" (330/43.4-5) wären selbst bei einem spontanen Diktat, bei dem doch immer eine gewisse Zeit zu genauerer Formulierung und vor allem zur Selbstkorrektur bleibt, wohl kaum vorgekommen oder zumindest nicht stehengeblieben. Anakoluthe wie „bei dem [...] ebenso modernen Hasencluvers ‚Besseren Herrn' und Zuckmeyers ‚Fröhlichen Weinberg'" (330/45.15-17) oder „Es ist mir weiter klar, [...] dass wir [...] einen ganz anderen Wege gehen müssen" (ebd. 19-21), die übrigens auch nur in Weicherts Beiträgen vorkommen, wären bei einem Dikat mit einiger Sicherheit sofort bemerkt und aufgelöst worden etcetera.

Handelt es sich also um die Nachschrift eines realen Gesprächs, so kann es sich um die Umschrift der Sendung selbst oder um die Transkription eines Vorgespräch handeln.

Eine spätere Umschrift der Sendung selbst setzt voraus, dass das Gespräch irgendwie festgehalten wurde. Mitschnitte vom Sender waren damals aber technisch noch nicht möglich.[18] Möglich war das Mitstenographieren (mit anschließendem Diktat des Stenogramms in die Maschine) oder eine Aufnahme mit dem Parlographen (dem seinerzeit gebräuchlichen Diktiergerät), bei dessen Abhören dann das Typoskript erstellt worden wäre. Besonders im ersten Fall wäre die nachträgliche Verschriftlichung aber wohl deutlich sorgfältiger ausgefallen. Auch stellt sich die Frage, wer die Umschrift für wen hergestellt hätte – und warum, wenn schon, dann so unvollständig? Denn wenn Weichert und Kerr auch einen Durchschlag erhalten hätten, wären ihre Voten vollständig aufgenommen worden. Und mit Konstruktionen wie der, dass Brecht jemanden beim Sender gehabt hätte, der speziell für ihn eine Teiltranskription hergestellt hätte, verliert man sich in haltlosen Spekulationen.

Ohnehin sprechen die gleichen Argumente, die gegen ein nachträgliches Diktat sprachen, auch gegen die nachträgliche Verschriftlichung des gesendeten Gesprächs. Viel plausibler ist auch hier wieder, die Vorgängigkeit des Dokuments vor der Sendung anzunehmen. Wenn es sich nun aber nicht um ein ‚Werk' Brechts, sondern grundsätzlich um den Wortlaut eines realen Gesprächs handelt, dann muss ein Vorgespräch zu dritt stattgefunden haben. *Dieses* wurde aufgenommen oder mitstenographiert und noch vor der Sendung – selektiv und eilig – für Brecht verschriftlicht. Die Auswahl nur der Passagen, in denen er selbst zu Wort kam, und die Art der Abkürzung der anderen Teile spricht dafür, dass Brecht selbst dem Schreiber diktierte. Die Tatsache, dass er eine Ergänzung auf Blatt 1 (330/43.9/11) – ganz entgegen seiner sonstigen Gewohnheit in diesen Jahren – stenografisch eintrug, könnte darauf hinweisen, dass die Vorlage ein Stenogramm (keine Parlographenaufnahme) war, das ihn gleichsam in diese Schrift wieder ‚hineinbrachte'.[19]

3.2. „am besten, man macht die Bude zu": zu „Die Not des Theaters"

In einem Konvolut mit dem archivischen Titel *Aufsätze, Rezensionen, Radiovorträge* findet sich auf fünf zusammenhängend überlieferten Blättern ein weiteres Typoskript (im Folgenden: „Die Not des Theaters"). Es handelt sich, wie aus Identität von Maschine, Papier, Schreiber und Schreibgepflogenheiten ebenso eindeutig wie aus Faltung, Büroklammerspuren oben links und gemeinsamem Fleck (Kaffee?) am linken Rand hervorgeht, um nicht nur zusammen überlieferte, sondern auch gemeinsam entstandene und zueinander gehörende Blätter, auch wenn jedes einzelne für sich abgeschlossen und selbständig ist.

Die Blätter im Format 22,4 x 28,1 cm bestehen aus dünnem Durchschlagpapier; das Schreibmaschinen-Original ist nicht erhalten. Es wurden mehrere Durchschläge angefertigt: Die Schrift auf Bl. 47-49 ist deutlich schärfer, die auf Bl. 46 und 50 viel unklarer konturiert; offenbar handelt es sich bei ersteren um einen ersten, bei letzteren um einen zweiten oder weiteren Durchschlag. Die Blätter enthalten keine handschriftlichen Eintragungen außer auf Bl. 46 oben die Zuordnung mit schwarzer Tinte von Elisabeth Hauptmann „Zum Rundfunkgespräch in Berlin" und auf Bl. 47 am linken Rand mit Blaustift eine wohl von Brecht stammende Bezifferung. Während „Kerr: Einleitung" einen ausformulierten, diktierten Text bietet, erinnert „Die Not des Theaters" durch seine Stichwort-Struktur und Blatt-Topographie häufig an Notizen. Auch hier wieder sind alle Möglichkeiten zu prüfen.

Kann „Die Not des Theaters" *nach* der Sendung entstanden sein? Dagegen sprechen die gleichen Überlegungen, die bei „Kerr: Einleitung" angestellt wurden: Warum sollte Brecht sich diese Mühe machen? Und wenn schon, warum einerseits so lückenhaft, unzusammenhängend und flüchtig, andererseits aber so unnötig ausführlich wie in der „Anweisung für die Form" (155/46.4-8)? Warum sollte er eine „Ausführungsprobe" (155/49) überhaupt wörtlich festhalten? Und wenn schon, warum dann ausgerechnet nur einige fast nichtssagende Ein- und Überleitungssätze? Nachträgliche Notizen würden mit Sicherheit anders aussehen; die Möglichkeit scheidet aus.

Unter der Voraussetzung, die Notizen seien *vor* der Sendung aufgezeichnet worden, fragt sich, ob das vor dem oben postulierten Vorgespräch der Fall war oder danach, und wenn letzteres, ob mit oder ohne Bezug darauf.

Als Notiz *vor* einem Vorgespräch hätte im Grunde nur die erste Hälfte von Blatt 1 (155/46.2-12) Sinn. Alles Übrige schreibt den Mitstreitern direkt und indirekt zu viel vor. Säulen des Kulturbetriebs wie Kerr und Weichert lassen nicht denken und formulieren, und ganz sicher nicht von Brecht; sie denken und formulieren selbst. Dass sie seine Vorgaben nicht übernehmen würden, wäre auch Brecht klar gewesen. Er hätte es gar nicht erst versucht. Auch diese Vermutung ist nicht schlüssig.

Bleibt die Variante einer Aufzeichnung nach dem Vorgespräch, aber vor der Sendung. Dies war schon für „Kerr: Einleitung" die wahrscheinlichste Vermutung. Wie aber verhalten sich dann die beiden Typoskripte zueinander? Sollten sie sich auf dasselbe Gespräch beziehen?

Dafür könnte die gemeinsame Grobstruktur sprechen: Am Anfang stellt Weichert eine Theaternot (330/43.3) oder Theaterkrise (155/46.9-10) fest, in der Mitte diskutieren vor allem Brecht und Weichert (mit deutlichem Übergewicht Brechts), und am Ende kommt Kerr zu Wort. Auch folgendes Detail könnte auf einen gemeinsamen Bezugspunkt deuten: in „Die Not des Theaters" unterstellt Weichert den jungen Dramatikern, sie wollten, dass ihre „5 neuen Stücke das ganze Jahr durch" gespielt würden (46.15), in „Kerr: Einleitung" fragt er Brecht, ob er „mit dem ½ Dutzend zeitgenössischer Werke", das er gelten lasse, „einen Spielplan aufbauen" solle (330/44.15-16).

Viel auffallender als diese Gemeinsamkeiten sind aber die Differenzen: In „Kerr: Einleitung" äußert der Kritiker das Erstaunen über die Krise (330/43.15), hier der Dichter (155/46.10); dort ist Brecht Stellvertreter des Zuschauers (330/43.4), hier Kerr (155/46.24). Selbst Brechts Grundthesen sind nicht die gleichen: Dort betont er, dass das Theater die falschen Stücke (Hauptmann, Ibsen) aufführe und die richtigen (neuen, epischen) Stücke falsch, dass der heutige Zuschauer schon eine neue (wissenschaftliche) Haltung und „Appetite" habe und die alten Theater ihnen nicht gerecht werden könnten; hier dagegen, dass die neuen Zuschauer erst versprengt vorkämen und dass der bestehende Theaterapparat zerstört werden müsse. Auch Weichert äußert sich beide Male durchaus verschieden. Selbst wenn man in Rechnung stellt, dass „Kerr: Einleitung" eine (mehr oder weniger) wörtliche Transkription und „Die Not des Theaters" (meist) thesenartige Zusammenfassungen bietet, beide also schwer zu vergleichen sind, ist doch evident, dass es sich kaum um dasselbe Gespräch handeln kann, auf das sie sich beziehen. Nicht leichten Herzens zieht man die Folgerung: Es fanden zwei Vorgespräche statt!

Wenn das so ist, dann ist klar, welches das frühere war. Die Korrekturen, die Brecht von Hand in „Kerr: Einleitung" anbrachte, deuten darauf hin, dass sie im Hinblick auf „Die Not des Theaters" eingetragen wurden. Die Ergänzung der *reservatio verbalis* „mit ganz wenigen Ausnahmen" (330/43.9) dürfte ein Zugeständnis an Weichert zu sein; die Streichung von Kerrs vorgeblichem Erstaunen über die Theaterkrise (330/43.15) entspricht der Übernahme dieses Parts durch Brecht (155/46.10, 49.9-21); die Verbindung seiner ersten beiden Voten und die radikale Kürzung des zweiten (330/43.15-33044.5) entspricht dem Sendekonzept einer „pausenlosen Aufeinanderfolge der Ansichten" (46.4). In „Die Not des Theaters" dagegen findet keine spätere Überarbeitung statt. Der Positionswechsel Brechts vom direkten Angriff auf Weichert („durch eure Schuld", 330/44.24) und die Theaterleiter („sie führten sie falsch auf", 330/45.30) auf den „bestehenden Apparat" (155/47.10) überhaupt ist umgekehrt kaum denkbar. Er dürfte ebenso wie Brechts Verzicht auf den Versuch, sich selbst als Repräsentant des

Publikums einzubringen, auf den Widerstand Weicherts und Kerrs gegen Brechts Solidarisierung mit dem Zuschauer und Frontbildung gegen sie zurückzuführen sein.

Wenn zwei Vorgespräche stattfanden, dann verengt sich der Zeitraum der Entstehung beider Typoskripte enorm. Der vielbeschäftigte Weichert wird nicht wochenlang vor der Sendung nach Berlin gekommen sein, sondern wohl höchstens zwei, drei Tage zuvor. Ist es plausibel, dass in dieser Zeit zwischen dem 12. und 15. April 1928 nach den beiden Gesprächen auch noch zwei Typoskripte entstanden und überarbeitet wurden?

Betrachten wir „Die Not des Theaters" genauer. Nicht nur inhaltlich, auch formal fallen deutliche Unterschiede zu „Kerr: Einleitung" ins Auge. Sie wurden weder mit der gleichen Maschine noch auf dem gleichen Papier noch vom gleichen Schreiber getippt. Layout und Stil (Sprachgestus) deuten vor allem bei den ersten drei Blättern darauf hin, dass es sich um Notizen Brechts handelt. Es war jedoch mit Sicherheit nicht er selbst, der „Die Not des Theaters" tippte (er hätte zum Beispiel durchgängig alles klein geschrieben). Wenn er nun aber nicht an der Maschine saß, dann kann er die Notizen nur direkt diktiert oder zuerst handschriftlich festgehalten und später – gegebenenfalls auch erst nach der Sendung – jemandem zur Abschrift vorgelegt oder diktiert haben.

Für ein direktes Diktat sind die Notizen formal zu komplex und stilistisch zu heterogen. Er hätte beim Diktieren, direkt hinter der Maschine stehend, auf den von Blatt zu Blatt, ja auf den Blättern selbst ständig wechselnden Durchschuss und das Layout überhaupt achten und jeweils das Neueinspannen eines Bogens trotz (teils bei weitem) nicht vollständiger Füllung des alten anordnen müssen. Das ist durchaus unwahrscheinlich in einer Situation, die volle Konzentration auf das Konzipieren und Formulieren der Gedanken erfordert hätte. Auch wären insbesondere bei der Sammlung der eigenen Kernpunkte und derjenigen Weicherts nachträgliche Ergänzungen nur in aufwendiger Weise (Neueinspannen und Justieren des Papiers) möglich gewesen, wofür sich keine Hinweise (Zeilenverschiebungen etcetera.) finden. Zudem diktierte Brecht, wenn er diktierte und – wie hier – einen guten Schreiber zur Verfügung hatte, in der Regel ganze Sätze. Die Möglichkeit des direkten Diktats scheidet zumindest für die ersten drei Blätter aus.

Dem Typoskript „Kerr: Einleitung" lagen demnach wohl handschriftliche Notizen zugrunde; nicht nur das Schreibmaschinen-Original, sondern auch diese sind verloren. Unter dieser Voraussetzung ist zunächst zu untersuchen, was sich über die postulierte Vorlage sagen lässt, bevor das Typoskript selbst betrachtet wird.

Charakteristisch für Brechts Notizen ist, dass er versucht, ‚Luft' zwischen einzelnen Aufzeichnungen zu lassen und jedes Blatt für sich möglichst abzuschließen. Beides dient zur Erleichterung der Weiterarbeit – *auf* oder *mit* dem in andere Kontexte ‚verpflanzten' Blatt. Das macht es immer, erst recht aber bei einer späteren Abschrift schwierig, Eintragungssequenzen über mehrere Blätter hin nachträglich zu belegen. Dennoch ist hier klar, dass alle Notizen einen gemeinsamen Bezug und eine enge Verbindung untereinander haben, zunächst und vor allem inhaltlich (formale Merkmale wie die Blattzählung mit A, B, C können dagegen leicht erst bei der Abschrift hinzugekommen sein und lassen nur begrenzt Rückschlüse auf das postulierte Original zu). Das Eingeständnis der „Theaterkrise" (155/46.9-10) wird auf Blatt 48 ausgeführt, die „Überraschung des Dichters" (155/46.11) entspricht späteren Voten Brechts (155/49.9-11, 17-18), der Vorschlag „neues Theater" (155/46.14) wird in der Anmerkung auf Blatt 50 expliziert, der Rückbezug „Sie sprechen ja davon" (155/50.12) weist auf die „Ausführungsprobe" zurück (155/49.9-10) etcetera. Wenn sich auch nicht beweisen läßt, dass die Vorlagen des Typoskripts „Die Not des Theaters" in einem Zug geschrieben wurden, so entstanden sie doch mit Sicherheit in einem Zusammenhang. Die jeweilige relative Abgeschlossenheit der fünf Typoskript-Blätter deutet jedoch umgekehrt auch auf (mindestens) ebenso selbständige Vorlagen hin; sie sind also auch für sich zu betrachten.

Titel und Untertitel von Blatt 1 (155/46.2-3) bieten den genauen Wortlaut, unter dem die Sendung angekündigt wurde.[20] Brecht war zwar immer schon selbstbewusst, aber er hätte sich wohl kaum selbst an erster Stelle genannt und als Dichter bezeichnet.[21] Auch die „Anweisung zur Form" (155/46.4-7) dürfte nicht von ihm stammen. Brecht war nur einer unter dreien und hatte derlei ‚strategische' Richtlinien oder den Stil der Sendung nicht vorzugeben.[22] Sogar der Zeilenabstand, hier im Gegensatz zu allen anderen Aufzeichnungen von „Die Not des Theaters" doppelt, deutet auf eine Sonderstellung der oberen Hälfte von Blatt 1 (der Titelei, wenn man so will) – selbst zunächst irrelevant erscheinende ‚äußere' Merkmale wie der Zeilenabstand können gegebenenfalls Hinweise auf Autorschaft, Eigen- oder Fremdtext liefern und sind also in einer wissenschaftlichen Edition wiederzugeben. Vermutlich handelt es sich um die Abschrift der Vorgaben des Senders, an die dann erst mit dem „Gerippe" Brechts eigene Notizen anschließen (155/46.8-26). Diese stellen eine Mischung aus Nachschrift und Entwurf dar; der Wortwechsel zwischen Dichter und Intendant scheint auf ein Gespräch zurückzugehen, die ironischen musikalischen Begriffe „Arie" und „Dreigesang" dagegen sind wohl eher prospektiv zu verstehen – vor allem letzterer, bei dem offen gehalten wird, ob er harmonisch oder dissonant sein wird.

Die beiden offenkundig komplementär zusammengehörigen, auch im Layout sehr ähnlichen Blätter 2 und 3 halten unter „A" den

Standpunkt Brechts eher ausformuliert (155/47), unter „B" den Weicherts eher stichwortartig fest (155/48). Dies ist sinnvoll, wenn man annimmt, dass Brecht für die bevorstehende Sendung die eigene Wortwahl, bei Weichert dagegen vor allem dessen Argumente wichtig waren und er sie also in dieser Form nochmals festhielt. Blatt „B" weist so deutlich eine Betroffenen-Perspektive von innen aus dem Theaterbetrieb heraus auf, dass sein Inhalt schlüssig nur als stichwortartig festgehaltene wirkliche Äußerungen des Intendanten Weichert und nicht als bloße Imagination Brechts zu verstehen ist. Warum aber folgt nun nicht ein Blatt „C" mit analogen Notizen zu Kerr? Dessen Position war Brecht, wie gesagt, längst bekannt und musste wohl nicht mehr eigens festgehalten werden – übrigens auf keinem der Notizblätter. Zudem wollte er sich offensichtlich gar nicht näher mit ihm, sondern vielmehr mit Weichert auseinandersetzen. Und nicht zuletzt ist auch die knappe Zeit zwischen dem zweiten Vorgespräch und der Sendung zu berücksichtigen, die eine Konzentration aufs Wesentliche verlangt haben dürfte.

Die „Ausführungsprobe" auf Blatt 4 unter „C" (155/49) stellt eine besondere Herausforderung für den Interpreten dar. Warum wurde sie überhaupt von Brecht festgehalten, warum so unvollständig, warum auf das scheinbar Unwesentliche beschränkt? Die Erklärung könnte damit zusammenhängen, dass er die Überraschung über die Theaternot, die in „Kerr: Einleitung" noch der Kritiker äußerte, jetzt selbst zu mimen hatte. Die Streichung von Kerrs „Erstaunen über Theaterkrise" dort (330/43.15) hängt wohl auch mit diesem Rollenwechsel zusammen und bietet einen Hinweis auf den Zeitpunkt der Rotstift-Überarbeitung vor dem zweiten Gespräch. Es ist dies vielleicht der einzige wirklich fingierte Teil des ganzen „Dreigesprächs". Denkbar, dass Brecht ihn deshalb als schwierig erachtete und eigens noch einmal fixierte, um seine Überraschung halbwegs glaubwürdig spielen zu können. Die eigentliche „Arie" (155/46.18), die „Brechtsche Hinrichtung des jetzigen Theaters" (155/49.28) war bereits *in* „Kerr: Einleitung" und hier auf Bl. 47 formuliert – und zwar vermutlich besser als in dem zweiten Probegespräch, sonst hätte Brecht das Protokoll hier fortgesetzt, statt hier darauf zu verweisen.

Auf Blatt 5 schließlich formuliert Brecht in Form einer Anmerkung „1)" seine (nachträglich mit „1" numerierte) Grundthese dort – „am besten, man macht die Bude zu" (47.4-5) – aus (155/50). Ihr Anfang „wenn das Theater in einer Krise ist" schließt aber auch wörtlich an Weicherts letzten Satz in der vorangehenden „Ausführungsprobe" an: „es ist die Krise des Theaters" (155/49.16). Hier wie dort und im Gegensatz zu den ersten drei Blättern ist der Text deutlich protokollarisch.

Alle fünf Blätter scheinen sich auf ein reales, zweites Probegespräch zu beziehen. Die Frage, ob die Notizen danach vollständig aus dem Gedächtnis aufgezeichnet wurden oder ob es sich in den protokollierenden Teilen (155/49, 50) um die Transkription einer steno- oder parlographischen Vorlage handelt, lässt sich nicht beantworten und kann erst weiter unten diskutiert werden. Ebenso ungeklärt muss das merkwürdige Faktum bleiben, dass Weichert sich in der „Ausführungsprobe" auf „diese Aufführung heute abend" bezieht. Ein Frankfurter Gastspiel gab es in Berlin nicht, das Vorgespräch fand aber auch nicht in Frankfurt selbst statt, wo in diesen Tagen zudem keine Premiere über die Bühne ging.[23]

Schreibeigenheiten, geringe Fehlerhäufigkeit, Verzicht auf Leerschläge nach Kommas etc. des Typoskripts weisen auf Elisabeth Hauptmann als Schreiberin, die Typenanalyse auf ihre Maschine hin.[24] Zudem findet sich eine handschriftliche Eintragung von ihr oben auf Blatt 1. Hat sie die Notizen sofort nach ihrer Entstehung, womöglich noch vor der Sendung abgetippt? Das hätte wenig Sinn gehabt, da Brecht damit nur Zeit verloren, aber nichts gewonnen hätte. Es ging ihm zu diesem Zeitpunkt offenbar nur um das Festhalten des Wesentlichen für das bevorstehende Gespräch, und dafür genügten seine eigenen Notizen völlig. Außerdem hätte er Hauptmann, wenn sie zur Hand dagewesen wäre und er noch vor der Sendung – warum auch immer – ein Typoskript gebraucht hätte, vermutlich dann doch gleich diktiert und einen Arbeitsgang eingespart.

Warum aber wurden die Notizen später abgetippt? Brecht stand einige Monate später vor einer ganz ähnlichen Situation. Er hatte sich auf ein weiteres Rundfunkgespräch (mit Fritz Sternberg, Ernst Hardt und Herbert Ihering) zum gleichen Thema in Köln vorzubereiten.[25] Hier konnte das Material des „Dreigesprächs" gegebenenfalls gute Dienste als Referenz und Ausgangspunkt leisten, zumal die Frankfurter Sendung, wie noch zu zeigen sein wird, sehr erfolgreich verlaufen war. Demnach holte Brecht im Dezember 1928 seine Notizen wieder hervor und ließ sie von Hauptmann abtippen; das erhaltene Typoskript „Die Not des Theaters" entstand. Das deutlichste Indiz für diese Annahme bietet der Überlieferungszusammenhang mit dem Typoskript „*Einleitung* \ 1) Vorstellung der drei Sprecher durch Ernst Hardt." (BBA 155/45; nicht in BFA enthalten), einem ersten Konzept für die Kölner Sendung. Es wurde, wie analoge Layoutmerkmale nahelegen, wohl ebenfalls aufgrund vorausliegender handschriftlicher Notizen, vielleicht sogar von der gleichen Schreiberin getippt und zeigt mit den Blättern von „Die Not des Theaters" gemeinsame Büroklammerspuren[26] – woraus sich auch ergibt, dass der Archivkontext in einer wissenschaftlichen Ausgabe von Nachlassdokumenten berücksichtigt und gezeigt, ja als einzig durchgehendes und tragfähiges Ordnungsprinzip zugrundegelegt werden muss.

Betrachtet man das Typoskript genauer, irritieren Detailbefunde, die bei einer Abschrift von einem vorliegenden Blatt nicht zu erwarten wären, so der Zeilenfehler „Sie" (15549.16/17) – das Wort wird zuerst nicht als Anfang eines neuen Votums erkannt – oder die Nachstellung von „(natürlichen)" (155/50.6). So schreibt man nicht neben der Maschine liegende Notizen ins Reine, sondern nach Gehör. Umgekehrt ist vor allem das erste Blatt (155/46), wie gezeigt, vor allem im Schriftbild sehr handschriftennah und als diktiert nur schwer vorstellbar. Die protokollierenden Passagen (155/49, 50) weisen auf ein (akustisches) Diktat, die notizartigen (155/46, 47, 48) auf eine (optische) Vorlage hin.

Nun lässt die oben beschriebene Selbständigkeit der einzelnen Blätter aber durchaus die Möglichkeit zu, dass sie viel heterogener waren, als es im einheitlichen Typoskript aussieht. Die ‚Titelei' (155/46.2-7) kann beispielsweise ein Vordruck oder Brief des Senders gewesen sein; das folgende „Gerippe" (155/46.8-26) kann von Brecht auf dasselbe Blatt notiert oder von Hauptmann beim Tippen daran angeschlossen worden sein. Die Annahme, die Protokollnotizen (155/49, 50) seien von Brecht nach einer anderen Vorlage (Stenogramm oder Verschriftlichung des Senders) diktiert worden, ließe Spielraum für *ad hoc*-Ergänzungen oder -Korrekturen beim Diktieren. Brecht kann dabei zum Beispiel noch das ein oder andere ‚natürlich' sich anbietende Wort eingefügt haben (wie 155/50.6 „(natürlichen)", das bei Vorliegen einer Vorlage wohl vorangestellt worden wäre), er kann vergessen haben, einen Sprecherwechsel explizit zu machen (das würde den Zeilenfehler 155/49.16 erklären, der auf der Vorlage nicht hätte übersehen werden können), oder er kann beim Ablesen der Vorlage eine Zeile nach oben gerutscht sein beziehungsweise nicht genau hingeschaut und nach dem geistigen Trägheitsprinzip ein erwartetes Wort projiziert haben, das vorher ständig fiel und also buchstäblich nahelag, bevor es dann aus dem Kontext heraus als falsch erkannt und revidiert wurde (das würde die Bald-Korrektur[27] „Ihr Theater > Ihren Laden" (155/50.9) verständlich machen, während die Schriftbilder beider Wörter auch bei Brechts flüchtigster Handschrift nicht zu verwechseln sind).

Vor allem aber ist ohne Annahme der Mitwirkung Brechts kaum erklärlich, dass sich das Typoskript am Ende zweimal auf eine Zählung zurückbezieht, die vorne erst handschriftlich nachgetragen wurde. Vermutlich trug Brecht die Bezifferung „1"/„2" des *Vorschlags* der Schließung des vorhandenen Theaters und der *Feststellung* der Unvereinbarkeit der neuen Stücke mit diesem (155/47.5/11) erst ein, als er bei der „Brechtschen Hinrichtung des jetzigen Theaters" (155/49.28) das Bedürfnis verspürte, diese Abkürzungsformel mit Inhalt zu füllen, ohne sich wiederholen oder neu formulieren (statt diktieren) zu müssen. Ebenso wie die handschriftliche Randzählung vorne wären demnach die getippten Rückverweise „(Siehe A. 1-2)" (155/49.28) und die fußnotenartige Ziffer „1)" (155/50.1) erst beim Diktat hinzugekommen. Diese Rekonstruktion könnte schließlich auch erklären, warum das Blatt nicht mit „D" überschrieben wurde; es wäre ‚eigentlich' mit „A.1" zu bezeichnen.

3.3. „bourgeoise Amüsierbude": zum „Dreigespräch"

Um den Status der überlieferten Entwürfe und ihr Verhältnis zum nicht erhaltenen Sendetext genauer zu bestimmen, ist zu analysieren, wie sich das gesendete „Dreigespräch" in die Rahmenbedingungen einfügte, die Anfang 1928 einem Gespräch im Rundfunk überhaupt, insbesondere aber in der *Deutschen Welle* und hier wieder speziell in der Sendereihe *Gedanken zur Zeit* gestellt waren. Außerdem ist zu untersuchen, welche Rückschlüsse sich aus dem Presseecho ziehen lassen.

Grundsätzlich war der deutsche Rundfunk der 20er Jahre nicht nur überparteilich, sondern explizit unpolitisch. Rundfunkbeiträge mussten drei bis vier Wochen vor Ausstrahlung dem Überwachungsausschuss des jeweiligen Senders schriftlich vorgelegt werden, sobald die Möglichkeit bestand, dass politische Themen berührt werden konnten.[28] Das aber war auch bei einer scheinbar nur kulturell-ästhetisch orientierten Sendung über „Die Not des Theaters" zu erwarten von einem Autor wie Brecht, der bereits lautstark als Linker hervorgetreten war, in dieser Zeit den „reaktionären Theaterstil" in „direkten Zusammenhang mit der politischen Reaktion" brachte[29] und gerade erst in der *Frankfurter Zeitung* gefordert hatte, dass das Theater „den „ideologischen Überbau" für die effektiven realen Umschichtungen"[30] in der Gesellschaft schaffen müsse.

Der nicht erhaltene Vorlauf des Gesprächs – Anfragen des Senders bei allen drei Kombattanten, deren Zustimmung und die Formulierung des genauen Sendetitels und Konzeptes – dürfte demnach spätestens im Februar 1928, eher früher begonnen haben. Wäre alles nach herkömmlicher Weise abgelaufen, so hätten Brecht, Weichert und Kerr ihre geplanten Beiträge spätestens Mitte März 1928 dem Überwachungsausschuss des Senders in Frankfurt und Berlin eingereicht. Der Vermutung, dass die Mitschrift des ersten Gesprächs „Kerr: Einleitung" zur Selbstverständigung Brechts diktiert wurde, wäre also die Hypothese gegenüberzustellen, dass der Entwurf entstand, um der Zensurbehörde vorgelegt zu werden. Immerhin fällt auf, dass Brecht hier, ganz im Gegensatz zu seinen schriftlichen Veröffentlichungen dieser Zeit, ausschließlich Theater-immanent argumentiert. Begriffe wie „Reaktion" und „Revolution" kommen gar nicht vor, und selbst das bloß abstrakte Ansprechen politischer und wirtschaftlicher Probleme übernimmt Weichert. Formulierte Brecht hier mit der Schere im Kopf, in vorauseilender Selbstzensur *auch* an die Adresse des Überwachungsausschusses?

Allerdings sprechen die Fakten deutlich gegen diese Möglichkeit: Es handelt sich, wie gesehen, wohl um eine Gesprächsmitschrift, ein erstes

Treffen mehrere Wochen vor der Sendung dürfte aber schon wegen des unverhältnismäßigen Aufwands für Weichert kaum stattgefunden haben, und außerdem müsste dann ein vollständiges Protokoll existieren. Auch die Möglichkeit, dass Brecht das zu führende Gespräch allein entwarf und Kerr und Weichert analoge Produkte einreichten, dürfte wohl ausscheiden. Der nächste Schritt wäre dann die Begutachtung gewesen:

> Die Zensureingriffe waren von unterschiedlicher Intensität. Nur sehr wenige Manuskripte passierten den Ausschluß unverändert, sofern sie nicht ganz abgelehnt wurden. Oft strich der Ausschluß einzelne Wörter oder sogar Abschnitte und fügte einschränkende oder abmildernde Begriffe und Passagen ein. Die Verständigung darüber mit dem Autor blieb Sache der Sendegesellschaft.[31]

Davon ist allerdings keine Spur zu finden, und „Die Not des Theaters" ist wiederum zu eigenständig, um auf eine zensierte Version von „Kerr: Einleitung" zurückgeführt werden zu können. Spätestens ab hier muss die Sache anders verlaufen sein, als es zuvor immer und danach meist bei Rundfunksendungen üblich war. Und dass Brecht sich hier politisch zurücknahm, ist auch schlicht durch sein Bewusstsein der Situation beziehungsweise durch Bitten oder Vorgaben des Senders zu erklären.

Vermutlich wurden hier von Anfang an andere Wege beschritten. Eine vorausgehende Manuskriptkontrolle ist wohl bei Vorträgen, Ansprachen, Hörspielen etc., aber kaum bei Gesprächen praktikabel. Das Sendeformat ‚Gespräch' gab es denn auch vor Ende 1927 gar nicht beziehungsweise nur fingiert in Sprachkursen und Erziehungsberatungsstunden, lebensfernen, oft unfreiwillig komischen „S i m i l i gesprächen".[32] Einen ersten Schritt weg von derartigen Lesungen mit verteilten Rollen wagte die *Deutsche Welle*, die überhaupt funkästhetisch eine Vorreiterrolle innehatte,[33] ab Herbst 1927 in ihren wöchentlich ausgestrahlten *Gesprächen zur Lebensgestaltung* zwischen Hans Roeseler und Karl Würzburger. Diese Dialoge sind zwar nie spontan geführt und direkt gesendet worden, aber sie erweckten erstmals diesen Eindruck. Würzburger schreibt:

> Die Wirkung, dass alle Hörer, auch die routiniertesten Kritiker, der Überzeugung waren, das Zwiegespräch wäre in freier Rede vor dem Mikrophon entstanden, wurde durch die besondere Art der Vorbereitung erzielt. Mein Partner und ich haben, da die Zensur die freie Rede vor dem Mikrophon verbietet, unsere Dialoge improvisiert, ohne vorherige Verabredung über das genauere Thema als ungezwungenes Gespräch geführt

> und haben dieses zwanglose Gespräch unmittelbar im Stenogramm festhalten lassen. Unser Manuskript war also das Stenogramm einer in aller Form freien Rede. Nun galt es, bei der Rede vorm Mikrophon sich in die schon einmal erlebte Situation des freien Zwiegespräches zurückzuversetzen, und die oben gekennzeichnete Wirkung war gesichert.[34]

Es handelte sich 1927/28 um eine buchstäblich unerhörte, geradezu revolutionäre Sendeform. Die *Rundfunk-Rundschau* berichtete Ende Januar 1928 begeistert: „Die leidenschaftliche Bewegtheit der Unterredner, ihr eigenes Ringen um Klärung; sehr viele bewegende Zeitnot spürt man durch die Funkung auf sich übergehen", und forderte Konsequenzen: „Wohlan! Nachahmung des dankenswerten Versuches auch für andere Zeitprobleme."[35] *Der deutsche Rundfunk* verlangte zur gleichen Zeit, dass in dieser Art „künftig alle Zwiegespräche der Deutschen Welle zunächst vor einem Parlographen improvisiert und dann erst ausgearbeitet werden sollen",[36] um die Spontaneität des authentischen Gesprächs möglichst in die nachträgliche (redigier- und kontrollierbare) Gesprächssimulation hinüberzuretten. Ist das „Dreigespräch" also so entstanden? Wurde die ‚Ausarbeitung' eines im Voraus geführten ‚authentischen Gesprächs' möglichst glaubwürdig wiederholt? Bietet also der den ‚Protokollblättern' (155/49, 50) von „Die Not des Theaters" direkt und den anderen indirekt zugrundeliegende Text den wirklich gesendeten Wortlaut?

Auch dies wohl nicht. Fünf Tage nach der Sendung fasste Kurt Weill den inzwischen erreichten *state of the art* des Funkgesprächs so zusammen:

> es ist nicht damit getan, einen solchen Dialog am Schreibtisch auszuarbeiten und dann einfach vorzulesen. Andererseits aber könnte es passieren, daß das Gespräch im entscheidenden Moment vor dem Mikrophon ins Stocken gerät und daß den Beteiligten nichts Gescheites mehr einfällt. Daher ist man auf den geschickten Ausweg gekommen, die Unterhaltung zunächst einmal unter Ausschluß der Oeffentlichkeit stattfinden zu lassen und durch einen Parlographen aufzunehmen. Daraus wird ein Stenogramm hergestellt, das dann als Unterlage für den Dialog dient.[37]

Hier ist nicht mehr von einer ‚Wiederholung' des schriftlich ausgearbeiteten Vorgesprächs am Mikrophon die Rede, sondern nur noch von einer „Unterlage für den Dialog". Auch Felix Stiemer spricht bald darauf nur noch von einer „Grundlage"; das Gespräch selbst war dadurch nicht mehr im Detail vorausbestimmt.[38] Entsprechend lag dem „Dreigespräch" neben dem „vorher entworfenen Programm"[39] sicher auch eine Transkription des (zweiten) Probegesprächs (der „Ausführungsprobe") zugrunde. Offensichtlich konnten sich die Teilnehmer aber diesmal davon entfernen, so dass tatsächlich erstmals im Rundfunk überhaupt so etwas wie freie Rede zustandekam.

Das Gespräch wurde im Rahmen der berühmten Sendereihe *Gedanken zur Zeit* produziert, die ab November 1927 ausgestrahlt wurde.[40] Sie war im Vergleich zu zeitgenössischen Rundfunkproduktionen etwas Besonderes zum einen wegen ihrer Aktualität, zum anderen wegen der angestrebten dialektischen Form. Sie wurde als „kontradiktorische Vortragsreihe" angekündigt;[41] es sollten jeweils kontroverse Meinungen zu Gehör kommen. Fritz Wichert, der Kulturbeiratsvorsitzende des *Südwestfunks*, gemeinsam mit dem Frankfurter Programmleiter Hans Flesch und dem Geschäftsführer der *Deutschen Welle* Hermann Schubortz geistiger Vater der Sendereihe, schrieb zum Konzept: „Wir wollen den Rundfunk vitalisieren! [...] das Programm [...] fester und inniger mit dem Leben verbinden, indem wir es mit dem Kampf verbinden. [...] Der Plan ist, diese Vorträge polar, antithetisch oder gegensätzlich anzulegen."[42] Dies waren damals keineswegs selbstverständliche, vielmehr ihrerseits höchst kontroverse Zielsetzungen.

Die von Anfang an auch politische Intentionen wurde denn auch sofort von Rundfunk-Kommissar Hans Bredow unterbunden.[43] Auch die angestrebte kämpferische Antithetik funktionierte zunächst schlecht, da sie in Form hintereinander gesendeter Vorträge kaum zum Tragen kommen konnte. Erst die Kombination von Ambition und Intention der *Gedanken zur Zeit* mit dem erfolgreichen Modell der beliebten *Gespräche zur Lebensführung* brachte den entscheidenden Schritt zum echten Gespräch. Er wurde mit dem „Dreigespräch" vollzogen: Ein echtes Risiko – und ein funkhistorischer Meilenstein.

Das „Dreigespräch", „im Sinne des neuen Rundfunks eine der wichtigsten Veranstaltungen der letzten Zeit",[44] wurde von der *Deutschen Welle* (Berlin/Königswusterhausen) produziert und vom *Südwestdeutschen Rundfunk* (Frankfurt am Main, Kassel) und dem *Süddeutschen Rundfunk* (Stuttgart) zeitgleich ausgestrahlt. Das lag nicht daran, dass Berlins *Funk-Stunde* oder die Sender Leipzig, Köln und Hamburg „keinerlei Interesse für diese wichtigen Versuche" hatten, wie Felix Stiemer ihnen zunächst vorwarf.[45] Offenbar auf Protest besonders aus Berlin musste er zwei Wochen später richtigstellen:

> Leider stand der Termin des Trialogs bis zuletzt nicht fest–Theaterleute sind bekanntlich sehr beschäftigt–, und nur daran liegt es, daß etliche Sender, darunter der Berliner, die Stunde nicht mit übertragen konnten,

obwohl sie von dem ungewöhnlichen Wert des Versuchs von vornherein überzeugt waren.⁴⁶

Auch dies deutet darauf hin, dass hier der normale Amtsgang mit lange im Voraus eingereichten Manuskripten, die eine ebenso lange vorausliegende Programmplanung ermöglich hätten, nicht gegangen wurde.

Näher als durch die erhaltenen Typoskripte „Kerr: Einleitung" und „Die Not des Theaters", deren Identität oder Differenz zum realisierten „Dreigespräch" kaum zu bestimmen ist, kommt man an den tatsächlichen Wortlaut heran, wenn man das Echo analysiert, das die Sendung fand – ein editionstheoretisches Paradox: Sekundäre Wirkungszeugnisse geben den autorisierten, nämlich durch das Faktum der Ausstrahlung publizierten und für die Öffentlichkeit freigegebenen „Text" authentischer wieder als noch so primäre, autornahe, selbst autographe Entwürfe.⁴⁷

Die mit dem Dreigespräch erreichte neue Redefreiheit fiel Felix Stiemer zunächst als Rückschritt auf:

> Nicht so lebendig [wie das Zwiegespräch Würzburger-Roeseler] verlief das Dreigespräch Brecht-Kerr-Weichert. Es war offensichtlich nicht genügend vorbereitet und litt deshalb an unscharfen Formulierungen auf allen Seiten. Vor allem riß im letzten Teil der Kritiker Kerr die Diskussion für eine lange Predigt an sich, zu der er diesmal nicht gebeten worden war. Es sei, wie es wolle, es war doch schön.⁴⁸

„Nicht genügend vorbereitet", d. h.: nicht ausformuliert! Das bekannte Foto der Sendung (siehe Abbildung auf der nächsten Seite)

Aus der Tatsache, dass beiden Typoskripten zufolge Kerr vor allem am Ende sprechen sollte, ist unter Voraussetzung eines weitgehend manuskriptunabhängigen „Dreigesprächs" gar nichts, aus Felix Stiemers Kritik, dass Kerr das Wort am Ende „für eine lange Predigt" an sich riss,⁵⁰ dagegen durchaus abzuleiten, dass er das letzte Wort hatte. Aus der Verwendung des Begriffs „Amüsierbude" in den Entwürfen lässt sich keineswegs schließen, dass Brecht diesen Ausdruck (der sich sonst in seinen Veröffentlichungen nirgends findet) im „Dreigespräch" tatsächlich verwendete. Wenn sich Weichert dagegen später gegen die Beschreibung der Sachlage wehrt, „die *der junge Dichter Brecht* in dem bekannten Dreiergespräch […] der ‚Deutschen Welle' Berlin für *die Arbeit unserer Tagesbühne mit der lieblichen Firmierung ‚bourgeoise Amüsierbude' gibt*", dann kann man ziemlich sicher sein, dass der Begriff tatsächlich fiel.⁵¹

BBA 06/092 zeigt bezeichnenderweise die drei Herren mit Zigarren und Gläsern, aber offenbar ohne Manuskripte (die doch vorhanden gewesen sein müssen) vor dem Mikrophon.[49] Möglich, dass die Aufnahme vor oder nach der Sendung bewusst so gestellt wurde, um das Ereignis des ersten freien Gesprächs im deutschen Rundfunk bildlich zu dokumentieren.

Drei Monate nach dem Dreigespräch resümierte Stiemer: „Das Dreigespräch Brecht – Kerr – Weichert und die Zwiegespräche zur praktischen Lebensgestaltung von Dr. Roeseler und Dr. Würzburger sind heute noch die einzigen Beispiele für jene mitreißenden Wirkungen, die nur auf diese Weise für den Rundfunkvortrag möglich sind."[52] – „Wichtiger Versuch", „ungewöhnlicher Wert", „mitreißende Wirkung", „starker Eindruck", „starker Widerhall": Rundfunkhistorisch war das „Dreigespräch" ein bedeutender Schritt. Das wurde seinerzeit auch so wahrgenommen – und dann bis heute vergessen.

3.4. Zusammenfassende Deutung

Die folgende Darstellung ist hypothetisch. Sie muss es sein, weil die Dokumente weder für sich selbst noch mit den verfügbaren Zusatzinformationen ausreichend verständlich sind, und sie darf es sein, weil sie alle Gedankenschritte explizit formuliert und offenlegt. Je mehr sie an den Dokumenten überprüfbar ist, desto mehr kann sie riskieren. Im Vorangehenden wurde alles Material ausgebreitet, um auch abweichende Lesungen *en gros* oder *en détail* zu ermöglichen. Die angebotene Rekonstruktion erscheint als die nach jetzigem Kenntnisstand plausibelste.[53] Sie ist, nur scheinbar paradox, eine *lectio difficilior* mit Ockhams Rasiermesser.[54] Sie ist vorläufig. Um Kritik, Kontrolle und weitere Forschung wird gebeten: Wissenschaft ist ein Gemeinschaftsunternehmen, und Fortschritt läuft über Falsifizierungen.

Im November 1927 gingen in der *Deutschen Welle* die gemeinsam mit dem *Südwestdeutschen Rundfunk* Frankfurt am Main produzierten *Gedanken zur Zeit* auf Sendung; sie wurden bis zum 15. April 1928 und dann wieder ab Dezember 1928 wöchentlich sonntags um 18.00 Uhr ausgestrahlt.[55] Schon zuvor hatten die ebenfalls wöchentlichen *Gespräche zur Lebensgestaltung* von Roeseler und Würzburger begonnen. Während das Ziel der *Gedanken zur Zeit*, Aktualität und Spontaneität in dialektischer Form zu vermitteln, anfangs infolge von nicht aufeinander bezogenen Vorträgen und Zensurbestimmungen nicht erreicht wurde, waren die individualpsychologischen „sokratischen"[56] *Gespräche zur Lebensgestaltung* zwar sehr beliebt, aber politisch und gesellschaftlich harmlos. Das dürfte Anfang 1928 bei den in Frankfurt (Programmleiter Hans Flesch, Kulturbeiratsvorsitzender Fritz Wichert) und Berlin (Geschäftsführer Hermann G. Schubortz) Verantwortlichen zu der Idee geführt haben, das erfolgreiche Prinzip letzterer auf das ambitionierte Programm ersterer zu übertragen und erstmals ein echtes Gespräche zu versuchen – und nun gleich mit drei statt zwei Teilnehmern, die sich durchaus feindlich gegenüberstanden, über ein (kultur-)politisch brisantes Thema diskutierten, eine volle statt (wie bisher in den Sendungen der *Gedanken zur Zeit*) eine halbe Stunde zur Verfügung hatten und sich nicht mehr sklavisch an den vorliegenden Text halten mussten, der zudem nicht mehr vorab dem Überwachungsausschluss eingereicht wurde.

Nach nicht dokumentierten Vorverständigungen des Senders mit Kerr, Weichert und Brecht fand um den 13. April 1928 in Berlin ein erstes Vorgespräch zu dritt statt, das mitstenographiert wurde. Um den Verzicht auf ausformulierte Sendemanuskripte zu kompensieren und eine ‚unfallfreie' und kohärente Sendung zu gewährleisten, wurde ein zweites Vorgespräch anberaumt – entweder weil es von Anfang an so geplant gewesen oder weil das erste Gespräch nicht zur Zufriedenheit aller abgelaufen war. Gleich nach dem ersten Gespräch dürften Änderungen abgesprochen worden sein. Sie betrafen wohl vor allem den offensiven und den Gesprächsverlauf dominierenden Brecht: Er sollte andere (Ibsen, Hauptmann, Weichert, Kerr) nicht persönlich attackieren, sich nicht als Repräsentant des Zuschauers gerieren und selbst (statt Kerr) den über die Theaternot Erstaunten spielen. Um die einmal gefundenen Formulierungen trotzdem für eine Wieder- und Weiterverwendung zu sichern,[57] ließ Brecht sich das Stenogramm des Vorgesprächs aushändigen und diktierte unter einem gewissen Zeitdruck den ihm wichtigen

Teil einem (wenig versierten) Schreiber. Das so entstandene, wenig sorgfältige Typoskript „Kerr: Einleitung" ist bis auf ca. 6 Zeilen eines Weichert-Votums, die später von Blatt 4 (331/152) abgeschnitten wurden, vollständig erhalten. Die abgesprochenen Änderungen trug Brecht mit Rotstift ein, bevor man sich erneut traf.

Das zweite Vorgespräch, die „Ausführungsprobe", fand am ehesten am 14. April 1928 statt. Auch dieses wurde mitstenographiert, auch hier ließ Brecht sich das Stenogramm aushändigen. Für eine Maschinenschriftversion blieb keine Zeit und bestand auch kein Anlass, da keine weitere Vorbesprechung stattfand und das „Dreigespräch" ohnehin möglichst frei ablaufen sollte. Zur Fokussierung, Fixierung und Formulierung der Gedanken[58] exzerpierte Brecht daraus nur handschriftlich seine Hauptgedanken sowie Weicherts Hauptargumente, mit denen er sich auseinandersetzen wollte (Bl. 155/46.9-48.9). Für Kerr hielt er eine solche Vorbereitung nicht für nötig.

Die Sendung wurde im Berliner Vox-Haus (bis 1931 Sitz der *Deutschen Welle*) produziert und am Sonntag, den 15. April 1928 von 18.00 bis 19.00 Uhr landesweit über den Sender Königswusterhausen sowie über die Regionalsender Frankfurt am Main / Kassel (SÜWRAG) und Stuttgart (SÜRAG) ausgestrahlt. Ihr lagen Konzepte und Stenogramme der „Ausführungsprobe", aber kein festes Manuskript zugrunde. Die Sendung wurde im Gegensatz zu den Vorgesprächen in keiner Form aufgenommen, um für den Sender unnötigen Aufwand und Kosten zu sparen. Ablauf („lange Predigt" Kerrs am Schluss) und Begrifflichkeit („bourgeoise Amüsierbude", „unscharfe Formulierungen auf allen Seiten") lassen sich in gewissem Maß aus den erhaltenen Reaktionen ablesen.

Als Ernst Hardt Ende 1928 anfragte, ob Brecht an einem ähnlichen Radiogespräch im Westdeutschen Rundfunk Köln (WERAG) teilnehmen wolle, sagte Brecht zu und holte das Material zum „Dreigespräch" hervor. Er übergab Elisabeth Hauptmann das Sendekonzept (155/46.1-8) und seine handschriftlichen Notizen (155/46.9-48.9) zum Abtippen, aus dem Stenogramm der „Ausführungsprobe" diktierte er ihr den Anfang (155/49-50), wobei er während des Diktats kleinere Ergänzungen und auf Blatt 2 (155/47) eine handschriftliche Eintragung vornahm. Das geschah vielleicht nicht nur, um selbst wieder in Thema und ‚Gattung' hineinzukommen, sondern auch, um Ernst Hardt zusammen mit dem ersten Konzept für Köln („*Einleitung* \ 1) Vorstellung der drei Sprecher …"; 155/45) einen Durchschlag oder (wohl eher) das Typoskriptoriginal von „Die Not des Theaters" (155/46-50) zu schicken – als Beispiel für den Stil der Frankfurter und als Modell für die bevorstehende Kölner Sendung (*Neue Dramatik*, 11. Januar 1929). Das Typoskript ist vollständig erhalten.

Als Brecht später (1929/30) an den großen Essay *Über die dialektische Dramatik* ging, entnahm er „Kerr: Einleitung" die beiden langen Passagen zu *Rose Bernd* und *Die Gespenster* (331/77) sowie zum modernen Zuschauer und epischen Stil des Dramas (331/152) und überarbeitete sie im Hinblick auf den neuen Kontext. Dieses für Brechts Selbstverständigung und die Entwicklung seiner Theatertheorie zentrale Projekt geht in wesentlichen Teilen auf seine Auseinandersetzung mit Richard Weichert und das „Dreigespräch" vom April 1928 zurück.

4. Editions- und Forschungskritik

4.1. Zur Textkritik

Das im BBA zum „Dreigespräch" erhaltene Material ist bisher vier Mal herausgegeben worden, jedesmal von Werner Hecht. Alle vier Ausgaben müssen berücksichtigt werden.

In den *Schriften zum Theater* (1963) erscheint das Material erstmals, und zwar im Kapitel *Über das alte Theater*.[59] Teile beider Typoskripte werden zu drei Abschnitten zusammengestellt: (1.) 155/49.3-28 (ohne letzte Zeile) und (ohne Absatz anschließend) 155/50.1-13, (2.) 330/44.13-43 und 330/45.2-38 sowie (3.) 330/46.2-10, insgesamt weniger als die Hälfte des erhaltenen Materials. Orthographie und Zeichensetzung werden auf dem Stand von 1963 normalisiert und vereinheitlicht. Fehler (oder was man dafür hält) werden stillschweigend verbessert, Uneindeutiges wird entschieden, so die oben erwähnten Anakoluthe (330/45.15-22), die Verschreibung (oder Verhörung) „das geistige Verhalten den Menschen" (330/44.32) zu „der Menschen" (denkbar wäre auch „des Menschen" oder ein Komma nach „Verhalten") oder die Groß- und Kleinschreibung von Anrede-Pronomina in 330/44.24-20, wo die Formen von „Ihr" und „Euer" im Original weitgehend groß geschrieben, einmal sogar bewusst korrigiert wurden, während die Textredaktion (entgegen ihrer sonstigen Korrektur-Richtung) hier die Kleinschreibung einführt und damit die Stoßrichtung des Votums gegen Weichert verunklärt. Bei Korrekturen wird ohne Hinweis nur die letzte Schicht angegeben; Sprünge, Lücken und Auslassungen des Herausgebers werden nicht markiert. Der Sendetitel „Die Not des Theaters" wird zum Haupt-, die nachträgliche Zuordnung von Elisabeth Hauptmann „Zum Rundfunkgespräch in Berlin" zum Untertitel. Der Text wird als „fragmentarisch" bezeichnet, was in dieser Redaktion auch zutrifft. Eine Anmerkung informiert: „Eine Einleitung, in der Brecht die Disposition und eine Skizze des Gesprächs gibt, wurde für diese Ausgabe gestrichen" (155/46); die Streichung anderer Blätter und Passagen (zumindest 330/43 muss vorgelegen haben) wird nicht erwähnt. Insgesamt wird um Verständnis für „wahrscheinlich einige Unvollkommenheiten" geworben, „die erst durch wissenschaftliche Forschungsarbeit ausgeglichen werden können." (268)

In den *Gesammelten Werken* erscheint 1967 grundsätzlich der gleiche Text wie 1963, nun im Kapitel „Der Weg zum zeitgenössischen Theater."[60] Die im Übrigen mit der von 1963 wortgleiche Erläuterung endet mit dem Satz: „Der hier vorliegende Text ist durch einige neu aufgefundene Passagen ergänzt" (6*; gemeint ist: der Text von 1963 wurde ergänzt). Es handelt sich um einzelne Zeilen (155/49.8 und 28 – letztere nur teilweise, 330/46.11) und um eine größere Passage (331/77.26-330/44.12). Erstere wurden allerdings nicht neu aufgefunden, sondern früher einfach weggelassen und nun wieder eingefügt. Warum nicht das ganze Blatt 331/77 aufgenommen oder, da von Brecht gestrichen, konsequenterweise ganz weggelassen wurde (hier ist die Redaktion von 1963 textkritisch die beste aller vorliegenden Ausgaben), bleibt unklar; dass es eindeutig zu Blatt 330/43 gehört, wird nicht bemerkt. Die neue Redaktion bietet insgesamt etwa die Hälfte des vorhandenen Materials. Auslassungen sind besser, aber nicht konsequent markiert. Einzelne Fehler von 1963 werden korrigiert – zum Beispiel 155/50.5 „Erzeugung" zu „Erneuerung" (im Typoskript steht „Erneurung"), andere nicht – so 155/50.9 „Ihres" statt der Bald-Korrektur „Ihr Theater > Ihren Laden".[61] Der Untertitel lautet nun „[Notizen zu einem] Dreigespräch zwischen Dichter, Theaterleiter und Kritiker", was dem Typoskript besser, aber auch nicht exakt enspricht.

Der Band *Brecht im Gespräch* (1975)[62] übernimmt grundsätzlich Text von 1967, mit wieder anderem, diesmal vom Herausgeber stammendem Untertitel. Wieder werden Einzelheiten geändert, was nicht immer eine Verbesserung ist – so nun 155/50.11 „solange" statt „solang" (im Typoskript steht „so lang"). Die Begründung für die grundsätzliche Unvollständigkeit der Wiedergabe lautet:

> Da es in diesem Band vor allem darum geht, Brecht als Meister der Dialektik im Dialog zu zeigen, sind Diskussionen in sich gekürzt worden, wenn sie von den Gesprächsteilnehmern ohne Beteiligung Brechts abschweifend geführt wurden. Solche Striche sind durch drei Punkte markiert, die an anderem Ort, freilich leicht erkennbar, auch als Zeichen für Gesprächsunterbrechungen verwendet wurden.(207)

Drei Auslassungspunkte tauchen an vier Stellen auf (einmal werden 1967 korrekt gesetzte Auslassungszeichen fälschlich wieder gestrichen), an keiner davon aber den angegebenen beiden Verwendungszwecken entsprechend. Was sie bedeuten, ist damit keineswegs leicht, sondern vielmehr gar nicht erkennbar. Das weggelassene Blatt 155/46, auf das 1963 noch hingewiesen wurde, fehlt nun stillschweigend, obwohl es keineswegs „Abschweifungen der Gesprächsteilnehmer ohne Beteiligung Brechts" enthält; die Zugehörigkeit von Blatt 330/43 wird wieder nicht bemerkt. Im Ergebnis entsteht der falsche Eindruck *eines* fehlerfreien, kohärenten und abgeschlossenen Textes mit zwei Lücken. Zwar wurden die Textvorlagen[63] seit 1963 noch mindestens zweimal in die Hand genommen und die Textkonstitution – teils unnötig, teils sogar zum Schlechten – geändert. Ein wirklicher textkritischer Fortschritt fand nicht statt.[64]

(4.) In der *Großen Kommentierten Berliner und Frankfurter Ausgabe der Werke Brechts*[65] wird das Material zum „Dreigespräch" unter die *Schriften* aufgenommen (1992); die beiden Typoskripte werden auf Haupttext („Kerr: Einleitung") und Apparat („Die Not des Theaters") verteilt. Es werden etwa drei Viertel des erhaltenen Textbestands präsentiert; nach dem Editionskonzept, das Gesprächsprotokolle ausschließt, hätte allerdings nichts oder fast nichts davon aufgenommen werden dürfen. Die Textkonstitution folgt (im Detail wieder modifiziert und wiederum inkonsequent) immer noch den Kriterien von 1963: Normalisierung beziehungsweise Modernisierung von Orthographie, Klein- und Großschreibung und Interpunktion; stillschweigende Verbesserung von als Fehler erachteten Befunden; Verzicht auf Wiedergabe von Korrekturen; Nichtmarkierung von Auslassungen; Vereinheitlichung des Layouts etcetera.

„Kerr: Einleitung" trägt den (nicht als solchen ausgewiesenen) Herausgebertitel „Die Not des Theaters". Wie bei den vorangehenden Ausgaben wird das (hier erstmals explizit aufgestellte) Prinzip der Wiedergabe nur der letzten Schicht nicht konsequent eingehalten, wodurch der BFA-Text nun mit der von Brecht komplett gestrichenen Seite 331/77[66] beginnt (ohne Kennzeichnung der Streichung).[67] Der eigentliche, nicht gestrichene und bei einem Blick auf die Archivsignatur buchstäblich naheliegende Anfang (330/43) fehlt weiterhin, ebenso wie Blatt 4 (331/152).[68] Im Apparat wird angegeben, die Textgrundlage sei ab Seite 2 paginiert, Seite 4 fehle und im konstituierten Text zugrundeliegenden Original stehe „ebenso modernen Hasenclevers ‚Besseren Herrn'" (330/45.16; der Name ist natürlich stillschweigend aus „Hasencluver" verbessert). Alle anderen Eingriffe werden nicht markiert, wodurch der Eindruck erweckt wird, es wäre eben nur einmal eingegriffen worden, eine sorgfältige Textkritik habe stattgefunden und man könne dem gebotenen Text vertrauen. Er ist jedoch im Detail manchmal schlechter als alle vorangehenden; so fehlt 330/46.2 das Wort „aber", und der im Original uneindeutige Satz, „dass unsere Stücke für Sie das ganze zeitgenössische Theater ein Stilproblem darstellen" (330/45.25), 1967 und 1975 durch ein als Herausgebereingriff kenntliches „und" nach „Sie" vereindeutigt, wird nun unausgewiesen durch ein Komma nach „Sie" entschieden. Es könnte sich aber neben einer elliptischen Apposition zu „Sie" auch um eine syntaktische Umstellung handeln, die für „das unsere Stücke, [ja] das ganze zeitgenössische Theater für Sie …" oder „daß unsere Stücke für Sie, ja daß das ganze zeitgenössische Theater [überhaupt] ein Stilproblem

..." steht. Solche im grammatischen Bruch hörbar werdenden Hinweise auf gesprochene Sprache und auf Weicherts persönlichen Stil, 1975 noch schwach erahnbar, werden systematisch gestrichen.

„Die Not des Theaters" wird, in Layout etc. vereinheitlicht, zu einem fortlaufenden Text gemacht und unter Verzicht auf das letzte Blatt als „Notizen" abgedruckt. Ein Hinweis, dass es sich wie bei „Kerr: Einleitung" um ein Typoskript handelt, fehlt. Die Filiation des Materials hin zum Kölner Rundfunkgespräch wird nicht erkannt, da der Überlieferungskontext nicht berücksichtigt wird. Der dem Abdruck folgende Satz „Außer diesem größeren Entwurf sind weitere Notizen für Gesprächspassagen überliefert" ist gänzlich falsch. Es handelt sich nicht um *einen* größeren *Entwurf*, sondern um *fünf* zugleich heterogene und zusammengehörige *Notiz-* und *Protokoll*-Blätter, und es sind nicht *weitere Notizen* für *Gesprächspassagen* überliefert, sondern *eine* Ergänzung eines *Votums* Brechts (Bl. 155/50), das eindeutig zum Typoskript gehört und in *Schriften zum Theater* 1963 und *Brecht im Gespräch* 1975 auch aufgenommen wurde. Die BFA hebt hier entgegen eigener Aussage die vorangehende Edition nicht auf, sondern bietet weniger. Das Ergebnis dreißigjähriger Arbeit mit dem Material ist zum vierten Mal anders, und wieder ungenügend.

Zusammenfassend lässt sich zur Editionslage sagen, dass vier Versionen des Materials zum „Dreigespräch" vorliegen, die alle dem gleichen nie geänderten Ansatz, Lesetexte herzustellen, folgen. Sie weichen im Großen und im Kleinen (oft ohne Not) voneinander ab und bringen jeweils zugleich Verbesserungen und Verschlechterungen. Bei keiner wurden die Originale herangezogen oder auch nur die Signatur (der Archivkontext) berücksichtigt. Die Textkonstitution ist nirgends transparent und kritisierbar; der Leser kann an keiner Stelle beurteilen, welche jeweils gerade die bessere ist. Überall werden die auf die Entstehungsbedingungen (Eile, Protokoll, Diktat, etc.) hinweisenden Besonderheiten (Flüchtigkeits-, Hör- und Verständnisfehler, Kontexte etc.) herausredigiert, der individuelle Textstatus wird systematisch verunklärt. Es geht in keiner der Ausgaben darum, was *genau* dasteht und was nicht. Die 1963 geforderte wissenschaftliche Forschungsarbeit fand nicht statt. Einer der BFA-Herausgeber formuliert am Ende der Editionstätigkeit 1998: „Wir brauchten eine Leseausgabe. Am Ende muß immer ein Text geliefert werden, sonst werden Ausgaben Unsinn. Wir müssen sowohl für den Normalleser als auch für die Schule oder Theater einen Text liefern, sonst wird das nicht abgenommen."[69] Wissenschaft kommt hier zurecht nicht vor. Die BFA bietet den meisten (wenn auch nicht immer den besten) Text und steht als *primus inter pares*, Höhe- und Endpunkt in der Reihe der Brecht-Leseausgaben. Sie sind alle unterkomplex und für seriöse Textarbeit und Forschung ungeeignet.

Der jahrzehntelange Verzicht auf textkritische Problematisierung, editorische Hartnäckigkeit und wissenschaftliche Exaktheit ist teilweise begründ- und nachvollziehbar: Inadäquate Editionskonzepte, redaktionelle Korsette, Zeitdruck der Editionsarbeiten, Orientierung an Marktgängigkeit, Zerstreuung der Arbeitskräfte und anderes mehr ließen wohl Besseres nicht zu. Im Laufe der Jahrzehnte ist jedoch die anfängliche Bescheidenheit beim Eingeständnis eigener Unvollkommenheiten dem falschen Versprechen von Wissenschaftlichkeit und Zuverlässigkeit gewichen. Die Behauptung, mit der BFA „haben die vorangegangenen Werkausgaben und die auf ihnen basierenden Einzelausgaben ihre Gültigkeit verloren",[70] ist falsch, nicht nur für die hier besprochenen, sondern erst recht für die von Brecht selbst betreuten Ausgaben (vor allem die *Versuche*). Es ist höchst bedenklich, wenn derlei *public relations* heute selbst renommierte Brechtexperten wie Jürgen Hillesheim glauben lassen, dass hier „erstmals eine mit Recht Gültigkeit beanspruchende Textbasis geschaffen worden" sei, „die wiederum die Voraussetzung seriöser weiterer Beschäftigung mit dem Werk darstellt".[71] Das ist, wie gesehen, keineswegs der Fall. Weder können die Texte der BFA ‚Gültigkeit' beanspruchen, noch kann Hillesheim ihr das ‚Recht' dazu seriöserweise zusprechen. Ohnehin sollten Editionen weniger auf Gültigkeit und Rechthaben als auf Wissenschaftlichkeit und Richtigkeit aus sein. Kritik und Reflexion ist wichtiger als Text- und Deutungshoheit. Der mit autoritärem Gestus vorgebrachte Monopolanspruch der BFA ist unberechtigt. Tatsächlich sind alle vier von der BFA erhobenen grundsätzlichen Behauptungen falsch: Weder *hebt* sie die vorangehenden Ausgaben *auf* noch handelt es sich um eine *wissenschaftliche* noch um eine *kritische* noch um eine *Gesamt*-Ausgabe. Die Kriterien, die dazu erfüllt sein müssten, werden jeweils bei weitem nicht erreicht.

Was passiert, wenn dies nicht erkannt und den vorliegenden Editionen bedenkenlos vertraut wird, zeigt die Deutungsgeschichte: Literaturwissenschaft wird zu Literatur – schlechter Literatur.

4.2. Zur Deutung

Zum Erstdruck 1963 erläutert Hecht: „Das Dreigespräch zwischen dem Kritiker Alfred Kerr, dem Intendanten Weichert und Brecht fand am 15. April 1928 statt und wurde vom Sender Radio Berlin übertragen. Der vorliegende Text stellt wahrscheinlich einen Entwurf Brechts für das Gespräch dar".[72] Eigennamen und Sendedatum sind richtig. Den Sender ‚Radio Berlin' gibt es nicht, das naheliegende Verständnis als *Funk-Stunde* Berlin wäre falsch. Es handelt sich bei den beiden Texten, wie gezeigt, ebensowenig um *einen* Entwurf wie um einen *Entwurf*.

1967 übernimmt Hecht den Kommentar von 1963 wörtlich. Der Untertitel des Textes lautet nun „[Notizen zu einem] Dreigespräch …";[73] die Textsorte wird damit falsch vereindeutigt.

Auch in *Brecht im Gespräch* 1975 bleibt Hecht bei dem Kommentar von 1963, nun mit kleineren stilistischen Änderungen wie „vermutlich" statt „wahrscheinlich" oder „Debatte" statt „Gespräch", aber mit allen Fehlern. Korrekter als die Erläuterung zum Text ist die entgegengesetzte allgemeine Angabe, es handle sich bei den „bereits gedruckten Dialogen" (es sind mehrheitlich ‚Polyloge') und also auch beim „Dreigespräch" um „leicht redigierte Gespräche mit authentischen Äußerungen".[74]

In seiner (grundsätzlich lobenden) Kritik von *Brecht im Gespräch* bemerkt Gerhard Seidel 1978, dass es sich bei dem präsentierten Text kaum um einen „Entwurf Brechts für die Debatte" handeln kann. Seine Begründung, die Annahme falle schwer, „Kerr habe sich im Rundfunk auch nur in großen Zügen an einen Text gehalten, der ihm von Brecht in den Mund gelegt werden sollte", beraubt sich allerdings selbst jeder Stoßkraft (die sie bei Einsetzung des Namens ‚Weichert' statt ‚Kerr' durchaus hätte), da Kerr auf beiden Typoskripten fast nur als Leerstelle vorkommt.[75] Auf eine Textkritik verzichtet Seidel, obwohl sie ihm als Leiter des BBA leichter als jedem anderen gefallen wäre. Die wahren redaktionellen Probleme des Bandes entgehen ihm. Auch er führt den Leser in die Irre.

Peter Groth meint 1980, dass es sich nicht um „Wortprotokolle", sondern „um ausschließlich von Brecht entworfene Notizen" handeln müsse.[76] Das Gegenteil ist richtig. Allerdings bemerkt er, dass Brecht hier „erstmals einem großen Publikum seine sich entwickelnde Konzeption vom epischen Theater" vorstelle, und kommt dabei intuitiv richtig auch auf die entsprechende neue „Haltung des Publikums des wissenschaftlichen Zeitalters" zu sprechen,[77] ohne die Herkunft auch dieses Konzepts aus dem „Dreigespräch" (331/152) kennen zu können – das Blatt fehlt in allen Ausgaben.

Im Apparat der BFA zum im Haupttext unvollständig abgedruckten Typoskript „Kerr: Einleitung" schreibt Hecht 1992 unter „Entstehung" nur einen Satz (der allerdings über die Entstehung dieses Dokuments nichts sagt): „Am 15. April 1928 wird von der *Deutschen Welle*, Frankfurt a.M. / Stuttgart, unter dem Titel „Die Not des Theaters" ein Gespräch des Rundfunkintendanten Hans Weichert mit Brecht und Alfred Kerr ausgestrahlt." Im Vergleich zu 1975 haben sich die Fehler weiter vermehrt: Die *Deutsche Welle* hatte ihr Studio nicht in Frankfurt und/oder Stuttgart (was bedeutet der Schrägstrich?), sondern in Berlin und ihren Sender in Königswusterhausen. Den Rundfunkintendanten Hans Weichert gibt es nicht, und spätestens bei Erstellung des Registers der BFA 1998 hätte das ausgabenintern auch auffallen müssen („Hans" figuriert hier direkt vor „Richard Weichert"; Lebensdaten haben sich, wenig verwunderlich, für ihn nicht finden lassen).[78] Die Formulierung, die Weichert als Gesprächsführer auf die eine, Brecht und Kerr auf die andere Seite setzt, ist ungenauer als die früher verwendete Bezeichnung „Drei-" beziehungsweise „Dreiergespräch".

Unter „Text/Fassungen" folgt: „Überliefert ist die Niederschrift von einem Teil des Gesprächs mit Hans Weichert. [...] Einen Eindruck von der Konzeption des Gesprächs vermitteln die folgenden Notizen, die Brecht zur Vorbereitung aufschreibt:" (Es folgt hier der Teilabdruck von „Die Not des Theaters"). Der Terminus „Niederschrift" für „Kerr: Einleitung" lässt offen, ob es sich um einen Vorausentwurf, eine Mitschrift oder eine Nachschrift aus dem Gedächtnis handelt und ob es ein fiktiver oder protokollierender Text ist. Und dass „Die Not des Theaters" zumindest teilweise vorbereitende Notizen enthält, die einen gewissen *Eindruck* vielleicht nicht vom Gespräch selbst, aber doch irgendwie von seiner *Konzeption* vermitteln, ist ganz richtig. Diese Informationen sind durch die neue Vorsicht der Formulierung nicht grundsätzlich falsch, nur wenig aussagekräftig.

In seiner *Brecht-Chronik*[79] gelangt Hecht 1997 über diesen Stand nicht hinaus; Ort des Senders, Vorname Weicherts, Text- und Situationsbeschreibung sind weiterhin falsch. Neu ist der Satz: „Ein ausgearbeiteter (oder im nachhinein rekonstruierter) Text Bs, in dem nur Weichert und er zu Wort kommen, ist unter der Überschrift „Die Not des Theaters" überliefert". Gemeint ist das Typoskript „Kerr:Einleitung", das aber gerade nicht unter jener Überschrift überliefert ist. Das Problem mangelnder Kennzeichnung von Herausgebertiteln in der BFA hat Folgen: Sie setzen sich sogar bei den Herausgebern selbst an Stelle von Brecht-Titeln. Abgesehen davon ist „Kerr: Einleitung" weder ausgearbeitet noch rekonstruiert noch ein Text Brechts. Die zurückhaltende Vagheit der BFA, die nur von „Niederschrift" sprach, ist überwunden; leider in falscher Richtung.

Das Unzureichende der *BFA*-Erläuterungen versucht auch Jan Knopf 2004 durch eine weitreichende Deutung auszugleichen. Aufgrund der unzulänglichen Textbasis der *BFA* hängt sie jedoch in der Luft, und aufgrund unzulänglicher Lektüre stürzt sie ab. Er schreibt:

> Überliefert und entsprechend [in *BFA* 21, 229-232] abgedruckt ist lediglich ein Teil des Gesprächs zwischen B. und Weichert, offenbar eine nachträgliche und ‚rekonstruierte' Aufzeichnung B.s, die weitgehend dessen Meinung wiedergibt und Weichert lediglich den Part des ‚Sparring'-Partners überlässt. Das wenige Material wird im Kommentar durch Notizen und ein fiktives Interview zwischen Weichert und B., in dem auch Kerr, freilich ohne Text, auftaucht, ergänzt (S. 690-692). Diese Passagen wurden offenbar vor

dem Rundfunkgespräch niedergeschrieben. Seidel verkennt die Textüberlieferung [...], denn erstens sagt Kerr überhaupt nichts (eine Bosheit B.s) und zweitens verkennt Seidel, dass die Texte fiktiv sind.[80]

Knopf verkennt allerdings noch deutlich mehr als Seidel. Überliefert sind nicht lediglich Teile, sondern (bis auf ca. 6 Zeilen) zwei vollständige Typoskripte. „Kerr: Einleitung" bezieht sich auf ein Gespräch zu dritt und nicht auf ein Zwiegespräch zwischen Brecht und Weichert; es gibt ein Vorgespräch, nicht den Wortlaut der Sendung wieder; die Aufzeichnung erfolgte nicht nach, sondern vor dem „Dreigespräch"; sie ist nicht ‚rekonstruiert' oder ‚fiktiv' (zwei kontradiktorische Interpretationen, die gleichzeitig behauptet werden), sondern grundsätzlich authentisch. „Die Not des Theaters" ist ebenfalls nicht fiktiv und auch kein Interview (bei dem einer fragt und der andere antwortet), sondern Teil eines Gesprächs zu dritt. Dass Kerr nichts sagt, lässt sich wohl kaum mit einer Bosheit Brechts erklären – wen sollte die treffen, wer sollte sie überhaupt bemerken? Denn an eine Veröffentlichung kann Brecht bei diesen Blättern nicht gedacht haben. Diese als „offenbar" oder gleich als Tatsache behaupteten Interpretationen sind überall so unwahrscheinlich, dass sie von vornherein auszuschließen gewesen wären.

Am tiefsten hat sich bisher Daniela Konietzny-Rüssel 2007 auf das „Dreigespräch" und die dazu erhaltenen Dokumente eingelassen.[81] „Zur Quellenlage" schreibt sie (entgegen ihrer eigenen Richtigstellung kurz zuvor), die BFA habe „die Angaben zu den Rundfunkanstalten richtig gestellt" (17) – wie gesehen, sind deren Angaben („Frankfurt a.M. / Stuttgart") falscher als alle zuvor. Sie vermutet (überraschenderweise im Kapitel „Zu Brechts Selbstdarstellung in Zeitschriften"), es habe sich bei dem „Dreigespräch" um einen gemeinschaftlichen Versuch von Brecht, Kerr und Weichert gehandelt, „einem disparaten Massenpublikum inhaltlich komplizierte Zusammenhänge zu vermitteln. Die dialogisierte Vortragsform, als gespielter Ernst, hatte pädagogischen Impetus im subversiven Sinn" (24). Eine hübsche Vorstellung, Weichert, Kerr und Brecht sich gemeinschaftlich subversiv-pädagogisch in gespieltem Ernst betätigen zu sehen, um dem Publikum die komplizierten Zusammenhänge der aktuellen Theaterkrise zu vermitteln; nur leider völlig abwegig.

In der anschließenden „Textkritik" widerruft sie diese Deutung als Gemeinschaftswerks denn auch stillschweigend und behauptet im Gegenteil, alles sei Brecht-Text – besser gesagt drei Texte: das „Gerippe" und die „stichwortartigen Entwürfe der Positionen Brechts und Weicherts", dann die „Ausführungsprobe", die „deutlichen Spielcharakter" aufweise, und schließlich „unvollständige Gesprächspassagen Brechts und Weicherts". Da sie den BFA-Texten blind vertraut, statt sie anhand der Dokumente zu kritisieren (nur das darf sich rechtens Textkritik nennen), verdreht sie im Bemühen, Sinn und Logik hineinzubringen, den Befund noch mehr. Immerhin bemerkt sie, dass sich die beiden Typoskripte nicht auf das gleiche Gespräch beziehen können und wagt deshalb die Hypothese, dass „es sich bei einigen Textpassagen um Niederschriften handeln könnte, die neben der Rundfunkübertragung für andere Zwecke bestimmt waren." (29f.)

> Konietzny-Rüssel geht davon aus, dass Brecht beide Typoskripte allein und im Voraus geschrieben habe. Weichert habe sich dabei die Voten in den Mund legen lassen, Kerr dagegen sicher nicht. Deshalb bestand bei diesem „nicht berechenbaren Gesprächsteilnehmer bei der Übertragung die Gefahr einer gesprächsdynamischen Entgleisung." Er wurde folglich von Brecht „innerhalb der Gesprächshierarchie so schlecht platziert, dass er kaum eine Chance gehabt haben dürfte, seine Argumentation wirkungsvoll aufzubauen." Brecht entwarf „einen in seiner Wirkung kalkulierbaren, spielbaren Dialog für sich und Weichert", „mit dem Kerr von Beginn an ausgegrenzt werden sollte." (31)

> Weichert, der in der Rolle des frustrierten Theaterleiters nicht seine eigenen Ansichten vertrat, sondern Brecht die richtigen Bälle zuspielte, übernahm zudem noch die Funktion eines ‚Sparring'-Partners, der das gegnerische Spielfeld soweit ausfüllte, dass Kerr den vorbestimmtem Verlauf des Gesprächs nicht wirklich gefährden konnte. Beider Intention bestand darin, breite Bevölkerungsgruppen für eine Spielweise am Theater zu interessieren, die mehr Ähnlichkeiten mit einer sportlichen Veranstaltung hatte als mit dem herkömmlichen Theater. (33)

Abgesehen davon, dass hier wieder das ‚Zitieren ohne Anführungszeichen' gepflegt wird (Knopf wirds schon nicht krummnehmen, und Brecht selbst war da ja locker, also hat man wohl ein Recht auf Laxheit), ist diese ganze Luftnummer nur noch als grotesk zu bezeichnen. Sieht so *Der Neue Brecht*[82] aus?

Immerhin einen Beitrag zum Verständnis der „Dreigesprächs" leistet Konietzny-Rüssel indirekt:

> Denkbar ist, dass Brecht mit der Konzeption des Dialogs – in ironischer Brechung – an das ‚Dreigespräch' im 2. Prolog von Goethes Faust anschloss [...]. Was bei Goethe als ‚Vorspiel auf dem Theater' der Aufführung des Dramas voausgeschickt ist, wird bei Brecht zum Nachspiel im Anschluss an eine gerade stattgefundene Premiere – unter Berücksichtigung der veränderten Wahrnehmungswelten –, nicht im Theater, wie bei Goethe, sondern im Senderaum einer Rundfunkanstalt. (32)

Da es sich nicht um ein Hörspiel Brechts handelt, kann die Deutung so nicht stimmen. Nichtsdestotrotz liegt es nahe, dass mit dem Titel tatsächlich auf Goethes Dreigespräch zwischen Direktor, Theaterdichter und Lustiger Person angespielt werden sollte (sie würde auch die Verwendung der ‚unzeitgemäßen' Berufsbezeichnung ‚Dichter' erklären) – nur nicht von Brecht, sondern vom Sender selbst.

Grundsätzlich ist zu sagen, dass sich aus falsch redigierten Texten keine richtigen Deutungen ergeben können. Die verwirrende Fülle der vorliegenden Interpretationen, die nach dem Modell ‚Blindes Huhn' überallhin picken und dabei in bunter Fülle Richtiges und Falsches auflesen, ohne ein Kriterium zur Unterscheidung zu haben, weist auf das fundamentale Problem, dass die vorliegenden Brecht-Ausgaben nicht die Wissenschaft, sondern höchstens die Fantasie befördern. Mangelnde Zeit, Sorgfalt und Reflexion bei der Edition, Verzicht auf Textkritik und naives Vertrauen auf die eigene Intuition bei der Interpretation führen nicht zu Erkenntnis, sondern in die Irre. Es stimmt bedenklich, wenn heute die ausgewiesenen anonymen[83] Experten der DFG eine wissenschaftliche Brechtedition mit der Begründung ablehnen, dass derlei „angesichts der gegebenen Editionslage, insbesondere der Kommentarleistungen der BFA" überflüssig sei.[84] Das Gegenteil ist richtig. Über die auf Grundlage der BFA zum „Dreigespräch" – und nicht nur für dieses – selbst in ‚Standardwerken' wie der *Brecht-Chronik* und dem *Brecht-Handbuch* angebotenen Kommentare ist man vielmehr versucht zu sagen: „Mangelnde Systematik" und „durchgängiger Unernst" qualifizieren sie „als heitere Selbstverständigung, der der philosophische Ernst verweigert werden sollte."[85] Tatsache ist: Je wortreicher und weitreichender die Erläuterungen zum „Dreigespräch" werden, desto schlechter werden sie. Der Fortschritt schreitet hier nicht „gelassen über die Leichen der Philologen hinweg"[86] zu den Tatsachen und ihrem immer besseren Verständnis hin, sondern tatsächlich fort davon. Verachtung der Philologie ist billig, aber sie rächt sich. Wissenschaft, auch fröhliche, sieht anders aus.

5. Folgerungen

Das Vorangehende ist ein Beispiel, kein Einzelfall. Es dürfte klar geworden sein, dass Hermeneutik und Textkritik in der Brechtphilologie gleichermaßen im Argen liegen. Sie bedingen sich wechselseitig. Um auch nur die Chance einer richtigen und kritisierbaren Deutung zu haben, müssen die Texte stimmen. Um aber die Texte richtig herausgeben zu können, müssen sie verstanden sein. Ob das Originallayout wiederzugeben ist oder nicht, kann man erst entscheiden, wenn man weiß, ob es sich um Notizen handelt oder nicht; bevor man syntaktische Brüche verbessert oder stehenlässt, sollte man wissen, ob es sich um einen frei gesprochenen oder selbst geschriebenen Text handelt; wenn man Textteile auf Haupttext oder Apparat verteilt, muss man die Textgenese und -dependenz kennen; bevor man etwas überhaupt aufnimmt oder nicht, muss man zumindest plausibel machen können, was der Text überhaupt *ist*: Nach ihren eigenen Kriterien hätte das Material zum „Dreigespräch" in keiner der vorliegenden Editionen aufgenommen werden dürfen, da es sich um Gesprächsprotokolle handelt und eben nicht um ‚Schriften' oder gar ‚Werke' (so der Ausgabentitel der BFA; sie enthält allerdings zu drei Vierteln Entwürfe und Nachlassmaterial).

Brecht verdient es, ernstgenommen zu werden, auch philologisch. „Die Brechtforschung muß (endlich) neu anfangen"[87] – dieser Ausruf Jan Knopfs zeugt vom Ungenügen an der Brechtforschung ebenso wie vom Bewusstsein, auf dem bisherigen Weg in die Irre gegangen zu sein. Ein echter Neuanfang ist aber nur am Anfang, bei den Quellen möglich. Die finden sich in keiner der Brechteditionen, sondern – bis eine wissenschaftliche Ausgabe vorliegt – ausschließlich im BBA. Brechtforschung ohne Brechtarchiv ist (immer noch) unmöglich.

Der Weg ins Archiv allerdings ist umständlich und für die allermeisten – nicht theoretisch, aber praktisch – verschlossen. Selbst die ambitionierten Herausgeber der BFA und die verdienten Experten der Brechtforschung beschreiten ihn, wie gesehen, bei weitem nicht oft genug. Es ist aufwendig, teuer und zeitraubend, nach Berlin zu reisen, und bei komplexeren Fragestellungen ist es kaum möglich, alles bei einem Besuch zu erledigen – der Aufwand vervielfältigt sich, die Qualität der Forschung leidet. Außerdem werden sich die Arbeitsbedingungen des Archivs zunehmend verschlechtern, da die prekären Originale immer restriktiveren Nutzungsbeschränkungen unterworfen werden (müssen). Der Zugang zum authentischen Brecht wird immer mehr werden, was er in Wahrheit jetzt schon ist: Etwas für besondere Gelegenheiten, eine Ausnahme, ein Privileg der Reichen, Etablierten, Ausgewiesenen. Ausgerechnet Brecht: eine bittere Ironie der Geschichte.

Auch abgesehen von (immer möglichen) Katastrophen wie Krieg, Brand, Hochwasser, Anschlägen etcetera genügt auf Dauer der Zahn der Zeit, die Schrift langsam, aber sicher verschwinden zu lassen. Brecht selbst hatte genug Vorstellungskraft und Realitätssinn, sich das vorzustellen. Er sorgte dafür, dass seine Werke auf damals höchstem Stand der Technik fotografisch gesichert und diese Kopien an verschiedenen Stellen der Welt deponiert wurden. Inzwischen verkümmerte aber im gleichen Maße, wie sich der Stand der Technik verbesserte, das Bewusstsein von der Vergänglichkeit der Originale. Sorglos geht man heute davon aus, dass man eine ‚richtige' Edition dann später immer noch mal machen kann, wenn es denn sein muss – aber nötig ist es eigentlich nicht, da man die (als unvergänglich gedachten) Dokumente ja jederzeit konsultieren *könnte*, wenn man wirklich mal etwas genau wissen wollte und ausreichend Mittel und Zeit dazu hat; und wenn nicht, also im Normalfall, reicht ja das Vorliegende. Eine ihrem Gegenstand verantwortliche, ihm gerecht werdende und ihn aufhebende Edition wird seit 50 Jahren von den einen angemahnt und von den anderen auf den St.-Nimmerleins-Tag verschoben. Demgegenüber ist festzustellen, dass die Voraussetzungen für eine nach wie vor ausstehende zuverlässige Brecht-Edition nicht besser werden. Ganz im Gegenteil.

Das Ziel kann nur eine Ausgabe sein, die *alles allen* authentisch zugänglich macht. Weitere Interimsausgaben sind überflüssig, ja kontraproduktiv. Sie setzen hermeneutisch und textkritisch auch zu viel voraus und versprechen weit mehr, als sie halten können. In Wahrheit reicht selbst die im Vorangehenden anhand von zehn Blättern gezeigte aufwendige *Vor*arbeit noch nicht aus, um ‚mit Recht' Ansprüche auf ‚Gültigkeit' erheben zu können, und sie kann keinesfalls in dieser Art für alle ca. 200000 Blätter des Brechtnachlasses geleistet werden, bevor eine tatsächliche kritische, wissenschaftliche und vollständige Ausgabe begonnen wird. Wie könnte man trotzdem anfangen?

Das BBA arbeitet, wie die meisten Archive weltweit, seit einigen Jahren daran, seine Bestände zu digitalisieren; in absehbarer Zeit werden die Dokumente vollständig auf dem aktuell bestem Stand der Technik reproduziert vorliegen. Die Editionswissenschaft folgt immer häufiger dem neuen Paradigma dokumentarischer Edition. Beide Entwicklungen werden früher oder später zusammenlaufen, nicht nur, aber auch bei Brecht. Es wird eine Art ‚Archiv-Edition' entstehen und entstehen müssen, um Brechts Nachlass in angemessener und nachhaltiger Weise gerecht zu werden. Als Anfang genügt eine aus Reproduktionen, Transkriptionen und textkritischen Erläuterungen bestehende Basisausgabe, die auch ohne vollständige hermeneutische Durchleuchtung und Definition der Dokumente beginnen, benutzbar und nützlich sein kann – ein auch in schlechten Zeiten durchaus realisierbares Projekt und Bedingung der Möglichkeit jeder weiteren ernsthaften Editions- und Forschungsarbeit. Je nach Bestandsgruppe, Forschungsinteresse und vorhandenen Mitteln können auf dieses Fundament dann weitere Bausteine gesetzt werden: genetische Stufenapparate, *dossiers génétiques*, konstituierte Lesetexte, Schul- und Theaterausgaben, Stellen- und Gesamt-Kommentare, Register – bis hin zu einer historisch-kritischen Gesamtausgabe. Die Basisausgabe wird Archivbesuche größtenteils erübrigen und die unabdingbare Arbeit am Original fokussierter und effizienter machen; damit werden diese für spätere Generationen geschont und gesichert. Sie gewährleistet die Transparenz, Kritisierbarkeit und Kompatibilität aller zukünftigen Editionen und Beiträge. Erst dann wird die Forschung nachhaltig, effizient, kollektiv und kumulativ arbeiten: Forschung werden können. Das ist eine enorme Aufgabe und Verpflichtung. Lasst uns endlich damit anfangen.

Anmerkungen

1 Friedrich Schleiermacher, *Hermeneutik und Kritik* (ed. Lücke, 1838), Manfred Frank, Hrsg. (Frankfurt/ M 1977), S. 71 (Einleitung, 1).

2 Schleiermacher, *Hermeneutik und Kritik* (Anm. 1), S. 92 (§ 15, 16).

3 So die offizielle Programmankündigung in *Die Sendung*. *Rundfunkwoche* 5, 16 (13. April 1928), I für die Sender Frankfurt a. M./Kassel; die Ankündigungen für die *Deutsche Welle* (ebd., II) und den angeschlossenen *Süddeutschen Rundfunk* in Stuttgart (ebd., III) haben ebenso wie die Ankündigung für *Königswusterhausen* in *Deutscher Rundfunk* 6, 16 (15. April 1928), 1059 einen leicht abweichenden Wortlaut.

4 Die heute wichtigste Ausgabe ist: Bertolt Brecht, *Werke. Große kommentierte Berliner und Frankfurter Ausgabe*, 31 Bände, Werner Hecht, Jan Knopf, Werner Mittenzwei und Klaus-Detlef Müller, Hrsg. (Berlin/Weimar/Frankfurt/M.: Aufbau und Suhrkamp, 1988-2000), im folgenden: BFA. Die letzten Beiträge zu Brechts Rundfunkgesprächen finden sich in: *Brecht Handbuch*, Bd. 4: *Schriften, Journale, Briefe*, Jan Knopf, Hrsg. (Stuttgart/Weimar: J.B. Metzlersche Verlagsbuchhanddlung, 2003) und, auf Knopf aufbauend, bei Daniela Konietzny-Rüssel, *Der Medienpraktiker Bertolt Brecht. Interviews, Rundfunkgespräche und Gesprächsprotokolle in der Weimarer Republik*, in Jan Knopf und Jürgen Hillesheim. Hrsg., *Der Neue Brecht, Bd. 4* (Würzburg: Königshausen und Neumann, 2007).

5 Schriftliche Anfragen am Richard Weichert-Archiv der Stadt- und Universitätsbibliothek Frankfurt am Main (Brigitte Klein), am Archiv der Städtischen Bühnen im Institut für Stadtgeschichte Frankfurt am Main (Ute Schumacher), am Deutschen Rundfunkarchiv in Frankfurt am Main (Andreas Dan), am Elisabeth Hauptmann-Archiv (Sabine Wolf) und am Alfred Kerr-Archiv der Akademie der Künste Berlin (Elgin Helmstaedt)–herzlichen Dank an die genannten Personen für ihre kompetente und geduldige Hilfsbereitschaft!–erbrachten keine konkrete Hinweise auf sonstige Kontakte Brechts mit Weichert oder auf das „Dreigespräch". Eine Detailrecherche vor Ort könnte hier ggf. weitere Informationen erbringen. Brechts komplexe Beziehungen zum dritten Gesprächsteilnehmer, Alfred Kerr, und zu Weicherts Nachfolger am Schauspielhaus Frankfurt, Harry Buckwitz, sind zwar grundsätzlich besser bekannt, aber ebenfalls falsch oder unzureichend dokumentiert und aufgearbeitet. Sie bedürfen einer eigenen Darstellung.

6 Die stenographische Eintragung Brechts auf Blatt 1 (BBA 330/43.9/11; im Folgenden wird das zur Signatur gehörige Kürzel „BBA" der Einfachheit halber meist weggelassen) transkribierte Hans Gebhardt (Eckersdorf); ganz herzlichen Dank dafür! Die Benutzung der nachfolgenden Dokumente erfolgt mit freundlicher Genehmigung des Brecht Archivs, Berlin, sowie mit besonderem Dank an die Brecht-Erben und den Suhrkamp Verlag.

7 Die weitere Textgeschichte führt zum großen Projekt von 1930/31 *Über eine dialektische Dramatik*, das ebenfalls bisher nur unzulänglich ediert ist und einer separaten Darstellung bedarf. Bei einer künftigen wissenschaftlichen Brecht-Ausgabe müssen die bisher vernachlässigten Entstehungs-und Überlieferungskontexte, die bei Brecht gut dokumentiert und sehr sprechend sind, unbedingt berücksichtigt werden.

8 Wie in der Archäologie Leitfunde, in der Paläontologie Leitfossilien und in der Schriftkunde Leitbuchstaben, so liefern in der Textkritik Leitfehler starke Indizien (Paul Maas). Allerdings können nicht nur ‚Fehler' typisch und erkenntnisleitend sein, sondern überhaupt Anomalien und Eigentümlichkeiten: Leitbefunde.

9 Gegen Elisabeth Hauptmann als Schreiberin spricht auch die auf einen eher ungeübten Schreiber deutende Fehlerhäufigkeit.

10 Im vorliegenden Fall stellt sich die interessante Frage, was eigentlich Maßstab des ‚Lautstands' sein soll: die vermutliche Aussprache (Intention) des vermutlichen Schreibers (oder Diktierenden) – oder die Orthographie und Ausspracheregel des faktisch niedergeschriebenen französischen Wortes. Im ersten Fall weist „bourgeois" vermutlich den gleichen Lautstand wie „bourgois" auf, im zweiten mit Sicherheit nicht.

11 Zum Verhältnis Brecht-Weichert erscheint ein separater Beitrag an anderer Stelle.

12 Dort heißt es unter anderem: „Das Theater muß in die kritische Gesamtsituation Europas eingereiht werden, Europas, das eine Wende erlebt" (Manuskript in Privatbesitz, zit. nach Otfried Büthe, „‚‚Beifall und Skandal"–Beispiele zum Sprechtheater der Frankfurter Städtischen Bühnen in den Zwanziger Jahren unter Richard Weichert und zu seiner Zusammenarbeit mit dem Bühnenbildner Ludwig Sievert", in *Archiv für Frankfurts Geschichte und Kunst* 51 Frankfurt/M.: Kramer. 1968), 145-201, hier S. 167). Vielleicht spielt Brechts Formulierung „geistiger Weltumschwung (Weltwende)" (155/47.19-20) eben darauf an.

13 *Zwischenakt* 5, 1 (September 1925), 15f.; Weicherts Beitrag schließt mit den Worten: „Woran es fehlt ist: Ergiebigkeit der dramatischen Produktion und Publikum, dem anhängliche Theaterliebe Bedürfnis ist. Probleme des Theaters: wie erhalten wir Besucher voll innerem Anteil an der Kunst, und wann kommt oder kommen die großen Dramatiker, die in der Zeit wurzeln und uns doch über die Zeit erheben?"–Brechts Antwort ebd., 4: *Lieber Herr Doktor! Ich hoffe Sie nicht zu verstimmen...* (vgl. BFA 21, S. 110; das Thema stellte Alfred Abel, nicht Lutz Weltmann).

14 *Die Scene* 16, 5 (Mai 1926), S. 138-140; hier heißt es unter anderem: „Zumal vor den Anforderungen der klassischen Werke, aber auch vor dem modernen Drama, wo es erhöhte Wirklichkeit gibt, versagt der sprachliche Ausdruck des heutigen Schauspielers so empfindlich, daß feinnervige Menschen Dichterwort oft lieber lesen als es im Rampenlicht qualvoll mißhandelt zu hören. [...] Die Qual dieses empfindsamen Erdbebenmelders Spielleiter ist meist größer, als die gepeinigten Dichter-, Zuhörer- und Kunstrichter-Nerven wissen oder ahnen!"–Brechts Beitrag „Spricht man mit einem Menschen der Volksbühne..." findet sich als Zitat in P. A. Otte, *Die Volksbühnenbewegung und die junge Generation*, ebd. S. 168 (vgl. BFA 21, S. 138).

15 Die Ergebnisse der Umfrage an „Dramatiker, Regisseure, Schauspieler und Sänger, was der Hauptgrund ihrer heutigen Kunstfreude, was die oberste Ursache ihrer heutigen Kümmernis sei", erschienen unter dem Titel *Lebendiges Theater*. Weicherts Beitrag „Wortträger und Kommandeur" beginnt mit den Worten: „Zur Dreiheit: Dichter, Darsteller und Zuschauer, die Otto Ludwig Erschaffer des Bühnenkunstwerkes nennt, gesellt sich als vierter, durchaus Produkt der Neuzeit, der Mann, den heute der Theaterzettel gleich nach dem Dichter nennt: der Regisseur!" (*Der neue Weg* 56, 10 [16. Mai 1927], 183); auf der vorangehenden Seite: Bertolt Brecht, *Theatersituation 1917-1927* (vgl. BFA 21, S. 199f.).

16 Weicherts Einleitung zu *25 Jahre Frankfurter Schauspielhaus*, Arthur Sakheim, Hrsg. (Frankfurt/ M.: Frankfurter Verkehrsverlag, 1927) mit dem Titel „Theorie und Praxis" endet mit dem Satz: „Man braucht Ergiebigkeit der dramatischen Produktion, man braucht Publikum mit innerem Anteil an der Kunst, man braucht aber vor allem: unausrottbaren Optimismus" (S. 5). Im Beitrag „Vorläufige Ergebnisse" betont er, „daß wir sklavische Abhängigkeit von Berlin vermieden und vorangingen, wo zukunftsreiche Keime in der dramatischen Produktion sichtbar wurden. So sind wir notwendig U r a u f f ü h r u n g s t h e a t e r geworden"; mit der „grundsätzlichen Einstellung, zu entstauben, und zu lebendiger Gegenwartswirkung zu bringen, versunkene Kostbarkeiten auszugraben, dienten wir den klassischen Meisterwerken" (ebd., S. 37f.).–Brechts Beitrag unter dem Titel „Ein Brief von Bert Brecht" ebd., S. 86 (vgl. BFA 21, S. 209).

17 *Die Scene* 17, 2 (Februar 1927), S. 42; Weichert schreibt: „Allem Caféhauspessimismus zum Trotz, der nicht müde wird, in endlosen Tiraden vom ‚Untergang des Theaters' zu faseln, glaube ich noch immer an die Unsterblichkeit und an die dionysische Lebenskraft des Theaters. [...] ‚Maschinentheater' [...] ‚Bekenntnis zum Wort, Ensemblespiel, ‚Rhythmisches Theater' [...] sind nur Etappen auf dem Weg zum ‚Seelischen Theater', zum ‚Theater-Erlebnis'. Und das war, ist und wird immer der letzte Sinn der Bühne sein. [...] Lebendig und willkommen alle, die Chaos und innere Jugend in sich fühlen! Sie alle werden das Theater der Zukunft erkämpfen."

18 Vgl. *Programmgeschichte des Hörfunks in der Weimarer Republik*, Joachim-Felix Leonhard, Hrsg. (München: Dtv. 1997), S. 710f.

19 Brecht lernte schon in der Schulzeit Gabelsberger Stenografie (Fassung von 1902).– Außer acht bleiben können hier die späteren Überarbeitungen–die Einfügung von „wie erwähnt" (331/152.6) kann sich nicht auf „Kerr: Einleitung", beziehen, wo die ‚Haltung' des Zuschauers zuvor noch nicht thematisiert wurde; sie muss später im Kontext von *Über eine dialektische Dramatik* erfolgt sein; vgl. Anm. 7.

20 Vgl. Anm. 3.

21 Diesen Begriff verwendet dagegen Weichert mit Vorliebe; die Formulierung des Sendetitels scheint direkt oder indirekt auf ihn zurückzugehen.

22 Solche Anweisungen gaben dagegen die Sender, wie zum Beispiel aus den „Stilregeln" der *Gesellschaft Drahtloser Dienst AG* (Dradag) von 1928/29 hervorgeht; abgedruckt in Leonhard, Hrsg., *Programmgeschichte* (Anm. 18), S. 428.

23 Weicherts letzte Regiearbeit war *Celestina* von Alfred Wolfenstein am 15. Februar, seine nächste Shakespeares *Othello* am 5. Mai; die letzte Inszenierung anderer, für die er sich als Intendant immerhin auch verantwortlich gefühlt haben gelassen haben könnte, war Fritz Peter Buchs Inszenierung von Wolfgang Goetz' *Neidhart von Gneisenau*., die auch schon seit dem 22. März lief; vgl. Büthe, „*Beifall und Skandal*" (Anm. 12), 198.

24 Für wertvolle Hinweise danke ich Dorothée Aders (BBA).

25 Die Sendung *Neue Dramatik* wurde am 11. Januar 1929 vom Westdeutschen Rundfunk ausgestrahlt. Auch dieser spätere Kontext des „Dreigesprächs"-Materials bedarf einer eigenen Darstellung.

26 Allerdings steht BBA 155/45 auch eindeutig für sich: Es wurde mit anderer Maschine auf anderem Papier und mit leicht abweichenden Schreibgepflogenheiten (Leerschläge nach den Kommas) getippt.

27 Als Sofort-Korrektur wäre „Laden" über „Theater" oder in der Zeile anschließend getippt, als Spät-Korrektur nicht mit noch eingespanntem Blatt an den Rand getippt, sondern mit der Hand nachgetragen worden.

28 Vgl. Wolf Bierbach, „Reform oder Reaktion? Anmerkungen zu den Rundfunkreformvorschlägen des Reichsinnenministers Carl Severing", in *Rundfunk und Politik 1923 bis 1973. Beiträge zur Rundfunkforschung*, Winfried B. Lerg und Rolf Steiniger, Hrsg. (Berlin: Spiess. 1975) 37-86, hier S. 62.

29 Bert Brecht, „Der Mann am Regiepult", in *Das Theater* 1, Januar 1928, 8; vgl. BFA 21, S. 220; vgl. auch Brechts Beitrag zu Sakheim. Hrsg., *25 Jahre Frankfurter Schauspielhaus* (Festschrift). Siehe Anmerkung 16.

30 Bert Brecht, „Der Autor über sich selbst", in *Frankfurter Zeitung*, Literaturblatt, 27. November 1927; vgl. BFA 21, S. 210.

31 Sibylle Berg, „Die staatliche Programmüberwachung bei der Süddeutschen Rundfunk AG in Suttgart 1926-1933", in *Rundfunk und Politik 1923 bis 1973. Beiträge zur Rundfunkforschung*, Winfried B. Lerg und Rolf Steiniger, Hsg. (Berlin: Spiess. 1975),

S. 19-36, hier S. 22. Was Berg für den *Süddeutschen Rundfunk* (der das „Dreigespräch" übernahm) beschreibt, sah wohl bei der *Deutschen Welle* kaum anders aus.

32 Felix Stiemer, „Das Funkgespräch", in *Der Deutsche Rundfunk* 6, 30 (20. Juli 1928), S. 1977.

33 Kurt Weill schreibt in „Das neue Wochenprogramm" in *Der Deutsche Rundfunk* 6, 17(20. April 1928), S. 1099: „Die D e u t s c h e   W e l l e ist gegenwärtig die einzige Institution, die mit Konsequenz und Energie einen bestimmten Zweig neuer Rundfunkdarstellung ausbaut und die mit ihren wertvollen Experimenten für die Weiterentwicklung des Rundfunks mehr leistet als der ganze Tagesbetrieb der deutschen Sender."

34 Karl Würzburger, „Selbstkritik", in: *Rundfunk-Rundschau* 3, 6 (5. Februar 1928), S. 102; vgl. auch Felix Stiemer, „Rundfunkdialoge", in *Der Deutsche Rundfunk* 6, 5 (27. Januar 1928), S. 286.

35 „Kritik", in *Rundfunk-Rundschau* 3, 5 (29. Januar 1928), S. 83.

36 Felix Stiemer, „Rundfunkdialoge", (Anm. 34), S. 286.

37 Kurt Weill, „Das neue Wochenprogramm" (Anm. 33), S. 1099.

38 Stiemer, „Das Funkgespräch" (Anm. 32), S. 1977: „Den Ausgangspunkt muß die I m p r o v i s a t i o n bilden; der Parlograph oder der Fernschreiber hält sie fest und liefert so die Grundlage, auf der sich eine solche Sendung aufbaut."

39 *Südwestdeutsche Rundfunk-Zeitung* 1928, H. 16, 2; zitiert Nach Leonhard, Hrsg., *Programmgeschichte* (Anm. 18), S. 501.

40 Vgl. zum folgenden die zusammenfassende Darstellung in Leonhard, Hrsg., *Programmgeschichte* (Anm. 18) S. 498ff.; hier auch weitere Literaturangaben.

41 So im Januar 1929 in *Der deutsche Rundfunk*, abgebildet in Leonhard, Hrsg., *Programmgeschichte* (Anm. 18), S. 223.

42 zitiert nach Fritz Wichert, „Das Ringen der Zeit um Werte", Einführungsvortrag für *Gedanken zur Zeit* auf *Deutschen Welle* vom 13. November 1927, zitiert Nach Leonhard, Hrsg., *Programmgeschichte* (Anm. 18), S. 498.

43 zitiert nach Am 21. November 1927 teilte Bredow Innenminister von Keudell mit, er habe „dafür Sorge getragen, dass der in dem Aufsatz entwickelte Plan, auch Streitfragen politischer, wirtschaftlicher und sozialer Art im Rundfunk zu behandeln, nicht zur Durchführung kommt" (zitiert Nach Leonhard, Hrsg., *Programmgeschichte* [Anm. 18], S. 499).

44 Kurt Weill, *Das neue Wochenprogramm*, (Anm. 33).

45 Kurt Weill, *Das neue Wochenprogramm* (Anm. 33).

46 Felix Stiemer, „Nochmals das Dreigespräch", in *Der Deutsche Rundfunk* 6, H. 19, (4. Mai 1928), S. 1243.–Der Begriff „Theaterleute" passt am besten auf Weichert und könnte darauf hinweisen, dass er, der ja auch als einziger einen weiten Anreiseweg hatte, sich nur mit Mühe ein paar Tage für die Sendung freimachen konnte, also die Kurzfristigkeit der Ansetzung des Sendethemas und die Notwendigkeit, das herkömmliche Procedere zu ändern und die gesamte Vorbereitung erst kurz vor der Sendung zu absolvieren, vor allem auf ihn zurückzuführen ist.

47 Hier zeigt sich, wie notwendig eine klare Begriffsbestimmung von ‚Autorisierung' und wie wenig praktikabel die weite, von Siegfried Scheibe eingeführte und in der Editionswissenschaft gängige Definition ist, die alles vom Autor Stammende als autorisiert bezeichnet. Die konsequente Einebnung des Unterschiedes zwischen autorisierten und nicht autorisierten Texten Brechts ist ein Hauptmerkmal der *Schriften*-Bände der BFA.

48 Felix Stiemer, „Neue Versuche der Deutschen Welle", in *Der Deutsche Rundfunk* 6, H. 17 (20. April 1928), S. 1108. Das Gespräch wurde also zumindest in groben Zügen so realisiert wie im *Gerippe* entworfen: Kerr hatte das letzte Wort. Zur erhofften Mehrstimmigkeit eines ‚Dreigesangs' kam es demnach allerdings nicht.

49 Reichs-Rundfunk Gesellschaft Berlin, Hrsg., *Rundfunkjahrbuch 1929* (Berlin: Union, 1929), S. 223 („phot. Transocean"). Die Bildunterschrift lautet „Dreigespräch vor dem Mikrophon der ‚Deutschen Welle' über ‚Die Not des Theaters'\ Alfred Kerr, Bert Brecht, Intendant H. Weichert."

50 Felix Stiemer, „Neue Versuche der Deutschen Welle" (Anm. 48), S. 1108.

51 Vgl. Büthe, *„Beifall und Skandal"* (Anm. 12), S. 167. Büthe zitiert Weichert (Anführungszeichen), der Brecht zitiert (kursiver Text). Leider ist der vollständige und genaue Wortlaut nicht kontrollierbar, da Büthe sich ohne nähere Angabe auf ein Manuskript in Privatbesitz bezieht. Es handelt sich offenbar um einen Frankfurter Vortrag Weicherts von 1928, der einen zuvor (1927) in Magdeburg gehaltenen „leicht umschreibt" (ebd.).

52 Felix Stiemer, „Das Funkgespräch" (Anm. 32), S. 1977.

53 Vgl. auch die unten (4.2 zur Deutung) angeführten alternativen Interpretationen.

54 Die altphilologische Maxime der ‚schwierigeren Lesart' kann auch in der neueren Editionswissenschaft gute Dienste leisten, wenn man nicht vergisst, dass hier Ausgangslage und Erkenntnisinteresse andere sind. Es geht nicht um die Entdeckung von Überlieferungsfehlern bei verlorenem Original bzw. Archetyp, sondern um die richtige Entzifferung oder Kontextualisierung vorliegender Dokumente. Dabei sind wie überall in der Wissenschaft die Hypothesen auf das Unabdingbare zu reduzieren (zu ‚rasieren') und der einfachste Erklärungsweg zu nehmen.

55 Das „Dreigespräch" bildete den Abschluss der ersten Staffel; danach wurde die Reihe mit der (vorgeschobenen?) Begründung eingestellt, sie sei „mehr für ein nachdenkliches Winterpublikum" bestimmt. Acht Monate später wurde nach einem Regierungswechsel ein Neuanfang mit politischen Themen möglich (vgl. Leonhard, Hrsg., *Programmgeschichte* [Anm. 18], S. 502).

56 „Kritik" (Anm. 35), S. 83.

57 Brecht ist ein ‚Archivar seiner selbst', der nichts einmal Formuliertes, auch nichts ‚Überholtes' je verloren gab.

58 Brecht ist ein ‚Papierarbeiter', der auf dem Papier dachte und möglichst jeden Gedanken verschriftlichte.

59 Bertolt Brecht, *Schriften zum Theater I. 1918-1933*, Werner Hecht, Redaktion (Frankfurt/M.: Suhrkamp, 1963), S. 112-117.

60 Bertolt Brecht, *Gesammelte Werke in 20 Bänden*, Bd. 15: *Schriften zum Theater 1*, Elisabeth Hauptmann. u.a. Hrsg., Werner Hecht, Redaktion (Frankfurt/ M.:1967), S. 142-146.

61 Die Fehler dieses Blattes werden hier detaillierter betrachtet, weil es in der heute maßgeblichen BFA nicht wiedergegeben ist.

62 Hecht, Werner, Hrsg., *Brecht im Gespräch. Diskussionen, Dialoge, Interviews* (Frankfurt/ M. Suhrkamp, 1975), S. 7-10.

63 Dies waren, wie das Übersehen der Baldkorrektur 155/50.9 beweist, nie die Originale, sondern immer die Kopien des BBA (hier ist die am Rand ergänzte Korrektur „Laden" nur teilweise sichtbar. Einen Wunsch nach Klärung und Erkenntnis weckte das offenbar nicht).

64 Jan Knopf (*Handbuch* 4, S. 456) schreibt 2004: „1973 publizierte Werner Hecht in der Edition Suhrkamp (also außerhalb von Werkausgaben) den Band *Brecht im Gespräch. Diskussionen, Dialoge, Interviews*, was ihn berechtigte, nicht nach für Gesamtausgaben gültigen, einheitlichen Editionsprinzipien vorzugehen und Texte zu (re)konstruieren." Offenbar nimmt Knopf an, dass ein Herausgeber außerhalb von Werkausgaben nach beliebigen, uneinheitlichen Prinzipien (*by the way*: es sind die gleichen wie in den Werkausgaben von 1963 und 1967) vorgehen dürfe und ein Recht auf ‚laxe Praxis' bestehe. Der Skandal dieses Satz wird nicht besser dadurch, dass Konietzny-Rüssel ihn 2007 – im Übrigen ohne Angabe seiner Herkunft von Knopf – noch zuspitzt und behauptet: Hecht war „dazu berechtigt, gültige Editionsprinzipien außer Acht zu lassen" (*Der Medienpraktiker Brecht* [Anm. 4], S. 6).

65 BFA 21: *Schriften I. Schriften 1914-1933*, Werner Hecht u.a., Hrsg. (Frankfurt/M., Berlin Weimar: Aufbau und Suhrkamp, 1992), S. 229-232.

66 Dessen spätere Zugehörigkeit zum Projekt *Über eine dialektische Dramatik* wird nicht erkannt, so wie umgekehrt die Herkunft zentraler Teile dort aus dem „Dreigespräch" nicht gesehen werden. Das Material zu diesem eminent wichtigen Projekt findet sich in BFA 21, S. 432-443 unter dem Titel *Die dialektische Dramatik*.

67 Entweder wurde auf Autopsie des Originals verzichtet (auf der BBA-Arbeitskopie ist die Streichung nicht zu erkennen) oder *bewusst* auch Gestrichenes wiedergegeben. Beides kommt in der BFA (nicht ausgewiesen) häufig vor, beides verletzt tragende Editionsprinzipien.

68 Das Blatt wird in BFA 21, S. 440 an ein Blatt ganz anderen Inhalts angehängt, ohne die Heterogenität zu bemerken oder die anderweitige Herkunft wenigstens durch einen Absatz zu markieren. Archivsignaturen, die unter anderem darauf Hinweise geben könnten, werden in der *BFA* grundsätzlich nicht angegeben.

69 Votum Jan Knopfs in: *Berliner Brecht Dialog 1998*, Therese Hörnigk. Hrsg. (Frankfurt/ M.: Suhrkamp, 1999), S. 64 („Der Abend der Editoren", 6. 2. 1998).

70 Jan Knopf, „Der entstellte Brecht. Die Brechtforschung muß (endlich) neu anfangen", in *Bertolt Brecht I. Text + Kritik Sonderband. Dritte Auflage: Neufassung*, Heinz Ludwig Arnold, Hrsg., in Zusammenarbeit mit Jan Knopf (München: edition Text und Kritik im Richard Boorberg Verlag, 2006), S. 5-20, hier S. 9 (leicht veränderter Nachdruck von Jan Knopf, „Der andere Brecht", in „*Anmut sparet nicht noch Mühe". Zur Wiederentdeckung Brechts*, Rüdiger Sareika, Hrsg. (Iserlohn: Institut für Kirche und Gesellschaft, 2005), S. 11-26).

71 J. H., „Von den Bergen und Tälern editorischer Arbeit", in *Dreigroschenheft* 3/2008, S. 31.

72 Brecht, *Schriften zum Theater I*, (Anmerkung 59), S. 271.

73 Brecht, *Gesammelte Werke* 15 (Anm. 60), S. 142.

74 Hecht, Hrsg., *Brecht im Gespräch* (Anm. 62), S. 206.

75 Gerhard Seidel, „Dialog mit Brecht" in *Neue Deutsche Literatur* 26, 1 (Januar 1978), S. 109-115, hier S. 108.

76 Peter Groth, *Hörspiele und Hörspieltheorien in der Weimarer Republik. Studien zum Verhältnis von Rundfunk und Literatur* (Berlin: Spiess Volker GmbH, 1980), S. 306.

77 Groth, *Hörspiele und Hörspieltheorien* (Anm. 76), S. 210f.

78 Der falsche Vorname, von Hecht wohl aus der falschen Bildunterschrift „H. Weichert" unter dem Foto des Gesprächs (vgl. Anm. 49) abgeleitet, wurde 2003 von Dieter Krabiel korrigiert (Knopf, Hrsg., *Handbuch* 4 [Anm. 4] S. 39); Jan Knopf pointiert, dass es sich nicht um eine Verwechslung, sondern um eine Erfindung Hechts handle (ebd., 459).

79 Werner Hecht, *Brecht Chronik. 1898-1956* (Frankfurt/M.: Suhrkamp, 1997), S. 245.

80 *Handbuch* 4 (Anm. 4), S. 459.

81 Konietzny-Rüssel, *Der Medienpraktiker Bertolt Brecht* (Anm. 4), S. 16-34.

82 Dies der Titel der Reihe, in der Konietzny-Rüssels Arbeit (Anm. 4) erschienen ist.

83 Ein interessantes Oxymoron, über das nachzudenken wäre.

84 Zitat aus dem Gutachten zum Antrag auf Förderung einer kritischen Gesamtausgabe der Notizbücher Brechts (in der auch die Dokumente zum „Dreigespräch" enthalten sind); dem Antragsteller vom DFG-Verantwortlichen Thomas Wiemer im Juli 2008 referiert (statt direkt mitgeteilt; auch dies ein institutions-, wissenschafts- und texttheoretisch interessantes Symptom).

85 Jan Knopf, „Der entstellte Brecht" (Anm. 70), 17; „Der andere Brecht" (Anm. 70), 24. Knopf hält das allerdings nicht für die Brechtforschung, sondern für Brechts „Schriften –und nicht nur für sie–" selbst für zutreffend.

86 Vgl. Siegfried Unseld, „Gelassen über die Leichen der Philologen hinweg. Der ganze Brecht: Zur Edition seiner Werke", in *Die Welt* 254, Nr. 8, 25. Juni 1964. Mit diesem Artikel wurde seinerzeit die sechsjährige Arbeit an einer Historisch-Kritischen Brecht-Edition abgebrochen.

87 Vgl. Anm. 70.

„Ihr Hauptleut, laßt die Trommel ruhen"
Unknown Music to Plays by Brecht

Three plays by Bertolt Brecht were premiered in Switzerland during the 2nd World War: *Mother Courage and Her children*, *The Good Person of Sezuan*, and *Life of Galileo*, which were staged at the famous Zurich Schauspielhaus in 1941 and 1943. On the one hand these performances are very well documented, on the other hand there is not much known about the incidental music. Paul Burkhard who composed the music to *Mother Courage*, and Huldreich Georg Früh who wrote the music to the *Sezuan* play, are mostly unknown to this day. In this essay new material is presented, particularly on Burkhard, his music, and his relations to Brecht.

Während des Zweiten Weltkriegs kamen in der Schweiz drei Theaterstücke Bertolt Brechts zur Welturaufführung: *Mutter Courage und ihre Kinder*, *Der gute Mensch von Sezuan* und *Leben des Galilei*, die in den Jahren 1941 und 1943 am renommierten Zürcher Schauspielhaus inszeniert wurden. Obwohl inzwischen über diese Aufführungen geforscht und geschrieben wurde, sind dennoch nicht alle Umstände geklärt, welche in erster Linie die Bühnenmusik betreffen. Denn noch heute sind Paul Burkhard, welcher die *Courage*-Musik komponierte, und vor allem Huldreich Georg Früh, der die Bühnenmusik zum *Sezuan*-Stück lieferte, weitestgehend unbekannt. Im Aufsatz wird unbekanntes Material veröffentlicht, vor allem zu Burkhard, seiner Musik und seiner Beziehung zu Brecht.

„Ihr Hauptleut, laßt die Trommel ruhen"
Unbekannte Musik zu Brecht-Stücken

Joachim Lucchesi

Während des Zweiten Weltkriegs kamen in der Schweiz drei Theaterstücke Bertolt Brechts zur Welturaufführung, die inzwischen zu seinen populärsten Werken gehören und die ihn, der sich seit etlichen Jahren schon im isolierenden Exil befand, in der mitteleuropäischen Theaterlandschaft präsent bleiben ließen: es waren dies *Mutter Courage und ihre Kinder, Der gute Mensch von Sezuan* und *Leben des Galilei,* die in den Jahren 1941 und 1943 am renommierten Zürcher Schauspielhaus inszeniert wurden. Brechts Name war in Deutschland und in allen okkupierten Ländern Europas längst getilgt worden, verstummt, doch in der Schweiz konnte sich sein Werk noch Gehör und Öffentlichkeit verschaffen sowie – über das Medium Rundfunk, namentlich den Schweizerischen Landessender Beromünster – in anderen Ländern heimlich abgehört werden. Allerdings zeigten die drei Zürcher Inszenierungen auch eine widerständige Couragiertheit, denn längst hatte der lange Arm nationalsozialistischer Einflussnahme einen beträchtlichen Einfluss auf die Verdrängung unerwünschter deutscher Exilautoren nebst ihren Werken aus dem schweizerischen Kulturleben. Doch das Zürcher Schauspielhaus setzte diese Inszenierungen durch.

Brechts Stück *Mutter Courage und ihre Kinder* entwickelte sich nach Kriegsende zu einem internationalen Markenlabel, das nicht nur mit seinem Namen und dem der Courage-Darstellerin Helene Weigel verbunden war, sondern darüber hinaus für den Anspruch weltweit modernster Theaterkunst stand. Ob es sich um die umjubelte Inszenierung 1949 im Deutschen Theater Berlin handelte, oder um das sensationelle Gastspiel des Berliner Ensembles 1954 in Paris, bei dem das Schlagwort von der „révolution brechtienne" um die Welt ging: dieses Stück stand ein für den bedeutendsten internationalen Nachkriegserfolg des aus dem Exil zurückgekehrten Stückeschreibers und seiner Ehefrau, der nun wieder ihren Schauspielerberuf ausübenden Helene Weigel. Dass die triumphale Aufnahme des Stücks beim Publikum zunächst den Blick auf andere Stücke Brechts – darunter jene aus der Weimarer Republik – verstellte, ist ein nicht zu unterschätzendes Moment der Wirkungsgeschichte, was nur erwähnt werden soll.

Intensiv hat sich die internationale Brecht-Forschung mit diesen schweizerischen Welturaufführungen befasst, denn große Namen sind zu nennen; so der bei *Mutter Courage* Regie führende Leopold Lindtberg, der für das Bühnenbild verantwortliche Teo Otto, die Courage spielende Therese Giehse, den Eilif gebenden Wolfgang Langhoff oder den die

Politische Traulichkeiten/Political Intimacies

Therese Giehse als Mutter Courage mit Regisseur Leopold Lindtberg bei der Zürcher Generalprobe am 19. April 1941.[1]

Rolle des Kochs übernehmenden Wolfgang Heinz. Hier kamen die besten Vertreter des deutschsprachigen Schauspiels zusammen, die sich inmitten des Krieg führenden Europa im Schweizer Exil aufhielten. Das *Courage*-Stück wurde in der Schweiz mehrfach aufgeführt; so fand die besagte Uraufführung am 19. April 1941 in Zürich statt, es folgten Nachaufführungen im Februar 1943 in Basel, im Februar 1944 in Bern und im November 1945 wiederum in Zürich (mit Gastspielen in Winterthur, Schaffhausen und 1946 in Wien).[2]

Bei der Uraufführung von *Der gute Mensch von Sezuan* am 4. Februar 1943 im Zürcher Schauspielhaus führte Leonard Steckel Regie, die Bühne besorgte wiederum Teo Otto; die Shen Te bzw. den Shui Ta spielte Maria Becker, den Flieger Karl Paryla und die Hausbesitzerin Therese Giehse. Auch dieses Stück wurde im März 1944 in einer Neuinszenierung in Basel gezeigt.

Die Uraufführung von *Leben des Galilei* (unter dem Titel *Galileo Galilei*) fand schließlich am 9. September 1943 ebenfalls am Zürcher Schauspielhaus unter der Regie von Steckel statt. Allerdings hatte Hanns Eisler seine Musik zum Stück erst nach dem Zweiten Weltkrieg komponiert; da eine andere Bühnenmusik für diese Inszenierung nicht nachweisbar ist, werden hier nur die beiden anderen Produktionen betrachtet.

Joachim Lucchesi

Programmheft des Stadttheaters Bern, Februar 1944.[3]

So sehr inzwischen über diese Aufführungen geforscht und geschrieben wurde, sind dennoch nicht alle Umstände geklärt, welche in erster Linie die Bühnenmusik betreffen. Denn noch heute sind Paul Burkhard, welcher die *Courage*-Musik komponierte, und vor allem Huldreich Georg Früh, der die Bühnenmusik zum *Sezuan*-Stück lieferte, weitestgehend unbekannt.[4]

Für die Musik des *Courage*-Stücks ist aber nicht nur der Schweizer Paul Burkhard zu nennen, denn mehrere Komponisten (darunter auch ein finnischer Komponist) kommen mit ins Spiel und machen die Entstehungsgeschichte der Musik komplizierter. Aber was sie darüber hinaus bemerkenswert macht, ist der Umstand, dass sich durch sie aufschlussreiche Einblicke in Brechts Arbeitsmethoden eröffnen.

Hinsichtlich musikbezogener Teamarbeit war Brecht im Herbst 1939 im schwedischen Lidingö bei Stockholm in einer schwierigen Situation: Das Exil bedingte, dass er Eisler nicht in seiner Nähe hatte. Auf sich allein gestellt versuchte Brecht nun, Musik ohne großen Aufwand in das *Courage*-Stück zu integrieren. Dazu bediente er sich eines Verfahrens, dass zum einen in der Einfügung bereits vorhandener Lieder bestand (ein beliebtes Verfahren bei Brecht, das er verschiedentlich anwendete, so beim „Barbara-Song" und dem Lied der „Seeräuber-Jenny" in der *Dreigroschenoper*). Weiterhin arbeitete Brecht mit Kontrafakturen, das heißt, dass er bereits vorhandene Liedmelodien nutzte, um auf sie neue Texte zu schreiben. Von Weill stammte die Musik zum „Lied vom Surabaya-Johnny," das Brecht zunächst mit neuem Text als „Lied vom Pfeif- und Trommelhenny" konzipierte, dann aber gegen das „Lied vom Fraternisieren" austauschte. Ebenfalls hatte Weill den „Salomon-Song" für die *Dreigroschenoper* komponiert, welcher nun wieder in *Mutter Courage* auftaucht. Von Eisler dagegen lag bereits die „Ballade vom Weib und dem Soldaten" vor sowie die im Verlauf der Arbeit am *Courage*-Stück dann ausgeschiedene „Ballade vom Wasserrad." Die „Ballade von den Seeräubern" aus dem Jahr 1918, die Brecht zu einer vermutlich französischen Liedmelodie entworfen hatte, diente nun im Stück als Vorlage für das „Lied der Mutter Courage." Nach der volkstümlichen Ballade „Prinz Eugen, der edle Ritter" schließlich wurde „Als wir kamen vor Milano" geformt. Auch für das „Lied von der Bleibe" hatte Brecht als Quelle ein Volkslied angegeben und für das „Wiegenlied" soll Helene Weigel sich an eine Melodie erinnert haben, die sie später auch Paul Dessau für dessen Bühnenmusik mitteilte. Nur das „Lied von der großen Kapitulation" blieb im *Courage*-Stück übrig als dasjenige, bei welchem keine musikalischen Vorlagen nachweisbar sind. Zwar sind die Lieder (denn vorwiegend aus ihnen besteht die Bühnenmusik) bei Brecht so angelegt, dass sie sich innerhalb der Handlung entwickeln, doch sollen sie zugleich aus ihr heraustreten und sich an den Zuschauer richten.

Doch Brechts Hoffnung auf Aufführungsmöglichkeiten seines *Courage*-Stücks in Skandinavien zerschlug sich nach und nach. Zwar hatte er im Februar 1940 noch mit einem schwedischen Theaterverlag über das Stück abgeschlossen, doch die vorgesehenen Inszenierungen in Stockholm und Oslo kamen nicht zustande. Aber dann erreichte ihn aus der Schweiz eine überraschende Nachricht: das Zürcher Schauspielhaus, eines der renommiertesten deutschsprachigen Theater außerhalb Deutschlands, zeigte Interesse an einer Aufführung. Brecht, durch diesen konkreten Anlass stimuliert, zog nun doch einen professionellen Komponisten hinzu, den er Oktober 1940 in einem Antiquariat in Helsinki kennen gelernt hatte[5]: es ist der fast gleichaltrige Simon Parmet (1897-1969), der zu jenem Zeitpunkt bereits als Theaterkomponist in Finnland und Deutschland gearbeitet hatte. Neben den viel zitierten Gesprächen Eislers mit Hans Bunge[6] gehören Parmets Äußerungen über Brechts Musikalität zu den wichtigsten Quellen: „Brechts Wünsche in bezug auf die Musik zu ‚Mutter Courage,'" so berichtet Parmet,

> zielten auf nichts mehr und nichts weniger als darauf, dass ich ein würdiges Gegenstück zur Musik der ‚Dreigroschenoper' schaffen sollte. Ja, er ging noch weiter. Er drang darauf, dass ich eine bewusste Nachahmung des

Stils in der Musik zu diesem großartigen Werk erstreben und dass meine Musik nach Inhalt und Form mit Couplets nach dem Vorbild der ‚Dreigroschenoper' gestaltet werden sollte....Und so wie die nur scheinbar lustigen und unterhaltsamen Couplets in der ‚Dreigroschenoper' die Düsterheit und Hoffnungslosigkeit im Alltag der Armen schilderten, so sollte die Musik zu ‚Mutter Courage' die Grauenhaftigkeit des Krieges durch scharf-triviale und bitter-süße Melodien hervorheben.[7]

Und weiter heißt es: Brecht

wusste instinktiv alles, was man über solche Musik wissen konnte, die er zur Begleitung für seine Dramatik auswählte. Wenn es sein Werk galt, war er eine Art Wünschelrute, die immer auf der richtigen Stelle ausschlug....So fischte er, wo immer er sich in der Welt befand, Melodien auf, die seinem eigenartigen Sinn zusagten...Brecht liebte die Banalität, sie wirkte wie Dung auf seine Schaffenskraft...So hatte er sich in eine alte französische Soldatenweise so sehr verliebt, dass er absolut nicht locker ließ, zu fordern, sie solle als eine Art Leitmotivlied in das neue Werk eingehen [gemeint ist hier das französische Lied ‚L' Étendard de la Pitié,' dass das Modell für das ‚Lied der Mutter Courage' wurde]. Er sang mir die Weise wiederholt vor, pfiff sie und trommelte sie und wurde jedes Mal mehr begeistert von ihrer ungeschlachten Schönheit...Es war eine äußerst einfache, äußerst triviale Melodie, aber sie wurde in dem Brechtschen Zusammenhang ungeheuer wirkungsvoll. Außerdem schlummerten in ihrer unkomplizierten Struktur ungeahnte Möglichkeiten für musikalische Bearbeitung und Entwicklung.[8]

Drei Liedmelodien im Vergleich: oben die französische Romanze, Mitte die „Ballade von den Seeräubern," unten Dessaus „ Lied der Mutter Courage."[9]

Brecht hatte also, wie Parmet bestätigt, eine exakte Vorstellung von der Gestalt der Musik innerhalb seiner Dramatik. Kennzeichnend ist dabei, dass er weniger das Experimentelle, den „unerhörten" Klang und musikalische Originalität anstrebte, sondern dass Brecht auf schon Vorhandenes und Bewährtes zurückgriff, und dies nicht nur in Zeiten des Exils – also notgedrungen – sondern generell. Die Originalität der benutzten (man kann auch sagen: verbrauchten) Melodien beruhte bei ihm einfach darin, sie aus alten Zusammenhängen herauszulösen und in einen neuen Kontext zu bringen, wo sie sich, wie in neuer Beleuchtung, in unerwarteter Frische und Mehrdeutigkeit zeigten. Dieses Verfahren Brechts ist keineswegs neu, sondern in der Musikgeschichte als Kontrafaktur – nach 1600 auch unter dem Begriff Parodieverfahren – lange bekannt, also als Umdichtung eines Gesangstexts, wobei die ursprüngliche Melodie erhalten bleibt. Brecht, der sich in der protestantischen und katholischen Kirchenmusik seit seiner Kindheit und Jugend in Augsburg gut auskannte, hatte die Praxis des Austauschs von weltlichen und geistlichen Texten höchstwahrscheinlich dort kennen gelernt. Er nutzte dieses alte Verfahren, um neue Zusammenhänge, Querverweise und Kommentare innerhalb seines Werks herzustellen. Dass zudem Text und Musik immer wieder aufs Neue eine fast schon „maßgeschneiderte" Einheit eingehen, liegt daran, dass Brecht beim Entwerfen des Texts die bereits vorhandene Melodie als metrisch formendes, aber auch semantisch steuerndes Element nutzen konnte. Brechts Bruder Walter hatte darauf verwiesen, dass es bereits vorhandene Melodien waren, die Brecht stimulierten, den Text zu dichten und eine Wortmusik in doppelter Hinsicht herzustellen.[10]

Brechts Werkstatt ist somit auch einem Musikarchiv vergleichbar, in dem verschiedenste Melodien oder Melodiesegmente, rhythmische Einfälle oder Vorlieben für bestimmte Musikinstrumente abgelegt und gespeichert sind. Je nach Bedarf werden diese Melodiemodelle memoriert und mit einem neuen Text unterlegt, der später dem Zuhörer den Eindruck einer idealen, maßgeschneiderten Wort-Ton-Verbindung suggeriert. Brecht ist ein ökonomisch arbeitender Produzent, der auf bereits Vorhandenes zurückgreift und dem Benutzten neue Bedeutung verleiht. Dies betrifft nicht nur die Musik, sondern auch die eigenen Texte, die Brecht zur mehrfachen Wiederverwendung einsetzt. Darüber hinaus ist dies eine umfassende Arbeitsmethode, die auch szenische Einfälle steuert. Man denke an die Boxringe im Songspiel *Mahagonny* und in der *Maßnahme,* an die künstlichen Musikemblems in der *Dreigroschenoper* (die Orgelattrappe im Bühnenhintergrund) und in *Mutter Courage* (das vom Schnürboden heruntergelassene Emblem mit Trompete, Trommel, Fahnentuch und aufglühenden Lampen) oder an die sichtbare Platzierung der Musiker auf der Szene: in der *Dreigroschenoper* auf der Hinterbühne, in *Mutter Courage* in der Seitenloge des Berliner Ensembles links neben der Bühne. Brecht schafft es immer wieder, dem bereits Benutzten und Erprobten in anderen Zusammenhängen eine unverwechselbare neue

Qualität zu geben, dies ist eine seiner bemerkenswertesten Leistungen und ein früher Schritt in die Moderne der zweiten Hälfte des 20. und beginnenden 21. Jahrhunderts. In einem Brief an Caspar Neher vom Dezember 1946 hat sich Brecht über sein *Courage*-Stück und Dessaus Musik geäußert: „die *Dessau*sche Musik zur ‚Mutter Courage' ist wirklich kunstvoll, solch ein Stück muß man in der edelsten asiatischen Form aufführen, dünn und wie auf Goldplatten graviert."[11]

Doch zurück in das Jahr 1941: Brecht hatte inzwischen Parmet zu einer Neukomposition der Bühnenmusik für *Mutter Courage* angeregt. Das Ergebnis soll Brecht zufolge eine Stilkopie der *Dreigroschenoper*-Musik gewesen sein, was Parmet, der Weill nicht imitieren wollte, verständlicherweise missfiel. Trotzdem schickte Brecht die Noten am 1. Februar 1941, als „Klavierauszug" deutlich deklariert, an den Schweizerischen Theaterverlag Kurt-Reiss-Verlag AG nach Basel. Anstelle der vom Komponisten vorgesehenen schlichten musikalischen Begleitung wollte Brecht jedoch das kleine Orchester von sieben bis acht Musikern, wie er schrieb, „emanzipieren," denn „es sollte eigenverantwortlich zum Gesang auf der Bühne Stellung nehmen."[12] Doch nun begann eine Entwicklung, die bis heute nicht völlig geklärt ist, denn der Regisseur Lindtberg konnte sich an besagten Klavierauszug Parmets nicht erinnern:

> Brecht schickte uns das Stück mit ein paar Noten. Das Courage-Lied war dabei, zum Lied vom Weib und dem Soldaten nahmen wir Eisslers [sic!] Vertonung. Dass das Lied vom weisen Salomon von Weill schon komponiert war, wussten wir damals in Zürich noch nicht. Burkhard übernahm, was sich fand und machte Neues dazu.[13]

Weder ein Klavierauszug noch Parmets Name werden von Lindtberg erwähnt. Bestand also Parmets Musik tatsächlich nur aus einigen kleinen Liedmelodien, denen die qualifizierende Bezeichnung eines ausgearbeiteten Klavierauszugs widersprach? Oder hatte Brecht mit seiner Ankündigung eines „Klavierauszugs" zu hoch gepokert und waren es vielleicht nur ein paar dem Stücktext hinzugefügte, unfertig bearbeitete Melodien Parmets aus einem frühen Stadium? Wir wissen es nicht, denn zum einen behauptete Parmet, dass er seine Musik später vernichtet habe (leider kann diese Aussage nicht überprüft werden, da der Nachlass Parmets offenbar nicht existiert, wie mir auf Nachfrage mitgeteilt wurde[14]). Zum anderen wurde die Kurt-Reiss-Verlag AG 1986 aufgelöst, dabei sollen große Teile des Verlagsarchivs und der Privatkorrespondenz von Kurt Reiss verloren gegangen sein, in denen vielleicht Anhaltspunkte zu finden gewesen wären.[15] Eine weitere Vermutung ist, dass das Zürcher Schauspielhaus mit diesem von Brecht übersandten Musikmaterial nichts anfangen konnte und stattdessen Burkhard beauftragte, eine neue Bühnenmusik zu schreiben.

Paul Burkhard 1939 im Schauspielhaus Zürich.[16]

Paul Burkhard (1911-1977), der ab 1939 Hauskomponist des Zürcher Schauspielhauses war, bis ihn 1944 der Dirigent Hermann Scherchen in Zürich an das Radioorchester Beromünster holte, hatte sich als Schüler des namhaften Schweizer Komponisten Volkmar Andreae seit den 1930er Jahren vor allem einen Namen als Operettenkomponist gemacht; zudem war er in der Lage, eine Regiekonzeption in kürzester Zeit musikalisch umzusetzen und schrieb während seiner Tätigkeit am Zürcher Schauspielhaus immerhin über 40 Bühnenmusiken. So kam es, dass er ohne den mündlichen oder schriftlichen Einfluss des in Schweden lebenden Brecht seine Musik zur *Courage*-Inszenierung komponierte. Der Regisseur Lindtberg hatte sich 1983 zur Musik Burkhards geäußert:

> Er schrieb eine wunderbar passende Musik, die in Zürich sehr populär wurde. Das Courage-Lied ist damals in der einfachen Form Burkhards viel gesungen worden...Das Stück ist ja sehr bedrückend. Deshalb war es damals, trotz des Echos, kein großes Geschäft–es lief etwa 12 bis 15 Mal. Aber nach der Wiederaufnahme in gleicher Besetzung und mit Burkhards Musik nach dem Krieg am 29. November 1945, wiederum mit Therese Giehse in der Titelrolle, hatte es eine unerhörte Wirkung.[17]

Lindtbergs Hinweis, dass Brecht das Stück zusammen „mit ein paar Noten" geschickt haben soll, kann auch darauf hindeuten, dass es der Stückeschreiber mit der Urheberschaft, also der Nennung von Parmets Namen und der Bezeichnung des Notenmaterials als Klavierauszug vielleicht nicht allzu ernst nahm. Denn von einem strikten Beharren auf Parmets Musik war bei Brecht keineswegs die Rede gewesen; hatte er doch am 1. Februar 1941 an Kurt Reiss geschrieben: „Prinzipiell ist es den Theaters gestattet, eine andere Musik zu benutzen, die aber von mir gebilligt werden muß."[18] Brecht erklärte seine Position damit, dass er sich nicht sicher sei

> ob nicht auch Hanns Eisler eine Musik verfasst hat. Er hält sich im Augenblick in Amerika auf. Ich lege den größten Wert darauf, dass der Vertrieb den Theatern zunächst unter keinen Umständen mitteilt, daß eventuell auch eine andere Musik in Frage kommen könnte.[19]

Eisler hatte in seinem nicht datierten Werkverzeichnis, das vermutlich 1946 entstand, schon die Opuszahl 85 für „Music for the play ‚Mother Courage' by Brecht" eingetragen;[20] eine Musik ist jedoch nicht nachzuweisen. Beibehalten dagegen wurde Eislers 1928 komponierte „Ballade vom Soldaten," die wohl überhaupt seine früheste Brecht-Vertonung war, aber mit dem viel später entstandenen *Courage*-Stück zunächst gar nichts zu tun hatte. Eislers Ballade schien dem Regisseur Lindtberg jedoch so wichtig und wirkungsvoll zu sein, dass er sie stets beibehalten hatte. In einem Brief teilte Lindtberg sogar mit, dass er Eislers Ballade nicht nur gemeinsam mit der Bühnenmusik Burkhards aufgeführt hätte, sondern sogar noch später, im Zusammenhang mit der dann rechtsverbindlichen *Courage*-Musik Dessaus.[21] Wie dem auch sei, Brecht hatte damals wohl nicht auf einer strikten Verwendung der Musik Parmets bestanden, da er pragmatisch die Stückaufführung durchsetzen wollte, bei der eine andere Musik vorerst billigend in Kauf genommen werden konnte. Wie Brecht später diesen dem Exil, und damit seiner Abwesenheit, geschuldeten Musik-Kompromiss korrigierte, wird noch ausgeführt.

In seinen derzeit noch unveröffentlichten sowie in Privatbesitz befindlichen Notiz- und Tagebüchern[22] gibt Burkhard die Arbeitsdaten zur Zürcher *Courage*-Inszenierung bekannt: Unter dem 27. März 1941 findet sich sein Vermerk: „Brechtlieder komponiert," und einen Tag später: „1. Probe Giehse." Am 15. April dann: „Proben und Orchestrierung Courage"; am 17. April „Orchesterprobe" und am 19. April schließlich um „11.00 Generalprobe" und abends dann die „Premiere." Das *Courage*-Stück war in jeder Beziehung ein Erfolg und konnte bis 20. Mai 1941 zehn Mal gespielt werden.[23] Aus den notierten Terminen ist ersichtlich, dass Burkhard schnell gearbeitet haben muss, denn er brauchte demnach nur einen Tag, um die Lieder zu komponieren und um sie einen Tag später für die erste Probe mit der Giehse vorlegen zu können.[24]

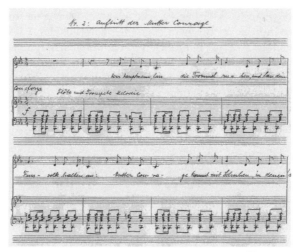

Burkhards Auftrittslied der Mutter Courage[25]

Welche Lieder hat Burkhard nun komponiert? Seine Musik besteht aus zehn Nummern, das heißt, aus mehrfach wiederholten Liedern, die auch als instrumentale Zwischenspiele eingesetzt sind. Die Besetzung umfasst sechs Instrumente: Klavier, Harmonium, Akkordeon, Flöte, Trompete und Schlagzeug. Am 19. Juli 1944 – vorab war das Stück 1943 in Basel mit Burkhards Musik gebracht worden – schrieb der Komponist an Kurt Reiss:

> Damit Sie für Ihre Akten vorerst einmal eine Aufstellung der Musik zu ‚Mutter Courage' haben, gebe ich Ihnen heute folgende Liste an,...wobei ich für den Freund Brechts [gemeint ist Parmet; J.L.], der die Lieder lieferte, die wir dann zum Teil weglißen, +++ einsetze, da ich seinen Namen nicht kenne.[26]

Es folgt dann die Liste der Lieder. Als erstes wird Eislers „Lied vom Schiessmesser" (also die „Ballade vom Soldaten") genannt, dann das „Wiegenlied" mit Parmet als Komponisten (durch drei Kreuze gekennzeichnet) und die „Vorstrophe des Liedes: Das Frühjahr kommt." Hier nannte Burkhard keinen Komponisten, denn es soll sich um die von Brecht sehr geschätzte altfranzösische Weise „L' Étendard de la Pitié" gehandelt haben. Als Eigenkompositionen führte Burkhard auf: „Lied von der grossen Kapitulation," „Lied vom weisen Salomon," den Refrain von „Das Frühjahr kommt" sowie einen „Pfeiffer- und Trommlermarsch."[27] Somit stammt die Bühnenmusik zur Welturaufführung der *Mutter Courage* genau genommen aus vier Quellen: erstens von Eisler, der die „Ballade vom Soldaten" komponierte, zweitens von Parmet, der das „Wiegenlied" beigesteuert haben soll, und drittens – beim „Lied der Mutter Courage" – zur einen Hälfte aus der altfranzösischen Soldatenweise (Vorstrophe) und zur anderen aus dem Refrain Burkhards. Die restlichen Musiknummern waren Eigenkompositionen Burkhards. Aus diesem Verteilerschlüssel in Burkhards Brief ist ersichtlich, dass es der Komponist mit der Eigentumsfrage (und damit auch der finanziellen Vergütung) genau nahm und den Verlag gewissenhaft informierte.

Nach der Zürcher Uraufführung der *Mutter Courage* bekam Burkhards Bühnenmusik eine Reihe positiver Kritiken, so schrieb Bernhard Diebold in *Die Tat*, dass der Komponist „mit bewundernswerter Einfühlung" die Intentionen Brechts erfasst habe und dass „der eine oder andere dieser aus Heiterkeit und Klagen gemischten Songs bald nachgesungen würde." Und Günther Schoop lobte an der Musik, dass sie „die Mischung aus bänkelsängerischer Weise und landsknechthaftem Kriegslied" gut getroffen hätte.[28] Nicht zuletzt dieser Erfolg bewog Lindtberg dazu, die Bühnenmusik immer wieder zu benutzen: so 1943 in Basel und dann, am 24. November 1945, bei der vom Publikum umjubelten Wiederaufnahme am Zürcher Schauspielhaus. Auch beim Gastspiel Ende April 1946 im Wiener Theater in der Josefstadt kam sie zur Aufführung.

Doch sieben Monate vor diesem Wien-Gastspiel erreichte Burkhard ein vom 14. September 1946 datierter Brief von Kurt Reiss:

> Der guten Ordnung halber möchte ich Ihnen mitteilen, dass Herr Bert Brecht mich hat wissen lassen, dass er in Zukunft bei allen Aufführungen von ‚Mutter Courage' die Musik von Dessau zu verwenden wünscht. Ich selbst kenne diese Musik noch nicht, da der Klavierauszug noch nicht bei mir eingetroffen ist.[29]

Brecht reagierte mit seinem Brief ziemlich schnell, denn Dessaus Bühnenmusik ist im Autograph mit „August 1946, Long Beach / California" datiert.[30] Es ist kaum verwunderlich, dass Burkhard diese

Nachricht sprichwörtlich wie einen Schlag aus heiterem Himmel aufnahm; er antwortete Kurt Reiss am 26. September:

> Zu der traurigen Nachricht wegen ‚Mutter Courage' kann ich Ihnen nicht viel sagen – nur eines bitte ich doch, dass Sie gelegentlich in Erfahrung bringen: Hat Herr Bert Brecht die meine überhaupt kennengelernt? Und wenn nicht, kann man ihm einen Klavierauszug zukommen lassen? Und wenn ‚Mutter Courage' in der Schweiz oder sonst mit Frau Giehse gespielt werden sollte, glauben Sie nicht, dass es für sie sehr schlimm sein wird, dass sie neue Lieder singen muss? Wie ich höre, wird Brecht in der Schweiz erwartet – ohne irgendwie mit meinen Chansons mich vordrängen zu wollen, gäbe es dann nicht vielleicht doch eine Gelegenheit, ihm die Sachen zu zeigen. Es würde mich doch sehr interessieren, wie er sie findet.[31]

Dieser Wunsch Burkhards sollte in Erfüllung gehen, wenn auch erst knapp anderthalb Jahre später. Unter dem 19. Februar 1948 notierte er in sein Notizbuch: „Sehe Brecht, lade ihn und viele für Mittwoch abend ein." An besagtem Mittwoch, es ist der 25. Februar, fand das vom Komponisten dringlich erwünschte Treffen in seinem Haus statt, zu dem unter anderen eingeladen waren: Lindtberg mit seiner Frau Valeska, der gerade am Zürcher Schauspielhaus spielende Hans Albers, die Schauspielerin (und Lebensgefährtin von Albers) Hansi Burg, der Komponist Rolf Liebermann, Therese Giehse und die Malerin Martha Tschudi. Lindtberg erinnerte sich an Burkhards erste Begegnung mit Brecht und Helene Weigel:

> Damit er wisse, mit wem er es zu tun habe, sagte Burkhard, wolle er ihnen zuerst ein paar andere Sachen vorspielen, die er komponiert habe. Er spielte *O mein Papa*[32]...und solche Sachen. Brecht wurde immer kälter und verbissener, denn was er hörte, war für ihn mit Gedanken an die *Mutter Courage* geradezu Antimusik. Dann klingelte es und Hans Albers, der mit Burkhard sehr befreundet war, erschien in fröhlichster Stimmung. Nun begann Burkhard – unter diesen denkbar ungünstigsten Umständen – seine Musik zur *Courage* vorzutragen, die von Brecht ziemlich herb aufgenommen wurde. Ich bin überzeugt, wenn man Brecht diese Musik unter anderen Umständen vorgespielt hätte, hätte er ganz anders reagiert. Brecht war allerdings damals schon festgelegt auf Dessau und hatte urheberrechtlich bestimmt, dass seine Courage nur mit Dessaus Musik gespielt werden darf. Es hat mir wahnsinnig wehgetan, dass Brecht von

Burkhards Musik einen so falschen Eindruck erhalten hat, denn sonst war Burkhard ja der beste Verkäufer seiner Sachen, aber bei Brecht war eben seine verspielte, naive, menschenfreundliche Art ganz fehl am Platze. Brecht war leider ganz unansprechbar...Die Musik von Dessau ist ja sehr gut, aber mir ist sie fast etwas zu raffiniert.[33]

Paul Burkhard (links) zusammen mit Rolf Langnese[34] am Klavier, Zürich 1948.[35]

Dies war also – am 25. Februar 1948 – die denkwürdige Begegnung zwischen Brecht und dem ihm bislang unbekannten Komponisten Burkhard, die das weitere Schicksal der „Courage"-Musik zugunsten Dessaus entschied. Darüber hinaus soll sich Brecht an jenem Abend, der, wie Burkhard vermerkt, erst in den frühen Morgenstunden endete, noch längere Zeit intensiv mit Albers über Berlin unterhalten haben, was durchaus denkbar ist, denn Brecht war damals, wie wir auch aus anderen Zusammenhängen wissen, äußerst interessiert an Informationen aus Deutschland. Es sei angemerkt, dass dieses entscheidende Treffen in der Brechtforschung bisher nahezu unbekannt geblieben ist. Weder erwähnt es Werner Hecht in seiner detailreichen *Brecht Chronik*, noch in seinen 2007 erschienenen Ergänzungen.[36]

Nachdem für Burkhard die Angelegenheit zu seinen Ungunsten entschieden war, kam es aber doch noch zu einem kleinen Nachspiel. Am 23. Februar 1949, fast ein Jahr nach der persönlichen Begegnung mit Brecht, schrieb Burkhard an Kurt Reiss:

> Ist Ihnen eigentlich Nachricht darüber gegeben worden, dass bei der Wiederaufführung von ‚Mutter Courage' im neuen Theater an der Scala meine Musik verwendet wurde? Zuerst wollte man die von Dessau nehmen, aber Frau Giehse konnte sich nicht mehr umstellen, und so kam es während der Proben allmählich dazu, dass nur meine Musik gespielt wurde.[37]

Die Schauspielerin soll hierzu den knappen Kommentar abgegeben haben: „Burkhard kannst du singen, Dessau musst du zählen: es war furchtbar!"[38] So hatte Burkhard noch einen späten Triumph über Brecht und Dessau, der vor allem Therese Giehse zu verdanken war, die sich beim Singen ziemlich schwer tat, weil Dessaus raffinierte Taktwechsel im Auftrittslied der Mutter Courage eine unüberwindliche Schwierigkeit für sie darstellten. Burkhard jedenfalls wird die lange Aufführungsdauer seiner *Courage*-Musik von 1941 bis 1949 (und vielleicht darüber hinaus) vermutlich mit Befriedigung und Genugtuung zur Kenntnis genommen haben.

Zwar ist die Materiallage zur *Sezuan*-Musik von Huldreich Georg Früh nicht vergleichbar umfassend dokumentiert, doch lassen sich auch hier einige für die Brecht-Forschung neue Erkenntnisse mitteilen. Die zunächst wichtigste Nachricht besteht darin, dass Frühs Bühnenmusik keineswegs verschollen oder nicht auffindbar ist, wie lange vermutet wurde.[39] Handschriftliches Notenmaterial zu Frühs Bühnenmusik befindet sich vielmehr im Besitz der Zentralbibliothek Zürich. Doch zunächst einige Informationen zum Komponisten, der selbst in der Schweiz heute nur Wenigen bekannt ist.

Huldreich Georg Früh, 1943.[40]

Huldreich Georg Früh wurde 1903 im Schweizer Kanton St. Gallen geboren, er stammt aus einer künstlerisch orientieren Familie: sein Bruder Eugen wurde Kunstmaler, sein Bruder Kurt war erst Theater-, dann Filmregisseur. Von 1927 bis 1932 studierte Früh am Zürcher Konservatorium u. a. bei dem Schweizer Komponisten Andreae (er hatte also denselben Lehrer wie Burkhard), unterrichtete dann die Fächer Klavier sowie Musiktheorie und war von 1938 bis 1942 als musikalischer Leiter und Pianist in dem antifaschistischen Zürcher Kabarett „Cornichon" tätig. Von 1942 bis zu seinem frühen, krankheitsbedingten Tod 1945 war er Leiter der Abteilung Musik bei Radio Zürich. Im Gegensatz zu Burkhard schrieb Früh keine Operetten und Musicals, sondern Kammermusik, Klavier- und Orchesterwerke, Filmmusik, Lieder, Kabarettchansons, Werke für das Musiktheater und Ballett. In einem bislang noch nicht aufgefundenen Liederzyklus *Lieder der Zeit* soll Früh auch Brecht-Texte vertont haben. Der Komponist vertrat in seiner Musik einen melodiös-tänzerischen Stil, der geprägt war von der poly- und freitonalen Sprache der französischen Musik, insbesondere der „Groupe des Six."

Früh schrieb zur Zürcher Welturaufführung von *Der gute Mensch von Sezuan* am 4. Februar 1943 die Musik. Noch ein weiterer Komponist, der Webern-Schüler Ludwig Zenk (1900-1949), komponierte Musik zur österreichischen Erstaufführung am Wiener Theater in der Josefstadt, die am 19. März 1946 stattfand. Doch beide Bühnenmusiken, die Brecht mit hoher Wahrscheinlichkeit nie gehört hatte, wurden später von Dessaus Musik verdrängt, die im März 1948 in Hollywood vorlag. Noch vor Dessau hatte Brecht bereits 1943 mit Weill über eine umfangreiche Musik zum *Sezuan*-Stück, die fast schon eine „halbe Oper" ergeben sollte, verhandelt,[41] doch das Vorhaben wurde nicht ausgeführt. Dessau sollte dann in Zusammenarbeit mit Brecht die autorisierte Bühnenmusik schreiben.

Früh komponierte seine Bühnenmusik für eine kleine Besetzung: zwei Klaviere, Trompete, Schlagzeug, Triangel, Xylophon und Glockenspiel. In der Partitur sind folgende Musiknummern aufgeführt: „Das Lied vom Rauch," „Lied des Wasserverkäufers im Regen," „Von der Wehrlosigkeit der Götter und Guten," „Das Lied vom St. Nimmerleinstag," „Das Lied vom achten Elephanten" und eine „Göttermusik" (wahrscheinlich ist damit das „Terzett der entschwindenden Götter" gemeint). Neben diesen Liedern enthält die Bühnenmusik noch ein „Vorspiel," drei „Zwischenspiele" sowie ein „Melodram" für eine noch nicht identifizierte Stelle im Stück.[43] Frühs Musik wurde nicht nur am Schauspielhaus Zürich, sondern auch für die Basler Nachinszenierung 1944 benutzt. Der Kritiker „C. S." schrieb über die Musik anlässlich der Uraufführung, dass

Huldreich Georg Früh am Klavier[42]

für die Komposition der Songs und Zwischenaktmusik sich Huldreich Georg Früh anscheinend die 1929 [sic!] uraufgeführte ‚Dreigroschenoper'-Musik von Kurt Weill zum Vorbild genommen [hat]. Seine mit einem kleinen Orchester erzielten Klangkombinationen wirkten oft apart; das rhythmische Element überwiegt jedoch in seiner Partitur durchwegs das melodische.[44]

Für uns stellt sich die Frage, ob Burkhards und Frühs Bühnenmusiken zu den beiden wichtigsten europäischen Brecht-Inszenierungen im Zweiten Weltkrieg heute noch von praktischem Interesse sind. Bekanntlich ist Theaterkunst eine transitorische Kunstform, also eine in der Zeit vergängliche. Und somit ist darüber nachzudenken, ob beide Bühnenmusiken innerhalb heutiger Inszenierungen eine Rolle spielen können. Dies bedingt auch, über den Sinn der vertraglichen Bindung bestimmter Bühnenmusiken an Brecht-Stücke zu diskutieren, beispielsweise im Hinblick auf die Kompositionen Dessaus. Für die vertragliche Bindung spräche, dass Brecht und Dessau in engster Zusammenarbeit ein abgestimmtes, aufeinander Bezug nehmendes Theaterstück mit Musik geschaffen haben. Doch wirken nicht auch auf das Produkt dieser präzisen Teamarbeit die Komponenten Ort und Zeit zerstörerisch ein? Oder anders formuliert: was passiert mit Dessaus Musik, wenn sie heute an ganz andere Orte versetzt wird, zum Beispiel in eine japanische *Sezuan*-Inszenierung? Würde sie dem Inszenierungskonzept standhalten, oder könnte es geschehen, dass sie als unbrauchbar verworfen und durch Musik eines japanischen Komponisten ersetzt werden würde, also ein ähnliches Schicksal hätte wie zuvor die Kompositionen Burkhards und Frühs gegenüber der sie verdrängenden Musik Dessaus? Brecht hatte bekanntlich viel für die Internationalisierung der Musik zu seinen Texten übrig gehabt. Diese Fragen werden uns – über den Anlass historischer Entdeckungen hinaus – immer wieder aufs Neue fordern.

Anmerkungen

1   Foto: René Haury (Stadtarchiv Zürich). Siehe: Werner Wüthrich: Bertolt Brecht und die Schweiz. Zürich, Chronos Verlag 2003, S. 57.

2   Im Unterschied zur Uraufführung am 19. April 1941 in Zürich mit der Ankündigung „Musik: Paul Burkhard" wurden bei den Nachaufführungen (1943 in Basel und 1944 in Bern) als Komponisten der Bühnenmusik „Paul Burkhard und Hanns Eisler" genannt.

3   Schweizerische Theatersammlung, Bern.

4   An dieser Stelle möchte ich dem renommierten Schweizer Brecht-Forscher Werner Wüthrich aus Bern für seine substantiellen Hinweise und seine freundschaftliche Unterstützung sehr danken.

5   Joachim Lucchesi, Ronald K. Shull, *Musik bei Brecht* (Frankfurt am Main: Suhrkamp Verlag, 1988), S. 78f.

6   Hanns Eisler, *Gespräche mit Hans Bunge. Fragen Sie mehr über Brecht*, übertragen und erläutert von Hans Bunge (Leipzig: Deutscher Verlag für Musik, 1975).

7   Simon Parmet, „Die ursprüngliche Musik zu ‚Mutter Courage.' Meine Zusammenarbeit mit Brecht." In: *Schweizerische Musikzeitung*. Zürich 97 (1957) 12, S. 466.

8   Ebd., S. 465, 467.

9   Das Notenbeispiel ist entnommen aus: Albrecht Dümling, *Laßt euch nicht verführen* (München: Kindler, 1985), S. 554.

10   Vgl. Joachim Lucchesi, Ronald K. Shull, *Musik bei Brecht* (Frankfurt am Main: Suhrkamp Verlag 1988), S. 64, Anmerkung 16.

11   Bertolt Brecht, Werke. *Große kommentierte Berliner und Frankfurter Ausgabe*, Bd. 29., Werner Hecht, Jan Knopf, Werner Mittenzwei, Klaus-Detlef Müller, Hrsg. (Frankfurt am Main: Suhrkamp Verlag, 1998), S. 406 (im Folgenden mit BFA, Bandnummer und Seitenzahl bezeichnet).

12   Fritz Hennenberg, Hrsg., *Das große Brecht-Liederbuch*, Bd. 3 (Frankfurt am Main: Suhrkamp Verlag, 1984), S. 419.

13   „Leopold Lindtberg im Gespräch mit Dorothea Baumann," in Dorothea Baumann, Hrsg., *Musiktheater Zum Schaffen von Schweizer Komponistendes 20. Jahrhunderts. Schweizer Theaterjahrbuch*, Nr. 45 (Bonstetten: Theaterkulturverlag, 1983), S. 240.

14   Vgl. Joachim Lucchesi, Ronald K. Shull, *Musik bei Brecht.*, S. 79, Anmerkung 197.

15   Vgl. dazu das Kapitel 4 „Vom Exil- zum Weltdramatiker in der Kurt-Reiss-Verlag AG Basel," in Werner Wüthrich und Stefan Hufeld, *Bertolt Brecht und die Schweiz* (Zürich: Chronos Verlag, 2003), S. 291-314 und Anmerkung Nr. 23.

16   Das Foto ist entnommen aus: Philipp Flury, Peter Kaufmann, *O mein Papa...Paul Burkhard. Leben und Werk* (Zürich: Orell Füssli Verlag, 1979), S. 46f.

17   „Leopold Lindtberg im Gespräch mit Dorothea Baumann," a.a.O., S. 240. Die Uraufführung vom 19. April 1941 wurde in der Spielzeit 1940/41 zehn Mal gespielt. Die Wiederaufnahme der Lindtberg-Uraufführung von 1941 in der Spielzeit 1945/46 am Schauspielhaus Zürich (Premiere am 29. November 1945) wurde insgesamt siebenundzwanzigmal gegeben; sie war (auch wegen des Wiener Gastspiels) in Zürich bis zum März 1946 im Spielplan (die letzten Aufführungen in Zürich fanden am 3. und 20. März 1946 statt).

18   BFA 29, S.197.

19   Ebd.

20   Manfred Grabs, *Hanns Eisler. Kompositionen – Schriften – Literatur. Ein Handbuch* (Leipzig: Deutscher Verlag für Musik, 1984), S. 123f.

21   Brief Leopold Lindtbergs an Joachim Lucchesi, 1.6.1981.

22   Das auszugsweise Zitieren der unveröffentlichten Notiz- und Tagebücher Paul Burkhards erfolgt mit freundlicher Genehmigung von Frau Ursula Schellenberg, Rikon/Schweiz. An dieser Stelle sei ihr dafür sehr gedankt.

23   Im Zürcher Schauspielhaus fand 1941 alle acht Tage eine Premiere statt; somit konnte ein unbekanntes neues Stück, das es auf zehn Aufführungen brachte, schon als ein außerordentlicher Publikumserfolg gewertet werden.

24   Burkhard musste am Schauspielhaus generell ein hohes Arbeitstempo einhalten; hier spielte allerdings auch das zusätzlichen Zeitdruck produzierende Hin und Her mit der Zensurstelle wegen der Brecht-Uraufführung eine Rolle.

25   Die Abschrift oder Reinschrift des hier auszugsweise abgebildeten „Lieds der Mutter Courage" sowie der übrigen Teile des Klavierauszugs ist sehr wahrscheinlich von Lisa Burkhard, der Schwester des Komponisten angefertigt worden. Diese undatierte Abschrift ist unter der Signatur Mus NL 147: Aac 12: 1 in der Zentralbibliothek Zürich/Musikabteilung aufbewahrt. Der Verbleib von Burkhards autographer und für die Inszenierung benutzter Bühnenmusik ist dagegen derzeit noch fraglich. An dieser Stelle sei Frau Eva Hanke von der Zentralbibliothek Zürich für ihre wertvollen Hinweise sehr gedankt.

26   Unveröffentlichter Brief Burkhards, Zentralbibliothek Zürich/Musikabteilung.

27   Ebd.

28   Zitiert nach Fritz Hennenberg, „Dichter, Komponist – und einige Schwierigkeiten. Paul Burkhards Songs zu Brechts ‚Mutter Courage,' *Neue Zürcher Zeitung*, Nr. 57, (9./10.3.2002).

29   Unveröffentlichter Brief von Kurt Reiss, Zentralbibliothek Zürich/Musikabteilung.

30   Daniela Reinhold, Hrsg., *Paul Dessau. 1894-1979. Dokumente zu Leben und Werk* (Berlin: Henschel Verlag, 1995), S. 223.

31   Unveröffentlichter Brief Burkhards. Zentralbibliothek Zürich/Musikabteilung.

32   Chanson aus Burkhards musikalischem Lustspiel „Der schwarze Hecht" (1938), das weltweite Verbreitung fand.

33 „Leopold Lindtberg im Gespräch mit Dorothea Baumann," a.a.O., S. 241f.

34 Der Pianist und Komponist Rolf Langnese (1904-1968) war seit 1944 musikalischer Leiter des Schauspielhauses Zürich und arbeitete unter anderem mit Paul Burkhard und dem Kabarett „Cornichon" zusammen. Er komponierte zahlreiche Werke, darunter die Bühnenmusik zu *Faust* für die Salzburger Festspiele 1961/63.

35 Das Foto ist entnommen aus: Philipp Flury, Peter Kaufmann, *O mein Papa...*, S. 58.

36 Werner Hecht, *Brecht Chronik. 1898-1956* (Frankfurt am Main: Suhrkamp Verlag, 1997). – Werner Hecht, *Brecht Chronik. 1898-1956. Ergänzungen* (Frankfurt am Main: Suhrkamp Verlag, 2007). Vgl. dazu auch Werner Wüthrich, *1948 – Brechts Zürcher Schicksalsjahr* (Zürich: Chronos Verlag, 2006), S. 131f.

37 Unveröffentlichter Brief Burkhards. Zentralbibliothek Zürich/Musikabteilung.

38 Vgl. dazu den Schauspieler und Regisseur Ettore Cella, der dies im Gespräch mit Werner Wüthrich am 26. März 2001 in Brütten bei Winterthur überlieferte. Gesprächsaufzeichnung in: „Sammlung Werner Wüthrich, Bern".

39 Vgl. Joachim Lucchesi, Ronald K. Shull, *Musik bei Brecht* (Frankfurt am Main: Suhrkamp Verlag, 1988), S. 744.

40 Foto aus der „Sammlung Werner Wüthrich, Bern."

41 BFA 27, S.150 und S. 183.

42 Foto aus der „Sammlung Werner Wüthrich, Bern."

43 Unter der Grundsignatur „Nachl. H.G. Früh" befindet sich in der Zentralbibliothek Zürich/Musikabteilung folgendes Material: Der gute Mensch von Sezuan. Klavierstimme: Vorspiel I, Zwischenspiele I, II, III, Choral der Götter. Tinte, 4 unpaginierte Seiten. Klavierstimme: Das Lied vom Rauch. Tinte. Klavierstimme: Melodram. Tinte. 2ème piano: Vorspiel, Zwischenspiele I, II, III, Choral der Götter, Melodram. 6 S. teilweise paginiert. Trompete in B, 4 Seiten. S. 2 und 3 paginiert. Porträtzeichnung auf S. 4. Schlagzeug: 2 Blätter, Tinte. 2 einzelne Blätter, Bleistift. 1 Einzelblatt, Tinte: Das Lied vom St. Nimmerleinstag, mit Ausstreichungen. 3 Blätter mit Notizen für die Aufführung. Aus dem Material geht nicht hervor, ob dies Autographe des Komponisten sind.

44 In: *National-Zeitung* Nr. 63, Basel, 8.2.1943.

Brechtian Comic Overtones Alive in Today's German Cinema: A Conversation with Michael Verhoeven about Brecht and Cinema, Tabori and Brecht, and Great Humorists as Models

Hans-Bernhard Moeller

With his fourth feature film, *O.K.* (1970), Berlin-born, Munich-rooted filmmaker Michael Verhoeven acquired the image of a critically political filmmaker despite being the son of Paul Verhoeven, an establishment theater and film actor/director (not related to the Dutch blockbuster movie director), and despite having earned an M.D. degree the year before. Verhoeven's parable on the Vietnam War set in Bavaria caused such a controversy at the 1970 Berlin Film Festival that the official event came to a sudden end without judging and awards. The film nonetheless was successful in garnering Verhoeven a 1971 West German national film award. Over the years, Verhoeven has made considerable commercial and TV fare but films such as *The White Rose* (1982), *My Mother's Courage* (1996), and documentaries, particularly his recent *Human Error* (*Menschliches Versagen*, 2008) and *The Unknown Soldier* (2006) about the role of the German *Wehrmacht* at the Eastern Front, have demonstrated his sustained commitment to keeping alive the discourse on, and memory of, Third Reich history. He has shared this self-assigned critical task with other filmmakers of the New German Cinema, beginning during its late 1960s first wave, the "Young German Cinema." Like others among these independent directors, Verhoeven was searching for a stylistic and political model promising cultural change.

Verhoeven has often found such a model in Bertolt Brecht's aesthetics, as have other artists in post-WW II Germany, both West and East, both female and male. When West German commercial cinema was nearing its deathbed during the late 1960s, these filmmakers tried to create a screen language of their own by reinventing German cinema with the help of Brecht. In this enterprise, Verhoeven found himself in the company of Munich-based filmmakers like Volker Schlöndorff, Alexander Kluge, and Rainer Werner Fassbinder.[1] In Berlin, a separate but related group, attempting to revitalize the Weimar genre of the *Arbeiterfilm*, followed equally Brechtian trajectories (Christian Ziewer, Max Willutzki, the team of Marianne Lüdcke and Ingo Kratisch). In Ziewer's *Dear Mother, I'm O.K. (1971)* and *Snow Drops Bloom in September* (1974), for instance, one encounters the typical Brechtian "Prologue" preview, a chorus-like dialogue, intertitles, and songs, in short, useful films with "Gebrauchswert."[2] Not far behind was the emerging German Women's Film with directors ranging from Helke Sander and Helga

Politische Traulichkeiten/Political Intimacies
Friedemann Weidauer et al., eds., *The Brecht Yearbook / Das Brecht-Jahrbuch*
Volume 34 (Storrs, CT: The International Brecht Society, 2009)

Filmmaker Michael Verhoeven (Foto: Sentana Filmproduktion München©).

Sanders-Brahms to Cristina Perincioli and—despite her later radical screen critique of Brecht—Jutta Brückner.[3]

On a positivist biographical level, we can occasionally trace Brecht's influence on these filmmakers through direct links to former Brecht collaborators and colleagues. In Christian Ziewer's case, the channel was Egon Monk, and in Verhoeven's, as we shall see in the following interview, it was both his father and his own theatrical practice. Unquestionably, Brecht was an important culture-wide inspiration, not restricted to the stage. Politically, the majority of directors sympathized with the student protest movement and the New Left (Brechtian films, however, spanned the political spectrum from the proletarian variants on the left to Hans-Juergen Syberberg on the right).[4] This may partly explain the resonance the New German Cinema, especially the Brechtian film, with its examination of relationships and conflicts in the social world, found among cineastes even in the United States.

On a formal level, Brecht's influence has made itself felt through a number of devices that, if cumulatively and systematically employed in the right context, result in "Brechtian" films. Of course not all of these films are stylistically monolithic; the individual director in his own creativity can integrate the Brechtian elements into different genres and combine them according to his/her different intentions. While exploring a selection of these devices here, we will simultaneously refer to films by directors mentioned above that apply the same approaches.

a. First, because most distinctive, is the use of a narrator, predominantly in the form of a voice-over reminiscent of the story teller in Brecht's stage plays. This approach characterizes, for example, Schlöndorff's *The Sudden Wealth of the Poor People of Kombach*, most of Alexander Kluge's films such as *The Patriot*, Fassbinder's *Fontane, Effie Briest* and *Berlin Alexanderplatz*, as well as Ziewer's *Dear Mother* and *Snow Drops Bloom in September*, Perincioli's *The Power of Men Is the Patience of Women*, Helke Sander's *Redupers,* and Helma Sanders-Brahms's *Germany Pale Mother.*

b. Next is the characteristic of historification — story elements located in the past serve as analogues or are associated to contemporary events. For instance Fassbinder's *Fontane Effi Briest* and Schlöndorff's "Antigone" episode from *Germany in Autumn*.

c. Then there is the insertion of title cards or oral and visual time designations to break the narrative continuity as in Ziewer's *Dear Mother*, Reitz's *Heimat,* and *Germany in Autumn*.

d. Further, songs and music that are employed contra-punctually to the images rather than underlining and supporting a mood as in Ziewer's *Snowdrops* as well as Schlöndorff's *The Sudden Wealth* and *Germany in Autumn*.

e. Repetition/variations of scenes that serve to stimulate audience reflection are also found as in Schlöndorff's *The Sudden Wealth* and Fassbinder's *The Merchant of Four Seasons*.

f. Quoting, indirectly alluding to or remaking existing literary or cinematic works in a new context defamiliarizes the original play, novel, or film. Schlöndorff's "Antigone," Fassbinder's *Ali - Fear Eats the Soul* and *Fontane Effi Briest*, as well as Sanders-Brahms's *Germany Pale Mother* illustrate this method.

g. Finally, using the technique of film or TV within film reminds the audience of the constructed media character of the movie that they are viewing. For example, *Germany in Autumn* and Schlöndorff's *The Lost Honor of Katharina Blum*.

The Brechtian scholar easily recognizes parallels between the Brechtian approach on the stage and the approach taken by filmmakers on the screen. Brechtian aesthetics in films have, however, produced uniquely film-specific techniques as well. Most characteristic of these are the non-synchronous image/sound cuts (*Bild/Tonscheren*) and gaze devices. In the former, the visual action continues while the sound track advances to the next sequence or vice-versa (Fassbinder, *Fontane Effi Briest*). In the latter, the specific gaze of characters on screen often positions them in such a way that they substitute for the film viewers, leading the spectators to recognize that they themselves are involved in a voyeuristic activity (Fassbinder, *Ali* and *The Bitter Tears of Petra von Kant* and Schlöndorff, *The Lost Honor of Katharina Blum*). Whether film-specific or across the board Brechtian, all of the devices effect a Brechtian "separation of elements."

What distinguishes Verhoeven's films from the majority of German Brechtian film productions are the comic overtones in his work. One of the primary missions that the New German Cinema pursued was intervening in the West German political and cinematic culture that it perceived as a continuation of the Third Reich. The serious task of breaking with the Nazi past resulted in the predominantly grave temperament of New German Cinema films. Set against this intensity, the public perceived German comedies as political oxymorons. Verhoeven's foremost response to this assumption is embodied in his Oscar-nominated *The Nasty Girl* (1990), which, among its many facets, reacts with comic overtones to the 1980s and 1990s comedy-oriented movies made by the younger generation of filmmakers.

In the following interview, Verhoeven not only links himself to Brecht via actual biographical connections of his father to the playwright and the son's own stage activities as actor and director; but he also places himself directly in the Central European Brechtian satiric-comic tradition when he defines Brecht's humor as demonstrating "the ridiculousness of false ideals." Specifically, in *The Nasty Girl*, Verhoeven comically depicts the institutions of the church and the family, as well as the genre of the *Heimatfilm*. Referring directly to *The Nasty Girl*, he states: "With some stories this dialectic method is still very effective." Verhoeven also addresses the sources, particularly the Brechtian sources, of his films' humor. In conclusion, he sketches plans for an additional production in this vein.

My interview with the filmmaker took place on Sept. 13, 2007, at the University of Texas at Austin, on the occasion of the Texas premiere of Verhoeven's documentary *The Unknown Soldier*. It was conducted in English.

Hans-Bernhard Moeller: Over the years, you and I have corresponded about how important Bertolt Brecht was in relation to your own aesthetic choices as an artist. Was *O.K.* the very first screen work in which you employed Brechtian aesthetics?

Michael Verhoeven: There was one film before that, a year earlier, in 1969. It was a short, called *Tische* [Tables]. It's been called a documentary, but it really wasn't a documentary. It was a farce, a satire. In 1968/1969, the Vietnam peace talks were being held in Paris. During those negotiations, it wasn't the war, nor the killing, nor the dying that were center stage. It was the configuration of the tables that mattered: what shape should the tables have and where were the delegates of the two parties to be seated? The where and how dominated the talks. This dragged on for months, and I made a film about it. I came up with some sketches of what the negotiation table could look like. So, of course, I used footage and I used tables. The last of these was to be a "tabula," where the deceased is laid out like in a pathology lab. This was a Brechtian method, of course. But then came *OK*. *OK* was my first real use of a methodical Brechtian way to put a story on film. It incorporated all the typical Brechtian things: the actors change their clothing on screen from street dress into what identifies the roles they play, things like that. I've also directed Brecht on stage.

H-B M: That was going to be my next question. If I remember correctly, you staged a Brecht play during the mid-70s for the Munich Kammerspiele theater, right? Which play was it? Did the directing of a Brecht play have an impact on your further use of Brechtian elements in your films?

M V: Not really. Not really, because I had attempted it before the experience in Munich at the Kammerspiele. By the way, the main role in the Kammerspiele staging was played by Brecht's daughter, Hanne Hiob, she played the lead part. And whenever I said to her: "Look, but Brecht said . . ." [laughs]. Then she always replied: "Oh come on, don't tell me that old Brecht stuff. Forget about Brecht" [laughs]. But Brecht was her father and that's the way it was . . . I think it was one of the very few Aristotelian Brecht plays, *Die Gewehre der Frau Carrar*.[5]

H-B M: The play about the Spanish Civil War?

M V: Yes, it was actually directed against Franco. When I staged it in 1975, Franco was still alive. So, actually, we actors and the team had the feeling, we were doing something anti-Franco and something for the prisoners of his regime. We collected money after every performance. We kept on doing this; then we sent the money to Amnesty International and, hopefully, they got it to Franco's prisoners. I think Franco died in December, so he died after we had finished our play in Munich.

H-B M: Did you Brechtianize *Die Gewehre der Frau Carrar*?

M V: Ah, that's a really good question! [laughs]. A tricky question! Yes, in a way I did do that, and this was essentially the source of the conflict with my main actress— because she hated that, she hated Brecht's methods [laughs]. It got under her skin; she had heard too much about that, so . . . But as for me, I liked doing it very much, and it worked well, because I think you can use this method effectively. Brecht's theory is so interesting, because he says—and I will give it to you in German: "Die Verfremdung zeigt die Welt so fremd wie sie wirklich ist."[6] I think most of the Brecht plays deal with strange subject matter, things that we would call odd. That's why we value them as comedy or tragedy.

H-B M: You mention the comic element in Brecht. My absolute favorite among your Brechtian films is the wonderful *Nasty Girl* of 1990, in part because, like Brecht, you blend serious politics with such accomplished humor. Humor is often missing in the numerous Brechtian screen works by the New German Cinema, which took American, and other cineasts, so by surprise. You are one of the very few who possesses and has realized that sense of humor. Most of the many Brechtian films produced by the New German Cinema are extremely serious. What inspired you to take a humorous approach? And would this be the missing element that would validate post-Brechtian contemporary movies despite some decline of Brecht's appeal since around 1980?

M V: Yes, what inspired me? Brecht, I would say, Brecht inspired me. My father knew him, my father told me about encounters with him, and his humor was always apparent on at least two levels. Brecht's dialectic trick, as you know, is that he consciously exaggerates when he represents how the world affects us, i.e., how events affect societal relationships negatively. At the same time, he represents the world as it ought to be, in other words, he challenges society.[7] If I go to the movies or the theater, I want to be entertained. So why shouldn't I give moviegoers the same thing that I like for myself? As you know, many of today's theater critics and young intellectuals think that Brecht is finally dead! But I think he is very much alive!

H-B M: I wonder whether this mixing of the comic and the serious wouldn't actually be the very way to continue making Brechtian films, even now that Brecht isn't "in" as he used to be?

M V: Yes, have you seen *My Mother's Courage*? I also tried to meld the comic with the serious there. Tabori himself described Brecht as his true teacher, saying that he had changed his life. Tabori directed some of Brecht's plays in Los Angeles and also in New York, where they didn't meet with much success.[8] Unfortunately, Tabori didn't escape the McCarthy witch-hunts either. First they questioned Brecht and later Tabori was blacklisted. I am sure you know about the McCarthy file on Brecht. And in a sense that itself was a joke [chuckles].

Filmmaker Verhoeven and dramatist Tabori during studio shoots for the film *Mother's Courage* (Foto: Sentana Filmproduktion München©).

H-B M: Brecht really was quite *listig* [sly].

M V: *Listig*, yes, that he was, and he used guile skillfully to dodge the bullets.

H-B M: In the feature films you're best known for, the heroes are women. How does this choice relate to Brecht who likewise, for his stage plays, favored female leads, as in *Mother Courage, The Caucasian Chalk Circle,* and *The Good Woman of Sezuan?*

M V: Yes, but I didn't do that on purpose. It wasn't a decision, it just happened. I don't know why. Perhaps I find women more interesting than men.

H-B M: Well, Fassbinder said, referring to Brecht, that he thought women are much more interesting than men as figures through which to represent history. Could that be a factor for you, too?

M V: In my eyes, women have always stood by their families; women remained in the house during the war; they stayed in the country, whereas men went out to fight, to die on the battlefields, and . . . This might change because today's generation does not honor that distinction anymore. Think of Israel, where now almost as many soldiers are female as are male. OK, but this is not my concept of a woman, I really don't see a woman as a soldier . . .

H-B M: I am eager to follow up with one more question concerning Brecht. Jean-Luc Godard impressed other German directors, who are Brechtian in their approach to film; filmmakers like Kluge, the early Schlöndorff, and Fassbinder. In your case, did Godard also influence you or was the model much more Brecht's theater directly, maybe through your father or perhaps through pilgrimages to the Berliner Ensemble?

M V: Yes, I would have to say yes, the latter. I saw Godard's films, I think one of his best films is *Eine Frau ist eine Frau [Une femme est une femme]*. This is the most Brechtian film he ever made. But I think there may be more intellectually oriented Brechtian films that he made later. Before I ever saw contemporary films as a young man, I saw a lot of theater, because I grew up in a theater family. And I knew Brecht not from film adaptations but from the theater itself. So, I have to be honest and say it's Brecht's genius in the theater—in all aspects of theater— which influenced me. I think that for me, Brecht was a key to understanding the world. Yes, I'd have to say that.

H-B M: Right now you are obviously eager to find time to continue writing the new script you are working on. Can you tell us something about this project? Are there any Brechtian connections?

M V: It's about Tabori. *Premature Demise*. The German title was "Frühzeitiges Ableben" and now the publishing house has changed it into "Vorzeitiges Ableben," which is the better title. During the last two years prior to his death Tabori and I met several times and decided on a particular tack, namely that the elderly have to be physically removed from the scene, sort of like dying — without having actually to die. What we came up with is that they are shunted aside. They have to leave the country of the living, never to be allowed the right of return because there no longer is enough money to sustain them. There just aren't enough young people to pick up the cost of feeding them.

H-B M: Did you have the GDR in mind?

M V: No . . .

H-B M: Because that was the practice there, remember the travel permits granted exclusively to seniors . . .

M V: Yes, of course, GDR citizens were not allowed to travel to the West until they were 65. OK, in my Tabori film they have to leave, the question of permission doesn't enter into it, they simply have to. Tabori had the wonderful idea of creating a non-existent country, but one with contemporary associations. He calls this country "Felix Austria," where he puts all the old people. They get their spas, tennis, and massages, in short, all the things that contribute to the good life — as long as they can afford it using their own money. The plan is that they don't get any retirement funds from the state, or only small amounts. The young generation simply wants to get rid of them, so they ask themselves, why pay them pensions and send the money to Felix Austria? They just want to send the old people to Felix Austria. There is a lot of suspense in the film, because not everybody agrees with this proposal. There are young people who say no, no, no, this is my grandfather [laughs] or a few older people who say, no, no, it's my mother, so she has to stay with me, things like that. It's also drama, but the way Tabori presents it, it's very funny, it's Taborian humor, and that relates to alienation.

H-B M: So, your encounter with Tabori has been very meaningful for you. When did you get to know him and how long did your relationship last?

M V: In 1994, when he was 80. And he died at 93, just a few weeks ago.[9] You have to envision him in the Berliner Ensemble, in Berlin, at Number 1 Brecht Platz. Right after the war, this was, of course, the Brecht Theater. Before the war, it was my father's theater.

H-B M: Do you mean the Schiffbauerdamm?

M V: Yes, my father was the artistic director [Intendant], but at a very bad time.

H-B M: I presume in 1944?

M V: Yes, then everything came to a standstill, I guess. The same way it ceased operations again in the 90s. In that last season of the Brecht Ensemble, they performed five plays all of which Tabori staged, one was Beckett's *Waiting for Godot* and four were his own dramas. Imagine, five in one season.

H-B M: Then, for all intents and purposes, it was almost a Tabori Ensemble rather than the Brecht Ensemble?

M V: Yes, he directed all five plays and he was already in his 90s, and they all were sold out, every evening . . .

H-B M: Fantastic, what more could you ask for?

M V: Yes, exactly, it was a playwright's dream! I consider Tabori to be the most important author I ever met. Granted, I haven't met that many, but I was lucky that we established such a close relationship. As a youngster, I was very much impressed and also very much influenced by Erich Kästner. I must say, he was quite different, but he was also a man with a great sense of humor.

H-B M: Laconic.

M V: A lively sense of humor, and obviously, I am still affected by it.

H-B M: Did you meet Kästner in person, as well?

M V: Kästner? Yes, Kästner was a friend of my father's, first of all. But for me, what was more important happened when I was around 12 because it was then that I played a part in *Pünktchen und Anton* in Munich. I played the role of Anton, so I actually met the author Kästner there. From time to time he attended the rehearsals. Yes, "laconic" describes it well, it's the essence of his humor, I guess.

H-B M: In the context of your attraction to humor in general, do you feel that the Brechtian type of alienated humor which you and Tabori use is the most effective?

M V: Brechtian humor represents the ridiculousness of false ideals. That provokes laughter but it also causes us to contemplate why ideals can be false. Brecht is, of course, a moralist (like Tabori) and, hence certainly old fashioned in the best sense. With some stories (for instance *The Nasty Girl*) this dialectic method is still very effective.

H-B M: Thank you very much for a most instructive and delightful interview.

Endnotes

1   Compare H-B. Moeller and George Lellis, *Volker Schlöndorff's Cinema: Adaptation, Politics and the "Movie-Appropriate"* (Carbondale: Southern Illinois University Press, 2002), pp.66-73.

2   Compare Richard Collins and Vincent Porter's description of "an espousal of the form of the epic and the aesthetic of alienation," *WDR and the Arbeiterfilm*,(London:bfi, 1981) p. 83. Ziewer himself stated that he intended "the dialectic of production and worker experience. . . We had to introduce the 'epic I,' which took up a position outside the events (commentaries, titles, self-portrayals), where connections were not made openly transparent in the human relationships, montage and editing produced new forms of narrative. . . Breaks should encourage the viewer to take up a position and by referring to his own experience, he should reach a greater understanding at these moments." Ziewer, "The Origins of the Film *Liebe Mutter*," cited in Collins and Porter, p. 155.

3   *Bertolt Brecht – Liebe, Revolution und andere gefährliche Sachen.* Script: Kaj Homberg and Jutta Brückner. Dir. Jutta Brückner , Cast: Peter Buchholz, Hanne Hiob, Jürgen Hentsch, Jutta Brückner. Producer: Kaj Holmberg, Top Story Filmproduction GmbH, 1998.

4   Compare Hans Jürgen Syberberg, *Syberbergs Filmbuch* (München: Nymphenburger Verlagshandlung, 1976), pp. 62-63.

5   *Señora Carrar's Rifles.*

6   "Distancing portrays the world as strange as it really is."

7   Der dialektische Trick von Brecht ist bekanntlich die bewusst übertriebene Darstellung der Welt, wie sie wirkt, also die negative Wirkung des Geschehens auf die gesellschaftlichen Verhältnisse. Und zugleich, wie die Welt sein sollte, also Brechts Forderung an die Gesellschaft.

8   Concerning Tabori's Brecht translations, see his own account in "George Tabori erzählt. Budapest – Hollywood – Berlin." In Jörg W. Gronius and Wend Kässens, eds., *Tabori* (Frankfurt/M.: Athenäum, 1989), pp.105-124, especially p. 120. Tabori was the author of the 1961 stage review *Brecht on Brecht*, which he also directed together with Gene Frankel.

9   George Tabori, the transnational playwright, theater director, translator, and script author, died July 23, 2007.

E.T.A. Hoffmann's wonderful *Verfremdungseffekt*

In „Der vollkommene Maschinist," number 6 of the „Kreisleriana," E.T.A. Hoffmann has Kreisler enumerate, in a seemingly satiric way, technical deficiencies in the theater performances of his day, pretending that these are positive developments, e.g. bringing in the wrong wings, unexpectedly falling curtains, or delayed sounds. A comparison with various texts in which Brecht describes the *Verfremdungseffekt* reveals surprising similarities. The most striking fact is that both texts speak of the necessity to break the theatrical illusion. In contrast, in those texts in which Hoffmann outlines his ideas about the theater – "Die seltsamen Leiden eines Theater-Direktors," "Über die Aufführung der Schauspiele des Calderon de la Barca auf dem Theater in Bamberg," and „Nachricht von den neuesten Schicksalen des Hundes Berganza" – he does not speak of breaking the illusion but rather of a „higher illusion," which is to be engendered in the spectators. At the same time he deplores the decline and misery of the theater of his time, in which no "higher illusion" can occur. This connection between the deficiencies and the breaking of the theatrical illusion described by Kreisler are not to be understood merely as satire, but paradoxically also as a means by which the "higher illusion" may be produced. An example of this happens as Kreisler adduces the "Pyramus and Thisbe" scene in *A Midsummer Night's Dream*. Here Hoffmann has, by more than a hundred years before Brecht, described a drama theory which may be called an early version of the *Verfremdungseffekt*.

In „Der vollkommene Maschinist," der „Nro 6" der „Kreisleriana" lässt E.T.A. Hoffmann in anscheinend satirischer Weise Kreisler technische Unzulänglichkeiten in der Aufführungspraxis des damaligen Theaters als positive Entwicklungen aufzählen, so z.B. eingeschobene falsche Kulissen, plötzlich herunterfallende Vorhänge oder zu spät erfolgte Geräusche. Ein Vergleich mit verschiedenen Texten, in denen Brecht den Verfremdungseffekt darstellt, bringt erstaunliche Übereinstimmungen zu Tage. Am verblüffendsten ist, dass in beiden Fällen vom notwendigen Zerstören der Theaterillusion die Rede ist. Im Gegensatz dazu geht es Hoffmann in anderen Texten zum Theater – „Die seltsamen Leiden eines Theater-Direktors," „Über die Aufführung der Schauspiele des Calderon de la Barca auf dem Theater in Bamberg," und „Nachricht von den neuesten Schicksalen des Hundes Berganza" – nicht um das Zerstören der Illusion, sondern um das Erzeugen einer „höheren Illusion" beim Publikum. Gleichzeitig bemängelt er jedoch den „Verfall" und die „Misere" des Theaters seiner Zeit, in der die „höhere Illusion" nicht herbeigeführt werde. In diesem Zusammenhang sind die von Kreisler dargestellten illusionszerstörenden Unzulänglichkeiten nicht nur satirisch zu verstehen, sondern paradoxerweise auch als Möglichkeit, gerade dadurch die „höhere Illusion" zu verwirklichen. Als Beispiel nennt Kreisler die „Pyramus und Thisbe"-Szene im *Sommernachtstraum*. Hoffmann hat damit mehr als hundert Jahre vor Brecht eine frühe Theorie der Verfremdung entwickelt.

E.T.A. Hoffmanns herrlicher Verfremdungseffekt*

Rudolf Schier

Lesern und Leserinnen des Brecht-Jahrbuchs ist selbstverständlich geläufig, dass der Begriff der Verfremdung das Herzstück von Brechts epischem Theater sowohl in der Theorie wie auch in der Praxis ist. Ebenso bekannt ist sicherlich auch, dass Brecht selbst einen bestimmten Verfremdungseffekt bereits in der chinesischen Schauspielkunst ausmacht.[1] Kritiker haben darüber hinaus darauf hingewiesen, dass es u.a. auch im mittelalterlichen, elisabethanischen und klassisch-spanischen Theater eine Praxis des Verfremdens gegeben hat. Und es braucht hier wohl nicht noch einmal ausgeführt zu werden, dass Brecht durch seine Bekanntschaft mit Sergej Tretjakov 1935 in Moskau die essentiellen Anregungen zur endgültigen Formulierung seiner Theorie erhalten hatte.[2]

Mit dem Hinweis auf diese vielfältigen und unterschiedlichen Vorläufer in Theorie und Praxis der Verfremdung soll keineswegs versucht werden, Brechts einzigartige Adaption und Verwendung dieser Theorie zu schmälern oder gar in Abrede zu stellen. Vielmehr soll daran erinnert werden, dass ähnliche Theorien und Erscheinungsformen an verschiedenen Stellen und zu verschiedenen Zeiten entstehen können, ohne dass es unbedingt immer einen direkten gegenseitigen Einfluss geben muss. Auf eine weitere solche Manifestation der Verfremdung, und zwar spezifisch auf eine durchaus so zu bezeichnende Theorie der Verfremdung, möchte ich mit dem vorliegenden Aufsatz aufmerksam machen. Dabei gibt es bedeutende Unterschiede zu den vorgenannten Beispielen. Denn in jenen handelt es sich einerseits -- mit Ausnahme von der Theorie Tretjakovs -- um Entwicklungen in der Theaterpraxis und nicht um theoretische Überlegungen; andererseits bezieht die Theorie des russischen Formalisten, so sehr es dabei auch Ähnlichkeiten zu Brechts Verfremdungseffekt geben mag, sich wiederum nicht auf das Theater, sondern in erster Linie auf Metaphorik, Poetik und Ästhetik. Im Gegensatz zu diesen Beispielen entwickelt der Text, der hier mit verschiedenen Stellen aus Brechts theoretischen Schriften verglichen werden soll, ausdrücklich eine Theorie der Theaterpraxis. Es handelt sich um E.T.A. Hoffmanns „Nro 6" der „Kreisleriana," die 1814 in seiner ersten Novellensammlung *Fantasiestücke in Callot's Manier* erschienen sind.[3]

Der Text trägt die Überschrift „Der vollkommene Maschinist," wobei mit Maschinisten die Bühnenbildner gemeint sind. Der vorgegebene Autor der „Kreisleriana" ist der exzentrische Kapellmeister Kreisler, der in dieser „Nro 6" schreibt, dass es sich um „die von mir erfundene herrliche Theorie" zum „Nutz und Frommen der Dekorateurs und der Maschinisten, so wie des ganzen Publikums" handelt (Hoffmann, Bd, 2/1, S. 73). Der Text beginnt mit

---

*Aufgrund eines technischen Problems fehlten in Band 33 die letzten vier Seiten dieses Beitrags, die Redaktion bittet um Verständnis.

einer Darstellung dessen, was wir, geschärften Sinnes durch Brechts Unterscheidung zwischen aristotelischer und nicht-aristotelischer Dramatik, eindeutig als Beschreibung der ersteren, zur damaligen Zeit vorherrschenden Form erkennen können. Brecht definiert die überlieferte Dramatik wie folgt: „Wir bezeichnen eine Dramatik als aristotelisch, wenn ...Einfühlung von ihr herbeigeführt wird, ganz gleichgültig, ob unter Benutzung der vom Aristoteles dafür angeführten Regeln oder ohne deren Benutzung." (BFA 22.1, S. 171)

Kreislers Sprache ist blumiger, aber dass es sich im Folgenden um das, was Brecht „Einfühlung" nennt, handelt, ist offensichtlich:

> Dekorationen und Maschinen müßten unmerklich in die Dichtung eingreifen, und durch den Total-Effekt müßte dann der Zuschauer wie auf unsichtbaren Fittichen, ganz aus dem Theater heraus in das fantastische Land der Poesie getragen werden. ...[G]anz vorzüglich käme es auch darauf an, alles, auch das geringste zu vermeiden, was dem beabsichtigten Total-Effekt entgegenliefe. (Hoffmann, Bd. 2/1, S. 73)

Brechts Charakterisierung des traditionellen, von ihm aber abgelehnten aristotelischen Theaters in den „Thesen über die Aufgabe der Einfühlung in den theatralischen Künsten" klingt geradezu wie eine Zusammenfassung des Anfangs dieses Zitats: „Auch der gesamte Aufbau der Bühne, ob naturalistisch oder andeutend vorgenommen, soll die möglichst restlose Einfühlung des Zuschauers in das dargestellte Medium erzwingen." (BFA 22.1, S. 175)

Noch eine weitere Parallele zu Brecht gibt es im obigen Zitat aus „Nro 6." Aus der Beschreibung Kreislers geht eindeutig hervor, dass mit dem zweimal genannten „Total-Effekt" fast genau das gemeint ist, was Brecht, in Anspielung auf Wagner, „Gesamtkunstwerk" nennt; und es ist exakt dieser Begriff, der auf die eigene Theaterarbeit keinesfalls zutreffen soll: „So seien all die Schwesterkünste der Schauspielkunst hier geladen, nicht um ein „Gesamtkunstwerk" herzustellen, in dem sie sich alle aufgeben und verlieren ..." (BFA 23, S. 96)

Es gibt drei Texte von E.T.A. Hoffmann, in denen sich seine wichtigsten theoretischen Gedanken zur Theaterpraxis finden. In diesen wird, wie in dem eben zitierten Abschnitt aus „Der vollkommene Maschinist," fast wortgleich beschrieben wie das Publikum, gleichsam durch die Einbildungskraft entrückt, in das fantastische Land der Poesie getragen wird. So heißt es zum Beispiel in den „Seltsamen Leiden eines Theater-Direktors":

> Worin besteht denn eigentlich die göttliche Kraft des Dramas, die uns so wie kein anderes Kunstwerk, unwiderstehlich ergreift, anders, als daß wir mit einem Zauberschlage der Alltäglichkeit entrückt die wunderbaren Ereignisse eines fantastischen Lebens vor unseren Augen geschehen sehen? (Hoffmann, Bd. 3, S. 463)

Im selben Text wird das, was Kreisler „Total-Effekt" nennt, wie folgt dargestellt:
> Alles muß der dramatischen Handlung untertan sein, und Dekoration, Kostüm, jedes Beiwerk dahin wirken, daß der Zuschauer ohne zu wissen, durch welche Mittel in die Stimmung versetzt, die dem Moment der Handlung günstig, ja in den Moment der Handlung selbst hineingerissen werde. (Hoffmann, Bd. 3, S. 478)

Zusammenfassend heißt es unter anderem in „Über die Aufführung der Schauspiele des Calderon de la Barca auf dem Theater in Bamberg" ganz ähnlich wie in dem oben zitierten Abschnitt über den Total-Effekt, dass „jede Störung der Illusion vermieden wird" zum „Zweck der theatralischen Erhebung und Täuschung bei dem Zuschauer" (Hoffmann, Bd. 1, S. 627). Und Hoffmann spricht in den „Seltsamen Leiden eines Theater-Direktors" in diesem Zusammenhang spezifisch immer wieder von der „höheren Illusion," die „in der Brust des Zuschauers" erzeugt werden soll (Hoffmann, Bd. 3, S. 479-80 und 485).[4]

Gleichzeitig mit der Verkündigung dieser Ideale zeigt es sich jedoch, dass die tatsächliche Theaterpraxis, die Hoffmann erleben musste, ganz anders aussah. So stellt es sich heraus, dass die erwähnte „göttliche Kraft des Dramas" eigentlich nur im Ausnahmefall, und im Besonderen im kleinen Theater in Bamberg, wo es gerade keine „prächtigen Dekorationen und Maschinerien" gab, zustande kam (Hoffmann, Bd. 1, S. 627). Und zwar stellte sich bei diesen Aufführungen, vor allem bei *Andacht zum Kreuz* von Calderon, das Hoffmann selbst inszeniert hat, die Einfühlung des Publikums offensichtlich in erster Linie durch die religiösen Gefühle, die erweckt wurden, ein.

Hoffmann spricht von einem „heiligen Schauspiel," bei dem die „theatralische Erhebung und Täuschung bei dem Zuschauer" auf den „in Bamberg herrschenden Katholizism" zurückzuführen sei, wobei er nicht verabsäumt zu erwähnen, dass Theaterbesucher „nicht vergaßen den Rosenkranz mitzunehmen" (Hoffmann, Bd. 1, S. 627-28). In den „Seltsamen Leiden eines Theater-Direktors" heißt es sogar, „Stücke wie die Andacht zum Kreuz ...können nur von katholischen Schauspielern vor einem katholischen Publikum wahr und wirkungsvoll dargestellt werden" (Hoffmann, Bd. 3, S. 488). Und auch im dritten Text Hoffmanns, in dem aufführungspraktische Gedanken entwickelt werden, in der „Nachricht von den neuesten Schicksalen des Hundes Berganza," ist es diese Bamberger Aufführung, die als Beispiel für die „ergötzlichen Wirkungen" des Theaters angeführt wird (Hoffmann, Bd. 2/1, S. 167).

Mit Ausnahme solcher Darbietungen, die aufgrund ihres religiösen Inhalts fast einem Gottesdienst gleichen, ist das Theater seiner Zeit für Hoffmann jedoch weit von seinem Ideal einer „höheren Illusion" entfernt. In der „Nachricht von den neuesten Schicksalen des Hundes Berganza" spricht Hoffmann vom „Verfall" des Theaters, das in einer „tiefen Erniedrigung ...versunken" und „von der Misere der Gemeinheit zu retten" sei (Hoffmann,

Bd. 2/1, S. 160 und S. 167). Und im selben Text stellt der Erzähler fast verzweifelt eine diesbezügliche Frage, auf die er umgehend eine abschlägige Antwort erhält: „Ich: Sollte denn zur Verbesserung unserer Bühne gar keine Hoffnung vorhanden sein? / Berganza: Wenig!" (Hoffmann, Bd. 2/1, S. 163)

In diesem Zusammenhang werden Kreislers weitere Ausführungen in „Der vollkommene Maschinist," die auf den ersten Blick ganz im Gegensatz zu Hoffmanns theoretischen Überlegungen zu stehen scheinen, entwickelt. Gleich am Anfang fällt auf, dass Kreisler – auf den ersten Blick anders als Hoffmann selbst – nicht viel vom Theater des „Total-Effekts" zu halten scheint. Noch bevor er im obigen Zitat das Ideal einer Theateraufführung, bei der die Zuschauer in die Handlung hineingerissen werden sollen, ausschmückend beschreibt, distanziert er sich davon:

So denke ich noch mit wahrer innerer Scham an die Achtung, ja die kindische Verehrung, die ich für den Dekorateur, so wie für den Maschinisten des . . . Theaters hegte. Beide gingen von dem törigten Grundsatz aus: Dekorationen und Maschinen müßten unmerklich in die Dichtung eingreifen... (Hoffmann, Bd. 2/1, S. 73)

Nachdem Kreisler dann den „törigten Grundsatz" des „Total-Effekts" dargestellt hat, kommt er zu seiner Kritik an der damaligen Theaterpraxis, welche bezeichnenderweise ihrerseits auffallend an Hoffmanns Missbilligung der Aufführungsdefizite in den zuvor genannten anderen drei Schriften erinnert: Das Theater sei „zum erbärmlichen Guckkasten herabgewürdigt," und Kreislers Abrechnung mit dem herkömmlichen Theater endet mit dem Aufruf: „Himmel! wie hatten doch diese guten Leute, trotz ihres Weisheitskrams eine so gänzlich falsche Tendenz!" (Hoffmann, Bd. 2/1, S. 74) Dass sowohl „Der vollkommene Maschinist" als auch die drei Texte, in denen Hoffmann seine theaterpraktischen Gedanken entwickelt, in dieselbe Richtung zielen, geht unter anderem daraus hervor, dass zum Beispiel in den „Seltsamen Leiden eines Theater-Direktors" der Guckkasten ebenfalls ähnlich negativ besetzt ist: „Wir bedürfen jetzt eben so sehr der Dekorationen als des Kostüms. Aber deshalb darf unsere Bühne doch nicht dem Guckkasten gleichen." (Hoffmann, Bd. 3, S. 277)

Schon allein die Tatsache, dass Hoffmann bereits damals die Bühne als Guckkasten bezeichnet hat, zeigt, dass er seiner Zeit um Jahrzehnte voraus war. Der Guckkasten selbst, eine Einrichtung zur Betrachtung von Bildern durch Linsen, wurde erst in der zweiten Hälfte des 18. Jahrhunderts entwickelt, und auch das Wort war, als Hoffmann die „Kreisleriana" schrieb, noch recht neu; das erste Mal ist es 1759 bei Lessing nachgewiesen. Hoffmann wiederum dürfte der Erste gewesen sein, der dieses Wort auf die Bühne übertragen und damit sowohl aus dem Munde Kreislers als auch in den „Seltsamen Leiden eines Theater-Direktors" seine schon beinahe als visionär zu bezeichnende Ablehnung der damaligen Gestaltung des Bühnenraums ausgedrückt hat.

Die Alternative, die Kreisler anbietet, ist nun verblüffenderweise nichts weniger als eine frühe Darstellung des Verfremdungseffekts. Bis dahin sei es die Absicht der Dichter und Musiker gewesen, den Zuschauer „mit Trugbildern zu umfangen" und ihn „vergessen zu lassen, daß er im Theater sei." (Hoffmann, Bd. 2/1, S. 75) Jetzt dagegen sollen Dekorateure und Maschinisten „durch zweckmäßige Anordnung der Dekorationen und Maschinerien ihn beständig an das Theater erinnern müssen." (Hoffmann, Bd. 2/1, S. 75) Auch Brecht macht diesen selben Punkt fast wörtlich immer wieder: „Für bestimmte Stücke ...empfiehlt es sich, die Bühne hell und gleichmäßig zu beleuchten. Das Publikum bleibt sich dadurch immer bewußt, daß es auf Theater schaut..." (BFA 23, S. 115)

Beispiele von Verfremdungseffekten wie die hier genannte und in Brecht-Aufführungen oft verwendete helle Bühne erwähnt Brecht regelmäßig. So schreibt er zum Beispiel in „Verfremdungseffekte in der chinesischen Schauspielkunst," dass der V-Effekt unter anderem auch „durch die Musik (Chöre, Songs) und die Dekoration (Zeigetafeln, Film usw.)" erzeugt wird (BFA 22.1, S. 207). Ebenso wie Brecht betont Kreisler, dass „die gewöhnlichsten Mittel ...herrlich zu dem beabsichtigten Zweck führen." (Hoffmann, Bd. 2/1, S. 75) Dann erwähnt auch er einige Vorgänge, die das Publikum verfremden sollen, etwa „eine eingeschobene fremde Kulisse." (Hoffmann, Bd. 2/1, S. 75) Oder: „Noch besser sind aber falsche Soffitten und oben herausguckende Mittelvorhänge, indem sie der ganzen Dekoration die sogenannte Wahrheit ...benehmen." (Hoffmann, Bd. 2/1, S. 76)

Wer denkt in diesem Zusammenhang nicht sofort an Brechts „halbhohe, leicht flatternde Gardine," die seit der Verwendung durch Caspar Neher bei der Uraufführung der *Dreigroschenoper* 1928 zu einem der charakteristischen Bestandteile einer Brecht-Aufführung wurde? (BFA 23, S. 176)

Allerdings muss in diesem Zusammenhang hinzugefügt werden, dass Hoffmann Kreisler noch ein gutes Stück weiter gehen lässt, als selbst Brecht es sich hätte vorstellen können. Der Mittelvorhang möge von den Maschinisten dann und wann auch mal „im Moment des höchsten Affekts" heruntergelassen werden, wenn auch die Schauspieler und Schauspielerinnen es nicht erwarteten und der fallende Vorhang somit auch „unter allen spielenden Personen Bestürzung verbreitet (Hoffmann, Bd. 2/1, S. 76)." Wir sind hier bereits sehr nah an einer Auffassung des heutigen experimentellen Theaters, das vielfach einem Happening gleicht. Es wird sogar in Kauf genommen, die Darsteller und Darstellerinnen in Gefahr zu bringen, wenn es nur dem Zweck dient, das Geschehen dem Publikum zu verfremden: „Dagegen ist es unrecht die Schauspieler hinter den Kulissen in Gefahr zu setzen, denn alle Wirkung fällt ja von selbst weg, wenn es nicht vor den Augen des Publikums geschieht."(Hoffmann, Bd. 2/1, S. 77)

Spätestens aus dieser Bemerkung geht allerdings hervor, dass die Ausführungen Kreislers auch ein gehöriges Maß an Satire beinhalten. Ich werde sogleich darauf zurückkommen.

Auch die Rolle, die Brecht dem Bühnenbauer zur Vermeidung des Zustandekommens eines Gesamtkunstwerks zuteilt, finden wir konzentriert bereits bei Kreisler vor. Brecht schreibt in „Über den Bühnenbau der nichtaristotelischen Dramatik": „ Der Bühnenbauer hält...in seiner Assoziation mit den anderen Künsten, durch eine *Trennung der Elemente* die Individualität seiner Kunst ebenso aufrecht, wie dies die anderen Künste tun (BFA 22.1, S. 228)." Bei Kreisler heißt es ganz ähnlich: „Ihnen, mein Herr Dekorateur! rate ich noch im Vorbeigehen, die Kulissen nicht als ein notwendiges Übel, sondern als Hauptsache, und jede so viel möglich als ein für sich bestehendes Ganze anzusehen ..."(Hoffmann, Bd. 2/1, S. 81) Kreisler fährt fort und kommt dabei zu dem wohl wichtigsten Ziel der Verfremdung, dem Brechen der Illusion:

> ...wenn denn nun die Fensterchen und Türchen der Häuser ins Proszenium so klein sind, daß man offenbar sieht, keine der auftretenden Personen, die beinahe bis in den zweiten Stock ragen, könne darin wohnen, sondern nur ein lilliputanisches Geschlecht in diese Türen eingehn und aus diesen Fenstern gucken, so wird durch dieses Aufheben der Illusion der große Zweck, der dem Dekorateur immer vorschweben muß, auf die leichteste und anmutigste Weise erreicht. (Hoffmann, Bd. 2/1, S. 81)

Brecht spricht einem anderen ausübenden Bühnenarbeiter die gleiche Aufgabe zu:

> Das offene Zeigen der Lampenapparatur hat Bedeutung, da es eines der Mittel sein kann, nichtgewünschte Illusion zu verhindern...Wenn wir das Spiel der Schauspieler so beleuchten, daß die Beleuchtungsanlage ins Blickfeld der Zuschauer fällt, zerstören wir einiges von seiner Illusion... (BFA 22.1, S. 239)

Darüber hinaus will Kreisler in ähnlicher Weise Elemente der Bühnengestaltung sichtbar gemacht wissen: „Der Wolkenwagen oder die Wolke muß daher in vier recht dicken schwarz angestrichenen Stricken hängen, und Ruckweise im langsamsten Tempo heraufgezogen oder herabgelassen werden."(Hoffmann, Bd. 2/1, S. 79)

Zu guter Letzt gibt es noch einen weiteren bekannten Verfremdungseffekt Brechts, der auch bereits von Kreisler vorweggenommen wird: „Titel, die Szenen vorangestellt werden, damit der Zuschauer vom ‚Was' zum ‚Wie' übergehen kann (BFA 22.1, S. 266)." Dies kann bewerkstelligt werden durch Tafeln, Projektionen, vorgetragene Texte oder direkte Anreden an das Publikum, durch die der Inhalt der kommenden Szene verraten wird, in der Absicht, wie es in den frühen „Anmerkungen zur Oper ‚Aufstieg und Fall der Stadt Mahagonny'" heißt, „Spannung auf den Gang" statt „Spannung auf den Ausgang" zu erzeugen (BFA 24, S. 79). Ähnliches schlägt auch Kreisler vor: „Fällt nämlich ein Schuß oder entsteht ein Donner, so heißt es auf dem

Theater gewöhnlich danach : Was hör' ich! – welch Geräusch – welch Getöse! – Nun muß der Maschinist allemal erst diese Worte abwarten und dann schießen und donnern lassen." (Hoffmann, Bd. 2/1, S. 78)

Alle diese Parallelen zwischen Brecht und Kreisler sind höchst überraschend und es scheint in der Tat fast so, als ob Hoffmann die Theorien Brechts vorausgesehen hätte. Allerdings ist es, wie angedeutet, auch möglich, den „Kreisleriana"-Text ganz anders zu lesen, und zwar lediglich als Satire, eine Satire auf die Unzulänglichkeiten der damaligen Inszenierungen.[5] Tatsache ist, dass die Bühnentechnik zu Hoffmanns Zeit noch wenig ausgereift war, und es ist durchaus vorstellbar, dass eingeschobene fremde Kulissen, plötzlich herunterfallende Mittelvorhänge, zu spät erfolgte Geräusche und zu kleine Bauten immer wieder unbeabsichtigt vorkamen. Schon die Bezeichnung seiner Theorie als „herrlich" könnte satirisch gemeint sein. Die von Kreisler als „törigt" bezeichnete Auffassung, dass Dekorateure und Maschinisten unmerklich in die Handlung eingreifen müssten, wäre dann in Wahrheit gerade jene, die Hoffmann nicht nur in den drei zuvor genannten Texten, sondern auch in „Der vollkommene Maschinist" vertreten möchte. Das ist eine Möglichkeit, die Hoffmanns Weitsicht einigermaßen vermindern würde, auch wenn die einzelnen Elemente seiner Satire trotzdem in einem erstaunlichen Maß mit der Theorie Brechts übereinstimmen würden.

Es gibt allerdings mehrere Hinweise, dass Hoffmann in seiner Satire auch eine durchaus ernste Absicht verbirgt und nicht nur die mangelhafte Bühnentechnik seiner Zeit anprangern möchte, sondern Kreislers Ausführungen zum Anlass nimmt, Gedanken zu entwickeln, die weit über die Satire hinausgehen. Und zwar: So lange das Theater dem Verfall anheim gefallen ist, die Bühnenpraxis so viel zu wünschen übrig lässt und in einer „tiefen Erniedrigung...versunken" ist (Hoffmann, Bd. 1, S. 625), können gerade diese Unzulänglichkeiten für die Aufführungspraxis zu Nutze gemacht werden, um auf diese Weise — gleichsam über einen Umweg — das gewünschte Ziel, nämlich die „höhere Illusion," zu erreichen.

Während Brecht durch den verfremdenden Bruch der Illusion im Publikum die Eliminierung der „Einfühlung" und einen kritischen Abstand zum Dargebotenen erreichen will, möchte Hoffmann, wie es scheint, durch einen ähnlichen Bruch der Illusion gerade das Gegenteil bewirken, nämlich „die göttliche Kraft des Dramas," die das Publikum „unwiderstehlich ergreift," herbeigeführt sehen (Hoffmann, Bd. 3, S. 463). Wir stehen vor einem verblüffenden Paradoxon: Wie kommt man von der Zerstörung der Illusion auf der Bühne zum Aufbau einer „höheren Illusion" in der „Brust des Zuschauers"?

Auf diese Frage gibt es weder in den erwähnten Texten, in denen Hoffmann seine Vorstellungen zum Theater entwickelt, noch in der „Nro 6" der „Kreisleriana" eine direkte Antwort. Allerdings präsentiert Kreisler etwas, das noch viel überzeugender ist, nämlich das Beispiel einer Theateraufführung, in der genau das geschieht – die Geburt einer „höheren Illusion" aus dem Bruch der Bühnenillusion:

> Sollte wider alles Vermuten Ihnen, meine Herren! das Prinzip, auf dem ich meine ganze Theorie des Dekorations- und Maschinenwesens baue, nicht eingehen, so muß ich Sie nur hiemit darauf aufmerksam machen, daß schon vor mir ein äußerst achtbarer würdiger Mann dieselbe in nuce vorgetragen. (Hoffmann, Bd. 2/1, S. 81)

Kreisler bezieht sich hier auf Shakespeares *Sommernachtstraum* und erwähnt in der Folge spezifisch den Prolog am Anfang der Vorstellung von „Pyramus und Thisbe." Und wenn der äußerst achtbare würdige Mann, den Kreisler zur Unterstützung seiner Theorie anführt, ausgerechnet der liebenswerte possierliche Handwerker Zettel ist, so passt dieser genau zum schnurrigen Kreisler selbst: In beiden Fällen kann die dargebotene neue Theatertheorie vorerst nur im Gewand einer Satire dargestellt werden.

Kreisler zitiert Zettels Rede zum Publikum, und zwar wörtlich jene Version, die dieser bei der Probe am Anfang des 3. Aktes spricht. In diesem Text erklärt Zettel, „daß die Schwerter keinen Schaden tun, daß Pyramus nicht wirklich tot gemacht wird" und dass er den Löwen nur darstellt (Hoffmann, Bd. 2/1, S. 81). Auch wenn sie humoristisch gemeint sind, so ist es doch unschwer zu erkennen, dass dies der Aufführung vorangestellte, gesprochene illusionszerstörende Texte sind, die im Sinne Brechts eindeutig vom „Was" zum „Wie" hinführen. In echt Brechtscher Manier, die dem Vergleich mit den erklärenden Texten am Anfang einer jeden Szene, wie sie zum Beispiel in der *Dreigroschenoper* erfolgen, um nichts nachsteht, wird im Prolog zu „Pyramus und Thisbe" die ganze Handlung bis zum Tod der Charaktere schon vorweggenommen. Und auch der weitere Verlauf dieses *play within the play* besteht geradezu aus einer Abfolge von Verfremdungseffekten, angefangen von der Bezeichnung der Laterne mit dem dornigen Reisig als Mond bis hin zur Deutung der verklebten, gespreizten Hand als Mauer.

Zu der Zeit, als Hoffmann die „Kreisleriana" schrieb, erschienen seit 1797 nach und nach Schlegels Shakespeare-Übersetzungen, und wir wissen, dass Hoffmann von Shakespeares Werken überwältigt war und den englischen Dichter über alles schätzte und verehrte. So heißt es z.B. in der „Nachricht von den neuesten Schicksalen des Hundes Berganza":

> Aber gerade in den Werken der größten Dichter entfaltet sich nur dem poetischen Sinn der innere Zusammenhang, der Faden der sich durch das Ganze schlängelt, und jeden kleinsten Teil dem Ganzen fest anreiht, wird nur dem tiefen Blick des echten Kenners sichtbar. Darf ich's denn wohl noch sagen, daß das bei dem Shakspeare mehr als bei irgend einem andern Dichter der Fall ist? (Hoffmann, Bd. 2/1, S. 164-65)

Man kann somit getrost davon ausgehen, dass Hoffmann bei Shakespeare, und im Besonderen in der „Pyramus und Thisbe" Szene, die von ihm angestrebte „höhere Illusion" verwirklicht sah. Und dass er nicht der einzige war, der so empfand, dafür gibt es keinen besseren Zeugen als Brecht selbst.

Der Zufall will es, dass Brecht in der kaum beachteten Aufzeichnung „Über die Illusion" dieselbe Szene aus dem *Sommernachtstraum* beschreibt:

> Um zu bestimmen, wie nichtaristotelische Dramatik zur Illusion steht, muß man sich über Illusion einige Gedanken machen... Sehr bekannt ist die Aufführung von „Pyramus und Thisbe" durch Handwerker in Shakespeares „Sommernachtstraum". Auf der Bühne sitzt ein feudales Publikum und amüsiert sich über die Schwierigkeiten, welche die nichtprofessionellen Spieler haben, eine möglichst vollkommene Illusion zu erzeugen... Es wirkt immer noch der Versuch, Illusion zu erwecken, selber. (BFA 22.2, S. 612-13)

Es scheint, dass Hoffmann, möglicherweise inspiriert von der „Pyramus und Thisbe"-Szene, mehr als hundert Jahre seiner Zeit voraus, die Vision einer wahrhaft revolutionären Theatertheorie hatte, die er jedoch nur satirisch verbrämt mittels des geistig labilen Kreisler darzustellen vermochte. Aber Hoffmann scheint geahnt zu haben, was die Zukunft bringen würde: Der letzte Satz in Kreislers „Nro 6" lautet: „Die Autorität, auf die ich mich gestützt, bewahrt mich vor jedem Missverstande, und so hoffe ich einen guten Samen gestreut zu haben, dem vielleicht ein Baum des Erkenntnisses entsprießt." (Hoffmann, Bd. 2/1, S. 82) Bei Brecht ist dieser Samen aufgegangen.

Anmerkungen

1   Bertolt Brecht, *Große kommentierte Berliner und Frankfurter Ausgabe*, 30 Bände, Werner Hecht, Jan Knopf, Werner Mittenzwei und Klaus-Detlef Müller, Hrsg. (Berlin, Weimar, Frankfurt am Main: Aufbau-Verlag und Suhrkamp, 1988-2000), S. 80. Im Folgenden zitiert als BFA, Band- und Seitenangaben werden aus den folgenden Bänden im Text angeführt: Bd. 22, *Schriften 2* (1993), *Schriften 1933-1942,* bearbeitet von Inge Gellert und Werner Hecht unter Mitarbeit von Marianne Conrad, Sigmar Gerund und Benno Slupianek; Bd. 23, *Schriften 3* (1993), *Schriften 1942-1956,* bearbeitet von Barbara Wallburg unter Mitarbeit von Marianne Conrad, Sigmar Gerund , Werner Hecht und Benno Slupianek; Bd. 24, *Schriften 4* (1991), *Texte zu Stücken, Zu eigenen Stücken, Zu Stücken anderer Autoren und Inszenierungen des Berliner Ensembles,* bearbeitet von Peter Kraft unter Mitarbeit von Marianne Conrad, Sigmar Gerund und Benno Slupianek.

2   Die nach wie vor beste Darstellung von Brechts Theorie ist der Aufsatz von Reinhold Grimm, „Der katholische Einstein: Brechts Dramen- und Theatertheorie," in *Brechts Dramen: Neue Interpretationen,* Walter Hinderer, Hrsg. (Stuttgart: Reclam, 1984), S. 11-32.

3   E.T.A. Hoffmann, *Sämtliche Werke in sechs Bänden,*Hartmut Steinecke und Wolf Segebrecht, Hrsg. (Frankfurt am Main: Deutscher Klassiker Verlag, 1985-2004). Bei Zitaten aus dieser Ausgabe werden Band- und Seitenangaben aus den folgenden Bänden im Text angeführt: Bd. 1, *Frühe Prosa, Briefe, Tagebücher, Libretti, Juristische Schrift: Werke 1794-1813* (2003), Gerhard Allroggen, Friedhelm Auhuber, Hartmut Mangold, Jörg Petzel und Hartmut Steinecke, Hrsg.; Bd. 2/1, *Fantasiestücke in Callot's Manier: Werke 1814* (1993), Hartmut Steinecke, Hrsg. ; Bd. 3, *Nachtstücke, Klein Zaches, Prinzessin Brambilla: Werke 1816-1820* (1985), Hartmut Steinecke, Hrsg unter Mitarbeit von Gerhard Allroggen.

4   Eine ausführliche Darstellung der aufführungspraktischen Vorstellungen Hoffmanns findet sich in Heide Eilert, *Theater in der Erzählkunst: Eine Studie zum Werk E.T.A. Hoffmanns* (Tübingen: Niemeyer, 1977), S. 14-39.

5   Heide Eilert (Anm. 4) erkennt in Hoffmanns Satire lediglich die Darstellung seiner Theorie „ex negativo" (S. 16). Anderseits nimmt Andrea Gram die Aussagen Kreislers durchaus ernst: „'Unzucht mit schönen jungfräulichen Gedanken': E.T.A. Hoffmann als Zeremonienmeister der versprengten Leidenschaft," *Recherches Germaniques* 23 (1993): S. 94.

Rudolf Schier

Brecht im Unterricht: Ein Curriculum für das 21. Jahrhundert

In diesem Artikel zeigt der Autor Wege zur Vermittlung von Bertolt Brechts Methoden in Universitätskursen des Grundstudiums auf. Vorschläge beinhalten die Annäherung an Brecht-Szenen durch eine Kombination von „verfremdetem Spiel", Kommentaren aus der dritten Person sowie Übungen nach Stanislawski, wodurch ein Gespür für die „Distanz" zwischen Schauspieler und Gegenstand entsteht. Dem Konzept des Gestus wird durch die Einbindung von Keith Johnstones Status-Arbeit nachgegangen. Die Idee der Inszenierung von Szenen stellt das Aufsplitten wichtiger Momente in eingefrorene Tableaus in den Vordergrund, welche - durch den effektiven Einsatz darstellerischer „Zeichen" - potenziell in der Gesamtschau Handlung und Sinn sichtbar werden lassen. Studenten werden desweiteren gebeten, für ihre Szenen Fabeln in der Erzählhaltung der dritten Person Präteritum zu schreiben, in denen beschreibende Sprache und Gedanken der Charaktere Hauptausdrucksmittel sind. Der Nutzen eines dergestalt angebotenen Kurses für die Studenten liegt in der Anwendung seiner Prinzipien nicht nur in Brecht-Stücken, sondern auch in anderen Tätigkeitsfeldern des Schauspiels oder der Regie.

In this article the author suggests how a course in Bertolt Brecht's methods might be created for undergraduate university students. It is proposed that the students approach the acting of Brecht scenes using a combination of "alienated acting" or third person commentary, and Stanislavski training, creating a veneer of "distance" between actor and subject. The concept of gestus is explored using Keith Johnstone's Status work. The staging of scenes is imagined by having the students divide important moments into frozen tableaux which together can reveal the story and create meaning using the "signs" of performance. The students are also asked to write fables for their scenes using past tense third person narrative, descriptive language and character thought. The benefit of such a course comes when the students apply these principles not only to Brecht's plays but to other work they may do in acting or directing.

Teaching Brecht: A Twenty-First Century Curriculum

Bill Gelber

In this article, I will argue for a theater curriculum that places Bertolt Brecht's theories at the forefront, rather than as an odd offshoot of standard dramatic training: Brecht's Epic theater as its own subject, as an alternative to the undergraduate reliance on all things Stanislavski, studied as a relevant and useful method of acting in its own right.

I will look at ways in which Brecht may be introduced to a classroom and give examples of how I have done so and what results I felt were obtained. Further discussions seem obvious and further experimentation, I would argue, is necessary.

I began by making the study of Brecht a part of a larger Advanced Scene Study class at Texas Tech University. I was looking for ways to define "advanced" above and beyond the idea that the participants themselves were at higher levels of skill as either undergraduate seniors or graduate students. It seemed to me that the plays of Bertolt Brecht (as well as those of Harold Pinter and Samuel Beckett) offered the students opportunities for exploration beyond the realistic modes of expression. Though it could be argued that Brecht's actors were sometimes Stanislavski-trained, and that the productions themselves could, belying some of the intent mentioned in the Short Organum, be very moving indeed (consider the "silent scream" of Helene Weigel in *Mother Courage and Her Children*), it still seemed that the process of enacting was different, and that these other methods could be used outside the scope of the performance of Brecht's plays.

What was one to make of the idea of *Gestus*, for example, or the journalistic quality of reporting that the actors might have been asked to do in rehearsal? I wanted to take the theory and place it firmly in praxis. I wanted to know what utility or implications these and other Brechtian methods had for twenty-first-century actor training in higher education.

The classes that I taught over a five-year period were each a mix of graduate and undergraduate students, usually about ten students per class. Most of the students had never encountered Brecht even on the page, and only a scattered few had seen any Brecht productions onstage. Scenes from Brecht's plays were performed in the classroom along with scenes by Pinter and Beckett. Ideas which had been suggested by the playwrights and/or their interpreters were studied and then applied to the scenes.

In the case of Brecht, I had to decide how much time would be devoted to a study of the dramatic literature written by him, how much to his biography, how much to his theoretical writings, etc. In the long run I decided to concentrate primarily on the hands-on approach and have students work through various exercises using translated Brecht texts (mainly John Willett/Ralph Manheim or Eric Bentley editions).

I began by presenting a biography of the author, to place his work in context. This took two or three class periods. I then asked the students to read and then present short, general synopses of Brecht's plays. These included more popular works such as *The Good Person of Sichuan*, *The Threepenny Opera*, and *The Caucasian Chalk Circle*, but also the less performed works: one of the class's most popular plays, from which two or three scenes were often selected, was *The Private Life of the Master Race* (or, depending on the translation, *Fear and Misery in the Third Reich*). From these reports, students chose which scene they would work on and who their partners would be. The theories of Brecht were to be studied in relation to the hands-on exercises and performances of these scenes.

After choosing scenes to be performed, the class began by studying Brecht's idea that an audience should be able to understand the story of a piece without being able to hear the dialogue. I had the actors of each scene create and present six tableaux telling the overall story of the scene. These were frozen pictures using the students themselves as the models that they then revealed one by one to the rest of the class. Their peers were asked to give them feedback on what they were seeing. The actors were asked not to "indicate," but to position themselves in body and attitude, and use the various elements of design to help with the explications. Based on the teacher and student feedback, adjustments were then made to each tableau to make the story clearer. Finally, the students presented all of the pictures, one after another, to create the entire effect. Ideally, the students who critiqued these tableaux were unfamiliar with the stories to begin with so that they really were approaching the material fresh. It was also up to me, the instructor, to "forget" the story, so that I could identify elements of storytelling and their appropriateness. The story, according to Brecht, was

> the heart of the theatrical performance...The groupings of the characters on the stage and the movements of the groups must be such that the necessary beauty is attained above all by the elegance with which the material conveying the gest is set out and laid bare to the understanding of the audience. [1]

Once the actors had established the story through their groupings and with the "signs" needed to explain what was happening, they had a basic blueprint for blocking. They then had to fill in the space and time between the pictures in order to complete the staging, but could use the still pictures as reference points for the basic information which needed to be conveyed for the audience's understanding.

Next I used the idea of the Fable as a tool for analysis of each scene. John Willett, writing in *Brecht in Context*, referred to "Brecht's lifelong practice of writing out the Fabel or story of the play."[2] Carl Weber, writing in his essay "On Theatre Directing," defined the fable as "foremost a tool, instrumental in the development and implementation of a production concept. In a nutshell, the fable is the plot, or story line, of a play seen through the temperament, the vision, or rather the bias of the director and told in terms of such a bias"[3]. As a homework assignment, I had each student write a prose piece which told the story of the scene using narrative techniques such as writing in the third person and in the past tense, describing the surroundings, and including the thoughts the characters might have had. Each student who worked on a particular scene then shared his/her fables with respective acting partners.

In this way, the group began to invent staging ideas, designs, motivation, and a view of the piece as seen from outside of it, and not just from the implied egocentrism of the part each was playing. They also began to see how many different perspectives were possible even within the strictures of the assignment. They had to work together to come up with a collective view of the scene before any rehearsing could begin, and they were each responsible for all of the characters in the scene not, just their own. As Brecht had suggested, the actor "[mastered] the character by first mastering the story."[4]

I did not limit the size of the project and received many short story pages from each participant. The students also discovered that they focused on different aspects of the story from their scene partners, or when they did focus on particular characters, they concentrated on protagonists and antagonists who they might not even be playing. The greatest difficulty was keeping the past tense intact in the telling. Invariably students wanted to think actively in the present, and their prose shifted accordingly. They were also used to thinking of their work in the first person as in "I am the character I'm playing," rather than studying the character as a separate entity from themselves—this was often a result of previous Stanislavski-based training. What was clear was that when they embraced the idea of being "reporters," they made more reasoned judgments about the subjects of their short stories. There was no idea of "my character would never do that," because of this lack of identification. In fact, the actor was more likely to do what was written as an observation of the person he/she was studying, rather than changing that person's motivations as a sympathetic justification for the character's actions.

The students then went on to perform sections of the scene using Brecht's idea of reporting. They prefaced each sentence of their dialogue with "He said," or "she said," so that it was clear that they were "remembering," in a sense, what had been spoken by someone else rather than themselves. Carl Weber, former assistant director to Brecht and now Professor of Directing and Dramaturgy at Stanford, suggested to me that the character's gestus could also be included in the prefaced words, in phrases such as "A, very baffled, tried to explain."[5]

Actors could also tell their audience of fellow students what their characters were about to do before doing it, as Brecht describes in "Masterful Treatment of a Model." They could tell each small section of the story or describe the blocking or business of the characters, and then perform what they had described. It was important to keep such descriptions in the past tense, so that the report of something which had already taken place was then enacted or "shown." One of Brecht's examples was the sentence "So then Antigone went, the daughter of Oedipus, gathering/ Dust in her pottery bowl, to cover the dead Polyneikes," which was then followed by Weigel's acting of that description or showing of Antigone's movements.[6]

The results of this experiment were mixed. Some students felt that they were becoming "robotic" and "without feeling," that they had to submerge their own natural instincts to perform the lines in a realistic fashion. Others began to see this as a sort of variation on Meisner's repetition exercise, in which they stated as simply as possible what was being said until the perfect way to say it might come to them. It was difficult for them to remember to constantly interject the reporting phrases between their lines. What we sought, though, was that feeling Brecht describes in "A Short Organum for the Theatre" in which "the actor looks at people as though they were playing him their actions."[7]

As a variation on this exercise, I asked each student to pronounce the reported phrase ("He said," or "She said"), then say the line of dialogue, and then try to repeat the line of dialogue in the same tone without prefacing it with the reported phrase. For example, someone might say, "He insinuated angrily, 'You're not going to eat that are you?'" and then repeat "You're not going to eat that are you?" in the same way. This was also difficult for the students to do without adding some excitement to the second version. The students wanted to make the text more dramatic and alive, and they felt that the way to do this was to express the feelings indicated as strongly as possible. I told them that Brecht believed that empathy could be used in rehearsal as a means of further revealing a character's personality, but that we already had exercises for that, and what we wanted to do was show the contradictory nature of the character by observing it in a more scientific manner. What I did not tell the students was that this part of the process would not be completed until after the last performance. (I will explain more about this later.)[8]

For the idea of Gestus, I suggested to the actors that we approach this concept using Keith Johnstone's Status exercises.[9] In *Impro: Improvisation and the Theatre*, Johnstone discusses how the Status exercises were invented as a way of making dialogue seem more realistic, but the result was that actors began to see how the interactions between people were predetermined by their own socialization or upbringing. Persons were "low status" or "high status," because in real-life situations this is what allowed them to get what they "wanted" from another person. Human beings were able to survive various encounters because they instinctively read into others' behaviors what status was being presented, and they then adjusted accordingly. In class, each actor began to grasp the concept of domination or submission as revealed by gesture, vocal tone, choice of words, mannerisms, posture, facial expressions, etc. — in other words, social gest. They began to realize their "places" within a scene on the basis of a continuum from low status (submissive) to high status (dominant). The pecking order of the group could very quickly be established, and the attitude of each character was based on his/her status as revealed by behavior. It is important to note that status as discussed by Johnstone did not have to do with social position, but with the feelings on the part of each individual as to his/her dominance over or submission to others. A character of low economic status could be dominant in a scene based on the character's ability to control the other characters through his or her words and physicality. As in plays by other authors, status for particular characters was suggested primarily by Brecht's dialogue.

I also had the actors work on adding alienation effects to their scenes. For example, they might use the idea of titling their pieces and then either projecting these titles (PowerPoint was helpful here) or announcing them aloud, titles which "include the social viewpoint, saying at the same time something about the portrayal wanted, i.e. [with] the tone of a chronicle or a ballad or a newspaper or a morality" (Willett, *Brecht on Theatre* 201). They might reveal offstage activity before, during or after a scene by dropping out of character when not in the predetermined performance space. They might use minimalistic scenery and decide what was absolutely essential for a scene. They might incorporate music that provided a dissonant sound track to the performance. This last element could be used to mirror Brecht's use of songs to interrupt the action or to comment on what was being played by the actors. The actors might also use exaggerated makeup as a further distancing from their characters.

Finally, I had the actors perform their scenes in two ways. First, they were asked to perform the scenes in the reported fashion, imagining but not speaking the reported phrases ("He said/she said"). They included their alienation effects and status work. I then asked, as a surprise to the class, that each actor play the scene as "realistically" as possible. "Realistically" I defined as their dropping of the reported attitude, and using their previous Stanislavski-based training. As I suspected, it was very difficult for the actors, who had been rehearsing in the reported style for weeks, to completely reject it. We had a mix of realistic and reported behaviors which I felt came close to realizing Brecht's idea of alienated acting. It wasn't quite true that the actor was able to "be" the character, because he or she was held back by this veneer of reportage. This was probably one of the most successful aspects of the class, if one could accept the idea that an ideal Brecht performance might be a combination of observation and empathy. It certainly helped the actors to imagine a cooler, more scientific presentation of the material with shades of real emotion. Of course, it could be debated as to whether this is what Brecht intended. He stated in "A Short Organum" that the "actual playing should be infused with the gest of handing over a finished article," and that the performance consisted of "the most frequently repeated of what has not been rejected."[10] By returning to their original ideas about acting, while still retaining some of the feeling of reporting, the actors themselves found a distancing in the final performance which might be similar to the idea propounded by Brecht.

What did the students learn from these activities and performances? A reliance on identification was no longer necessary in order to create an impressive characterization. In fact, removing the need to "explain" all of the character's actions in a sympathetic manner allowed the actor to play the role in a way that the playwright might have intended, rather than twisting the character to fit in some way the actor's own persona and thus distort the character.

I saw this as a helpful tool for younger actors, who might have otherwise felt that they were somehow being judged for playing unsympathetic characters. The amateur who might refuse to play "an evil character" could then further separate their sense of self from the actions of the other, because they knew they were commenting and embodying the role rather than "being" it. This was a form of release.

The idea of telling the story clearly helped the students to understand the semiotic nature of theater: that the signals received by the audience could be somewhat controlled or at least narrowed to a smaller range of possible interpretations by looking carefully at the details of all aspects of the performance. Also, they realized that the collaborative nature of theater would solve many of the problems of storytelling in that each design would be at the service of enlightening the audience as to what was happening, who people were, etc., and that all of the production team could work together to define the messages sent to the audience. In terms of alienation effects, the students could easily relate to the idea of different media as further comments on a performance. They also began to see that a story could be about the individual episodes and the "why" of behavior rather than about the plot and the need to know what would happen next.

Because of the nature of the original Advanced Scene Study class, in which three playwrights were examined, we concentrated on the Brecht methods for only a third of the course. It was a five-day-a-week class, one hour per day, so a large amount of material was covered, but a semester devoted to Brecht alone would be even more useful. One of the things that I would like to add as part of the class would be to have the students create their own model books of their scenes. They would record the performance through a series of photographs and add commentary explaining what was done, what props were used, what the costumes were made of, and particularly the "why" of all theatrical decisions made for the presentation of the scene. With the available technology, such as digital cameras and presentation software, they could make a show of these for the rest of the class. The idea would be to find ways to archive what was done and to further analyze it. The reflective nature of such a project would be a useful tool for each student's own work in the future.

I would also like to make use of Brecht's *Lehrstücke* or learning plays, and present them to the students as exercise pieces for early work or even for final scene work. The didactic nature of the work would then also be stressed. I would like to consider rearranging the order in which the exercises are presented. For example, it seems to me that over the last five years I have begun to concentrate on the idea of *Status* much earlier in the process so that it can be used as a tool in the making of effective tableaux. I would also like to do as Brecht suggests and have the actors switch roles. Though this is being done as an intellectual exercise through the fables, the portrayal of the parts by different members of the group would come close to what Brecht refers to in "A Short Organum." Brecht notes: "But it is also good for the actors when they see their characters copied or portrayed in another form."[11] Brecht feels that this can be effective even if the gender of the original character is reversed by allowing the other gender to play it—"the sex of the character will be more clearly brought out."[12] Likewise, the "why" of Brecht's methods could be explained in greater detail: though some attention is paid to Brecht's political ideas as they relate to the practice of performing, the reasoning behind new forms of theater as expounded by Brecht could be more elaborately discussed and put into further context, and they could be related to the students' own ideas about the need for change within their society.

One result of the study, which I appreciated, was that the students all felt that further productions of Brecht's plays should be produced, and they made their own plans for doing so in the future.[13] They came to see Brecht as not only an innovator but also a master storyteller of entertainments, and they found value in the exercises as they might apply to other theater forms. One of the students applied Brecht methods to a Musical Theater class he was teaching at another university. His knowledge of Brecht allowed him to experiment with the way in which songs were introduced within a theatrical piece.

Further studies of theatrical practitioners who reject the more realistic modes of expression can open up new worlds of interpretation and perhaps new products. We should continue to explore their methods. Though Brecht's theories are not by any means new, they are not commonly studied at the beginning of an actor's academic career. Perhaps they should be, as an alternative and a reminder of other possibilities.

Endnotes

1   Bertolt Brecht, *Brecht on Theatre: The Development of an Aesthetic*, John Willett, trans. (New York: Hill and Wang, 1977), pp. 200-201.

2   John Willett, *Brecht in Context: Comparative Approaches* (London: Methuen, 1984), p. 111.

3   Burnet M. Hobgood ed., *Master Teachers of Theatre: Observations on Teaching Theatre by Nine American Masters* (Carbondale: Southern Illinois University Press, 1988), p.136.

4   Willett, *Brecht on Theatre*, p. 200.

5   Weber, Carl. E-mail to the author, March 24, 2008.

6   Willett, *Brecht on Theatre*, p. 214.

7   Ibid., p. 196.

8   As a side note, Brecht also had his actors perform works in their native dialect in order to separate their playing from the High German [Hochdeutsch] dialect they might employ as professional actors.

9   Keith Johnstone, *Impro: Improvisation and the Theatre* (New York: Routledge, 1979) pp. 33-74.

10 Willett, *Brecht on Theatre*, p. 204.

11 Ibid., p. 197.

12 Ibid.

13 Many were also directing students who would be pursuing directing careers.

Bill Gelber

Bertolt Brecht und die Unzulänglichkeit der Ironie

Der Aufsatz untersucht Brechts "Salomon-Song" und dessen Eingliederung in die *Dreigroschenoper* und in *Mutter Courage und ihre Kinder* als zwei Musterfälle von Brechts Verwendung von Ironie. Im ersten Drama veranschaulicht das Gedicht eine radikal negative Form der Ironie, die den Aufbau des Dramas im Ganzen widerspiegelt. *Mutter Courage* wie auch die intensivere Zuwendung zu theoretischen Aufsätzen werden als Reaktionen Brechts auf die durch ironische Negativität hergestellten breiten Interpretationsmöglichkeiten gesehen. Während die Aufsätze den literarischen Werken komplementär beigefügt sind, um die Interpretation gewissermassen zu leiten, zeigt der "Salomon-Song" in *Mutter Courage*, wie Brecht solche Anleitung direkt in den dramatischen Text einschreibt. Solche gemässigte Ironie des späteren Dramas stellt eine Synthese von Theorie und Praxis dar, indem die Interpretationsmöglichkeiten eingerahmt werden.

This essay investigates Brecht's "Salomon-Song" and its incorporation into the *Dreigroschenoper* and *Mutter Courage und ihre Kinder* as two models of Brecht's use of irony. In the first play the poem exemplifies a radically negative form of irony that parallels the composition of the play as a whole. *Mutter Courage*, as well as the increased focus on theoretical essays, are posed as responses by Brecht to the broad interpretive latitude that ironic negativity enables. While the essays complement the literary works by providing interpretive guidance, the "Salomon-Song" in *Mutter Courage* shows how Brecht works this guidance directly into the dramatic text. The tempered irony of this later work synthesizes theory and praxis by framing the interpretive space created by irony.

Bertolt Brecht and the Insufficiency of Irony

Kenneth Scott Baker

> In Abwesenheit einer revolutionären Bewegung wird die "message" [der *Dreigroschenoper*] purer Anarchismus.[1]

Contradictions and self-negations are intrinsic formal elements of ironic assertions. It is commonplace that Bertolt Brecht consistently employs contradiction on formal and thematic levels of his plays in order to jar the audience into seeing the world in new ways, and this is true of his poems as well.[2] The conclusions to which we are directed unsettle every inference we have drawn over the course of the work, whether poem or play. Such destabilizations have often been regarded as youthful attempts to be provocative or transgressive primarily for effect, but their continuation into Brecht's burgeoning experimentation with epic modes of theater invites a consideration of the relationship between irony and Brecht's theoretical claims regarding drama. I would like to elaborate on the connection between irony and intended message by beginning with a reading of "Salomon-Song" from the *Dreigroschenoper* (1928), first as a poem in its own right, then in its contextualization within the play. I want to illustrate how irony in the end position occurs at the level of the poetic verse and of the entire poem, as well as in the individual scene and in the play as a whole. Brecht's use of irony at all these levels functions to entirely negate the preceding ideas, not just to intimate an alternative to them. It is this annihilation of interpretive guidelines that leads, I believe, to Brecht's increasing tendency to pen essays and aphorisms regarding the theoretical intentions of epic theater. Because Brecht sought to create a popular and entertaining, yet political and socially critical theater through irony and epic stagings, the penchant for audiences to see the *Dreigroschenoper* primarily as amusing and absurd undermines his intentions.[3]

Describing the vagaries of Brecht's irony in the *Dreigroschenoper* in contrast to his stated intentions regarding the play leads me to posit a restrictively narrow interpretive latitude, namely from within the Marxist rhetoric that informs his writings about this play. There is a growing body of excellent investigations arguing for Brecht's unorthodox assimilation of Marxist thought for his own work that I am bracketing out here for argument's sake.[4] His recurrent, most basic claims in his own commentaries describe the "message" of the *Dreigroschenoper* as a critique of capitalism with a sense of self-evidence that I do not see reflected in the play itself because of the ironic qualities of the text. Of course, it is precisely the openness to interpretive possibilities that makes the *Dreigroschenoper* such a beguiling text, but my aim in this paper is to investigate the consequences of irony for reception in light of Brecht's concurrent and subsequent development of the theories of epic theater. My reductive reading is intended to present the slipperiness of ironic discourse in order to articulate the ways in which Brecht ultimately manages to orient its negativity toward a constructive outcome.

By constructive I mean that Brecht develops ways of reducing the interpretive latitude engendered by irony. In a first step I will present textual irony and theoretical essay as discrete undertakings. This will allow me to depict ironic structures in the *Dreigroschenoper* as precursors to epic structures promoted in the theoretical writings. Here I contrast Richard Rorty's opposition of literary irony to theoretical writings with Brecht's dialectical attempts to fuse theory and praxis in order to move beyond mere negativity as a textual practice. Looking at his recycling of "Salomon-Song" in *Mutter Courage und ihre Kinder* (1939) shows how Brecht tries to synthesize text and theory by reigning in the implications of irony. Rather than reducing the scene or play to an affirmative expression of an idea, however, Brecht incorporates commentary into the text about the ironic utterances. This commentary guides viewers and readers toward a range of constructive dialectical responses to the depicted situation. Comparing the insertion of the "Salomon-Song" in these two plays shows how Brecht develops from an ironic negativity, poorly suited to providing interpretive orientation, to an instructive use of irony, a progression documented in the theoretical writings of the years between these plays.

Although critics comment frequently enough about irony in Brecht's works, their comments are rarely contextualized with reflection on the meanings of this problematic trope. When the term is explored, as Peter Brooker does, the investigation typically begins with Brecht's comments about irony rather than with his use of irony in his literary works, and tends to stay on the level of theoretical function rather than textual negativity.[5] Fredric Jameson, on the other hand, assesses Brecht's irony on the two levels that interest me here, that of tropes and that of ideology.[6] His associations with these two instances also match my parameters: on the one hand, to define irony as a trope, he references Paul de Man, who emphasizes the negativity of irony as "an endless process that leads to no synthesis," and on the other hand points to Wayne Booth, who wants to recuperate a positive social effect for irony at a more general level.[7] But Jameson brings up Brecht's irony only to suppress it as a legitimate field of inquiry in favor of articulating complex didactic modes in Brecht's texts.[8] I, however, want to portray irony as a bridge between the literary and theoretical works. Hence I will look for both the trope of irony, which I call ironic statements, and more general ironic moments, or ironic situations, in the plays and the theoretical essays. I hope to show an increasingly dialectical use of irony in the progression from the *Dreigroschenoper* to *Mutter Courage*. Investigating irony and dialectics at the textual level in this way exposes challenges and incremental developments in Brecht's plays and dramaturgy that often go overlooked in the assumptions and omissions regarding irony in his theories and literary praxis.

I. The Ironic Statement in the *Dreigroschenoper*

"Salomon-Song," as it appears in the version of the *Dreigroschenoper* from the *Grosse Berliner und Frankfurter Ausgabe* of Brecht's works, has four verses. The first three each describe a characteristic of a historical figure and present this characteristic as both the cause of the person's fame and fortune as well as the cause of his or her downfall. The song form enables Brecht to attach the same chorus to the end of each verse, reinforcing the importance of each verse's "end" through repetition. The element that changes from verse to verse is the person and the articulation of his or her dominant characteristic — wisdom for Salomon, beauty for Cleopatra, and boldness for Caesar. Each verse details how this characteristic became both positive and destructive for the person, and the concluding statement is appropriately ambiguous: "Die Weisheit hatte ihn so weit gebracht" allows wisdom to have caused both attainments and debacle, as is also the case with beauty and bravery.

These constitute ironic situations that reveal a paradox through the self-negation of an inherently positive attribute.[9] Ironic situations challenge assumptions and force a reevaluation of a person's character or that person's responses to particular situations. Salomon could become an esteemed king because of his wisdom, but this faculty ultimately led him to perceive human undertakings as predominately vain.[10] The biblical Solomon concludes his list of pursuits undertaken to attain wisdom, and endeavors that acquired wisdom led him to engage in, with the rhetorical question "How dieth the wise man? as the fool."[11] This pessimistic conclusion does not, however, negate the value of having sought wisdom, for he clearly benefited from his wisdom and the accomplishments it enabled him to achieve. Instead, the ironic situation causes him to reflect on the various lessons learned over the course of his life, culminating in his recognition that God knows what is best for mankind, and that following God's commandments is the most proper goal of humankind. Without this positivistic deduction, Brecht's verse leaves the conclusion open, forcing the reader or viewer to recognize the possibility of paradoxical consequences even with regard to presumed strengths.

But the *Dreigroschenoper* more frequently presents what I designate ironic statements, for it is at this level of discourse that Brecht creates ambiguities with the potential to reflect back on central ideas developed over the course of the work as a whole as well as in the immediately surrounding text. To mark out this difference, I will manipulate the distinction that Linda Hutcheon makes concerning the roles of interpreter of textual irony and creator of that irony:

> From the point of view of the interpreter, irony is an interpretive and intentional move: it is the making or inferring of meaning in addition to and different from what is stated, together with an attitude toward both the said and the unsaid. The move is usually triggered (and then directed) by conflictual textual or contextual evidence or by markers which are socially agreed upon. However, from the point of view of...the ironist, irony is the intentional transmission of both information and evaluative attitude other than what is explicitly presented.[12]

The interpreter recognizes the prospect that what was said differs from what might be meant; she or he then actively decides to explore the interpretive possibilities of the paradox. It is conceivable that the interpreter will allow an interpretive openness, an awareness, that implication rather than a straightforward statement allows for an enormous plurality of interpretations. But Hutcheon's formulation suggests that the interpreter will create a singular interpretation—she or he will "make meaning." That is, irony opens up possibilities of interpretation, and the interpreter reduces those possibilities. The intentionally ironic writer has the opposite effect. The author makes a statement that does not mean what it essentially communicates and thereby creates an either/or situation: the interpreter recognizes irony or does not. But the negativity of irony does not allow the author any further control over reception. The "information and evaluative attitude other than what is explicitly presented" may not be completely indeterminate, but any intended meaning cannot be guaranteed, and potentially even becomes an improbable interpretation.

By recasting what Hutcheon defines as interpretive to be situational irony, and how she defines inscribing as discursive irony, I shift both types of irony back into the text itself. Solomon's wisdom ironically allows him to perceive that all is folly, a situation for which the reader can create interpretive conclusions. But the final line of each verse is an ironic statement that problematizes any conclusion: "Beneidenswert, wer frei davon!" To claim that persons who are devoid of wisdom, beauty or bravery are enviable ironically undermines our cultural expectations. But it also negates even those positive aspects that the text itself presents: At one point Solomon understood the entire world as clear as day, Cleopatra had two emperors under her thumb, and Caesar attained God-like power. The disjuncture between the connotations of these attributes and the assertion that they are a curse explicitly identifies the final line as an ironic commentary.[13] But unlike the paradox left open by an ironic situation, the ironic statement leaves no residual dilemma, replacing the ambiguity of a seemingly irresolvable either/or situation with a more radical erasure of contextual and structural guidelines for interpretation.

My distinction between ironic situation and ironic statement is not as clear-cut as may appear, since Brecht creates ironic statements at structural levels beyond the single sentence. The final stanza of "Salomon-Song" treats the leading character in the play, Macheath, rather than a historical person. "Verschwendung" is his asserted virtue and vice, and the second line describes him as "allen Geizes bar," yet we know that Mackie is in fact a robber who furnishes his hideout with stolen antiques; we never see him give anything away in the course of the play, and the only expenditure we hear of at all is the bribe money he pays out to the chief of police, Brown. We also recognize irony in casting Jenny, a prostitute with whom Macheath has a long history, as the singer of this song—the "uns" in this verse can be no one but herself and the other prostitutes that Macheath pimps. This means that she not only grossly exaggerates his supposed largess with these ladies, but she also uses a passive construction to intimate that his spendthrift ways resulted in his capture, when in fact she herself ratted him out in order to claim the reward money offered by the Peachums. And of course, the final line here is *not* ironic in the negative sense of the other stanzas, since "Verschwendung" is an attribute that most people would never see as an enviable virtue and would be quite glad to "be free of it." Related immediately back to the rest of the song, then, the verses about Salomon, Cleopatra and Caesar represent paradigms that Mackie does *not* follow; they set up audience expectations in order to present more effectively obviously false, and implicitly ironic, attributes of Macheath. But is the audience to seek a different attribute that compels Mackie's downfall in the play, or to understand that his capture has nothing to do with the kinds of individual character traits portrayed in the song? In the context of the play, then, the ironic final stanza does more than inform the audience that Mackie is not egregiously generous and that this particular vice cannot be the cause of his misfortunes. It problematizes even the selection of criteria that the audience seeks to use for judging Mackie within the dramatic narrative.[14]

This sudden contradiction of audience expectations, and the reevaluation this move causes, mirrors the concluding scene of the play itself.[15] With a crowd of beggars that has skipped the coronation ceremony to gather instead to watch his execution, Mackie is rescued by Brown riding in on a white horse to announce the Queen's pardon for Macheath along with his promotion to the nobility, the gift of a castle and a yearly allowance of 10,000 pounds. The irony of this *deus ex machina* is not lost on the characters, who point out that royal emissaries rarely appear to pardon those who need it, namely the impoverished who are gathered on stage in witness of this travesty of justice. Ironically it is Peachum, who has exploited the beggars in his union throughout the play, who claims that the whole play has been about their miserable condition and who instructs them to sing the *Choral der Ärmsten der Armen*: "Verfolgt das Unrecht nicht zu sehr, in Bälde/Erfriert es schon von selbst, denn es ist kalt./Bedenkt das Dunkel und die große Kälte/in diesem Tale, das von Jammer schallt." Criminal injustices, however, both those that the play explicitly dramatizes and those it connotes, have been central preoccupations throughout. Hence both the final actions of the characters as well as the final song refute the apparent intentions of the play, and even ironically undermine each other as the beggars are told to ignore criminality because it will disappear on its own despite the fact that the criminal Macheath is lavished with government subsidies before their eyes.

Of course, the stories related in the verses of the "Salomon-Song" also function as ironic situations, exemplifying Brecht's notion of *Verfremdung*. Each historical example demonstrates the contradiction between embodying a positive cultural ideal and the recognition that real conditions may subvert that quality into a weakness. The audience members ought to call into question assumptions about the universality of attributes like wisdom, beauty or bravery, and consider personally relevant examples of when and why positively connoted characteristics and behaviors have negative repercussions. But the body of each verse effectively details the ironic situation; the textual ramifications of the final line as an ironic statement do not contribute to our understanding of the situation, but rather perform a shift between dialectical criticism and the presentation of meaninglessness, as does the *deus ex machina*. The predominance of the radical negation of ironic statements, in the song and the play, over the more controlled negation of ironic situations indicates Brecht's initial tendency for epic theater, reasserted in his 1931 commentary on the *deus ex machina*: "Der reitende Bote garantiert ein wirklich ungestörtes Genießen selbst an sich unhaltbarer Zustände und ist also eine *conditio sine qua non* für eine Literatur, deren *conditio sine qua non* die Folgenlosigkeit ist."[16] Brecht clearly believes that replicating what he sees as the inconsequentiality of bourgeois society, the emptiness of its pleasures and self-awareness, best communicates social criticism.

Irony appears to be a constitutive and poetically immanent model of what Brecht comes to call the "epic theater." His repeated use of irony in the inserted songs disrupts the immediacy of communication and draws attention to the poem's importance and function. Breaking the flow of the narration through such inserted materials addressed primarily at the audience also impedes the ability of the audience members to identify with the characters in the play and encourages a more cognitive mode of reception. The viewers must also decipher the songs as ironic commentary in relation to specific scenes and to the play as a whole, and reconcile the ending with a productive reading of the play. But Brecht is careful to point out that the appeal to reason does not exclude emotional responses, and that epic theater relies on the emotional impact of staged events to engage the audience.[17] Hutcheon calls attention to exactly this coexistence of distance and emotional provocation as a feature of irony.[18] Brecht's use of irony often exemplifies such a coordination of information dissemination and an emotional trigger, illustrated for example by the bleak outlook for the beggars at the conclusion of the *Dreigroschenoper*. Hutcheon also underscores the role of the interpreter in the process of ironic communication: "to see irony anywhere...is the result of interpretive labor performed through learned skills."[19] This representation of the interpreter as an intellectual worker responsible for deciphering the message of the play parallels Brecht's notion of the ideal audience member. He summarizes the responsibilities of the epic dramatist in terms that bring together all these facets of ironic discourse: "Eine auf die Einfühlung weitgehend verzichtende Darstellung wird eine Parteinahme auf Grund erkannter Interessen gestatten, und zwar eine Parteinahme, deren gefühlsmäßige Seite im Einklang steht mit ihrer kritischen Seite."[20] Just as irony communicates through implication and evokes cognitive and emotional responses, Brecht's epic theater stimulates critical and emotional reactions to the "erkannte Interessen" that comprise the play's content. The confluence of his ironic literary practices and his belief that the *Dreigroschenoper* was the first play to adequately embody the principles of epic theater marks at least the interrelatedness of ironic strategies and epic theater, if not the genesis of his dramatic theory from his ironic praxis.

II. The Necessity of Theory

Brecht's use of irony in plays and poetry engenders contradictions only when he begins to make claims about the political effects of epic theater. Even then it is not the specifically political intentions and ramifications of his use of irony that bring about these problems; Hutcheon's subtitle to her book, "The theory and politics of irony," already implicates irony as a tool in political discourse, and the book itself documents many such usages. But the thoroughness with which Brecht pursues ironic negation in this play leaves a complete emptiness at its conclusion, a blank space that communicates no programmatic or ideological message. What I mean is that a reader or viewer of the play who was unacquainted with Brecht's biography or oeuvre would not necessarily recognize that the composition of the *Dreigroschenoper* was informed by the author's intense reading of *Das Kapital* prior to creating this play. There are, to be sure, socially critical claims that achieve the status by virtue of their repetition of those "Interessen" that the audience should recognize; in the *Dreigroschenoper* these are, above all, the critique of organized religion and of the social repercussions of poverty. But the doubt that Brecht's ironic endings cause for every interpretive hint expressed within the play can undermine even such basic claims about its critical intentions.

It is here that the epigram of my paper becomes relevant: the statement that the *Dreigroschenoper* advocates anarchism to its audience, which Brecht notes in his journal after being disappointed by performances of the play in the late 1940s, implies that it has always required some external framework to make its "message," that is those "Interessen," comprehensible for the audience. He provides that framework in numerous critical essays, but I will reference in particular his 1939 lecture *Über experimentelles Theater*,[21] which brings together many of his ideas on epic theater from earlier writings and points ahead to the *Kleines Organon für das Theater* (1948) as well. We are compelled to take his claims in such essays as programmatic precisely because they lack the irony so common to his literary works. And so we read the following statement as the intended function of epic theater:

> [Der Zuschauer] sieht: dieser Mensch ist so und so, weil die Verhältnisse so und so sind. Und die Verhältnisse sind so und so, weil der Mensch so und so ist. Er ist aber nicht nur so vorstellbar, wie er ist, sondern auch anders, so wie er sein könnte, und auch die Verhältnisse sind anders vorstellbar, als sie sind. Damit ist gewonnen, daß der Zuschauer im Theater eine neue Haltung bekommt. Er bekommt den Abbildern der Menschenwelt auf der Bühne gegenüber jetzt dieselbe Haltung, die er als Mensch dieses Jahrhunderts der Natur gegenüber hat. Er wird auch im Theater empfangen als der große Änderer, der in die Naturprozesse und die gesellschaftlichen Prozesse einzugreifen vermag, der die Welt nicht mehr nur hinnimmt, sondern sie meistert.[22]

In a literary work, a simile such as this between human dominance over the natural world and over the social world should be cause for heightened awareness of ironic contexts; here it functions exclusively as an illustration. But this straightforwardness means we should be able to understand both parts of his claim from the same essay that the *Dreigroschenoper* is "ein Parabeltypus mit Ideologiezertrümmerung."[23] However, the play's ironic negations of capitalist ideology are structurally incapable of presenting a parable. That is, its ironic discourse is the fundamental mode for communicating the idea that capitalist ideology underwrites human misery, but its ironies simultaneously preclude an antiphrastic reading that could construct a parable from its story. To overcome the negation of the ironies and achieve a constructive reading of the play, the audience ought to be familiar with the Marxist rhetoric that colors Brecht's theoretical articulations.

The reception context of the *Dreigroschenoper* as the first of Brecht's self-proclaimed "epic" plays, created prior to any expansive articulation of the theory of epic theater, corresponds in interesting ways with Richard Rorty's claims that "ironists" [Rorty's term] and ideologues are diametrically opposed types of persons.[24] Several of the binaries Rorty works through in his book pertain to Brecht's ironic praxis here — the contrast between literary work and theoretical treatise, between the condition of the individual and the structures of the public sphere, and between critical negation and metaphysical argumentation. Rorty envisions effective social change occurring exclusively on the part of individuals who increase their solidarity with fellow humans through engaged readings of literary and other texts; the public sphere changes as more and more individuals relinquish ideological argumentation for greater empathy with the conditions of other private individuals. Brecht virtually always treats the individual in his plays and poems in their private roles, including the *Dreigroschenoper*. While social injustices motivate human exploitation of one another, Brecht dramatizes this exploitation as it manifests itself at the personal level. Irony pointedly marks the instances of criticism for the audience. For Rorty, directing attention through ironic criticism at the space for potential developments is in itself a sufficient political activity. He sees no need to suggest answers to the conflicted situations irony represents, nor any recourse to ideological frames that could guide readers toward "better" resolutions.

Brecht's subsequent theorizing provisionally contraindicates the suitability of Rorty's model for his case. The very articulation of the theory of epic theater signifies that Brecht feels unsatisfied with the capacity of his plays and poems to fulfill both critical and constructive intentions. His ironic praxis shows, at least until the composition of the *Dreigroschenoper*, that a constructive message requires supplementary, theoretical articulation; certainly the enthusiastic popular reception of the play among traditional theater-goers did not correspond to the critical response Brecht intended.[25] He attaches a considerable explanatory apparatus to the first publication of the play in 1931[26] that begins with a disclaimer about the insufficiency of the theater to accurately present the work. The subsequent essays focus above all on articulating the performance techniques that will emphasize Mackie's bourgeois identity, unveil Peachums' allegiance to capitalist ideology, and underscore the critical function of the self-reflexive tropes of the play as arguments for reforms in the theater rather than as mere satire. They also reiterate central conceptions about epic theater that are not immediately perceptible in the dramatic text: the function of the *Gestus*, the plurality and mutability of individual identity, and Marxist analytical conceptions of base and superstructure. Despite the playful, conversational tone of the essays and instructions, Brecht eschews irony almost entirely, a marked difference from the similarly constructed instructions that preface *Die Hauspostille* of 1927, for example.

Taken at face value, though, Brecht's theory of epic theater does not require the kind of textually immanent negation that irony provides. In fact, the long quote above already evidences Brecht's conviction that drama should present situations that the viewers could experience first-hand in their everyday lives outside of the theater. Correspondences should allow the negative consequences of portrayed actions and conditions to speak for themselves rather than requiring the text to contradict or undermine the dramatized events through direct commentary. The viewer ought to be less concerned with deciphering statement and commentary and more attentive to the relevance of the situation for his or her own life. Irony interferes with this procedure by either diluting or overdetermining the situation that spurs reflection on its negative consequences. Hence the ambiguities engendered by irony in the *Dreigroschenoper* necessitate a "revolutionary" context for their correct reception, a proclivity to interpret the work according to the social criticism it generally expresses, whereas its bourgeois reception tends to indulge in the pleasure of its absurdities and paradoxes. As he notes in "Über experimentelles Theater," "Der Charakter [der *Dreigroschenoper*] ist zwiespältig, Belehrung und Unterhaltung stehen auf dem Kriegsfuß miteinander"; his intention with epic theater, however, is to synthesize these two modes of reception, "den Aufbau einer sowohl instruktiven als auch schönen Bühne."[27]

The most significant way to describe the differences between the intended political consequences as developed in the theoretical elaboration of epic theater and the textually implicit transmission of social criticism in the *Dreigroschenoper* is to define the work required of the audience as primarily dialectical and hermeneutical as opposed to assuming that viewers will stretch beyond traditional philological or aesthetic approaches. Although the play foregrounds its literariness through structures such as performance-within-the-play, its use of the *deus ex machina* as commentary on contemporary dramatic practices, and its status as an adaptation of an earlier play, Brecht does not limit the function of these attributes to their implicit criticism of the German theater of the time. They also participate internally in the negation that dominates the basic structure of the work. Irony, itself a literary trope, likewise implies unarticulated alternatives to the dramatic events rather than categorizing the text in an aesthetic tradition. Irony serves as the playful, aesthetic manifestation of dialectical negation, preparing an empty space to be filled by the audience's construction of a synthesis. As Hans Mayer has noted, Brecht's conception of dialectics relies on the Hegelian insistence on evidencing its triadic structure of preservation, annihilation and transformation.²⁸ The ironic negation in the *Dreigroschenoper* only opens that space for transformation, neither compelling nor modeling a constructive response. Since the responsibility for filling the emptiness of the negated lies with each individual viewer, it is not incumbent upon Brecht to supply a universally valid, singular synthesis. The radical negativity of irony in the *Dreigroschenoper*, however, hinders the capacity of the audience members to recognize the imperative to proceed dialectically, or if they do, reduces the likelihood that their interpretive conclusions will correspond to Brecht's intentions.

A dialectical response need not be affirmative in the sense of Lukács' realism, but it will necessarily require shared perceptions about real world conditions, and necessarily culminate in programs for change that rely on ideological beliefs. The informing ideology does not have to be Marxism, but Brecht asserts that his plays have always guided the audience in that direction. He makes this aphoristic claim in 1927 regarding his prior works:

> Als ich *Das Kapital* von Marx las, verstand ich meine Stücke...Ich entdeckte natürlich nicht, daß ich einen ganzen Haufen marxistischer Stücke geschrieben hatte, ohne eine Ahnung zu haben. Aber dieser Marx war der einzige Zuschauer für meine Stücke, den ich je gesehen hatte. Denn einen Mann mit solchen Interessen mußten gerade diese Stücke interessieren. Nicht wegen ihrer Intelligenz, sondern wegen der seinigen. Es war Anschauungsmaterial für ihn. Das kam, weil ich so wenig Ansichten besaß wie Geld und weil ich über Ansichten dieselbe Ansicht hatte wie über Geld: Man muß sie haben zum Ausgeben, nicht zum Behalten.²⁹

As the expression of "Ansichten" or "messages"—as he refers to them in his retrospective claim about the *Dreigroschenoper* that provides the epigram to this essay—Brecht contends that his plays would resonate with Marx because of shared ideology. This places the responsibility for adequate interpretation on the context of reception, just as epic theater demands an active response, and as the *Dreigroschenoper* demands a revolutionary atmosphere. By calling them "Anschauungsmaterial" for which Marx was the only viewer, Brecht insinuates that their relevance was too cloaked.

When Brecht's plays and his theoretical writings on epic theater overlap—which is still not the case for the *Dreigroschenoper*—they approach a reconciliation of the distinctions Rorty maintains between literature and theory. This essentially happens in the second half of the

1930s as Brecht refines theatrical practices that make text and theory more complementary to each other. In his theoretical writings this development occurs as he refines more precise definitions of *Verfremdung*.[30] Although even early plays exhibit the practice of *Verfremdung*, Brecht's concentration on the tactic in his theory illustrates a conceptual shift from textual toward embodied strategies for creating situations that the audience has to interpret.

III. Manifest Theory: *Mutter Courage*

In *Mutter Courage*, Brecht relates the experiences of the entirely indeterminate person of Anna Fierling as she maneuvers her vending cart through the battlefields of the Thirty Years' War. The life story of the arbitrary individual thus enters into associations with political and social issues that dominated contemporary public interest in the late 1930s and 1940s: the ravages of war, the links between market economics and war production, and a stark reiteration of a central concept of the *Dreigroschenoper*—"erst kommt das Fressen, dann kommt die Moral." He also reuses "Salomon-Song" in this play in a way that exemplifies his continued recourse to irony, now modified by contextualization and reduced to paradox in order to better avoid the ambiguities of his earlier praxis, yet still enabling an empty space for the audience to respond dialectically.

Besides the dissimilar settings, *Mutter Courage* differs most markedly from the *Dreigroschenoper* in its open compositional principles. Whereas the *Dreigroschenoper* portrayed a continuous narrative to its resolution, *Mutter Courage* presents a series of scenes only loosely connected to one another by the continuity of the characters. The titular figure in particular appears in every scene and thus focuses the audience's attention on her attempts to resolve the conflicts that arise as she navigates her peddler's cart through the battlefields of the Thirty Years' War. Placards that set up the context of each scene appear at their beginnings and contribute to the sense of incompleteness of this chronicle and to the arbitrariness in the selection of dramatized events, for these contextualizations never relate the scenes to one another. Even Mutter Courage's failure to prevent the deaths of all her children does not coalesce into a closed tragic ending as a resolution to an over-arching plot, for she responds to the death of her daughter at the end of the play just as she has reacted to every other crisis—by moving her cart on to the next business opportunity. The material of this play already lends itself to the criteria of epic theater, in particular the demand that events be historicized,[31] in contrast to the explicit literariness of the *Dreigroschenoper*.

Not surprisingly, the inserted songs function differently in this play as well, and in fact reinforce/underline the differences between closed and open drama. The songs in the *Dreigroschenoper* correspond more closely to plot developments, embellishing or generalizing narrative conflicts into broader social contexts. They typically serve as codas, reflecting back on what has occurred, and frequently negate any straightforward or even textually provoked interpretive principles. They also have narrative functions within the dramatic whole, summarizing what has come before in order to prepare new developments or reformulating specific articulations of issues in ways that facilitate comparison with other articulations in the play. The songs in *Mutter Courage*, on the other hand, pertain almost exclusively to the scene in which they appear. Although they also reformulate the issue at hand as a counterpoint to the dramatic articulation, the structure more clearly represents a dialectical staging oriented antithetically than a narrative reprise intended to link ideas across scene breaks. Like the contextualizations on the placards at the beginning of each scene, they belong to that scene alone and resist direct interrelation with songs and plot developments in other scenes.

Most importantly, the song no longer stands as an insertion on its own to be linked back to the dramatic text at the discretion of the viewer, but is constrained to specific implications by textual explanations before, during and after the cook sings it. He and Courage have already worked out the plan to sing at a parsonage in the hopes of receiving some hot soup as alms in return, and the cook frames his performance with this goal in mind:

> *Er ruft.* Werter Herr, Gesinde und Hausbewohner! Wir bringen zum Vortrag das Lied von Salomon, Julius Cäsar und anderen großen Geistern, denens nicht genützt hat. Damit ihr seht, auch wir sind ordentliche Leut und habens drum schwer, durchzukommen, besonders im Winter. [He sings the first stanza]. Alle Tugenden sind nämlich gefährlich auf dieser Welt, wie das schöne Lied beweist, man hat sie besser nicht und hat ein angenehmes Leben und Frühstück, sagen wir, eine warme Supp.[32]

He introduces his song with two important signals. First, he makes sure his audience knows that this is a performance for them, and that he has a specific intention in singing this song to them. But he furthermore signals a discrepancy between text and meaning by juxtaposing this song about "grosse Geister" as a purported characterization of the life of "ordentliche Leut." This incongruence prepares the listeners for the ironic mode of the poem, providing them with advance warning that they will need to work toward an interpretation of the verses that differs from any superficial understanding of their meaning.

The cook's comments after singing this stanza then reduce the interpretive latitude given to the audience by foregrounding his communicative intentions. During his conversation with Mutter Courage he was the voice of skepticism, noting that the burned out village surrounding the parsonage bodes ill for the possibility that there will be soup at all, and he doubts whether the priest will be generous with it even if there is some. The song and his commentary thus represent a strategy for convincing the priest to give them soup against his inclination, and the cook chooses antiphrastic negation. He inflates Solomon's self-defeating wisdom to a paradigm of the dangerous consequences of virtue *per se*, and then implies that anyone who has food is living the "good" life in exact opposition to a virtuous life. The cook invents this dichotomy to explain the relevance of the stanza for this situation, as the verse itself connects neither to the difficulties of poor people in winter nor to the reason why the cook serenades the parsonage in the first place. He continues to provide commentary for every verse of the poem in exactly the same terms, but without any response from within the house. Finally, in a parallel construction to the poem in the *Dreigroschenoper*, the final verse shifts from historical persons to the characters in the play. Only now the cook summarizes his claims in an explanatory sentence and also integrates them into the song itself: the "ordentlich Leut" obey the Ten Commandments, but their virtuous "Gottesfurcht" has brought them nothing, compelling them to beg from "Ihr, die am warmen Ofen sitzt."[33] These explicit iterations of the song's "message" are confirmed to be effective when a voice from the parsonage invites them up for soup at the conclusion of the song.

Restricting irony to constructions of antithetical binaries in this way allows Brecht to foreground the intended dialectics. The poem's contextualization in the play clearly marks out further interpretive guidelines enabled by the irony within the poem. The cook's success is based on a simplistic insinuation that anyone who is not starving or deprived of shelter must have achieved their happy condition by immoral means. Mutter Courage sees through this rhetorical device, for she knows that the cook himself is ethically incompetent, having just tried to persuade her to abandon her daughter Kattrin to run a little bar with him in Utrecht. In this instance, Courage recognizes both sides of the issue and tries to synthesize parental caretaking with economic necessity: "Du und ich, wir passen in kein Wirtshaus. In dem Krieg is noch allerhand für uns drin...Ich trenn mich doch nicht vom Wagen, wo ich gewohnt bin, wegen dir ists gar nicht, es ist wegen dem Wagen."[34] Her initial enthusiasm for the cook's offer earlier in the scene relativizes her insistence that she is turning down the offer in order to stay with the wagon; she disguises her desire to fulfill her parental responsibilities with a characteristic emphasis on making money. Her decision to stay with Kattrin models one possible resolution of the sustenance-morality dichotomy, inviting the viewer to progress toward dialectical solutions to contradictions. The song no longer stands as negation *per se*, nor as a simplistic resolution of a conflict, but rather enables an open-ended, dialectical treatment of the paradox articulated by the poem.

This kind of situational irony characterizes the entire play. The tone is set in the opening speeches of the play when the army recruiter laments the deceitfulness of the recruits he dishonestly tricks into joining up, and the officer invokes war as the only way to ensure economic productivity. Courage herself frequently relates stories or responds to claims by other characters in ways that reveal the irony of the situations. The construction of irony here pointedly serves to set up paradoxes. This is a more restricted form of irony that creates implications through situations rather than opening space without significant clues for interpreters, and it also coerces specific frameworks within which to understand these implications. The least ambiguous type of this kind of irony is sarcasm, where the precise opposite claim of the utterance is implied. Brecht is not engaging in sarcasm here, but rather is using context to narrow the latitude of interpretation to one of paradox rather than extreme openness. The intrinsic duality of paradox facilitates the recognition of dialectic structures as the informing mode of the scenes. This type of irony comes as close as possible to circumnavigating the omnipresent destabilizing effects identified by Hutcheon: "It [irony] undermines stated meaning by removing the semantic security of 'one signifier: one signified'...[I]rony can only 'complexify'; it can never 'disambiguate.'"[35] As constructive as its usage appears, irony fundamentally leads to a concluding vagueness or openness. Or in other words, it enacts the dialectical moment of self-negation that induces and compels a synthesizing interpretive moment. Any constraints can never reduce potential syntheses to a singularity, but Brecht effectively communicates intended syntheses by providing models, as when Mutter Courage remains with Kattrin.

Ironically, Brecht's more explicit directives about the meaning of the song within the text and its contextualization within the scene achieve the open-ended presentation of the world's mutability that he always intended with his use of irony. Reinhold Grimm identified just this irony in terms of alienation in epic theory:

> Brechts marxistisches Theater der Verfremdung kann im Grunde niemals streng ideologisch-dogmatisch sein. Wo es dies dennoch versucht, muß es entweder ganz oder teilweise auf die Verfremdung verzichten oder in Kauf nehmen, daß die Verfremdung sich gegen ihre eigene Aussage richtet, sich gewissermaßen selber verfremdet.[36]

A parallel but contrasting claim could be made about irony in the poems and plays: to communicate ideology, Brecht must either abandon ironic expression or construct a "negation of negation," an orientation that in some way reduces the emptiness resulting from irony. More recently, Nikolaus Müller-Schöll has theorized a "Theater der Potentialität" as Brecht's didactic strategy.[37] Müller-Schöll points out that the heueristic structure of "das Modell," a designation that applies to a number of Brecht's theoretical and dramatic texts alike, advocates norms which it itself, as a textual model, ought to fulfill. This kind of deferral of an ideal to a future work, which itself would necessarily gesture toward a future ideal, both creates an empty space analogous to irony as well as being an ironic situation. Small wonder, then, that ironic endings present such problems and arise so frequently in his dramas for epic theater: they prepare that emptiness that the audience must fill in without ever allowing for dogmatic predetermination.

As a poet, Brecht moves away from framing and irony to a great extent, and the open construction of his later plays often reduces the effect of the concluding moment of the drama by making each scene a complete structure. This development can certainly be perceived negatively as a restriction of the playful latitude provided by irony, among other strategies, in the early plays and poems. The designation of his later plays as "classical," especially in the sense that their structures coincide with more traditional, quasi-Aristotelian forms of tragedy,[38] at the very least marks a retreat from the experimentation that characterizes his work up through the period of the *Lehrstücke*. Even his theoretical writings, which consistently avoided the use of irony, document a more general movement away from textual strategies to theatrical strategies; by the time of the *Kleines Organon*, the role of the actor has become a more fundamental strategy for provoking active interpretation from the audience, and the comments on the "Fabel" are too broad to accommodate discussion of a literary trope like irony. Nevertheless, the transitions detailed here in the arc from the *Dreigroschenoper* to *Mutter Courage* demonstrate the importance of irony as a constitutive element of his epic theater, and the transformation from playful irony to dialectical structure illustrates a progressively developing synthesis between praxis and theory.

Endnotes

1 Bertolt Brecht, *Werke: Grosse Berliner und Frankfurter Ausgabe (Berlin/Franfurt a.M.: Aufbau/Suhrkamp Verlag, 1988-)*, vol. 27, p. 232, 30 vols.

2 Cf. Peter Hutchinson, "Uncomfortable, Unsettling, Alienating: Brecht's Poetry of the Unexpected," in Robert Gillett and Godela Weiss-Sussex, eds., *"Verwisch die Spuren!": Bertolt Brecht's Work and Legacy, A Reassessment* (Amsterdam: Rodopi, 2008), pp. 33-48. There has been renewed focus on the unsettling or shocking moment in Brecht's works, albeit without consensus on its effectiveness. See Rebecca Hilliker, "Brecht's Gestic Vision for Opera: Why the Shock of Recognition is More Powerful in *The Rise and Fall of the City of Mahagonny* than in *The Three Penny Opera*," in H. H. Rennert, ed., *Essays on Twentieth-Century German Drama and Theater: An American Reception 1977-1999* (New York: Peter Lang, 2004), pp. 225-35; Theodore F. Rippey, "In Training: Brecht, Sport, and Modern Subjectivity (1920-1927)," in Jurgen Hillesheim and Stephan Brockmann, eds., *The Brecht Yearbook*, Vol. 31 (Madison: The International Brecht Society, 2006), pp. 241-59.

3 On the difficulties the play poses for the audience see Boris Singerman, "Zur Ästhetik der Montage," in Werner Hecht, ed., *Brechts 'Dreigroschenoper'* (Frankfurt a.M.: Suhrkamp, 1985), pp. 225-45, especially pp. 225-27.

4 Cf. Frank Thomsen, Hans-Harald Müller, Tom Kindt, *Ungeheuer Brecht: Eine Biographie seines Werks* (Göttingen: Vandenhoeck & Ruprecht, 2006); Douglas Kellner, "Brecht's Marxist Aesthetic," in Siegfried Mews, ed., *A Bertolt Brecht Reference Companion* (Westport, CT: Greenwood Press, 1997), pp. 281-95.

5 Peter Brooker, *Bertolt Brecht: Dialectics, Poetry, Politics* (London: Croon Helm, 1988), pp. 113-23.

6 Fredric Jameson, *Brecht and Method* (London: Verso, 1998), pp. 20-21.

7 Paul de Man, "The Rhetoric of Temporality," in *Blindness and Insight: Essays in the Rhetoric of Contemporary Criticism* (Minneapolis: Minnesota University Press, 1983), pp. 187-228; here, p. 220; Wayne C. Booth, *A Rhetoric of Irony* (Chicago: Chicago University Press, 1974).

8 Jameson, pp. 60-66.

9 My use of the term 'situational irony' parallels Jonathan Culler's application of the concept to *Madame Bovary*, as Culler concentrates on the dialectic and alienating aspects of this type of irony, and even designates "dramatic irony" as a synonym, which corroborates elements of my reading of *Mutter Courage* below; however, he rather narrowly ensconces the novel as the best genre of irony, whereas Brecht uses irony particularly in poetry and drama to great effect. Cf. *Flaubert: The Uses of Uncertainty* (London: Paul Elek, 1974), pp. 185-207, esp. pp. 187-89.

10 *Ecclesiastes* 1:17-2:16

11 Ibid. 2:16

12 Linda Hutcheon, *Irony's Edge: The Theory and Politics of Irony* (London/New York: Routledge, 1995), p. 11.

13 I consider the gloss in the BFA that this line is "Wörtlich nach der Quelle zitiert" (BFA 11, p. 344) at least somewhat misleading, since the translation from Villon's original "Bien eureux est qui rien n'y a!" significantly eliminates any negation from the sentence. This perhaps minor difference becomes important for recognizing Brecht's ironic intentions, which contrast with Villon's straightforward statement.

14 Hans Mayer also points to the indeterminate function of the song in the context of the play, albeit without reference to irony; cf. *Brecht* (Frankfurt a.M.: Suhrkamp, 1996), pp. 373-74.

15   Cf. Klaus Kocks, *Brechts literarische Evolution: Untersuchungen zum ästhetisch-ideologischen Bruch in den Dreigroschen-Bearbeitungen* (München: Fink, 1981), pp. 49-57 on the ambiguous "messages" of the *Dreigroschenoper*, particularly regarding the *deus ex machina*.

16   BFA 24, p. 68.

17   Cf. "Kleine Liste der beliebtesten, landläufigsten und banalsten Irrtümter über das epische Theater" (BFA 22.1, pp. 315-16)

18   "[T]his study argues that there is an affective 'charge' to irony that cannot be ignored and that cannot be separated from its politics of use if it is to account for the range of emotional response (from anger to delight) and the various degrees of motivation and proximity (from distanced detachment to passionate engagement)" p. 15.

19   Hutcheon, p. 121.

20   Eg. "Thesen über die Aufgabe der Einfühlung in den theatralischen Künsten" (BFA 22.1, pp. 175-76; here p. 176)

21   BFA 22, pp. 540-557.

22   Ibid, p. 555.

23   Ibid, p. 542.

24   Richard Rorty, *Contingency, Irony and Solidarity* (Cambridge (UK): Cambridge University Press, 1989).

25   The reception history of the play during Brecht's lifetime is documented in BFA 2, pp. 437-43.

26   Cf. BFA 24, pp. 57-68.

27   BFA 22, p. 547, p. 556.

28   Mayer, p. 105.

29   BFA 21, pp. 256-57.

30   John J. White describes Brecht's refinement of the concept in *Bertolt Brecht's Dramatic Theory* (Rochester, NY: Camden House, 2004), pp. 121-26.

31   This term does not mean that Brecht prefers or insists on historical settings for epic productions, but that the events of the play should be as closely analogous to typical actions in the historical world rather than overtly fictitious or fantastic.

32   BFA, 6, p. 75.

33   Ibid, pp. 76-77.

34   Ibid, p. 77.

35   Hutcheon, p. 13.

36   Reinhold Grimm, "Vom Novum Organum zum Kleinen Organon: Gedanken zur Verfremdung," in Willy Jäggi und Hans Oesch, eds., *Das Ärgernis Brecht* (Basel: Basilius, 1961), p. 51-70; here, p. 70.

37   Nikolaus Möller-Schöll, "Theater im Text der Theorie: Zur rhetorischen Subversion der 'Lehre' in Brechts theoretischen Schriften," *The Brecht Yearbook* 24 (1999), pp. 265-75, here p. 265.

38   Thomsen et al., *Ungeheuer Brecht*, p. 208-322.

Kenneth Scott Baker

Brechts "Fischweiber": Kreuzung der Kritik und Übersetzung

Das Übersetzen von Texten hat eine lange Tradition in der Literaturgeschichte. Dieses "Übertragen" öffnet das Original nicht nur durch Historisierung und Neuinterpretation, sondern versteht sich auch als Herausforderung zu neuen Fragen der Relevanz und Form. Das Übersetzen ist keine Einbahnstraße: Es verbindet dialektisch Original und Innovation, um das Neue hervorzubringen. Bertolt Brechts satirische Bearbeitung "Die Fischweiberszene" transformiert eine Szene von Friedrich Schillers Theaterstück *Maria Stuart*, indem er mit dieser dramatischen Szene zwei scheinbar verschiedene Welten aneinander anschließen lässt. Die "Fischweiber" erwecken die entscheidende Szene aus Schillers Stück des Machtkampfes und der Anerkennung zu neuem Leben. Brechts Ziel ist es, das historische Ereignis aus einer ausgeprägt sozialkritischen Perspektive zu betrachten und diesen Bezugspunkt des Unbehagens ans Licht zu bringen. In diesem Aufsatz wird untersucht, wie die Brecht'sche Bearbeitung diesen bestimmten historischen bzw. dramatischen Moment resituiert. In diesem Sinne wird die Wiederbelebung eines Textes durch den Dialog eines textuellen Wechselspiels mit literarischer Kritik ein Teil des Übersetzungs- und Transformationsprozesses.

Translating a text has a long tradition in the history of literature. The act of "carrying over" a story not only (re)opens the original through timely historicization and reinterpretation, but also challenges the carried over text with new questions of relevance and form. Translation, therefore, functions as a two-way street, dialectically combining original and innovation to produce something new. Bertolt Brecht transforms Friedrich Schiller's *Maria Stuart* with his satirical adaptation of the "Fischweiberszene," forging a link between two seemingly different worlds with one dramatic scene. The "Fischweiber" adaptation recalls a crucial scene in Schiller's play of a power struggle and tragic recognition. Brecht's goal is not to throw a wrench in the eternally moving wheel of history, but to view the historical event from a distinctive perspective and reinvestigate this point of discomfort. In this essay I will explore how the Brechtian adaptation resituates this particular moment in history. In this case, the reactivation of a text through a dialogue between textual interplay and literary criticism becomes a part of the process of translation and transfer.

Brecht's "Fischweiber": Crossroads of Criticism and Transformation

Kristopher Imbrigotta

"Aus nichts wird nichts, das Neue kommt aus dem Alten, aber es ist deswegen doch neu."[1]

I

In the fields of literary and cultural studies we continue to problematize, investigate, and analyze the seemingly endless number of documents as to how we live today and how the past relates to us. Scholars continue to ask the fundamental questions: what still *speaks* to us and what does it *say*? From our present vantage point we look back in the constant search for that elusive event, person, or story yet to be uncovered and revealed. Oftentimes, however, we do not necessarily need to look for "new" material to tell our stories—and neither do many of the authors, artists, and critics whom we study. For many, it is a matter of transformation and, in a sense, the obligation to reuse and recycle. We redact the original material, reuse that which still speaks to us, and reintroduce it into the fold for further speculation. Composers often honor their predecessors with "variations"; authors dedicate their works to those who have come before; visual and performing artists also reference earlier artists for their inspiration and re-creation. In these instances cultural production and reproduction involve both transformation and criticism. To that effect, we must have an entrenched interest in how art is transformed and innovated, and why this is important for understanding the significance of our past in determining how we process the present.

Specifically in the history of literature, transformation has a long tradition. The act of transforming a story not only (re)opens the original to timely historicization and reinterpretation, but also challenges the "carried over" text with new questions of relevance and form. Transformation, therefore, functions as a two-way street, dialectically combining originality and innovation to produce something new. It is a process of communicational exchange with history, an object of careful labor which collapses the distance between the past and present. In that sense Bertolt Brecht's "Streit der Fischweiber" (finished in 1940)[2] transforms a scene from Friedrich Schiller's *Maria Stuart* and provides a fascinating case study in literary transformation, forging a link between two different junctures in history with one dramatic encounter. This case study involves two "canonical" authors in the German context where Brecht's scene "takes aim" at Schiller's in a dialogue of textual interplay and literary criticism. My purpose with this investigation of one of the

Übungsstücke, or practice pieces, is not to lift Brecht onto a pedestal or place a stamp of approval upon his work; rather I aim to reiterate Brecht's ties to the classics and to explore his method of critically transforming a text in the pursuit of historicization.

What does Brecht's "Fischweiber" adaptation have to do with transformation? Can we speak of a "translation" in this case, in its true sense of the word? First, we must explore exactly what is being "carried over" and reworked. One can read Brecht's statement about the adaptation as an interesting instance. In his essay "Über reimlose Lyrik mit unregelmässigen Rythmen" (1938) Brecht writes against the smoothness and harmony of *Blankvers*, the unrhymed iambic pentameter found in *Maria Stuart*, as purely artistic, an overture to formalism. Brecht criticizes August Wilhelm Schlegel and Ludwig Tieck for their respective "Shakespeare-Übertragungen" whose verses because of this, Brecht argues, are "schwer lesbar," "holprig," and without "gestische Formulierung."[3] Following the change in verse style, one can identify a different kind of translation at work: not one in which the texts represent similar ideas in two languages *per se*; rather, the scene of the fishwives is an adaptation that represents a critical (and often comical) reinterpretation of the original material and the language of Schiller's text. In typical fashion, Brecht has altered the perspective from the textual substance to reveal not so much an entirely different text, but one that provokes a redacted standpoint based on the original. Here, through the act of criticism and re-engagement with the classics, Brecht utilizes Schiller's text while transforming the story to reflect the historicization of the subject material.

In his essay "Task of the Translator" (1923) Walter Benjamin offers a critical insight to explain this kind of process. Translation has its own form that centers on the concept of "convergence."[4] What is the text trying to *say*? The translation's purpose is the re-presentation of meaning, transformed by historical circumstances and relationships. This necessarily requires certain texts to be revisited, redacted, and transformed, as Benjamin suggests. The textual dialogue which results from this process between original and new requires the transfer of more than the words on a page: a meta-level of communicative exchange that effectively transfers ideas and concepts. An echo from Brecht states that: "Man sollte sich vielleicht mit der Übertragung der Gedanken und Haltung des Dichters begnügen,"[5] remaining mindful of the original text's attitude and goals, but not necessarily its exact words. Brecht accomplishes this in essence with a flick of the typewriter and strategic divergence from Schiller's themes: queens become fishwives, the court setting is now a public market, advisors become nephews or business partners, and the venture of life or death transforms into fraud and competition.

What Brecht refers to as "Umfunktionieren," Benjamin characterizes more specifically as "Benutzung" or "Umgestalten."[6] This process, as described by Benjamin in his 1934 speech at the Institute for the Study of Fascism in Paris entitled "The Author as Producer," involves intellectuals and authors who must keep class relations in mind to reshape the current means of production within the realistically plausible. Written against the backdrop and the spread of fascism in Europe, Benjamin insists that the author must become a sort of cultural and technical engineer to bring about change. Brecht's "Versuche" attempt to shift literature from individual experience into the realm of institutional transformation and renegotiation of its values. It is also important to note that Brecht's notion of "Umfunktionieren" did not refer to the rhetoric of "geistige Erneuerung" in the vein of Nazi ideology; rather, the didactic transformation Brecht sought aimed at "gesellschaftliche Veränderung" based on an awareness of social conscience.[7]

For Benjamin, the adaptation *ipso facto* amounts to and begins with the continuation of the literary life of the original, the "Fortleben." Just as language itself constantly evolves through time, so does the transformation of ideas by seeking to integrate the present with the past to bring the work into a state of maturity. Translation and transformation as processes therefore capture the "energy of the present time" in a historical literary text from the past.[8] Brecht employs this "energy" in his adaptation, using it to rethink the significance of Schiller's famous dramatic scene. The use of this operation is an integral component in the transformation process of any given text. Benjamin's writing on translation also intertwines with Brecht's "eingreifendes Denken" because it produces work by an artist who must conceive his adaptation through the thought processes of another. Brecht's mode of thinking intersects with Benjamin's insistence on the convergence of all languages, and necessarily, all texts. In this process of maturation the question then arises whether the transformation can remain true to the original from which it derives. Or is this even relevant? The answer lies in the transformant's ability to represent the original. Brecht's adaptation fulfills its obligation to set Elisabeth and Maria into the historical present, something Benjamin refers to as the "echo of the original."[9]

In order to complete this transfer of ideas into an effective secondary text, Brecht preserves the connection between content (Benjamin's "Gehaltszusammenhänge") or at least takes it into strong consideration. However, as shown previously, he casts aside Schiller's intentions. According to Brecht, Schiller searched for historical material in his plots to evoke the profound emotions—"eine allgemeine tiefe Rührung"[10]—he wished for as the effect of drama. While not completely disregarding social relationships, protest, or suggestion, Schiller's work ultimately aimed at the theater as an institution and the use of emotions.

Brecht states: "Das ergibt eine Kunst, welche in Kontakt mit der Realität steht und Realität enthält, welche aber die Realität durchaus der Kunst opfert."¹¹ It is important to remember that Brecht's adaptations are indeed premised on the development of his specific theater model. Not operating with requisites and assumptions, Brecht purposefully preserves the connection to Schiller and recognizes the possibilities in transforming any text, which can be necessary to deepen the "study" of the original.¹²

II

One might ask: Why did Brecht choose to adapt or "study" this particular scene of Schiller's play? What seemed to attract Brecht to the historical figure of Maria (Mary I, Queen of Scotland, 1542-1587) is not simply her struggle to overcome unjust imprisonment or her fight to claim the throne. He needed well-known plays with which student actors in Sweden could experiment and literally "practice."¹³ Perhaps more significant for Brecht's interest was the salient aspect of *how* Mary I fought with her English "cousin" and competitor Elizabeth I, Queen of England (1533-1603)¹⁴ — and this will be explored later. Brecht's goal is not to throw a wrench in the eternally moving wheel of history, but to view the historical event from a distinctive perspective. The "Fischweiber" *Übertragung* recalls the crucial scene in Schiller's play of the power struggle and tragic recognition of fate. Brecht quite literally carries over the scene in question, but nevertheless re-examines this reference point of historical discomfort, starting from this preface, which I use as my own point of departure for this investigation:

> Diese Szenen werden auf unsern Theatern längst nicht mehr auf die Vorgänge hin gespielt, sondern nur auf die Temperamentsausbrüche hin, welche die Vorgänge ermöglichen. Die Übertragungen stellen das Interesse an den Vorgängen wieder her und schaffen beim Schauspieler außerdem ein frisches Interesse an der Stilisierung und der Verssprache der Originale, als etwas Besonderem, Hinzukommendem.¹⁵

Here, Brecht states his intent for reworking crucial scenes from the classic plays of Schiller and Shakespeare (*Maria Stuart, Macbeth, Romeo and Juliet*).

Bertolt Brecht's *Übungsstücke für Schauspieler* (1948-1955) were originally published in the *Messingkauf* fragments to enable a stylized dialogue between dramaturges, philosophers, and actors about a different way to stage theater. This Epic Theater saw as its primary task to display the social significance of events and call them into question. The parallel scenes that Brecht wrote during his exile in 1939 were intended for students and represent the beginnings of his thoughts on a theatrical renewal as well as a means to oppose the advancement of fascism in Germany. For Brecht, these *Übungsstücke* served several purposes: for one, it was the continuation of his work with the Epic Theater using an older tradition, here Schiller and Shakespeare; second, they were, in a sense, an anticipation of the need for a rehabilitated national German theater, which did not necessarily forget the influence of the old classics. These practice pieces also serve to illustrate Brecht's frustration with his increasingly prolonged exile. He had virtually no "place" to stage his theater, no publisher, and perhaps most frustrating of all, no sizeable German-speaking audience to frequent his plays. In the seminal monograph *Brecht und die Tradition*, Hans Meyer formulates Brecht's work as such: "Die kritische Betrachtung einer vergangenen Produktion und Reproduktion [verbindet sich] mit neuen Aufgaben."[16] The critical work of Brecht in relation to the classics has been well-documented in the secondary literature. However, there is a lack of scholarly work which investigates the *Übungsstücke* within the context of Brecht's œuvre and situates their significance for Brecht's work within the tradition of the classics in German drama and literature.

The dramatic theories of Friedrich Schiller or Brecht cannot be summed up here in a few lines. Without question both Schiller and Brecht wanted change for the theater as they saw it in their own times. Each playwright also engaged the problem of dramatic effect on the audience in his respective theater. One can, however, differentiate between the two authors within the specific context of *Maria Stuart* and the "Streit der Fischweiber" *Übertragung*. In many of his essays dealing with the theater as an institution Schiller expresses interest in reaching the "Herz des Zuschauers," focusing intently on the question of how the theater can affect the spectator and teach him through emotional movement:

> Nicht bloß auf Menschen und Menschencharakter, auch auf Schicksale macht uns die Schaubühne aufmerksam und lehrt uns die große Kunst, sie zu ertragen. Im Gewebe unsers Lebens spielen *Zufall* und *Plan* eine gleich große Rolle; den letztern lenken *wir*, dem erstern müssen wir uns blind unterwerfen.[17]

Schiller's theater also points to people but stresses chance and fate (as seen in *Maria Stuart*), which directly contrasts with Brecht's vision of a theater concerned with the everyday lives of the working class, where the theater highlights a reality that can be altered.[18] Brecht directs us precisely to the historically specific "human" in his plays and engages the audience and reader with the problems of "Menschencharakter" and awareness of political action (or lack thereof). The excerpt above from Schiller's speech about the theater's affects later appeared in print under a different title, "Die Schaubühne als moralische Anstalt betrachtet" (1802). Interestingly, we might turn to Brecht's essay "Das Theater als sportliche Anstalt" (1920) for a response. He compares the current state of theatrical practice to a sporting event. In order to create the conditions for the transformation of the theatrical institutions, entrenched during the practices of early Weimar theater, the practice of staging plays and reacting to them, Brecht argued, would have to radically change, but the theater pieces would not necessarily change *per se*:

> Es arbeiten auch sehr viele ernsthafte Leute dafür..., die tagsüber mit viel ernsthafteren Dingen beschäftigt sind, geben sich alle Mühe, an den richtigen Stellen zu klatschen und die gleiche Meinung zu haben wie ihre Zeitungen—eine Meinung, die nicht immer klug, aber meistens pflichtbewußt und von hoher Warte aus gefaßt ist. Ich glaube nur: Ich habe keinen rechten Spaß im Theater, wie diese Leute alle einen falschen Begriff vom Theater haben.[19]

Taking critical aim at the movement of Expressionist theater, Brecht's critique can also be seen in the wider context of his attempts to transform theater. For Brecht, the theater was not a temple into which the audience files like a spectator sport and awaits the spectacle showing one's fate or one which touches the public's hearts (it should also be noted that Brecht had nothing against sporting events *per se*). Alternatively, Epic Theater presents the audience with contrived human actions and requires a distanced audience so that it can see what is contradictory in our lives. First of all, if one cannot understand the language or the movement on stage, one cannot understand how the theater truly functions; secondly, if the theater is too simple-minded and requires intellectual prowess only to make blanket moral judgments of right vs. wrong, then the audience might as well leave the theater after the play feeling "beruhigt" and never come again. The audience's active deliberation, not a baptism by pacification, is Brecht's project.

III

Schiller's *Maria Stuart*, portraying the struggle between two royal figures about their claim to legitimacy, dramatizes a principally tragic view of the historical world in which the idea of reconciliation exists only in dreams and illusions. Whereas with Schiller: "Eine von den Königinnen fallen muss, damit die andere lebe," Brecht envisions a competitive situation in the everyday life of the working class through bargaining between fishwives with an unfixed outcome. It is not so much about life and death as about backstabbing between two women. Here, Brecht comments on the banality of both situations by transforming one fairly paltry scene between quarreling women into another scene of bickering women.

The adaptation of Schiller's *anagnorisis* from the realm of high affairs of state into a prosaic milieu required Brecht to rework the social relationship of the dramatic figures. The feudal conditions of the court of Elisabeth, Maria, Talbot, and Leicester are carried over into the working-class familiarity of market vendors: instead of the presence of courtly advisors, Brecht employs a neighboring market vendor or nephew. Comparing the settings of each scene — "Park. Foreground with trees, background with a limitless view" in *Maria Stuart*, and "street and fish market" in Brecht's "Fischweiber" — reveals the dramatic figures in highly structured social spaces: in a man-made recreational area (Schiller), or in a mundane, commercial setting of negotiation (Brecht). Schiller's plot scheme is preserved, and while the talks are billed as reconciliation between both Maria and Elisabeth, and Frau Zwillich and Frau Scheit respectively, they end nothing short of disaster for all involved. The intended effect goes awry. The Schiller original and the Brecht *Übertragung* both contain motives for the confrontation scene in question: on one hand political and economic competition, on the other the complicated rivalry between two women caught in a power vacuum.

To further our understanding of Brecht's adaptation it is important to consider *how* Maria struggled against Elisabeth. Schiller, who intended for *Maria Stuart* to be a "schöne Tragödie," chose not to concentrate on the historical material or topic, but rather to focus his efforts on "eine kunstreiche Führung der Handlung." The audience is meant to empathize with Maria's plight and witness her downfall from the play's very first scenes; in this sense, Maria conforms to the quintessential Aristotelian model of the tragic character: she is guilty for her involvement in her husband's murder and as an unfaithful wife, yet her guilt for alleged treason against Elisabeth is not fully proven. This tragic irony is the prevalent factor that Schiller cultivates in his theater piece. He recognized the story's tragic quality in its ironic juxtaposition, where even though the plot seems to veer away from catastrophe, it continues to be drawn closer and closer to it from start to finish.[20] The audience knows even before Maria's first utterances that she will die for her transgressions against Elisabeth, yet we view the unfolding events primarily to see *how* Maria can rise above her imprisonment and tragic situation. Maria believes she can stall or even escape her impending fate. This, in effect, heightens the *catharsis* and shock over her death. However, she becomes a slave to her circumstances in the attempt to thwart destiny. This apparent paradoxical strain between intention and result is for Brecht not about the expression of the close ties to fate involved in human interaction, formulated in Schiller's *Braut von Messina*:"Denn noch niemand entfloh dem verhängten Geschick. Und wer sich vermißt, es klüglich zu wenden, der muß es selber erbauend vollenden."[21] Rather, Brecht's transformation of the dramatic situation serves to activate the audience's critical eye and careful thought by using overt distance and a clever change in perspective.

Schiller purposefully omitted from his analytic drama much of the plot's factual historic background. Instead, he focused on Maria's revenge and plight after the fact, essentially after the deed was done. The plot's outward path contrasts with inner developments toward a double problematic: the earthly ambition in the story's foreground (legitimation of the heir to the British throne) is shattered in order to make room for the transcendental one (Maria's acceptance of her fate and the ultimate righteousness of her situation). Maria's hope of freedom—dependent upon her release from the physical prison created for her by Elisabeth—is thwarted, only so that she may gain true freedom after her death. Most lacking in Schiller's version is the stark absence of political action in the plot—i.e., qualities found in Schiller's *Wallenstein, Don Carlos,* and *Wilhelm Tell*—in favor of courtly intrigue. Brecht's critical engagement with the predominantly aesthetic, non-political tendencies of *Maria Stuart* help us come to terms with the *how* aspect in Maria's struggle. In the "Fischweiber" scenes Brecht offers the audience a different perspective on the fight for power and justice ultimately denied, exposing the underlying societal relations at play. For instance, Maria can no longer revel in the fact that Elisabeth, the "bastard" queen, must flee from her. Conversely, it is Frau Scheit, not Frau Zwillich, who enjoys the final, sneering laugh ("höhnisch lachend") by accusing Frau Zwillich of being "eine ganz gewöhnliche Hur."[22] Unlike Maria, who enjoys the moral high ground against Elisabeth's death sentence, Frau Zwillich possesses no authority to support the claims against her competitor at the fish market. Her lack of power causes Frau Zwillich to stoop to the level of personal attacks and slander used by Frau Scheit, which—it could be argued—are a provoked and just response. Frau Zwillich allows her rage to cloud her rational judgment; and therein lies her demise. In stark contrast, Frau Scheit retains her cold, calculating demeanor, and as a result, she triumphs.

If Zwillich's final, exasperated exclamations at the end of Brecht's version seem to fall flat, it is because as critical spectators we realize that Frau Zwillich has lost her argument even before it began; the forces of politics and in-fighting between these two fishwives cannot allow for a fortuitous resolution by any stretch of the imagination. Frau Zwillich forfeited her fight when she lowered herself to the level of Frau Scheit and therefore she cannot triumph like Maria does in her death. Even though Frau Scheit is corrupt, she clearly displays the requisite survival skills to thrive at the fish market. Frau Zwillich did not heed the advice from Herr Koch to choose her words carefully in front of Frau Scheit:

> Herr Koch: Und ganz vorsichtig müssen Sie noch sein, das sag ich Ihnen, ganz vorsichtig, wählen Sie Ihre Worte!
> Frau Zwillich: "Wählen Sie Ihre Worte!" Wie ist es gekommen, daß ich zu einer solchen dreckigen Person,

> wo ins Kriminal gehört wegen Ehrabschneidung, meine Worte wählen soll!
> Herr Koch: Sorgfältig! Es ist schon viel, daß sie erlaubt hat, daß ich Sie zu ihr bring, Frau Zwillich, verderben Sie jetzt nicht wieder alles durch Ihr Temperament und Ihre berechtigte Empörung. [23]

Herr Koch warns Frau Zwillich about the harsh realities of the delicate power relations surrounding her. At this point she still has self-control and is "justified" in her indignation; later, however, her emotions get the better of her, and Frau Zwillich must learn the hard way about the power of words and the penalties for irrationality. In short, Frau Zwillich, unlike Maria, has no guaranteed advantage over Frau Scheit. Brecht's politicized "Streit der Fischweiber" is a denial of Schiller's project of freedom through aesthetics, or in this case, through *Würde*. Maria has the freedom to condemn Elisabeth morally for her wrongful imprisonment and to revel in the power of martyrdom. Brecht casts this aside completely. Frau Zwillich has no recourse to help dissuade the public and her customers (remember: we are at the market in a business setting!) of the accusations against her from the highly conniving and socially savvy, well-connected Frau Scheit. If Frau Zwillich had hoped to triumph and attain justice for her dealings with Frau Scheit, she would have had to use clear intellect, not emotion; political power, not the power of divine right.

Brecht also privileges prose over verse, which in turn allows for the development of *Gestus* as seen in the "Fischweiber" scenes with its emphasis on content over form.

> Frau Scheit: Hochmütig ist sie! Frech wie immer!
> Frau Zwillich: Schön, ich will auch das noch schlucken... Sie habens geschafft. Sie können Ihrem Gott danken, jetzt aber übertreiben Sies nicht, geben Sie mir die Hand, Frau Scheit. *Sie streckt die Hand aus.*
> Frau Scheit: Sie sind in die Lag gekommen, in die Sie sich selbst hineinmanövriert haben, Frau Zwillich.[24]

The Gestus connects the technical aspects of theater to its audience and general public, exposing human behavior for criticism and social analysis. This stretching out of the hand, the failed attempt of the two competitors to reconcile their disputes at the market, is the loaded gesture around which Brecht's entire adaptation essentially revolves. Not only does Frau Zwillich's rebuffed offer to connect signal a literal turning point in the text where her emotion and temperament get the better of her, but the gesture of offering one's hand emphasizes the textuality of the speech act and performativity of the text. Frau Streit's reaction to this offer of the hand is not only rejection, but deliberate mockery:

> Frau Scheit: Sehens endlich, daß ich Sie am Boden hab? Sind Ihnen Ihre Tricks ausgegangen? Ist der Polizist vom Marktplatz ein bissel abgekühlt? Habens keine Ritter mehr? Sie gehen ja mit jedem ins Kino, der Ihnen eine Bestellung vermittelt und wenn er zehnmal verheiratet ist![25]

The handshake has two functions which are both cited here: first, the handshake is commercial in its nature and denotes a "sealed deal" between two parties in business transactions; second, the outstretched hand is a sign of communication between two individuals that the audience recognizes. More than just a sign of friendship, the handshake signifies the *act* of friendship, the physical offering of friendly contact between humans.

Brecht's "Fischweiber" is both a rebuttal to Schiller's play and to the classic *Affektenlehre*. Here, the more mundane aspect of trying to control temperament, not transcending emotion towards reconciliation, sets the tone of the scene, as shown in the exchange between Herr Koch and Frau Zwillich. Maria's advisor and friend Talbot admonishes the feistier of the two queens to keep her calm and control her heated passions, which leads Maria to a demeanor of solemn and truthful apology—at least at the beginning—whereas the embarrassed yet emboldened Frau Zwillich (the Maria figure) is constantly ready for a fight. Herr Koch, in Brecht's version playing the roll of advisor and go-between, stresses to Frau Zwillich the most beneficial way to behave in front of her rival, Frau Scheit (the Elisabeth figure), in order to regain her dignity and right the wrongs done to her in the name of capitalist competition. In contrast to Maria, Frau Zwillich sees no glimmer of hope for a resolution in bowing before her rival: "Ich will auch hingehen, aber glauben Sie mir, es kommt nichts Gutes dabei heraus!...Sie hat mich auf die Zehen getreten und ich möchte ihr die Augen..."[26]

So ends the first part of Brecht's *Übertragung*. The ellipsis leaves the rest up to the imagination. The scene's rather vague ending provokes the audience to visualize various possible outcomes opposed to the scene in Schiller's play. How does this quarrel end between the emboldened Frau Zwillich and her economic and societal adversary at the fish market? The decision left to us reflects the ambiguities of life and the active role one must take in order to affect one's own destiny, which is intrinsically connected with human experience of modernity. Written approximately five years before the "Fischweiber" while in Danish exile, Brecht's "Speech to Danish Working-Class Actors on the Art of Observing" (1935) reminds the actors: "daß des Menschen Schicksal der Mensch ist."[27] In another instance toward the end of the final act of Schiller's play, Maria finds herself at the deepest point of her humiliation: the scene achieves its intended cathartic effect as Maria accepts her last communion and is absolved of her sins (from none other than Melvil, the clandestine priest in waiting!). However, there is no fortuitous closure for Frau Zwillich, who simply wants to make Frau Scheit "weich" in an act of revenge. We do not know her fate: Brecht transforms only one scene from the original, and allows the observer to decide the end. He strips Schiller's language of the sublime and the intrigue, leaving the personal and the domestic. For example:

> Maria: Eh' mögen Feuer und Wasser sich in Liebe begegnen und das Lamm den Tiger küssen. (*Maria Stuart*, Bd. 2, 620)
>
> Frau Zwillich: Wir sind wie Hund und Katze. ("Fischweiber," BFA 22.2 / 835)

Brecht modifies the motives, crosses out the tragic elements, and replaces them with moments of comedic wit. Maria's hope for redemption and freedom was a plan that brewed throughout years of house arrest and imprisonment; Frau Zwillich, conversely, confronts her aggressor the very next day after she is chased out of the fish market. Ultimately, the consequences are not as dire for Frau Zwillich (prison) as they threaten to be for Maria (death).

The transformation of the classic scene from Schiller's play into a domestic setting bridges the contradictions "zwischen der klassischen bürgerlichen Tradition und der Volkspoesie" and reverses or cancels "die Abkehr Schillers und Goethes vom volksmäßigen und realistischen in den Stadien der Vollendung."

In his "Anmerkungen zum Volksstück" (1940) Brecht proves the terms of this contradiction wrong through the use of his transformed "Fischweiber" scenes, namely the postulate that artistic beauty is inherently linked to a rejection of the realistic.[28]

> Das realistische Spiel hat, wie oft angenommen wird, 'von Natur' etwas 'Unedles', so wie das 'edle' Spiel etwas Unrealistisches hat. Gemeint damit wird: Fischweiber sind nicht edel, und wenn man sie wirklichkeitsgetreu darstellt, kann nichts Edles herauskommen. Bei einer realistischen Darstellung verbleiben sogar Königinnen, wie man fürchtet, nicht edel. Hier wimmeln die Denkfehler…Das wirklich kultivierte Theater wird seinen Realismus nicht mit der Preisgabe der künstlerischen Schönheit erkaufen müssen. Die Kunst vermag das Häßliche des Häßlichen in schöner Weise… darzustellen.[29]

Brecht criticizes Schiller's aesthetics, who characterized the conflict of the two queens as "moralisch unmöglich" and was able only through the use of a "veredelnde Form" to make it plausible. Hence, fishwives can in fact be noble characters.

In predictable polemical style Brecht criticizes the classics for simply satisfying the human eye but containing no useful function.[30] Nevertheless, his goal in other plays he worked on during this time, for example *Arturo Ui*, *Turandot* and *Die heilige Johanna der Schlachthöfe* is to continue the Marxist tradition of reading history against the grain; here, the "Arbeit" in "Be-arbeit-ung." This dialectic is evident in Brecht's various essays about the classics (*Wallenstein* [1939]), and in his journal entries [1940–1941]).[31] In spite of all his criticism of the classics, he still finds them useful. He insists on the distinction between Schiller's importance and what he considered bad performances on numerous occasions: *Die Räuber* (1920); *Maria Stuart* (1920); *Kabale und Liebe* (1929); *Don Carlos* (1920). The transformation of Schiller's scene is meant to reactivate the old theater tradition in a new way that speaks to the working class and converts the proletariat from object to subject of politics and art, an intention evident in Brecht's remarks later in life: "Ich halte es für eine bedeutende Errungenschaft, daß wir unsere Arbeiter und Bauern auf der Bühne sprechen hören wie die Helden Shakespeares und Schillers."[32]

In an essay written after the publication of the first collected volumes of Brecht's plays, Max Frisch investigated the relationship between Brecht's work and the classics, provocatively titled "Brecht als Klassiker."[33] Although it was meant to be ironic, Frisch's statement linking Brecht to the classics by naming him a classic had some truth to it. For, as Brecht and Herbert Jhering saw it in a radio interview about the question of a "Klassikertod" (1929), innovative results in the theater could be drawn from performing classic plays, thereby bringing them into a renewed public and intellectual debate about their value. Both Brecht and Jhering attribute the so-called death of the classics and misuse of messages from the Bible, Shakespeare, or even "good old Schiller,"[34] to the aftermath of World War One, calling them "Kriegsopfer" or casualties of war, drafted onto the stage by those unable to use the potential of the classics. Brecht called for close scrutiny as well as restoration of the classics not because the classics were in a crisis situation, but rather because the theater as a public and social institution was itself in crisis.[35] Brecht and his contemporaries sought to utilize and engage with worthy material from classic plays to revive the ailing institution itself.

The "Streit der Fischweiber" represents the intersection of criticism and multi-faceted transformation. Brecht simultaneously defends the classics by reusing their plays and provokes a reassessment of their historical "Materialwert" — its use, substance, tradition, history, and culture.[36] The classics could no longer speak to the reality of the audience. Brecht places the analytical spotlight of criticism onto what had been the dramatic basis of German theater by removing comfortable characters, demanding accountability for the events in the plot, developing his concept of *Gestus*, and forcing clear and calculated speech, by which he meant to say: "Und das Schlimmste, das man machen kann, ist, etwas, das keinen Zweck mehr hat, noch zu halten, weil es einmal schön war."[37]

As it turned out, it was a crisis of the theater, not of the classics. Brecht problematized this apparent crisis through his continued work with various historical "colleagues" (Schiller, Shakespeare, Sophocles, Lenz, Hauptmann, Molière, etc.) in the process of *Übertragung*, to update them for reflection in the present time, and to avoid their future misuse or potential "falsche konservative Verehrung." It was exactly the tendency of "look, but don't touch" that Brecht sought to remedy: the classics were considered a "literarische[r] Naturschutzpark" and the "Materialwert" of Schiller and Goethe was overlooked in favor of protectionist practices on the stage. This is perhaps best summed up by Frau Zwillich after her foe attacks her publicly at the fish market:

> Beherrschung ist gut...Ich hab geschluckt, was irgendein Mensch schlucken kann. Jetzt red *ich*, jetzt pack *ich* aus, alles![38]

Endnotes

1   Bertolt Brecht, "Volkstümlichkeit und Realismus [1]," in Bertolt Brecht, *Werke. Große kommentierte Berliner und Frankfurter Ausgabe*, Vol. 22.1, Werner Hecht, Jan Knopf, Werner Mittenzwei and Klaus-Detlef Müller, eds. (Berlin und Frankfurt: Aufbau und Suhrkamp, 1988ff.) p. 410.

2   The full "Fischweiber" adaptation can be found in BFA 22.2, pp. 834-39.

3   BFA 22.1, pp. 358f.

4   Walter Benjamin, "Die Aufgabe des Übersetzers," in *Gesammelte Schriften 4.1.* Rolf Tiedemann and Hermann Schweppenhäuser, eds. (Frankfurt: Suhrkamp, 1970) pp. 9f.

5   BFA 22.1, p. 132.

6   See Benjamin: "Der Autor als Produzent," "Was ist episches Theater?" and "Aus dem Brecht Kommentar," in *Gesammelte Schriften 2.2.*

7   Benjamin, "Der Autor als Produzent," pp. 689-91.

8   Ibid, p. 689.

9   Benjamin, "Aufgabe des Übersetzers," p. 16.

10   Friedrich Schiller, letter to Goethe dated 18.6.1799, in Karl-Heinz Hahn, ed., *Friedrich Schiller: Briefe in 2 Bänden*, Vol. 2 (Berlin and Weimar: Aufbau, 1968) p. 204.

11   Brecht, journal entry 9.5.1941 (Finland), BFA 26, p. 482.

12   Brecht, "Ausführungen des Philosophen über den Marxismus," in *Messingkauf*, BFA 22.2, p. 717. See also BFA 22.2 , p. 745. Brecht criticizes Schiller's *Wallenstein* on the ability to prove the beauty of a world without betrayal, which leads to moral destruction.

13   See BFA 22.2, pp. 1112f. These "practice pieces" were originally intended for Helene Weigel's acting class in Stockholm, Sweden, prior to which there were no significant exercises for the *Verfremdungseffekt*.

14   I keep the spelling distinction between the actual historical figures, Mary Stuart and Queen Elizabeth, and the fictional dramatic characters, Maria Stuart and Königin Elisabeth throughout this paper.

15   BFA 22.2, p. 830.

16   Hans Meyer, *Brecht und die Tradition* (Stuttgart: Neske, 1961) p. 19.

17   Friedrich Schiller, "Was kann eine gute stehende Schaubühne eigentlich wirken?" in *Sämtliche Werke*, Vol. 2, Peter-André Alt, Hrsg. (München: dtv, 2004) p. 827. Taken from Schiller's speech to the Kurfürstliche Deutsche Gesellschaft in Mannheim on 26 June 1784; first published in a volume of shorter essays on theater in 1785, then again in 1802.

18   Brecht,"Kontrolle des 'Bühnentemperaments' und Reinigung der Bühnensprache," BFA 23, p. 169.

19   BFA 21, p. 55. See also BFA 23, p. 242, where Brecht discusses his review of many other "bad performances" of Schiller's *Die Räuber* within the context of "Boxsport."

20   Schiller, letter to Goethe dated 18.6.1799, p. 204.

21   Schiller, *Braut von Messina*, in *Sämtliche Werke*, Vol. 2, p. 901.

22   BFA 22.2, pp. 838-9.

23   Ibid, p. 835.

24   Ibid, p. 837.

25   Ibid, p. 838.

26   Ibid, p. 835.

27   BFA 22.2, p. 861.

28   Schiller, "Über den Gebrauch des Chors in der Tragödie" *(zu Braut von Messina)*, in *Sämtliche Werke*, Vol. 2, p. 818. Schiller rejects realistic representation as the prevalent maxim of the artist: "...daß die Kunst nur dadurch wahr ist, daß sie das Wirkliche ganz verläßt und rein ideell wird...Es ergibt sich daraus von selbst, daß der Künstler kein einziges Element aus der Wirklichkeit brauchen kann."

29   BFA 24, p. 296.

30   BFA 21, p. 315. See also BFA 22.2, p. 856, p. 717; and BFA 26, p. 482 (journal entry, 1941). Brecht was even more critical of the theatrical in his own time: BFA 21, p. 340 and p. 125.

31   See Brecht's journal entries in BFA 26, p. 403, p. 425, among others.

32   Brecht, notes and commentary from his adaptation on Erwin Strittmatter's *Katzgraben*, published in 1953, BFA 24, p. 441.

33   Max Frisch, "Brecht als Klassiker" in *Die Weltwoche* (1955).

34   BFA 21, p. 296.

35   BFA 21, p. 315.

36   BFA 21, pp. 285-6. See also Konietzny-Rüssel, *Der Medienpraktiker Bertolt Brecht. Interviews, Rundfunkgespräche und Gesprächsprotokolle in der Weimarer Republik* (Würzburg: Königshausen & Neumann, 2007); in her monograph Konietzny-Rüssel discusses Brecht's involvement in the theater debate within the context of his cultural and political media practices.

37   BFA 21, p. 314.

38   BFA 22.2, p. 839.

"Death is Immense. We all are his."
An Essay on the Disappearance of the "Lehrstück"

The essay looks into the question why „Lehrstück" – first performed in Baden-Baden in 1929 – is not part of any Brecht edition. This is even more surprising as the text stands out as being particularly important in Brecht's works because of its thematic uniqueness. Furthermore the play has been in print as a score or musical work under the name of the composer Paul Hindemith since 1929. In 1930 Brecht developed the original didactic play into the "Badener Lehrstück vom Einverständnis" – published in *Versuche* 2. The plot however deviates to a large degree from the original, and above all exemplifies a completely different moral. Whereas in the "Lehrstück" a pilot, who has crashed, has to learn how to die, the "Badener Lehrstück vom Einverständnis" aims at the revolutionary transformation of the world. The original didactic play is eclipsed by its revised version. Not only was it ignored by its author (though he first gave his consent to a publication by Paul Hindemith and several performances up to 1933) but also by Brecht scholars. The essay investigates the complex and manifold reasons — which even point to Martin Heidegger — for this as well as the question as to whether the play staged in Baden-Baden has a fragmentary character.

Der Aufsatz geht der Frage nach, warum ein wegen seiner thematischen Einzigartigkeit bedeutender Text Brechts, das 1929 in Baden-Baden uraufgeführte „Lehrstück", in keiner einzigen Brechtausgabe enthalten, wohl aber seit 1929 unter dem Namen des Komponisten Paul Hindemith als Partitur bzw. Musikausgabe lieferbar ist. 1930 entwickelte Brecht aus dem Stück das „Badener Lehrstück vom Einverständnis" (in *Versuche* 2 veröffentlicht), das allerdings einen weitgehend anderen Inhalt und vor allem eine ganz andere „Lehre" hat. Während im „Lehrstück"-Text ein abgestürzter Flieger lernen muss zu sterben, zielt das „Badener Lehrstück" auf die revolutionäre Veränderung der Welt. Mit der Überarbeitung verschwindet das ursprüngliche „Lehrstück" sowohl aus der Wahrnehmung seines Autors (der allerdings der Veröffentlichung durch Paul Hindemith und mehreren Aufführungen bis 1933 zustimmte) wie (weitgehend) aus der Brechtforschung. Den differenzierten Gründen dafür, die bis zu Martin Heidegger führen, geht die Darstellung ebenso nach wie der Frage nach dem angeblichen „Fragment"-Charakter des in Baden-Baden aufgeführten Texts.

„Der Tod ist groß. Wir sind die Seinen."
Ein Versuch über das Lehrstück vom Verschwinden des „Lehrstücks"

Ulrich Scheinhammer-Schmid

für Klaus Treutlein[1]

Feststellung 1: Das *Lehrstück*, eine am 28. Juli 1929 beim Baden-Badener Kammermusikfest uraufgeführte Szenenfolge, Text von Bertolt Brecht, Komposition von Paul Hindemith, ist erstaunlicherweise bis heute in keiner einzigen Brecht-Ausgabe enthalten, in keiner großen, kommentierten und auch nicht in einem der vielen vielfarbigen edition-suhrkamp-Bändchen, die Siegfried Unseld bei seinen Lebzeiten, zusammen mit der Firma Brechts Erben, den Fans des Stückeschreibers in reicher Fülle bescherte.

Feststellung 2: Kein Brecht bei Brecht also, obwohl der Text nicht unveröffentlicht ist. Er erschien bereits 1929 in einer Ausgabe des Mainzer Schott-Verlags, im Rahmen der Werke des Komponisten Paul Hindemith. Diese Ausgabe ist bis heute als Partitur wie als Klavierauszug (und natürlich auch in der großen Hindemith-Gesamtausgabe) erhältlich (freilich weniger im Buch- als im Musikalienhandel)![2]

Veranschaulichung: Ich verdeutliche diese Situation mit einem Vergleich: man stelle sich vor, eines der bedeutenderen Stücke Goethes finde sich in keiner einzigen Goethe-Ausgabe, dafür ausschließlich in der Schubert-Gesamtausgabe, weil Franz Schubert den Text vertont hat.

Um die Gründe und Umstände für diesen bemerkenswerten Sachverhalt soll es im Folgenden in vier Schritten gehen:

1. Im Dickicht der Titel & Texte
2. Spiel mir das Lied vom Tod
3. Viva la muerte oder Es lebe der Tod!
4. Solidaritäterä-täterä!

Die Wirrung beginnt bereits mit den Titeln: das Wort Lehrstück bezeichnet heute in erster Linie eine Brechtsche Stückgattung, nicht ein einzelnes Werk. Die individuelle Existenz der Szenenfolge von 1929 ist hinter dem allgemeinen Begriff ebenso verblasst wie hinter der irreführenden Zuschreibung *Badener Lehrstück vom Einverständnis*. Diese ist nur scheinbar eindeutig: vordergründig eine klare geographische Angabe, die sich auf den Ort der Uraufführung bezieht, verschleiert dieser Ortsbegriff, dass es sich bei dem damit Benannten gerade *nicht* um den in Baden-Baden aufgeführten Text handelt beziehungsweise gibt vor, es handle sich (ganz oder weitgehend) um das in Baden-Baden Aufgeführte.

1. Im Dickicht der Titel & Texte

Das Verwirrspiel beginnt allerdings schon vor der Premiere vom 28. Juli 1929 mit Fehlspuren, die der listige Brecht in der Programmbroschüre gelegt hat, zunächst möglicherweise nur als vorsorgliche Exkulpation gegenüber späteren kritischen Einwänden.

„Vorläufiger abschluß des fragments" setzte er an das Ende einer achtseitigen Broschüre, die zur Uraufführung erschien und nach Klaus-Dieter Krabiel „wohl als Vorinformation von Publikum und Presse diente."[3] Ihr Titel: „Lehrstueck. Fragment. Text: Bertolt Brecht. Musik: Paul Hindemith."[4] Im Programmheft „Deutsche Kammermusik Baden-Baden 1929" wies Brecht zudem ausdrücklich darauf hin, das *Lehrstück* sei „nicht einmal ganz fertig gemacht."[5] Reiner Steinweg teilt diese Passage in seiner reichhaltigen Sammlung *Brechts Modell der Lehrstücke. Zeugnisse, Diskussion, Erfahrungen* mit; zugleich demonstriert er in seiner Anmerkung zu dem Text, wohin es führt, wenn man dem listigen Brecht hier auf den Leim geht: „Bei diesem Kammermusikfest...wurden der *Lindberghflug* und das später *Badener Lehrstück vom Einverständnis* genannte *Lehrstück* uraufgeführt."[6]

Dies führt uns zur **dritten Feststellung**: Das *Lehrstück* von 1929 ist nicht identisch mit dem späteren *Badener Lehrstück vom Einverständnis* aus dem Jahr 1930. Brecht übernimmt aus ihm zwar einzelne, in der Abfolge neu eingeordnete Textteile in das *Badener Lehrstück*, gibt dem Stück aber eine völlig neue Aussage und damit Lehre. Und: Paul Hindemith hat nie eine einzige Note zum *Badener Lehrstück vom Einverständnis* komponiert.

Der angebliche Fragmentcharakter des *Lehrstücks* taucht freilich in der Folgezeit nicht nur in einigen der Kritiken zum Baden-Badener Musikfest auf, sondern bestimmt auch, ebenso wie die undifferenzierte Gleichsetzung der beiden Stücke, bis heute die meisten wissenschaftlichen Beiträge zum Thema. Die Formel vom *Badener Lehrstück* mit der angeblichen Musik Paul Hindemiths zieht sich ab 1930, seit dem Erscheinen des 2. *Versuche*-Hefts, durch die gesamte Brechtforschung.[7]

Drei Beispiele mögen genügen: Brecht selbst schreibt 1937 in einer autobiographischen Skizze für die Emigrantenzeitschrift *Das Wort* über sich selbst in der dritten Person: „Für die Internationalen Musikfestspiele schrieb und inszenierte er...das *Badener Lehrstück* (Musik Hindemith)." [8]

Ähnlich unzutreffend schreibt Werner Hecht, sicher ein höchst kompetenter Fachmann, in seiner *Brecht-Chronik* 1997 über Paul Hindemith: „Der Komponist, der die Musik zu Brechts ‚Badener Lehrstück vom Einverständnis'...geschrieben hat, ist in die Kritik der Nationalsozialisten geraten." [9] Diese Aussage wird von Hecht auch in den 2007 erschienenen *Ergänzungen* seiner *Brecht-Chronik* nicht korrigiert, obwohl Paul Hindemith nichts aus dem „Badener Lehrstück vom Einverständnis" vertont hat.[10]

Den Gipfel erreicht dieser Obstsalat aus zwei verschiedenen Frucht-Sorten in Lucchesi/ Shulls umfassendem Buch zum Thema *Musik bei Brecht* von 1988: Es verzeichnet als Nummer 135 *Das Badener Lehrstück vom Einverständnis* (übrigens mit der nur bedingt richtigen Entstehungszeit „1929"). „Komponist" sei „Paul Hindemith," und dann folgen 11 Nummern, von 135.01 bis 135.11. Bei denen, die irgendeinen Anklang an das Lehrstück von 1929 haben, wird Hindemith als Komponist genannt, obwohl ihr Kontext im neuen (Badener Lehr-)Stück ganz anders ist als im *Lehrstück* von 1929.[11]

2. Spiel mir das Lied vom Tod

In Band 3 der *Großen kommentierten Berliner und Frankfurter Ausgabe* findet sich ein weiteres kleines, aber beachtliches Kunststück. Es stammt ausnahmsweise nicht von Brecht, sondern vom Bandherausgeber Manfred Nössig, der außer durch die Herausgabe von zwei Bänden der BFA in der Brechtforschung, soweit ich sehe, kaum weiter in Erscheinung getreten ist. Er hat allerdings offenbar an der Akademie für Gesellschaftswissenschaften, der Kaderschmiede der SED, im Jahr 1970 promoviert; sein Thema *Die Entwicklung des Dramas und des Schauspieltheaters in der Deutschen Demokratischen Republik (1956-1962)* hat er dabei in einer (anscheinend nie gedruckten) Arbeit von 52 Blättern abgehandelt – mehr war dazu möglicherweise nicht zu sagen.[12] Er war dann Chefredakteur von *Theater der Zeit*,[13] und hat, meist im Kollektiv mehrerer Herausgeber, einige wenige Dokumentationen, etwa über die *Entwicklung des marxistischen literaturtheoretischen Denkens 1918 – 1933*, herausgegeben.[14]

Diesem Herausgeber gelingt es im Apparat des genannten Bands 3 der *Großen Berliner und Frankfurter Ausgabe*, Brechts Änderungen vom *Lehrstück* 1929 zum *Badener Lehrstück vom Einverständnis* (1930) so zu beschreiben, dass dem Leser nicht klar wird, dass es sich um zwei inhaltlich sehr verschiedene Stücke handelt. Er beschreibt nämlich mit sozialistischer List den Text, den er abdruckt, nicht den, den er weglässt.

Damit bleibt der eigentliche Kern des früheren Texts für die Nutzer der Ausgabe verborgen und ist auch nicht zu rekonstruieren.

Dazu meine **Feststellung 4**: Thema des „Lehrstücks" von 1929 ist nicht die Weltrevolution, sondern der individuelle Tod eines Menschen, der als Flieger abgestürzt ist und dem im Stück mit unterschiedlichen Belehrungsarten das Sterben beigebracht wird.

In einem dramaturgisch geschlossenen Spannungsbogen von sieben Szenen wird hier der „Abgestürzte" auf seine „kleinste Größe" gebracht – damit ist er reif zum Tode. Es ist ein Prozess im doppelten Wortsinn: ihm liegen sowohl juristische wie religiöse Muster zugrunde. Sie bilden eine Gerichtsverhandlung ebenso nach wie sie die meditative Betrachtung und die auf den Tod gerichtete religiöse Unterweisung als Strukturelemente verwenden, die in mehreren Stufen umgesetzt werden.

Die erste Stufe, „1. bericht vom fliegen", wiederholt mit minimalen Abweichungen den Abschlusstext des *Lindberghflug*[s] („16. bericht über das unerreichbare"). Auf diesen von Stolz auf das Fliegen als neuem Fortschritt der Menschheit erfüllten Chor folgt ein Wechselgesang zwischen dem „führer des chors" und dem „gestürzte[n]", der um Hilfe bittet. Der Chor „wendet sich" daraufhin „an die menge" mit der Frage, „ob wir ihm helfen sollen."[15]

Die Bitte des Abgestürzten um Hilfe wird mit zwei „Untersuchungen" beantwortet, „ob der Mensch dem Menschen hilft." Nach der ersten Untersuchung spricht „der chor zum abgestürzten" und weist den abgestürzten Flieger darauf hin, dass er sterben muss:

> er ist gezeichnet über nacht und
> seit heute morgen ist sein atem faulig
> seine gestalt verfällt sein gesicht
> einst uns vertraut wird schon unbekannt...
> jetzt erschrick nicht mensch
> jetzt mußt du weggehn gehe rasch
> blick dich nicht um geh
> weg von uns

Auf diese Mahnung, im letzten Teil musikalisch als „Marsch" artikuliert, folgt das Zwischenspiel „Betrachtet den Tod", in Baden-Baden durch den gefilmten Sterbetanz der Valeska Gert dargestellt.[16] Es mündet in den Schrei des „gestürzten": „Ich kann nicht sterben." Darauf antwortet der Chor mit dem Hinweis „nur eine anweisung/ können wir dir geben/ stirb aber lerne/ lerne aber lerne nicht falsch."[17] In vier Passagen des "sprechers", unterbrochen von Reaktionen des „gestürzten" sowie des „chors" und der „menge", folgen nun „sätze aus einem kommentar":[18]

> welcher von uns stirbt, was gibt der auf?...welcher von
> uns stirbt, der weiß auch: ich gebe auf was da vorhanden
> ist, mehr als ich habe, schenke ich weg. wer von uns
> stirbt, der gibt die straße auf, die er kennt und auch, die
> er nicht kennt.

Es folgt die Parabel vom „denkenden", der „in einen großen sturm kam": er steigt aus seinem „großen wagen", legt „seinen rock" ab und legt sich auf den Boden: „so überwand er den sturm in seiner kleinsten größe."[19] Chor und Menge wiederholen mehrfach diese Erkenntnis, deren Nutzanwendung nun auf den Sterbenden übertragen wird:

> um einen menschen zu seinem tode zu ermutigen bat
> der denkende ihn seine güter abzulegen. als er alles
> abgelegt hatte blieb nur das leben übrig.
> lege weiter ab sagte der denkende

Die Szene schließt mit einer Nutzanwendung, die das Überwinden des Sturms mit der Überwindung des Todes verknüpft:

> wenn der denkende den sturm überwand so überwand
> er ihn weil er einverstanden war mit dem sturm. also
> wenn ihr den tod überwinden wollt so überwindet ihr
> ihn wenn ihr einverstanden seid mit dem tod.

Einverständnis setzt aber voraus, sich an die „armut" zu halten, nicht an „die dinge", denn „dinge", „leben" und „gedanken" können genommen werden „und dann ist da auch kein einverständnis."[20]

Auf diese „Belehrung" folgt als „zweite untersuchung: ob der mensch dem menschen hilft" die berühmt-berüchtigte „szene für clowns" mit der Demontage des „herrn schmitt", die in Baden-Baden den großen Skandal auslöste.[21] Den Abschluss bildet ein „Examen" (Nr. 7), in dem geprüft wird, ob der Sterbende seine Lektion gelernt hat. Als er zur Einsicht des Todes kommt und das Sterben akzeptiert („niemand stirbt wenn er stirbt"), hat er „seine kleinste Größe erreicht" und ist (im doppelten Wortsinn) fertiggemacht zum Sterben. Dreimal wiederholen der „chor", „einige aus der menge" und die „menge dazu" abschließend den entscheidenden Satz: „jetzt hat er/ seine kleinste größe erreicht."[22]

Dieses doppelte Ende, als „vorläufiger abschluß des fragments" wie als Tod des Fliegers, bezeichnet gleichzeitig den extremen Gegenpol zum Ende des *Lindbergh*-Stücks, das vom Triumph des technischschöpferischen Menschen über die Gefahren der Natur handelt. „Natur" weist in diesem Zusammenhang einen zweifachen Sinn auf: Es ist der Sieg über die im Menschen selbst beheimatete kreatürliche Schwäche („Schlaf"), aber auch die Überwindung der außerhalb des Menschen drohenden Naturgewalten wie Schneesturm, Nebel und Meer.[23] Besonders deutlich hat Brecht diesen Gegenpol zum Bild des Menschen als Sieger, wie er in *Der Lindbergh-Flug* erscheint, in einem Notizbuch formuliert; diesen Fünfzeiler haben die Herausgeber der *Großen kommentierten Berliner und Frankfurter Ausgabe* den *Gedichten* zugeordnet. Diese Verse in einer Ich-Rolle gehören aber, worauf nicht zuletzt der Titel verweist, mit hoher Wahrscheinlichkeit in den Entstehungsprozess des *Lehrstücks*:[24]

LEHRSTÜCK

Ach ist´s, wie ihr sagt, und bin ich unwürdig
Zu aufgeblasen leer und unnützlich
So muß auch ich absterben meinen Tod
Und kann´s nicht, wenn mir keiner hilft
Unwissend und ungelehrt.

Mit dem in Baden-Baden 1929 erstmals aufgeführten Schluss des *Lehrstücks*, der den radikalen Gegenpol zur positiven Lehre des *Lindbergh-Flugs* formuliert, ist allerdings nicht nur der Abgestürzte selbst fast völlig aus dem Brechtkosmos verschwunden, sondern in der Folgezeit auch das Stück selbst,[25] ganz im Sinne Wilhelm Buschs: „Und seinem Dasein als Subjekt/ Ist vorderhand ein Ziel gesteckt."[26]

Mein nächster Punkt ist der Parole der spanischen Faschisten abgelauscht:

3. Viva la muerte oder Es lebe der Tod!

Zwei schlichte Fragen sollen im Mittelpunkt stehen: Warum thematisiert und analysiert Brecht den Tod gerade an dieser Stelle und zu diesem Zeitpunkt mit derart gnadenloser Präzision? Und: Warum muss(te) das *Lehrstück* aus Brechts Oeuvre ausscheiden?

In dem Band *Ende, Grenze, Schluss? Brecht und der Tod*, der Referate des Augsburger Brecht-Symposions 2006 präsentiert, werden zwei gegensätzliche Positionen zum Thema einander gegenübergestellt.[27]

Helmut Koopmann beschreibt gewissermaßen die Außensicht der Todesfrage in Brechts Leben und Werk. Da zeige sich nämlich, „dass ihn der Tod als Problem persönlich kaum berührt" habe; „Leitworte" seien dagegen für Brecht „Jugend, Aufbruch, Hoffnung, Zukunft" gewesen, und er habe „jahrzehntelang die Botschaft vom stetigen Aufsteigen verkündet" — zusammengefasst: bei ihm herrsche „hintergründig der Aufklärungsoptimismus des 18. Jahrhunderts."[28] An dieser letzten Aussage ist alles richtig, bis auf ein einziges Wort: dieser Optimismus herrscht nämlich in Brechts Werk nicht „hinter-", sondern „vordergründig."

Dafür sprechen nicht nur die zahlreichen Beiträge des Augsburger Symposions, die bei dem scheinbar so todfernen Autor zahlreiche Todesbezüge gefunden haben, dafür spricht vor allem Carl Pietzckers überzeugende Psycho-Analyse der Herzneurose Brechts, die interessanterweise ebenfalls von der in Brechts Werk scheinbar fehlenden Todesangst ausgeht.[29] Pietzcker kommt aber rasch zu dem Ergebnis, „dass Todesangst ein wesentlicher Motor der Brechtschen Kreativität war und dass der Tod in seinem Werk nahezu ständig präsent ist."[30]

Damit steht die **Feststellung 5** an: Nirgends in seinem Werk hat Brecht dieses Thema der Todesangst so intensiv und damit für ihn selber beängstigend gestaltet wie in dieser *Lehrstück*-Gemeinschaftsproduktion mit Paul Hindemith; das hatte zur Folge, dass er diese Angstvision bei der Überarbeitung schnellstens auslöschen musste – das Mittel dieser Todestötung war der sozialistische Fortschrittsoptimismus.

Bei der Entstehung des *Lehrstücks* und bei der kühnen Wahl dieses für Brecht bedrohlichen Themas kommt ein Moment ins Spiel, das Carl Pietzcker überzeugend analysiert: Brecht reagiere auf seine durch die Herzneurose ausgelöste Angst „kontraphobisch, also mit einer Flucht nach vorne gegen die Angst."[31] Zu diesen „provokativen Selbstinszenierungen" gehört zweifellos ganz vorzüglich das *Lehrstück*, in dem die „kontraphobische" Anstrengung, verstärkt durch die Attitüde des Bürgerschrecks, gleich mehrfach ihren Ausdruck findet.

Zuerst ist hier die deutliche Absicht zu nennen, mit den beiden Stücken von 1929, *Der Lindberghflug* und *Lehrstück*, ein Diptychon zu schaffen, in dem zwei gegensätzliche Bewegungen gestaltet werden. Dem Heldenlied von der Überschreitung der *Grenzen der Menschheit* durch den Atlantiküberquerer Charles Lindbergh gegenüber steht der Weg hin zu den unausweichlichen Begrenzungen des Kreatürlichen im Tod – die Überwindung dieser Grenze, die den Menschen bis zum Nicht-Sein reduziert, bleibt in beiden Stücken „das Unerreichbare" (das sich auch durch die Textänderung in „das noch nicht Erreichte" nicht wegzaubern lässt).[32]

Die „kontraphobische" Provokation im Gestus des *Lehrstücks* zeigt sich aber nicht nur in dieser Antithese der beiden Baden-Badener Stücke, sondern auch im Sterbetanz der Valeska Gert, in der „Clownszene" (die dem Thema durch die groteske Übertreibung und makabre Komik etwas von seinem Schrecken nimmt) und in den radikalen Todestexten des Stücks, die den Tod als extreme Reduzierung des Menschlichen bis zum Nullpunkt des Nicht-Seins beschreiben.

Damit zu der ersten Frage nach dem Zeitpunkt dieser Todesdarstellung Ende Juli 1929: Das *Lehrstück*, seine Überarbeitung und die Stücke im Umkreis scheinen mir einen Paradigmen-Wechsel zu signalisieren. Wie die frühen Tagebücher, Texte und Entwürfe (etwa auch der *Baal*), deutlich zeigen,[33] bildete für den jungen Brecht das Schreiben (angetrieben von dem Ziel, ein anerkannter und im Gedächtnis der Nachwelt fortlebender Autor zu werden) das primäre Mittel, um seine in den bedrohlichen Herzbeschwerden qualvoll erlebte Endlichkeit und die Todesgefahr zu überwinden. Anschließen lässt sich diese Zielsetzung an die berühmte Ode des schon vom Schüler Brecht geliebten Dichters Horaz: „Exegi momumentum aere perennius..."[34] Erreicht war dieses „Ewigkeitsziel" (in den Worten des Horaz: „non omnis moriar": „nicht völlig werde ich sterben") mit dem literarischen und materiellen Erfolg der *Dreigroschenoper* in der zweiten Jahreshälfte 1928.[35] Spätestens jetzt war der Autor Brecht im Dickicht der Großstädte und des Literaturbetriebs etabliert, das von Kleists Prinz von Homburg vorformulierte Ziel „Nun, o Unsterblichkeit, bist du ganz mein!" war – fürs erste – realisiert.[36] Damit wurde aber auch die Frage des eigenen, individuellen Tods wieder virulent, dessen Brisanz durch eine ganze Reihe von Faktoren zusätzlich aktualisiert wurde. Die Heirat mit Helene Weigel (letztlich doch eine Art Familiengründung, die überdies einen Selbstmordversuch Elisabeth Hauptmanns zur Folge hatte), Brechts Autounfall sowie möglicherweise das Erlebnis des „Berliner Blutmai" (alles 1929) sind hier ebenso zu nennen wie der Rundfunkauftrag von 1928, Kurt Weill solle nach Texten von Brecht eine Radiokantate mit dem Titel *Gedenktafeln, Grabinschriften und Totenlieder* komponieren.[37]

Besonders aufschlussreich ist hier Brechts Autounfall am 20. Mai 1929. Auf der Fahrt nach St. Cyr verunglückte er mit seinem Steyr-Wagen bei Fulda und wurde, einem Brief Kurt Weills zufolge, mit einem „Kniescheibenbruch" nach Berlin zurücktransportiert.[38] Bezeichnenderweise hat Brecht den Unfall bald darauf kontraphobisch durch eine nachgestellte Bildreportage überspielt, die die Gefährlichkeit der Situation zugleich verdeutlicht und überspielt. Im Novemberheft der Zeitschrift *Uhu* erschien unter der Überschrift „Ein lehrreicher Autounfall" eine Fotofolge mit einem Begleittext, der wohl von Brecht selbst stammt.[39] Er wurde bisher überwiegend unter dem Aspekt der geschickten Werbung gesehen, die Brecht einen neuen Steyr-Wagen anstelle des Unfallautos verschaffte; es habe sich hier also vor allem um eine Werbeaktion zugunsten der Automarke wie des Dichters gehandelt. Übersehen wurde dabei (angesichts von Brechts schnoddrigem Ton nicht verwunderlich) die real-bedrohliche Gefahr der Unfallsituation. Um einem entgegenkommenden PKW auszuweichen, der auf der Gegenfahrbahn einen Lastwagen überholte, musste Brecht – dem Text zufolge - als Fahrer bei einer Ausgangs-Geschwindigkeit von ca. 70 km/h frontal auf einen der Bäume am Straßenrand zufahren, da sich hinter den Alleebäumen eine „Böschung von etwa 5 Metern" Tiefe befand:

> Brechts Wagen war also gezwungen, auszuweichen, und Brecht vermochte, die Bremsen mehrfach stark anziehend und wieder öffnend, auf den ihm zunächst erreichbaren Baum aufzufahren. Es gelang ihm, genau mit der Mitte des Kühlers den Baum zu treffen und so den Wagen aufzufangen. Der Kühler zerbrach, und die aufstoßende Vorderseite des Chassis bog sich ringförmig um den Baum, aber sie hielt den Wagen auch zugleich fest. Das Ergebnis waren nur unbedeutende Verletzungen.

Das verharmlosende „nur" umschließt immerhin eine beschädigte Kniescheibe und einen Totalschaden des Wagens![40]

Noch vor dem Unfall lag ein anderes Erlebnis, von dem Fritz Sternberg in seinen *Erinnerungen an Bertolt Brecht* berichtet. Brecht beobachtete am 1. Mai 1929 zusammen mit Sternberg von dessen Berliner Wohnung aus die Demonstrationen der Kommunisten. Der Berliner Polizeipräsident Zoerrgiebel hatte für diesen 1. Mai alle Kundgebungen verboten, aber die Kommunisten gingen trotzdem auf die Straße. Sternberg erinnert sich:

> Mehrfach schoß die Polizei. Wir glaubten zunächst, es handele sich um Schreckschüsse. Dann sahen wir, daß mehrere der Demonstranten niederstürzten und später auf Bahren weggetragen wurden. Es hat damals, soweit ich mich erinnere, über zwanzig Tote unter den Demonstranten in Berlin gegeben. Als Brecht die Schüsse hörte und sah, daß Menschen getroffen wurden, wurde er so weiß im Gesicht, wie ich ihn nie zuvor in meinem Leben gesehen hatte.

Sternberg zieht daraus die Folgerung, es sei „nicht zuletzt dieses Erlebnis gewesen, was ihn dann immer stärker zu den Kommunisten trieb."[41] Das mag, langfristig gesehen, richtig sein; die unmittelbare Konfrontation mit dem Tod freilich dürfte ihren Niederschlag weit eher im *Lehrstück* gefunden haben.

All dies hat möglicherweise Brechts Blick auf den Tod ausgerichtet und/oder geschärft, dessen Darstellung ein stimmiges Gegen-Bild zum *Lindberghflug* ergab. Noch bedeutsamer freilich erscheint eine andere

Parallele, die Sean Ireton im Brecht-Yearbook 24 (2000) bereits gestreift hat.[42] Er interpretiert das *Badener Lehrstück vom Einverständnis* und das darin formulierte „Sterbensideal" als Absage an die „äußerst individualistisch geprägte Todesvorstellung Heideggers." Brecht habe freilich mit dem Philosophen gemeinsam, dass es beiden, „anstatt den Tod als einmaliges Geschehnis am Ende des kreatürlichen Lebens zu verstehen (und ferner entweder als Übergang zum Jenseits oder als biologischen Endpunkt)", darum gehe, „den Tod ins irdische Dasein zu integrieren."[43]

Dass der Tod, wie Heidegger postuliert, „die Eigentlichkeit des Selbst determiniert," trifft auf das *Lehrstück* ebenso zu wie die fünf Bestimmungen, mit denen in *Sein und Zeit* der „volle existenzial-ontologische Begriff des Todes" umrissen wird: „Der Tod als Ende des Daseins ist die eigenste, unbezügliche, gewisse und als solche unbestimmte, unüberholbare Möglichkeit des Daseins."[44]

Sean Ireton entfaltet diese fünf Begriffe ausführlich, beginnend bei der Vorstellung vom Tod als der „eigenste[n] Möglichkeit": „Der Tod ist unveräußerlich, unübertragbar und mithin der persönlichste Bezug zur Existenz. Keiner kann ja meinen Tod sterben, denn er gehört nur mir...jeder Mensch muß am Ende seinen eigenen Tod erleben."[45]

Die „Unbezüglichkeit des Todes" verweise auf die „Individualität des Daseins angesichts des Todes, insbesondere auf seine Unabhängigkeit von der Mitwelt, in der es als Mitsein existiert." Im Tod löse „sich eigentliches Dasein von allen Beziehungen zu seiner Umgebung" und begebe sich „in eine unmittelbar existenziale Lage, in der es nicht auf die Hilfe oder den Trost anderer angewiesen ist."[46] In der Gewißheit des Todes, drittens, schrecke „eigentliches Dasein...nicht vorm Sterben zurück" und versuche auch nicht, „sich ewig am Leben zu halten."[47]

Darüber hinaus seien der Tod und sein Zeitpunkt „unbestimmt" und „unüberholbar", das heißt, sie seien nicht vorherbestimmbar und repräsentierten „die endgültige Grenze des Lebens."[48]

Dass diese fünf Punkte allesamt auf die Thanatologie des *Lehrstücks* von 1929 zutreffen, ist unschwer zu erkennen; sie auf das *Badener Lehrstück vom Einverständnis* zu übertragen, erweist sich als weitaus problematischer, weil dort die Tatsache, dass der individuelle Tod unausweichlich ist, durch das sozialistische Fortschrittspathos eher aus dem Blickfeld gerückt wird. So muss Ireton zu einem eigentlich unbefriedigenden Ergebnis seiner Studie kommen: „Brechts Versuch, ohne [Walter] Benjamin ‚den Heidegger zu zertrümmern,' gelingt ihm also nur zum Teil."[49]

Der von Ireton schon in seinem Aufsatz-Titel verwendete Begriff „den Heidegger zertrümmern" bezieht sich auf den in einem Brief Walter Benjamins an Gershom Sholem angekündigten Plan, „in einer ganz engen kritischen Lesegemeinschaft...im Sommer den Heidegger zu zertrümmern."[50] Dass daraus aus mehreren, von Erdmut Wizisla eruierten Gründen nichts wurde, lag nicht nur an dem Aspekt, den der Heidegger-Schüler Günter Anders anführt: „Ich entsinne mich auch, daß ich etwas verblüfft ihm [Brecht] antwortete, er hätte mir ja selbst erzählt, daß er Heidegger weder gehört noch gelesen habe, daß übrigens das gleiche von Benjamin gelte."

Anders wiederholte seinen Einwand lange nach Brechts Tod, 1979, mit dem Argument, „daß Brecht – das kann ich mit Bestimmtheit aussagen – keine zwei Seiten von *Sein und Zeit* gelesen" habe und diese überdies, hätte er sie denn gelesen, „da ihm alle philosophiegeschichtlichen Voraussetzungen dafür" fehlten, „auch gar nicht [hätte] verstehen können."[51] Dieser Einwand freilich dürfte an der Sache vorbeigehen, denn Heideggers *Sein und Zeit*, 1927 erschienen, wirkte rasch in die Breite – nicht nur durch Heideggers neuen Ansatz, sondern insbesondere auch, weil dieser Ansatz, speziell mit seinem Todesbegriff, einen Nerv der Zeit traf.[52] Peter Sloterdijk verweist darüber hinaus auf das kritische Potential dieses Gedankens:[53]

> Kein Gedanke ist so intim in seine Zeit eingebettet wie der des Seins zum Tode; es ist das philosophische Schlüsselwort im Zeitalter der imperialistischen und faschistischen Weltkriege.

Die Formel vom „Sein zum Tode" enthalte „explosive kritische Potentiale", denn sie sei „die größte Kritik des 20. Jahrhunderts am 19. Jahrhundert": Dieses „nämlich hatte seine besten theoretischen Energien in den Versuch gesteckt, durch realistische Groß-Theorien den *Tod der anderen* denkbar zu machen." Sloterdijk verweist auf die „Äquivalenzen" zwischen den Ideologien, die alle in das gleiche Ergebnis münden: „die Abwälzung des Todes auf die andern." Demgegenüber „revoltiert die Heideggersche Existenz gegen die ‚ständige Beruhigung über den Tod', auf die eine überdestruktive Gesellschaft unbedingt angewiesen ist." Das werde (wie bei Brecht) bewirkt durch den einfachen Wechsel des Personalpronomens: „‚Man stirbt' wird zu: ‚Ich sterbe.'"

Wie sehr Heideggers Definition des Todes als Kern von *Sein und Zeit* gesehen wurde, belegt etwa der knappe „Heidegger"-Artikel in der 15. Auflage des *Großen Brockhaus* von 1931 mit dem Hinweis: „Sein selbst ist immer zeitlich, endlich; es ist ein Sein zum Tode, aber nicht ‚Sein in der Zeit,' sondern ‚Sein als Zeit.'[54] Das Sein im Schatten der Vergänglichkeit, genauer gesagt im Schatten des Vergehens, als „Sein zum Tode" bestimmt unzweifelhaft auch die Existenz des sterbenden Fliegers im *Lehrstück*.

Die sich hier dem Bild des Todes öffnende Bühne gab freilich einen Anblick frei, dessen (in einem tieferen Sinn realistische) Drastik rasche Wieder-Verhüllung erforderlich machte. An die Stelle des unverhüllten Blicks auf die (eigene wie fremde) Kreatürlichkeit trat kurz darauf im *Badener Lehrstück vom Einverständnis* das Pathos der „Veränderung der Welt." Hier wie in den anderen Lehrstücken der Jahre 1929/1930 entwickelt Brecht ein neues Muster zur Bewältigung des Todesproblems: Der Tod wird bedeutungslos, wenn es gilt, einen neuen Fortschritt der Menschheit, einen (biblisch gesprochen) neuen Himmel und eine neue Erde heraufzuführen.

Der in England lehrende polnische Philosoph und Soziologe Zygmunt Bauman arbeitet in seinem Band *Tod, Unsterblichkeit und andere Lebensstrategien* zwei unterschiedliche Spielarten der Eskamotierung des Todes heraus. Nachdem er festgestellt hat, der Tod sei ein „Ärgernis, die äußerste Demütigung der Vernunft" und „an dieser Niederlage" vermöge „die Vernunft wenig zu ändern,"[55] stellt er die zwei unterschiedlichen Lösungsansätze der Menschheit für das sich hieraus ergebende Problem dar. Der eine bestehe darin, den Tod für bedeutungslos zu erklären, da er „nicht das richtige Kriterium für die Langlebigkeit, ja die Unsterblichkeit des Seins ist", das beispielsweise vom Prinzip des Werdens und Vergehens bestimmt sein kann.[56]

Der andere Ansatz postuliert die Fortdauer des Individuums „über den Zeitpunkt seines biologischen Todes hinaus",[57] etwa durch die Unsterblichkeit der Seele oder durch den Tod im Dienste eines höheren Ziels:

> Der moderne Totalitarismus, ob nun in seiner nationalistischen, rassistischen oder klassenkämpferischen Erscheinungsform, lässt sich als Versuch deuten, die vielversprechendsten Aspekte beider Strategien zusammenzubringen: die Annahme der kollektiven Unsterblichkeit des *Volkes* [beziehungsweise der kämpferischen Klasse] mit dem Versprechen zu verbinden, die einzelnen Helden würden auf ewig im Gedächtnis des Volkes [beziehungsweise der siegreichen Klasse] leben.[58]

Das *Lehrstück* von 1929 repräsentiert demgegenüber eine individualistische Extremposition – der Einzelne ist dem Tod buchstäblich Hilfe-los als ein Opfer ausgeliefert, das anonym und ohne Hoffnung auf ein fortlebendes Erinnern stirbt und das den Sterbeprozess nur durch sein aktives „Einverständnis" positiv gestalten kann. Dazu gehört, dass er den Tod als radikale Reduktion des eigenen Ichs wie als Aufgabe seines gesamten Besitzes akzeptiert.

Das heißt: Kein Trost, nirgends, und die abschließenden Worte des *Lehrstück*-Texts von 1929: „vorläufiger abschluß des fragments" werfen tatsächlich die Frage nach der Vorläufigkeit und nach dem „Fragment"-Charakter dieser Brechtschen Thanatologie auf. Hier ist die Forschung weithin Brechts eigenen Aussagen gefolgt, ohne einerseits den dramaturgischen Aufbau des „Lehrstücks" näher in den Blick zu nehmen, aber auch ohne Brechts Handlungsweise in der Folgezeit bezüglich des von Hindemith komponierten Texts genauer zu untersuchen.

Analysiert man das angebliche „Fragment" und seinen Aufbau, ohne den Text nur als Vorstufe des *Badener Lehrstücks* zu betrachten, ergibt sich ein stringenter, in sich geschlossener und dramaturgisch überzeugender Handlungsbogen. Er führt vom Himmels-Sturz des fliegenden Ikarus über die Ablehnung der Hilfe für den Gestürzten zu dessen erfolgreich abgeschlossenem Lernprozess, einverstanden zu sein mit dem Tod. Die Stationen des *Lehrstücks* dienen dazu, dieses Einverständnis zu lernen, der Todestanz ebenso wie die Belehrungen, die Clownszene wie das „Examen."

In der Neufassung von 1930 dagegen liegt die finale Erfüllung im vorwärts marschierenden Kollektiv, aus dem der auf seiner Individualität und seiner Leistung beharrende Flieger ausgestoßen wird, wobei sein Sterben beziehungsweise sein Tod nur angedeutet und aus der Bühnenhandlung herausgenommen werden („Der Sänger des gestürzten Fliegers verläßt das Podium"[59] – gleich bleibt in beiden Fällen, dies am Rande, die Selbstaufgabe des Individuums). An die Stelle der Meditation tritt die Proklamation:

> Habt ihr die Wahrheit vervollständigend die Menschheit
> verändert, so
> Verändert die veränderte Menschheit.
> Gebt sie auf!
> Marschiert!
> Ändernd die Welt, verändert euch!
> Gebt euch auf!
> Marschiert![60]

Nicht gelöst ist damit das, wie es im *Lehrstück* heißt, „Unerreichbare," die Überwindung des Tods; es gelingt auch nicht dadurch, dass an die Stelle von „das Unerreichbare" im *Badener Lehrstück* gesetzt wird: das „noch nicht Erreichte." Jan Knopf hat in einem Aufsatz seines *Brecht-Journals* den entscheidenden Punkt des Wandels vom

Lehrstück-Singular zum „Lehrstücke"-Plural erfasst. Durch die „ästhetische Lösung" des „Spiels im Spiel" sowie durch die Tatsache, dass „zugleich die Hauptperson als ‚Mensch', als bestimmter, identifizierbarer Mensch nicht auftritt," solle „jegliche Identifikation, jegliche Einfühlung" verhindert werden; dies verhindere „aber auch, in der *Maßnahme* die Tragödie eines bestimmten Menschen, eines Individuums zu entdecken."[61]

In Brechts Äußerungen nach der Uraufführung ist nur einmal vom „Fragment" die Rede,[62] und es gibt in diesen Zeugnissen keinerlei Hinweise, der Verlag B. Schott´s Söhne veröffentliche da ein unvollendetes und bruchstückhaftes Werk. Ganz im Gegenteil haben Brechts mehrfache Proteste an den Verlag ausschließlich zwei Gründe: die Tatsache, dass versäumt wurde, bei einer Aufführung sein Einverständnis einzuholen[63] sowie vor allem seine Beschwerde dagegen, dass „Teile gestrichen werden," wie er noch 1932 definitiv feststellt:

> Ich bin mit der Aufführung in Osnabrück einverstanden, wenn das Stück ungekürzt aufgeführt wird.
> Bei dieser Gelegenheit möchte ich prinzipiell erklären, daß ich mit allen Aufführungen einverstanden bin, bei denen das *Lehrstück* ungekürzt gegeben wird, wohingegen ich Aufführungen, bei denen Teile gestrichen werden, nicht zulasse. Sich darüber zu vergewissern, wie das Stück aufgeführt werden soll, bitte ich Sie, nie zu versäumen, da ich mich in jedem Fall an Sie halten muß.[64]

Das heißt im Klartext: es muss nichts ergänzt oder fertiggestellt werden, sondern es darf – vom vermeintlichen „Fragment" — nichts weggelassen werden. Den Weglassungen in Aufführungen, von denen Brecht erfahren hatte, galt sein erbitterter Protest ebenso wie Hindemiths Erklärung in der veröffentlichten Partitur, es könne mit den Teilen des Stücks frei verfahren werden:[65]

> Der in der Partitur angegebene Verlauf ist demnach mehr Vorschlag als Vorschrift. Auslassungen, Zusätze und Umstellungen sind möglich. Ganze Musiknummern können wegbleiben, der Tanz kann ausfallen, die Clownszene kann gekürzt oder ausgelassen werden. Andere Musikstücke, Szenen, Tänze oder Vorlesungen können eingefügt werden, wenn es nötig ist und die eingefügten Stücke nicht den Stil des Ganzen stören.

Klaus-Dieter Krabiel weist zu Recht darauf hin, dass derartige Aussagen weitgehend der späteren Lehrstück-Theorie entsprechen, „die beliebige Textänderungen durch die Spielenden als konstitutives Moment des Brechtschen Lehrstückkonzepts behandelt."[66] Dennoch verwahrte sich Brecht auf das Schärfste gegen diese Ausführungen, freilich, ohne ihre Verbreitung zu unterbinden.[67]

4. Solidaritäterä-täterä!

Warum verschwand ein derartiger, buchstäblich höchst bedeutungsvoller Text wie das *Lehrstück* nicht nur aus dem Werk und den Editionen, sondern fast vollständig auch aus der Brecht-Rezeption? Hier müssen einige Andeutungen genügen.

Die Rezeption des *Lehrstücks* wurde zunächst beeinträchtigt durch die Tatsache, dass der Text in einer Ausgabe unter dem Namen Hindemith gewissermaßen auf einem für die Brechtforschung exterritorialen Gebiet veröffentlicht worden war.[68] Dieses Problem verschärfte sich dadurch, dass Paul Hindemith in den Jahren nach 1933 in sozialistisch-kommunistischen Kreisen als eine Art Renegat betrachtet wurde. Hanns Eisler hatte ihn zwar 1931 in einem Vortrag zur Einstudierung des Lehrstücks *Die Maßnahme* noch dem „linke[n] Flügel der bürgerlichen Musikbewegung" zugeordnet, zusammen mit Igor Strawinsky und (Eislers Lehrer) Arnold Schönberg, gleichzeitig aber wegen mangelnden Klassenbewusstseins getadelt: „Sie [die Linksbürgerlichen] sagten, Musik dürfe nicht Weltanschauung widerspiegeln..., und entdeckten den Begriff der Spielfreudigkeit, der Musizierfreudigkeit, der Gebrauchsmusik."[69] Der „bürgerliche Künstler" schwanke „so wie die Fundamente der bürgerlichen Ordnung."[70] 1935 hatte sich Eislers Urteil dann verschärft: Zwar blieb Hindemith der „schwankende Kleinbürger", aber zugleich wurde er als „Konjunkturritter" und als dem „Faschismus" willfähriger „metaphysische[r] Schwindler" abgekanzelt.[71] Dennoch seien – dialektischer Widerspruch — Aufführungen seiner Werke und Applaus für sie beziehungsweise ihn ein „Protest gegen die faschistische Kulturpolitik."[72]

In der DDR wurde daraus dann ein umfassendes Verdikt, etwa wenn der Musikwissenschaftler Günter Mayer im Hinblick auf Hindemiths „Unterweisung im Tonsatz" feststellte, des Komponisten

> ursprünglich kritische Haltung gegenüber der bürgerlichen Gesellschaft blieb im abstrakten Humanismus stecken, wurde mehr und mehr von der Neigung zu einem religiös gefärbten Mystizismus beherrscht und führte ihn auf der Suche nach Ordnung zwangsläufig in die Welt vergangener hierarchischer Bindungen...Das Unverständnis für die in der neueren Musikentwicklung wirkenden gesellschaftlichen Widersprüche fand seinen regressiven ideologischen Niederschlag in der theoretischen Reflexion wie in der

musikalischen Praxis: Hindemith flüchtete aus dem wirklichen Chaos der bürgerlichen Gesellschaft in die scheinbare Sicherheit der ‚Harmonie der Welt.'[73]

Auch Brecht war zu seinen Lebzeiten in der DDR keineswegs unangefochten. Sein Werk mit seinen Brüchen und Widersprüchen, gerade solchen, wie sie das *Lehrstück* verkörpert, wurde in den ersten Jahrzehnten der DDR nur unter großen Widerständen rezipiert.[74] Die enge ideologische Weltsicht der SED-Funktionäre und Kulturbürokraten verhakte sich zunehmend in starren Worthülsen samt ideologischer Aburteilung all der Phänomene, die diesem Weltbild nicht entsprachen. Dabei wurden große Teile der Realität bedenkenlos ausgeblendet, was sich am Thema des Todes besonders eindrucksvoll zeigen lässt.

Das parteioffiziöse *Philosophische Wörterbuch*, 1971 in achter, „berichtigter Auflage" erschienen, kennt weder das Stichwort „Tod" noch das der „Sterblichkeit." Allerdings behandelt es das Thema „Endliches und Unendliches" (immerhin auf sechs Seiten) unter dem Motto „sub specie aeternitatis" (also im Zeichen der Ewigkeit), allerdings nicht der der Religion, sondern der der Materie:

> Als Existenzformen der unerschaffenen, unzerstörbaren, qualitativ unerschöpflichen Materie sind jedoch alle endlichen, relativen Materieformen zugleich Erscheinungsformen der unendlichen Materie...Jedes materielle Objekt ist eine Einheit des Endlichen und Unendlichen, und das Endliche selbst ist die Existenzform des Unendlichen.[75]

Dass angesichts dieser wabernden Ursuppe aus endlich-unendlicher Materie der individuelle Tod keinen Platz im philosophischen Kosmos der frühen DDR haben konnte, liegt nahe. Heideggers (und Brechts) Beharren auf dem je eigenen Tod hätte hier nur als Bedrohung wahrgenommen werden können, die durch eilfertige Etikettierung gebannt werden musste. Dass Heidegger die „Erfahrung des Todes" als für den Menschen konstitutiv betrachtet, so das *Philosophische Wörterbuch*, gebe seiner „Philosophie einen ausgesprochen subjektivistischen Charakter," ja die von den Existenzialisten konstatierte Angst des Menschen angesichts seiner „Geworfenheit," der „Brüchigkeit seines Seins, das von Anfang an durch den Tod bestimmt ist, dem er nicht entrinnen kann," münde in einen „absoluten Irrationalismus." Der gehe „sowohl methodisch als auch systematisch bei seinen Betrachtungen irrationalistisch vor" und schalte „von vornherein jede rationale Erkenntnisweise aus."[76] Darüber hinaus sei eine solche Sicht „vom Anfang wie vom Ergebnis her eine zutiefst pessimistische und nihilistische Lehre. Ihre Wirkungen gehen in Richtung der Auflösung aller kollektiven Verantwortung, der Zerschlagung jedweder Ideale und der Negation objektiver Maßstäbe."[77]

Angesichts dieser Verleugnungsvorgänge erstaunt es nicht, dass die Bereiche „Brecht und der Tod" beziehungsweise „Brecht und die Angst" in der DDR kaum thematisiert wurden, andererseits aber nach der Wende rasch zum Thema wurden, besonders ausgeprägt in einer (hier exemplarisch anzuführenden) Diskussion, die der *almanach 1992* des Brecht-Zentrums Berlin dokumentiert. Sie stand unter dem vielsagenden Motto „Das ist die Verpapstung von Brecht."[78] Hier weist Frank Raddatz nicht nur auf die Tradition des Jesuitentheaters hin, in dessen Tradition die Lehrstücke stünden, sondern vor allem auch auf die bürgerliche „Verinnerlichung der Todesfurcht": „Der Sozialismus bzw. seine offizielle Kultur war noch bürgerlicher als die bürgerliche Gesellschaft."[79] Auch hier findet sich die Debatte zwischen der Auffassung, „das Moment der Angst" stehe „doch vereinzelt im Werk" (Inge Gellert), und Friedrich Dieckmanns ketzerischer These, „im Kern" sei „Brechts Dramatik existenziell, obschon die offizielle Brecht-Forschung das immer negiert hat."[80]

In der westlichen Brecht-Forschung ist die Rezeption des *Lehrstücks,* wie gezeigt, bis in die späten Neunzigerjahre, jedenfalls in der Germanistik, ebenfalls weit eher als eine Nicht-Rezeption zu betrachten. Reiner Steinwegs Interpretation des Stücks von 1973 gebührt allerdings der Preis als einsamer Spitzenleistung der Brecht- beziehungsweise *Lehrstück*-Exegese. In guter spätscholastischer Studentenbewegungs-Tradition schreckt er nicht davor zurück, die entscheidenden Fragen zu stellen (auch wenn er sie nicht beantworten kann): Ist der Flieger nämlich nun „als Angestellter eines Dienstleistungsbetriebs zur zweiten der genannten Kleinbürgergruppen [der ‚neuen Mittelklasse'] zu rechnen" oder ist er nicht doch „als Transportarbeiter ebenfalls zum Proletariat [zu] zählen?"[81] Kein Zweifel – Brechts dichterische Schlamperei erschwert hier die präzise Analyse, weil der Dichter beim Flieger leider nicht angibt, „wer ihn beschäftigt oder beauftragt hat" (auf die Frage, ob der Flieger nicht vielleicht doch selbstständiger Unternehmer ist, was seine „Ausstoßung" zwanglos erklären würde, kommt Steinweg erstaunlicherweise nicht). Ähnlich verhält es sich mit den „nicht sehr glücklich" dem Flieger entgegengesetzten Monteuren, die zwar zweifellos „Arbeiter," damit aber als Einfühlungsobjekte für die von Brecht (angeblich) intendierten Baden-Badener Kleinbürger wenig geeignet sind. Ironie beiseite: der Fall ist exemplarisch, weil in den extrem wenigen Fällen, in denen Brechts *Lehrstück* in den Fokus der Analyse gerät, die Interpretation immer vom soziologischen Oberseminar (oder von der *Kapital*-Schulung) ausgeht und nicht vom Text.

Wir sehen: auch hier „der Vorhang zu und alle Fragen offen" und so geben wir das letzte Wort zum Thema von der letzten Stunde Wolfgang Hildesheimer, der in einer seiner späten Aufzeichnungen feststellt: „Was unser Verhältnis zum TOD betrifft, so sind wir alle Dilettanten oder Amateure. Professionell sind nur die Toten."[82] *Den* Vorsprung hat Brecht uns voraus.

Anmerkungen

1   Klaus Treutlein danke ich sehr herzlich nicht nur für viele Hinweise auf die unten ausgeführten Heidegger-Bezüge, sondern auch für zahlreiche erhellende Gespräche zu den Themen dieses Beitrags und für vielfältige Zusammenarbeit anderwärts.

2   Paul Hindemith, *Lehrstück*. Text von Bertolt Brecht (1929). Partitur. (Mainz-London u.a.: B. Schott's Söhne 1929; ED 1500) – *Lehrstück*. Text: Bertolt Brecht. Musik: Paul Hindemith. (Mainz: B. Schott's Söhne 1930). Broschüre, 14 S.: Hier fehlt jeder Hinweis auf einen Fragmentcharakter des Werks; der Text schließt mit den Noten zum Satz der „Menge": „jetzt hat er seine kleinste Größe erreicht" und dem Wort „ende" (Exemplar der Staats- und Stadtbibliothek Augsburg, Brecht-Sammlung 1982, S. 1335). - Paul Hindemith, *Sämtliche Werke*, Bd. I, 6: *Szenische Versuche*, Rudolf Stefan, Hrsg. (Mainz: B. Schott's Söhne,1982).– Alle drei Ausgaben verwenden Brechts konsequente Kleinschreibung und seinen weitgehenden Verzicht auf Satzzeichen, was in den folgenden Zitaten übernommen wird.

3   Klaus-Dieter Krabiel: „Die Lehrstücke Brechts als editorisches Problem," in Walter Dürr u.a., Hrsg., *Der Text im musikalischen Werk. Editionsprobleme aus musikwissenschaftlicher und literaturwissenschaftlicher Sicht* (Berlin: Erich Schmidt 1998), S. 335. – Grundlegend ist Klaus-Dieter Krabiels Darstellung „Lehrstück/ Das Badener Lehrstück vom Einverständnis," in Jan Knopf, Hrsg., *Brecht-Handbuch. Band 1. Stücke* (Stuttgart-Weimar: Metzler 2001), S.226-238 (mit Bibliographie).

4   Ebd. – Diese „achtseitige unpag. Broschüre" (ebd., Anm.6) ist offenbar nicht identisch mit dem Textbuch des Schott-Verlags von 1930 (wie Anm.2); letztere diskutiert Krabiel in seinem Aufsatz und kommt zu dem Ergebnis, die fehlende „Fragment"-Bezeichnung im Partitur-Druck und in der Broschüre von 1930 weise „auf Differenzen zwischen Textautor und Komponist hin" (S. 336, Anm. 11).

5   Reiner Steinweg, Hrsg., *Brechts Modell der Lehrstücke. Zeugnisse, Diskussion, Erfahrungen* (Frankfurt am Main: Suhrkamp, 1976), S.32, Nr. 2.

6   Ebd.

7   Klaus-Dieter Krabiel war, soweit ich sehe, der erste, der die verschiedenen Fassungen inhaltlich differenzierte: Klaus-Dieter Krabiel, *Brechts Lehrstücke. Entstehung und Entwicklung eines Spieltyps* (Stuttgart: Metzler 1993), S. 51-80. Reiner Steinweg kennt zwar in seinem Aufsatz im zweiten *Text+Kritik*-Sonderband ebenfalls beide Fassungen, verwischt aber mit seiner sehr speziellen Sichtweise die Sachverhalte und Unterschiede weit mehr als sie zu klären, wovon noch zu sprechen sein wird (Reiner Steinweg, „'Das Badener Lehrstück vom Einverständnis,'" in Heinz Ludwig Arnold, Hrsg., *Bertolt Brecht II. Sonderband aus der Reihe Text+Kritik* (München: Richard Boorberg, 1973), S. 109-130).

8   „Bertolt Brecht," *Das Wort*, H. 4-5 (April/ Mai 1937). Gezeichnet: „Brecht" (zitiert nach: Bertolt Brecht, *Große kommentierte Berliner und Frankfurter Ausgabe*,) Band 26, *Journale I.*, Werner Hecht u.a., Hrsg. (Berlin, Weimar, Frankfurt am Main: Aufbau und

Suhrkamp, 1994), S. 305 f.); künftig: BFA mit Bandnummer und Seitenzahl(en).

9 Werner Hecht, *Brecht Chronik 1898-1956* (Frankfurt am Main: Suhrkamp, 1997), S. 428 f.

10 Werner Hecht, *Brecht Chronik 1898-1956 Ergänzungen* (Frankfurt am Main: Suhrkamp, 2007) . – Weitere Beispiele, beliebig aus einer großen Zahl von Belegen ausgewählt, zeigen das gleiche Bild. In dem „Ausstellungsbuch" *1929 - ein Jahr im Fokus der Zeit,* Ernest Wichner und Herbert Wiesner, Hrsg. (Berlin: Literaturhaus, 2001), heißt es unter Mischung des einen Fliegers des *Lehrstücks* mit den vier Fliegern des *Badener Lehrstücks*: „Das „Lehrstück", später „Badener Lehrstück vom Einverständnis", hatte am Abend des 28. Juli 1929 in der Stadthalle Baden-Baden Premiere. Auch hier ging es um Ozeanflieger: vier abgestürzte Flieger wollen gerettet werden, doch weil es nicht üblich ist, daß der Mensch dem Menschen hilft, lehnt die Gesellschaft es ab, zu ihrer Rettung tätig zu werden" (S. 63). Ähnlich unscharf Jan Knopf in seiner Monographie *Bertolt Brecht* (Stuttgart: Reclam, 2000), S. 124-138, der (wohl im Anschluss an Steinweg, *Badener Lehrstück* (vgl. Anm. 7), S. 114 f.) darüber spekuliert, „warum Brecht sein Stück *Badener Lehrstück* genannt hat": „Der Ort Baden-Baden galt schon seit der Kaiserzeit als Kurort für den gehobenen Mittelstand und die Bourgeoisie...Dem Bürgertum sollte der falsche Schein seines Individualismus desillusioniert werden" (S. 135). Peinlich nur, dass die Baden-Badener Bourgeoisie das *Badener Lehrstück* zu Brechts Lebzeiten (und wahrscheinlich bis heute) niemals zu Gesicht bekam, abgesehen davon, dass das in Baden-Baden tatsächlich aufgeführte *Lehrstück* gerade das individuelle Sterben eines Einzelnen in den Mittelpunkt stellte.

11 Joachim Lucchesi/ Ronald K. Shull, *Musik bei Brecht* (Frankfurt am Main: Suhrkamp, 1988), S. 430-438 (eine äußerst fehlerhafte Darstellung!)

12 Lothar Mertens, *Rote Denkfabrik? Die Akademie für Gesellschaftswissenschaften beim ZK der SED* (Berlin,Hamburg, Münster: LIT Verlag, 2004) , Anhang.

13 *Theater der Zeit* war das führende Theaterjournal der DDR (Organ des Verbandes der Theaterschaffenden der DDR) und erschien im Berliner Henschel-Verlag.– Zur editorischen Problematik der ersten Bände der BFA vgl. Jan Knopf, „Wo ist ‚Mahagonny'?", *Dreigroschenheft*, I (2009): S. 59-62 (vor allem S. 59 f.).

14 Manfred Berger, Manfred Nössig, Fritz Rödel u.a., *Theater in der Zeitenwende – Zur Geschichte des Dramas und des Schauspieltheaters in der Deutschen Demokratischen Republik 1945-1968*, 2 Bände (Berlin : Henschel, 1972); Manfred Nössig (Leitung), Johanna Rosenberg und Bärbel Schrader, *Literaturdebatten in der Weimarer Republik. Zur Entwicklung des marxistischen literaturtheoretischen Denkens 1918 - 1933* (Berlin / Weimar: Aufbau, 1980).

15 Alle Zitate: Hindemith, *Szenische Versuche* (wie Anm. 2), S. XXIV.

16 Ulrich Scheinhammer-Schmid, „‚Schmeiß die Beine vom Arsch.' Bertolt Brecht und der Totentanz", in Stephen Brockmann, Matthias Mayer und Jürgen Hillesheim, Hrsg., *Ende, Grenze, Schluss? Brecht und der Tod* (Würzburg: Königshausen & Neumann, 2008), S. 98-120; hier S. 114-116. – Der Skandal, den dieser Sterbetanz in Baden-Baden auslöste, erklärt sich sehr wahrscheinlich vor allem daraus, dass die Filmprojektion ohne jede musikalische Begleitung lief (Krabiel, *Brechts Lehrstücke* (wie Anm. 7), S. 65).

17 Hindemith, *Szenische Versuche* (wie Anm. 2), S. XXV.

18 Ebd.

19 Den Gedanken, einen Sturm durch die Reduzierung auf die „kleinste Größe" zu überleben, dürfte Brecht aus einer seiner Jugendlektüren übernommen haben: der Abenteuerschriftsteller Karl May beschreibt mehrfach derartige Szenen in seinen Romanen (in der Erzählung *Er Raml el Helahk*, erschienen im Sammelband *Auf fremden Pfaden* (Freiburg/ Br.: F. E. Fehsenfeld, 1897) wirft sich der Ich-Erzähler bei einem Sandsturm in der Sahara zu Boden und überlebt dadurch (S. 239 f.), während im

dritten Band der Roman-Trilogie *Satan und Ischariot* (Freiburg/ Br.: F. E. Fehsenfeld, 1897), die Brecht nachweislich kannte, ein „Hurrikan" im texanischen „Llano estacado" zur lebensbedrohenden Gefahr wird: „Werft euch nieder, mit dem Kopf nach Norden! Haltet euch an, sonst reißt euch der Sturm mit sich fort!" Nach drei Minuten ist der Sturm vorbei und die von einer „acht bis zehn Zoll hohen Sanddecke" Begrabenen können sich erheben (S. 80). - Zu Brecht und Karl May vgl.: Ulrich Scheinhammer-Schmid, „‚Verwisch die Spuren.' Der junge Brecht belauscht den alten May", in *Jahrbuch der Karl-May-Gesellschaft 2006* (Husum: Hansa, 2006), S. 65-97.–Die Parabel vom Denkenden, der in einen „großen Sturm" kam, findet sich auch als eine der unveröffentlichten Geschichten vom Herrn Keuner (BFA 18, S. 28).

20 Diese letzte Passage in ihrer gedanklichen und sprachlichen Unschärfe scheint mir tatsächlich eine der Stellen, an denen ein gewisser Fragment-Charakter des „Lehrstücks" deutlich wird: eher Singsang als Präzision der Gedanken und Worte, dennoch unverändert in das *Badener Lehrstück* übernommen.

21 Krabiel, *Lehrstück* (wie Anm. 7), S. 66. – Die Zeitungsberichte über die Uraufführung des *Lehrstücks* 1929 in Monika Wyss, *Brecht in der Kritik. Rezensionen aller Brecht-Uraufführungen* (München: Kindler 1977), S. 96-100 (bezeichnenderweise unter dem Titel *Das Badener Lehrstück vom Einverständnis!*)

22 Hindemith, *Szenische Versuche* (wie Anm. 2), S. XXIX.

23 *Der Flug der Lindberghs,* in BFA 3, S. 12-15.

24 BFA 14, S. 34 („Dieses und die zwei folgenden Gedichte bzw. Gedichtfragmente entstammen einem Notizbuch, das Brecht ab Mai 1929 geführt hat," ebd., S. 484):. Dieses Fragment erschien bereits 1976 in Steinwegs Sammlung (wie Anm. 5), S. 33, Nr. 4 (mit anderem Zeilenfall und der Quellenangabe „BBA 363/19"), zusammen mit einem „Todeskapitel", das offenbar ebenfalls in den Kontext des *Lehrstücks* gehört: „der denkende weiß: seine kleinste grösse. seine kleinste grösse ist: wäre er um eine grasschatten kleiner, stürbe er." Reiner Steinweg weist hier auf den Zusammenhang mit dem „Fatzer"-Projekt hin (S.34). Vgl. dazu BFA 10, , S. 518 (C 10), und Kommentar, S. 1148 f.

25 Klaus-Dieter Krabiel weist allerdings in seinem Band *Brechts Lehrstücke*, 1993 (wie Anm. 7), S. 73-80 eine ganze Reihe von öffentlichen und nichtöffentlichen Aufführungen des ursprünglichen *Lehrstücks* nach, bis hin zu einer Aufführung in Brüssel Februar 1933 und einer von Hindemith geleiteten Übertragung „im Londoner Rundfunk (BBC)" am 24. März 1933 (S.80).

26 Wilhelm Busch: *Balduin Bählamm, der verhinderte Dichter* (München: Fr. Bassermann, 1883), Sechstes Kapitel. In: Wilhelm Busch: Werke. Historisch-kritische Gesamtausgabe, Bde. I-IV, Band 4 (Hamburg, 1959), S. 44.

27 Vgl. Brockmann, Mayer und Hillesheim, Hrsg., *Ende, Grenze, Schluss?* (wie Anm. 16).

28 Helmut Koopmann: „Wer früher stirbt, lebt besser weiter. Brecht und der Tod," in Brockmann, Mayer und Hillesheim, Hrsg., *Ende, Grenze, Schluss?* (wie Anm. 16), S. 6-22, hier S. 6, S. 8 und S. 9.

29 Carl Pietzcker: „‚Tod dem Tod.' Brecht and the Fear of Death," ebd., S.134-149, hier S. 134.

30 Ebd., S. 136.

31 Ebd., S. 137.

32 Die Übernahme des „Bericht[s] über das Unerreichbare" in das *Lehrstück* rückt ihn in die Bedeutungssphäre des Todes.

33 Zu Brechts Ziel, Autor zu werden, vgl. Jürgen Hillesheim, *„Ich muss immer dichten." Zur Ästhetik des jungen Brecht* (Würzburg: Königshausen & Neumann, 2005), S. 18-29.

34 Quintus Horatius Flaccus, *Oden (Carmina) Buch III, XXX* („Exegi monumentum aere perennius"= „Ich habe mir [mit meinem Werk] ein Denkmal errichtet, das beständiger ist als Erz"). In: Horaz: *Carmina und Epoden*. Lateinisch/ Deutsch. In neuer Übersetzung und mit Anmerkungen von Will Richter (Frankfurt am Main und Hamburg: Fischer Bücherei 1964, *Exempla Classica 86*), S. 152 f.

35 Ulrich Fischer: „Die Marke ‚Dreigroschenoper,'" *Dreigroschenheft* 3 (2007), S. 5-10; ders. „‚Mackies Tantiemen. Auf des Messers Schneide oder: Immer Ärger mit Mackie?,'" *Dreigroschenheft* 1 (2008): S. 32-36, sowie Joachim Lucchesi, Hrsg., *Die Dreigroschenoper. Text und Kommentar* (Frankfurt am Main: Suhrkamp, 2005).

36 Heinrich von Kleist, *Prinz Friedrich von Homburg*. Text, Kontexte, Kommentar, Klaus Kanzog, Hrsg. (München: Hanser 1977, *Reihe Hanser 236*), S. 85

37 Hecht, *Brecht Chronik* (wie Anm. 9), S. 268: unter dem neuen Titel „Berliner Requiem" wird diese Kantate am 22. Mai 1929 vom Sender Frankfurt zum erstenmal gesendet. Vgl. auch Nils Grosch, „Notiz zum ‚Berliner Requiem' von Kurt Weill. Aspekte seiner Entstehung und Aufführung," in Nils Grosch u.a., Hrsg., *Kurt-Weill-Studien*, Bd. 1 (Stuttgart und Weimar: Metzler 1996), S. 61-77.

38 Hecht, *Brecht Chronik* (wie Anm. 9), S. 267. In den *Ergänzungen* (wie Anm. 9) präzisiert Hecht, der Unfall habe sich „in der Nähe des Orts Hünfeld bei Fulda ‚ereignet'" (S. 19). Zu korrigieren ist die Angabe in der BFA 28, *Briefe 1*, S. 304 und 670; der Brief 392 vom 27. Mai 1928 aus St. Cyr an Friedrich Kroner, den Chefredakteur der Zeitschrift *Uhu*, kann sich nicht auf die Bilder-Geschichte über den Autounfall beziehen, da der Unfall erst ein Jahr später stattfand.

39 In BFA nicht enthalten; hier zitiert nach Hecht, *Brecht Chronik*, (wie Anm. 9), S. 267 f.

40 Leicht gekürzt findet sich der Bericht auch bei Werner Mittenzwei, *Das Leben des Bertolt Brecht oder Der Umgang mit den Welträtseln*, Bd 1 (Frankfurt am Main: Suhrkamp, 1987), S. 310.

41 Fritz Sternberg, *Der Dichter und die Ratio. Erinnerungen an Bertolt Brecht* (Göttingen: Sachse & Pohl, 1963), S.25.

42 Sean Ireton, „Brechts ‚Zertrümmerung' von Heidegger: Das *Badener Lehrstück vom Einverständnis* als mögliche Kritik an *Sein und Zeit*," in *The Brecht Yearbook* 24, S. 293-309.

43 Ebd., S. 294.

44 Heidegger, *Sein und Zeit*, zitiert nach Ireton, S. 297.

45 Ireton, S. 297.

46 Ebd.

47 Ebd., S. 298.

48 Ebd., S. 298 f.

49 Ebd., S. 306.

50 Erdmut Wizisla, *Benjamin und Brecht. Die Geschichte einer Freundschaft* (Frankfurt am Main: Suhrkamp, 2004). S. 77 f.

51 Zitiert nach ebd., S. 78, Anm.50.

52 Vgl. dazu Hans Ulrich Gumbrecht, „Stichwort Tod im Kontext. Heideggers Umgang mit einer Faszination der 1920er Jahre," in Dieter Thomä (Hrsg.), *Heidegger-Handbuch. Leben-Werk-Wirkung* (Stuttgart: Weimar: J. B. Metzler, 2003), S. 98-103. Auch die Tatsache, dass in diesen Jahren mehrere unmittelbare Heidegger-Schüler im Berliner Umkreis Brechts aktiv waren (Günter Anders, Hannah Arendt, Werner Kraft und andere), könnte das Interesse Brechts auf Heidegger gelenkt haben. Darüber hinaus ist darauf zu verweisen, dass Brecht ab Mai 1929 an der „Philosophischen Gruppe" um

Oskar Goldberg teilnahm, zu der Walter Benjamin, Gershom Sholem, Werner Kraft u.a. gehörten (Hecht: *Brecht Chronik* (wie Anm. 9), S.269); es geht dabei auch um die Philosophie Erich Ungers zu den Themen „Politik und Metaphysik" (ein Text Brechts dazu, „Mißtrauen gegen eine Richtung der modernen Philosophie" (Titel nicht von Brecht), findet sich in BFA 21, S. 345-347).

53 Peter Sloterdijk, *Kritik der zynischen Vernunft* (Frankfurt am Main: Suhrkamp, 1983), S. 381 f. (hier alle angeführten Zitate). Sloterdijks Kapitel über Heidegger („Das Man oder: Das realste Subjekt des modernen diffusen Zynismus") liest sich über weite Strecken wie ein Kommentar zur Brechts *Lehrstück* (ebd., S. 369-396).

54 *Der Große Brockhaus*, Bd. 8 (Leipzig: F. A. Brockhaus, 1931), S. 299.

55 Zygmunt Bauman, *Tod, Unsterblichkeit und andere Lebensstrategien* (Frankfurt am Main: Fischer, 1994), S. 28; zum „Problem des Todes im ‚neuen' Denken" (Feuerbach und Marx) auch Georg Scherer, *Das Problem des Todes in der Philosophie* (Darmstadt: Wiss. Buchgesellschaft, 1979), S. 173-180.

56 Ebd., S. 40.

57 Ebd., S. 41.

58 Ebd., S. 42.

59 BFA 3, S. 45. - Auf die unübersehbaren Brüche des *Badener Lehrstücks*, etwa die Widersprüche zwischen den Kommentartexten und den letzten Szenen, kann hier nicht näher eingegangen werden.

60 Ebd., S. 46.

61 Jan Knopf: „Bilder des gesellschaftlich Verborgenen in den Dramen Brechts," in Jan Knopf, Hrsg., *Brecht-Journal* (Frankfurt am Main: Suhrkamp, 1983), S. 121-142 (Zitat S. 129).

62 Nur im Brief vom 20.9.1930 an den Schott-Verlag verwendet Brecht den Begriff „Fragment" mit dem Hinweis, er habe „inzwischen das damalige Fragment bearbeitet" und die „Neufassung" werde „Herrn Professor Hindemith inzwischen zugehen" (BFA 28, S. 331).

63 Ebd., S. 332 (Brief an den Verlag B. Schott´s Söhne vom 28. September 1930).

64 BFA 28, S. 339, (Brief an den Verlag B. Schott´s Söhne vom 14.1.1932). Schon im Entwurf des Verlagsvertrags hatte Brecht am 16.9.1929 bestimmt: „Jede Veränderung des Textes, auch jede Auslassung, bedarf der ausdrücklichen Zustimmung Brechts. Dies betrifft vor allem den Kommentartext, den Film und die Clownszene." Als Abschluss dieser „Vorschläge" äußert Brecht die Hoffnung, „daß der große Erfolg, den das Werk in Baden-Baden gehabt hat, es dem Verlag erleichtert, das Werk zu propagieren." Keine Rede also von Fragmenthaftigkeit oder Unvollständigkeit des Werks, das ja auch seit 1929 in den Verzeichnissen des Schott-Verlags angeboten wurde und in dessen Ausgaben ohne jeden Hinweis auf die „Fragment"-haftigkeit gedruckt wurde.

65 Hindemith, *Lehrstück. Partitur* (wie Anm. 2), S. 3 („Ausführung").

66 Krabiel, *Brechts Lehrstücke* (wie Anm. 7), S. 72; ebd., S. 277-294, die Darstellung der Lehrstück-Konzepte Brechts und seiner Nachfolger.

67 Die Auseinandersetzungen dokumentiert Krabiel (ebd., S. 71-80) aus den Quellen.

68 Ab 1982 erschienen in den Bänden des *Hindemith-Jahrbuchs* mehrere, sehr fundierte Aufsätze, die sämtlich, soweit ich sehe, von der Brechtforschung (sieht man von Klaus-Dieter Krabiel ab, der selbst im Hindemith-Jahrbuch 1995 einen Aufsatz veröffentlichte) nicht zur Kenntnis genommen wurden: Andreas Lehmann, „Hindemiths Lehrstück," in *Hindemith-Jahrbuch* 11 (1982), S. 36-76; Dieter Rexroth, „Paul Hindemith und Brechts Lehrstück," in *Hindemith-Jahrbuch* 12 (1983), S. 41-52; Klaus-Dieter Krabiel, „Das ‚Lehrstück' von Brecht und Hindemith. Von der Geburt eines Genres aus dem Geist der Gebrauchsmusik," in *Hindemith-Jahrbuch* 24 (1995), S. 146-179. Zwei Beispiele für die

germanistische Weigerung, Nachbargebiete zur Kenntnis zu nehmen, mögen genügen: Florian Vaaßen, „Bertolt Brechts „learning-play": Genesis und Geltung des Lehrstücks," in *brecht then and now/ damals und heute* (Brecht Yearbook 20, 1995) S.201-216; Franz N. Mennemeyer, „Brechts ‚Theater der Grausamkeit': Anmerkungen zum *Badener Lehrstück vom Einverständnis*," in *The other Brecht II* (Brecht Yearbook 18, 1993) S. 73-84. Mennemeyers Aufsatz ist besonders skurril, weil er seiner Betrachtung das *Badener Lehrstück* zugrundelegt, gleichzeitig aber immer wieder mit Kritiken und Zeugnissen der Uraufführung 1929, also mit dem *Lehrstück* argumentiert, ohne zu erkennen, dass es sich um zwei sehr verschiedene Stücke handelt (auch wenn die Clownsszene selbst in ihrem Wortlaut weitgehend gleich ist – sie steht in sehr unterschiedlichem Kontext!).

69 Hanns Eisler, „Die Erbauer einer neuen Musikkultur," in Manfred Grabs, Hrsg., Hanns Eisler, *Materialien zu einer Dialektik der Musik* (Leipzig: Philipp Reclam jun. 1973), S. 60-84, hier S. 75 (Es handelt sich um einen Vortrag Eislers von 1931.)–Zu Eislers Urteil über Hindemith vgl. auch seine Besprechung von Hindemiths „Cardillac"-Oper in „Die Rote Fahne", Berlin, 3. Juli 1928 (abgedruckt in dem Reclam-Band auf S. 49-51).

70 Hanns Eisler, ebd., S. 76.

71 Hanns Eisler, „Einiges über das Verhalten der Arbeitersänger und –musiker in Deutschland,", in ders., *Materialien* (wie Anm. 69), S. 93-118, hier S. 113 (Vorlage des Texts sind zwei Typoskripte von 1935).

72 Ebd., S. 114.

73 Günter Mayer, *Weltbild – Notenbild. Zur Dialektik des musikalischen Materials* (Leipzig: Philipp Reclam jun.,1978), S. 161.

74 Manfred Jäger, „Zur Rezeption des Stückeschreibers Brecht in der DDR," in Heinz Ludwig Arnold, Hrsg., *Text und Kritik Sonderband Bertolt Brecht I* (München, edition text + kritik, 1972).

75 Günter Kröber, „Endliches und Unendliches," in Georg Klaus und Manfred Buhr, Hrsg., *Philosophisches Wörterbuch*, 2 Bände, Bd. 1 (Berlin: das europäische buch, 1971), S. 284.

76 Manfred Buhr, „Existenzialismus", ebd., S. 351.

77 Ebd., S. 352.

78 „Das ist die Verpapstung von Brecht," in *nach Brecht. ein almanach 1992*, Inge Gellert, Hrsg. (Berlin: Argon 1992), S. 135-159.

79 Ebd., S.153 und S. 143.

80 Ebd., S.137 (Gellert) und S. 140 (Dieckmann).

81 Steinweg, *Badener Lehrstück* (wie Anm. 7), S. 116 (hier auch alle folgenden Zitate). Tragik ist, dass Steinweg die entscheidenden Fragen nach der „Verwendung des Todesmotivs"(S. 120) zwar immer wieder streift, sich aber nicht gestattet, sie zu beantworten, weil er partout die Fassung von 1929 vom *Badener Lehrstück* her interpretieren will und damit dem *Lehrstück* selbst in keiner Weise gerecht wird. Seine Interpretation wirkt nicht nur auf Jan Knopf weiter (siehe oben Anmerkung 10), sondern wurde auch von Andreas Lehmann, *Hindemiths Lehrstück* (wie Anm. 68) übernommen, der einerseits eine hervorragende musikalische Analyse von Hindemiths Komposition liefert, andererseits den Text des *Lehrstücks* verfehlt, weil er weitgehend Reiner Steinwegs Spekulationen folgt (S.38-43).

82 Wolfgang Hildesheimer, „Zettel, Karteikarten, Notizbücher, Disparata (1980-1989)," in Christian Lucas Hart Nibbrig und Volker Jehle, Hrsg., *Gesammelte Werke in sieben Bänden*, Bd. 1 (Frankfurt am Main: Suhrkamp, 1991), S. 522.

Reflections On And At A Tangent From "Bertolt Brecht und der Kommunismus"

Darko Suvin

I cannot write this review in any other tone than first-person singular, for if I had known of the Berlin 2006 conference I'd have tried to participate: it deals with two matters at the centre of my interest in these years, namely Brecht and Communism. I'd have noted with joy how Manfred Wekwerth and I have had the same impulse to go back to Brecht's versifying of Marx in *Das Manifest* by making out of the various versions a coherent and highly interesting text (his is usefully printed at the end of the volume, while my English translation in jazzed-up hexameters, with commentary, may be found in *Socialism and Democracy* 16.1 of 2002), and how we ended up with a very similar text. I'd have noted with less joy some sectarianisms also present at the conference, which is now available as issue no. 1 (2007) of *Marxistische Blätter*, that looks like, and was, advertised as a book title but has not been given an ISBN number (this special issue of the journal can be found at www.neue-impulse-verlag.de/mbl/archiv/year-2007. html). Furthermore it's not clear whether one of Brecht's definitions of communism, "Es ist das Einfache das schwer zu machen ist," should be the title, as on the first inner page, or "*Bertolt Brecht und der Kommunismus,*" as on the title page. The result is that it is unavailable in any catalogue or electronic bibliography, and after months of writing around I had to get it through a friend in Germany who contacted *Marxistische Blätter* (they don't answer e-mail). I do not detail this only as a justified gripe but mainly because it speaks to some parlous organizational — and thus political, and of course imaginative — gaps of the Marxist Left, which are a good introduction to my theme.

There is a minimum common denominator to this book. All of its contributors would agree with, and several cite, Marx's categorical imperative: "Alle Verhältnisse umzuwerfen, in denen der Mensch ein erniedrigtes, ein geknechtetes, ein verlassenes, ein verächtliches Wesen ist" (MEW 1: 385). This is the monster that the Perseus (or St. George) of communism must slay on pain of extinction—for communism but also for our Andromeda, humanity as we know it. Further, all the contributors find this imperative grows much more urgent in today's perfectly sinful society of "turbocapitalism." In this regard, the book is to be applauded. But this doesn't by itself go far enough.

For the rest, the book seems rather similar to a group of small crabs at the sea's edge, groups and singularities scuttling energetically sideways from each other. Even within the same paper, some contributions seem to be going in all directions at once; which doesn't help in arriving anywhere. My personal interest is in what I can get out of this volume to facilitate thinking about communism today. However, before I get to this,

I shall briefly consider two other themes. What will remain unconsidered are some minor notes and discussions, as well as the interesting report by Klaus Höpcke on the CD resulting from federal German politicians reading their favourite Brecht poem.

The first theme I consider is "What did Brecht mean for my communist education?" It is represented by the articles of the Cuban filmmaker Juan Garcia Espinosa and the graduate student David Salomon (but echoed in a number of other articles). Both testify, in these times of suppression of historical memory, what our author meant to people outside of what we know in Euro-America and in the generations up to 1989. He is situated quite rightly as a **paragon**, a model, and a delightful teacher. This is a role known to us, before the German *Kunstverehrung* (say of Goethe), in the Fathers of the Church(es) and in love poetry from Sappho and Petrarca onward. Some other time it would be interesting to compare such models.

The second theme is "What did Communism mean to Brecht?" This question is not so easy to delimit from the third theme, my main theme, because a number of contributors use its philologico-historical *ductus* to point out how we can learn from Brecht for the dark future **coming at us** today (this was before the financial crash of 2008). I shall begin with a subsection that deals with Brecht and the "really existing" Communist parties, well represented in one of the five sections within the W.F. Haug article and in the contribution by Sabine Kebir. Their overviews both come to the conclusion he was an "independent communist intellectual" (Kebir's title) whose attempt at dialogue with the SED failed as "intervening thinking" (Haug). Particularly welcome is Kebir's use of little known archival data, for example, about his contacts with Soviet authorities who in 1941 tried to engage him in collaboration with the KGB (he refused politely). I have always thought the best encapsulation of his politics was given by a friend in Los Angeles (I forget the name) who characterized him as "a one-man party, in close alliance with the communists."

Some central points of "What did Communism mean to Brecht?" are dealt with by Hans Heinz Holz and Jost Hermand. The latter's paper does so by means of a detour through a, to my mind persuasive, central stance identifying Brecht as "teacher of *Unbürgerlichkeit*." His hate of bourgeois individualism and corrupt liberalism induced him to stress achievements in literature and the arts, as well as in ethics, before (Medieval and Baroque works, China) and after (Gorki, Picasso, Eisler) capitalism. **This historical sequence** should not really be taken as merely temporally "progressive"; as Hermand also notes, Brecht's roots were in the plebeian forms of poetry, theatre, narration, and language, so it is largely a class scheme. The fixed point remains the hate of the bourgeoisie. Hermand calls Brecht a materialist and radical applier of Marxism, and Hermand does not mention communism at all (nor does the paper by Dieter Dehm). Twenty plus years ago I'd have been enthusiastic about his paper, which is as always, excellent at what it does. But with today's interest horizon, it reminds me, as do a number of other articles here strongly arguing for some Leftist ideology, that even the best German philological tradition is still firmly based on the Idealist doctrine of "two realities": there is *Kunst* and then there is *Leben*...

Holz writes about the *Parteilichkeit* (taking sides, with a pun on the [Communist] Party) of Brecht's lyrics, where the tenderness about the little plum-tree crippled by the capitalist city courtyard implies by its contradictions a deep protest. He ends with a polemic against Haug's call to "refound" communism, arguing that while the Party is nothing without us, we are, so far as power goes, nothing without the Party. I read him as arguing also that this would be Brecht's position, for he cites the *Lob der Partei*: "The individual can be destroyed, the Party cannot be destroyed." It remains unclear what this means today, after it has been falsified.

Subsequently, this second theme can be rephrased as "How Do We Read Brecht's Opus After the Collapse Of the 'Really Existing' Socialism?" It is pursued at length by Ernst Schumacher with respect to theater, who ends with some reflections of what might its "mole" function be today.

This leads to my final and most important theme: What can somebody like me, who takes Brecht also as paragon for present-day existential politics, get from this volume for understanding what should and could be a proper, communist stance *(Haltung)* and activity today? This may mean, first, "What can I get out of Brecht's refraction of Marx's and Lenin's tradition for understanding the present-day horrors of capitalism?" I take it that this is the point of Hermand's and Holz's contributions, too. But then, as a young man named Ulyanov wrote more than 100 years ago, "What Is To Be Done?" There is no way around the crucial question of a vanguard Party after the experiences sparked by that young man. I observe a curious blockage, almost a taboo here: it is again (with one partial exception, to which I shall come to at the end) dealt with obliquely, through esthetico-philosophical discussions rather than overtly politico-economic and organizational ones *Politisch Lied, ein garstig Lied*: Goethe seems to have even on the Left won out against Brecht (and economics surface perhaps in 2 out of the 17 papers).

Such a discussion is implicit in the views that Brecht was really an orthodox realist by Thomas Metscher and Reinhard Jellen, or an orthodox Marxist by Werner Seppmann, and in all three cases argued as being not so far from Lukács' views and a dialectics of possibility plus intervention. Surely such positions — insisting that beside clear divergences between them, strongest during the Hitler-Stalin period, they also held some premises in common, so that their confrontation cannot be simply reduced to Stalinism or Socialist Realism against (say) Luxemburgism and Modernism — are a welcome corrective to "Western

Marxist" simplifications. These articles stress clarity and Lukácsian humanist dialectics; they all love Descartes and abhor Derrida. Again, having written against the Post-Modernist vulgate (than which the later Derrida is much better), I would accept a number of such insights as useful; and many terms they use (such as realism) can be stretched so that only connotations without denotations remain. But the connotations of some of the terms and turns that peep out in these polemics are strange, and remind one of the 1930s-40s Lukács, not the late "humanist" one (which they sometimes confuse with the early "reification" one). Strangely enough, Seppmann, for example, categorically states that Brecht cannot be called a Modernist (arguing this by means of one quote from Duchamp that Modernism doesn't pose the question of truth!). Jellen, the most apodictic of them, says that Brecht was a follower of Lenin's mirroring theory in epistemology and aesthetics (p. 119), which I think cannot be defended in any form, and that the *Brecht-Renaissance* after 1968 (he means in West Germany) was a fatal turn for the worse (*verhängnisvoll*). In brief, Brecht and Lukács were one as far as content goes, but differed about who was a Formalist (pp. 119-20). Both were for catharsis too, as Lukács misleadingly explained in his late *Eigenart des Ästhetischen* (and Metscher repeats on p. 14). This ante-diluvian aesthetics using content versus form, which can at best be called Kantian (that is, pre-dialectical) and at worst Zhdanovian, was of course in practice allied with police enforcement, even if much less bloody in the GDR than in the USSR. Aesthetics thus segues seamlessly into politics and the worst errors of "really existing communism." It significantly contributed to its defeat, brought about by TV images (commodity aesthetics) and banks, not tanks.

This problem was identified by Brecht in early unflinching verses after the 1933 defeat (smaller than today's) "To Him Who Hesitates" (*An den Schwankenden*). I cannot cite all of it, as I should, but will use the verse that Seppmann does:

> Wir aber haben Fehler gemacht, es ist nicht mehr zu leugnen.
> Unsere Zahl schwindet hin.
> Unsere Parolen sind in Unordnung. Einen Teil unserer Wörter
> Hat der Feind verdreht bis zur Unkenntlichkeit.
>
> Was ist jetzt falsch an dem was wir gesagt haben
> Einiges oder alles? (BFA 12: 47)

The last two lines to my mind open up from politics towards epistemology: How do we know what (we think) we know? Is there not a strong probability that the Progress-Science paradigm (of clear bourgeois origin in both cases!) has led us astray, as Gramsci clearly realized? Isn't it then obligatory to get rid not only of the Kantian but also the Positivist dichotomies such as Nature-Culture (Metscher still argues for a dialectics in Nature waiting only to be discovered by humans, I suppose since the sabre-toothed tigers)? In that sense, all of us ought today to rightly hesitate and renew ourselves.

Thus I got most out of the essays by Heuer and Haug for my project of understanding a possible movement toward communism. Uwe Jens Heuer begins to talk epistemologically when he notes that possibilities or probabilities are more useful to think with than determinism. But he gets only as far as statistical possibilities, old stuff going back to thermodynamics at the beginning of the 20th century. The whole revolution in physics since Einstein and Planck (never mind electronics, warfare, and finances, never mind Kafka, Joyce and Dos Passos) seems to have passed our Kant-Zhdanovians by, as if 100 sensational and horrible years were nothing: a fine ostrich "humanism!" To the contrary, today it is quite normal to **say that** the reality described by quantum mechanics is "composed of many worlds" (Castoriadis, Cornelius. *Crossroads in the Labyrinth*. Transl. K. Soper and M.H. Ryle. Brighton: Harvester, 1984, 161), or that in several of its branches "a whole battery of models" are regularly used, and "no one thinks that one of these is the whole truth, and they may be mutually inconsistent" (Hacking, Ian. Representing and Intervening. Cambridge: Cambridge UP, 1983, 37)! <u>Models,</u> that is what Brecht is about, and while Lukács reached for types, which are a kind of model, he didn't quite make it (I argued this in"Lukács: Horizons and Implications of the 'Typical Character'." *Social Text* No. 16 (1987): 97-123). Most interestingly, however, Heuer has arrived at the necessity of a faith for Marxism that would not be religious belief but would "cover that field" (76) and thus co-opt its energies. Those who have read my "Inside the Whale" (Suvin, Darko, "Inside the Whale, or *etsi communismus non daretur*," *Critical Quarterly* 49.1 (2007): pp. 119-37; German in *Das Argument* no. 271 (2006): pp. 383-98) will readily understand that I am fully sympathetic to this opening, and as I would say towards salvation.

The most useful essay for me is the one by W.F. Haug. Here I must confess to some embarrassment as I occasionally participate in his Inkrit conferences and write in *Das Argument* of which he's an editor. But those who frequent Inkrit meetings will remember occasions when I have disagreed, publicly and somewhat sharply, with him. So I'll conclude by focusing from his rich overview on the gist of his position, beyond what I have already mentioned above. Haug discusses Brecht and Marxism and repeats his meritorious position that Brecht was an original Marxist thinker on a par to, and with, "selective affinities" (unknown to both) to Gramsci — and I can only hope he will at some point discuss Benjamin, too. This entails warnings against a too total totality and in general against too clearly outlined images of the world and *Weltanschauungen* dear to the German philosophical tradition and Lukács (in all of his phases). To the contrary, Brecht latched on, directly and through Lenin, to Hegel's contradiction and to a pleasurable, indeed witty, Marxist dialectics, with practical twists and turns which would be as much art as science. Much before Derrida, Brecht deconstructed the unsplittable atom of Subject, Ego, and Personality into oscillating and recombinable quarks and charms of attitudes and relationships. He applied Heisenberg and the Copenhagen School from physics to relations between people, affirming that "what we investigate has been changed by the investigation" (Brecht GA 22.2:730, cited by Haug, p. 63). A series of such soundings allow Haug to affirm that "these proposals, if taken seriously, would suffice to put out of joint the whole view of the world taken by many communists in the 20th Century as being Marxism, and would give an orientation toward a reconstruction which amounts to a refounding" (*Neugründung*, p. 71) This proposal put the cat among the pigeons, and occasioned strong rejoinders from the Holz-Jellen wing. One can only suppose they felt their *Weltanschauung* was being challenged.

My own view is that the metaphor of refounding is somewhat slippery, as the fate of Haug's reference to Rifondazione comunista in Italy testifies to: it has since split into quarrelling *groupuscules* without real political, never mind intellectual, impact. Maybe reconstruction on the medieval model, where old Roman buildings were quarried for large blocks out of which to build Christian churches, is less ambiguous. Haug has of course used large blocks of Marx in erecting his own building, but I don't think even he has yet come (in writing, at least) to terms with Lenin's legacy.

If I'm allowed a final, *sotto voce* complaint: some Teutonic navel-gazing may also have been at work in this conference. Nobody seems to have reflected on, say, Jameson's redefinition of utopia or indeed of Brecht as centrally a transmissible method; or on Zizek's rereading of Lenin. Beside sneers at Derrida, Balibar or Badiou do not exist either. This sits strangely with a Brecht who knew some aspects of England and the USA very well, and whose greatest success was arrived at in Paris.

At the end, I shall go off on a tangent to summarize some insights I believe have to be added to those in this volume in order to BEGIN making sense of Communism, and how Brecht may be supremely useful to understanding what this might be. First of all, we would have to unpack the term "communism," used without much differentiation in this volume. I would phrase this as: communism can be a locus, an orientation for a movement, and a horizon. Puzzlingly, each of these somehow implies and needs the others.

Communism as **horizon** is the future Earthly Paradise of a classless society, a society where oppositions will not be dealt with antagonistically, through murder and hunger: not by pistol but by pencil, as Brecht says in the nearest approximation to it he allowed himself to pen, the Prologue to the *Caucasian Chalk Circle* (which also, as Haug remarks, sketches the ideal role of the intellectual in Arkadi Cheidze). As all horizons, it is orienting, often inspiring, and always unattainable, for it moves with the viewer and pursuer oriented toward it.

Communism as **locus** is any real society claiming to be largely or even asymptotically utopian or non-antagonistic (harmonious, as the Chinese Communist Party hypocrites today say). It could be, as Lenin and Brecht and all classical socialists and Marxists believed, a first absolutely necessary step towards a disalienated life of people in a community, IF (and only if) it, (a) was not stifled by poverty and aggression, and (b) did not pretend to be the oxymoron of a finally reached horizon, an illusion that also necessarily grows into a religion and a lie (Nietzsche can be used here, as Brecht used him: nobody in this volume mentions his work, I think).

Today, bereft of locus, we still might have (if we don't lose the faith Heuer and Derrida speak of) the **orientation**, a vector leading from our quite dystopian and catastrophic locus of capitalist barbarism towards the utopian horizon (in the positive sense of eutopia, *pace* Engels). Orientation means, etymologically, turning toward the Orient of the rising Sun, the source of light and warmth, indeed of all life. Orientation toward a communist horizon is the subspecies of Brecht's bearing (*Haltung*) proper to Brecht's philosophico-political followers. It would be at peace with Brecht's permanent eager receptivity to better ways of thinking, which Wekwerth so engagingly transmits in his introduction, and Schumacher confirms: maybe it's naivety we need as a tool? Maybe sympathy too? Let's try it out and see.

This orientation is today our minimum requirement, without which all talk of communism should cease. But for a proper collective orientation, that is, a movement with this orientation, we need a cultural revolution, a rebuilding on the basis of an updated Marx for a cybernetic age and a most dangerously rotting capitalism, as well as a clear idea how to organize, that is, what to take from Lenin and what not. Anarchism, noble as it is in many ways in people like Kropotkin, will get us nowhere as we have seen in these last 10 years.

Thus, when Holz and other comrades say a Party is necessary, I agree. When Haug says a Cultural Revolution is necessary, I also agree — possibly first of all. It would mean we had a political collective which can accommodate Kebir's autonomous communist intellectuals within the Cause. Then indeed we could get back to Brecht's "Lob der Partei": "Wir sind sie."

Book Reviews

Gad Kaynar and Linda Ben-Zvi, eds. *Bertolt Brecht: Performance and Philosophy*. Tel-Aviv: Assaph Books, 2005. xx + 210 pages.

Usefulness seems to be one of the common threads in the literature on Brecht after his death in 1956. Since then, the penchant of academics, critics, and theater practitioners to re-evaluate all things Brecht has only increased, sparking debate over the efficacy of his works. This was especially true around — and in the years prior to — the fiftieth anniversary of his death, providing grist for the mill of the so-called "Brecht Industry" that has developed in academic fields like German studies, theater studies, and cultural studies, among others. The essays in this collection, the proceedings from a 2004 interdisciplinary conference held at Tel-Aviv University, should be counted among those volumes commemorating and questioning Brecht's usefulness and (un)popularity today. While not every essay, it should be noted, presents a variation on a previously studied theme, taken as a whole the collection is a solid contribution to current Brecht scholarship, and several of the 13 essays offer exciting and original readings. Not every essay can be sufficiently discussed in this review; rather, it will highlight and assess the more innovative and substantive themes presented.

Gad Kaynar states in his introduction that the collection's goal is to present the less-familiar "philosopher" Brecht from diverse points of departure "in the best spirit of *Verfremdung*" (vii). Indeed, the practices of altering perspective and viewing entrenched ideas through a different lens to bring about change are integral principles in Brecht's work and legacy. But readers may wonder if the stated goal of presenting a different Brecht is not qualified by the collection's impetus of responding to Brecht's "deep imprint" on Israeli theater, by references to the "exceptional" author, to Brecht as an "Israeli cultural hero," and to the "fascinating figure" (ix). Does this suggest a contradiction in the goal of estranging the reader's familiar Brecht? Not necessarily. Whereas one might have preferred to develop one's own judgment of Brecht without the editor's declarations, and while the choice accolades for Brecht the "hero" may raise suspicion in some readers, the wide array of critical voices present in this anthology ultimately do it (and Brecht) justice.

The essays are divided into two sections. The first eight, under the heading "Philosophy, Theory, and Performance," probe the theoretical connections in the writings of authors like Walter Benjamin and Franz Kafka to Brecht's ideas on epic theater. The final five essays, titled "Philosophy and Strategy," focus on the practical applications of Brecht's theories and offer new, contemporary readings of his works. Freddie Rokem's essay on Benjamin and Brecht's readings of Kafka anchors the entire volume and sets the tone for other contributions. Rokem suggests that Brecht's interest in Kafka's modernism lies in his use of fragmentary and/or circular narratives that create a kind of *V-Effekt* between subject and actor. Whereas others have recently approached Kafka and Brecht in terms of "difference" (see Frank Wagner's *Antike Mythen. Kafka und Brecht*, Würzburg, 2006), Rokem aims to deepen their respective theories of the modern subject. For Brecht, social Gestus transforms "Denkbilder," or the philosophical "thought-figures" of mental abstraction of an action, into scenic images that might then create a "circular dialectic" on stage (e.g., the dual rotating circles in *Mutter Courage* moving in opposing directions). Rokem provides compelling examples for his arguments, but in the end does not return to Kafka. Is the circular "Denkbild" motif in *Mutter Courage* necessarily linked to Brecht's reception of Kafka? The connection to Kafka's "Das nächste Dorf" is highly speculative; Rokem even admits he cannot draw definite conclusions from his assertions (15). Kafka's worldview figures heavily in Shlomo Biderman's essay, which quite convincingly concludes that both Kafka "the neurotic" and Brecht "the thinker" do not always run parallel but in fact intersect in fascinating ways. For example, both Brecht and Kafka's work illustrate the paradoxes of modernity, but each comes to terms with that crisis differently: Brecht uses dialectical thinking and exposes contradictions to repudiate or change society, whereas Kafka is content to simply archive those modern paradoxes and perpetuate contradiction as reality that will not be altered. Biderman also turns Brecht's opinion of Kafka on its head by claiming that Brecht's mode of thinking is really the more conventional of the two (137). While Kafka's work is "eternally lost" in the abyss, and therefore detached, Brecht's philosophical worldview, critical of (Aristotelian) paradigms and open-ended as it may be, still operates within those paradigms and positions itself *ex negativo* against assumptions that Kafka's work eschews (142f.).

Ilit Ferber discusses how the process of fragmentation and interruption is central to Brecht's thinking and offers readings of his radio plays as examples of how these caesuras function in his work. Ferber highlights the metaphorical relationship between epic theater, which introduces narrative breaks and demands awareness of gestures in order to derive meaning, and the medium of radio, which also relies on interruption and places listeners in "report mode" (42). The theater audience, like the radio listener, is essentially non-immersed in the fictive world, free to carry out critical analysis. Ferber grounds Brecht's theories squarely in the notion of interruption (which is passive because it happens *to* the audience), but in doing so she neglects to consider Brecht's insistence on active, audience engagement, often thematized in his critical writings and notes. Tom Lewy instructively demonstrates "the interpretive capacity of music in the theater" (184f.) by tracing the transformation of Brecht's poem "Und was bekam des Soldaten Weib?"

in collaboration with Kurt Weill into the song "Das Lied vom Weib des Nazisoldaten" (from *Schweyk im zweiten Weltkrieg*) with his later colleague Hanns Eisler. Each composer interpreted Brecht's lyrics according to his respective situation and ideological leanings, with Eisler's version expressing a decidedly more communist sentiment. While Weill's setting was more complex in the musical tradition of showbiz "Lieder" and "Kunstmusik," Eisler's was more austere in the tradition of the upbeat "tavern song," differed in the lyrics it stressed, and continued along the lines of "Gebrauchsmusik" favored by Paul Hindemith and Brecht later in his career (177).

Eli Rozik's essay repositions the *V-Effekt* as a rhetorical device, moving away from the realm of cognition that Brecht envisioned. He investigates the *a priori* investments an audience needs to understand Brecht's plays, and questions the necessity of estrangement: Why must the spectator detach? What are the conditions of the possibility of the *V-Effekt*? Using Shklovsky, Rozik differentiates between perception (defamiliarization through the pursuit of the unknown) and knowledge (that which is familiar and known). Defamiliarization places the familiar into an unknown context, thereby frustrating the audience and pushing against any preconceived knowledge. Rozik provocatively suggests that Brecht's *V-Effekt* is mere "theater ideology" (75) and is therefore not affected by epic acting. In one of the most original essays of this anthology, Daphna Ben-Shaul follows Rozik in critiquing inconsistencies in Brecht's programmatic thinking on the theater, especially concerning the *V-Effekt* and illusion. Her article reexamines the definitions of illusion and its potential to cultivate imagination. Brecht fails to fully explain the differences between illusion (false perception) and delusion (false belief) as well as between illusion and *Einfühlung* (emotional involvement), which disregards the human faculty of imagination in creating the psychosocial motivation to believe — and involve oneself in — what is on the stage (87f.). Ben-Shaul is able to demonstrate convincingly how, when viewed critically, the *V-Effekt* can be turned on its head and actually subvert its goal of anti-illusionist theater.

Zvi Tauber's and Gad Kaynar's respective essays both discuss the implications of aesthetics and morality in Brecht's work. Tauber asks whether identification with immoral characters in Brecht's plays invokes the "critical, rational moral insights" in the spectator that Brecht intended us to ponder, or simply give us the "appearance of immorality" (102). Tauber compares and contrasts Schiller's aesthetic theories with Brecht's and argues in his readings of *Dreigroschenoper* and *Mahagonny* that both authors are closer in "emancipatory potential" rather than farther apart. However, one wonders whether "unmediated" and "uncritical identification with immoral dramatic situations" (102) really liberates the aesthetic experience of theater for the spectator. A "[b]eyond good and evil" approach to immoral characters may be used as a didactic tool on stage, but Brecht's dramatic personae are human and engaged in their socio-political systems, and should not simply be taken at face value. Could Tauber's argument detract from any reading of social Gestus in Brecht's plays? Kaynar, in contrast, sets aesthetics and ethics along side dramatic praxis. He forcefully argues that Brecht sought to create a theater of moral representation by cultivating self-reflection in his audience and an awareness of contradiction in societal suppositions. Kaynar questions, however, whether Brecht may have contradicted his own ideals for the sake of promoting Marxist ideological beliefs—humans as the distinct product of socio-economic circumstance. This leads Brecht, according to Kaynar, to fail at his attempt to moralize in the theater; his characters presented within a singular "behaviorist paradigm" are not the *goal* of Brecht's declared intentions but instead become the *instrument* of a "practical and depersonalized ideological end" (117), which both negates his philosophical predecessor Kant and reduces his characters to "marionettes" à la Büchner. Kaynar closes his essay with the adage that, as an *a priori* tenet, the *V-Effekt* can undermine epic theater by creating standard "rules," which over time are no longer challenged by the spectator. While this line of criticism is not a new one, it nonetheless serves Kaynar's argument.

Finally, Dror Harari and Shimon Levy speculate on Brecht's significance and legacy in a (post-?)postmodern world. In a creative scholarly twist, Harari performs his version of "epic" writing by presenting the reader with scene-like sections complete with individually themed titles. He provides an alternative reading of *Mutter Courage* through a decidedly deconstructionist lens, which at times clings too closely to theory and is somewhat pedantic. His reading illuminates the previously known gaps between Brecht "the theorist" and Brecht "the director." Deconstruction as a methodology with its de-centered, subversive language, emphasis on "play," and focus on process not result, lends itself well to Harari's critical reassessment of the constitutive parts of and use value for Marxist criticism today. His arguments are articulate but his "fresh, less-dogmatic" (146) approach, aimed at a less radical critique of the capitalist social order in *Mutter Courage*, is questionable. Levy closes the collection with an essay that provides much food for thought. Brecht rejected the doom and gloom of apocalypse as a cultural construct that the open-ended nature of his work resists (188f.). He criticized Expressionism in the same vein and also harangued against the flood of non-critical or ideologically-mixed media images of catastrophe and war. Levy goes on to show how post-Brechtian playwrights—such as Thomas Brasch, Heiner Müller, and Peter Handke—have thematized "apocalypse" and how their eschatological notions rebel against, and relate to, Brecht's own conception and understanding of the end of things, problematizing epic theater but also venturing into "full-fledged" apocalypses in their respective works.

Overall, the essays in this collection are well written, offer new insights into Brecht scholarship, and read more like a discussion than separate entities. Apart from minor editorial indiscretions (i.e., misspelled "Puntilla" on page 188!), the volume is well constructed and flows nicely. Readers familiar with Brecht and modernist theater will find this volume thought provoking and timely; those seeking a more general overview of Brecht's theories of performance will first need to look elsewhere.

Kristopher Imbrigotta
University of Wisconsin, Madison

Hans Peter Neureuter: *Brecht in Finnland. Studien zu Leben und Werk 1940-1941*. Frankfurt am Main: Suhrkamp 2007. 368 Seiten

Wer immer sich mit Brecht und Finnland befassen will—an Hans Peter Neureuter kommt er nicht vorbei. Zum einen beherrscht kaum ein Germanist die finnische Sprache, zum anderen ist der 2002 emeritierte Professor für Neuere deutsche Literatur an der Universität Regensburg ein exzellenter Kenner der Materie. Bis das handliche Suhrkamp-Taschenbuch *Brecht in Finnland* erschienen ist, haben sich Forschende mit den Kopien seiner Habilitationsschrift von 1988 begnügen müssen. Das Taschenbuch komprimiert die dort gewonnenen Erkenntnisse—auch wenn allein die Fußnoten oft schon spannende Entdeckungen für sich sind—und fügt zahlreiche Forschungsergebnisse der vergangenen Jahre hinzu.

Akribisch und dabei nie langweilend durchleuchtet Neureuter 13 Monate in Brechts Exilzeit, die äußerst produktiv waren. Die „Finnischen Epigramme, " *Herr Puntila und sein Knecht Matti*, *Die Judith von Shimoda* und die *Flüchtlingsgespräche* verdanken ihre Entstehung dem *genius loci*, und Neureuter versteht es, das Werk in einen erhellenden Zusammenhang mit Brechts Biografie und seinem Alltag in Finnland zu stellen. Einer Vielzahl von Spuren ist er nachgegangen, hat Zeitzeugen befragt, ist in die Tiefen von Archiven und Nachlässen eingedrungen, um sich nicht auf Brechts subjektive Äußerungen verlassen zu müssen, sondern ihn mit neugierigem Blick neu zu entdecken.

Chronologisch von April 1940 bis Mai 1941 erzählt Neureuter einen Abschnitt aus dem Leben Brechts und dessen Entourage, zeigt den Umgang mit einheimischen Künstlern und Politikern, mit Exilanten und der Staatspolizei. Der Suche nach Wohnungen, Lebensmitteln und Existenzsicherung wird dabei ebenso gebührenden Platz eingeräumt wie der Arbeit an neuen Stücken, dem Theater in Helsinki und politischen Veränderungen in Finnland durch den Winterkrieg zwischen der

Sowjetunion und Finnland, das den Verlust von Karelien verkraften musste. Im Zusammenspiel dieser unterschiedlichen Fakten und Befindlichkeiten wird die Vergangenheit lebendig, entsteht eine Vorstellung davon, in welcher bedrängten Lage sich Brecht und Helene Weigel, ihre Kinder und Margarete Steffin befanden. Wie sie die Situation eingeschätzt haben und wie sie de facto war. Wie nervenaufreibend ihre verzweifelten Versuche waren, Einreisegenehmigungen in die Vereinigten Staaten zu bekommen, Aufenthaltsbewilligungen und Visen durch Transitländer, genügend Geld für die Schiffsüberfahrt und Bürgschaften. Erfahrungen im Alltag stehen im Bezug zum Werk. Selbst als Negativum: Neureuter arbeitet heraus, wie wenig die Zustände des Krankseins für Brecht fruchtbar wurden. „Was immer sie mit sich brachten an erhöhter Sensibilität, fiebriger Phantasie, grobem oder feinem Schmerz, es tritt weder als Thema noch als Antrieb seiner Arbeit in Erscheinung. Krankheit war Pause, Behinderung."

Neureuter zeigt die Arbeitsweise Brechts, was er als seine eigene Aufgabe betrachtet und welche Rollen Mitarbeiter wie Margarete Steffin und Hella Wuolijoki spielen. Die Wuolijoki gewinnt hier Kontur, auch ihr Gutshof von Marlebäck, scheinbar fernab von der Welt des Krieges, eine finnische Idylle, in der Brecht plötzlich zu beobachten beginnt, mit großer Intensität die Natur mit ihren Geräuschen und Gerüchen, Farben und all ihrer Sinnlichkeit zu erfassen sucht. Neureuter zeichnet nach, wie Wuolijoki an Stoffe herangeht, wie sie statt antiaristotelischer Dramaturgie immer wieder beim Konversationsstück landet, und spiegelt Brecht als Gegenpart. Ein Kapitel über den finnischen Philosophen und Staatsmann Johan Vilhelm Snellman etwa verdeutlicht beider unterschiedliche Auffassungen und Herangehensweisen. Gleichzeitig nimmt Neureuter hier den Stand von Brechts dialektisch-materialistischer Geschichtsbetrachtung unter die Lupe:

> Die Vorstellung eines objektiven Verrats Snellmans am Proletariat ist allzu nachträglich konstruiert, ist schlechthin abwegig. Indem Brecht die ökonomische Entwicklung Mitteleuropas in der zweiten Hälfte des 19. Jahrhunderts unterstellt, sieht er Ereignisse und Verhältnisse zusammen, die in Finnland wenigstens ein halbes Jahrhundert auseinanderliegen. Die analytischen Begriffe klappern, von bloßem Denksport bewegt.

Womit Neureuters oft recht bildhafte Sprache zu erwähnen wäre. Wo andere sich durchwursteln und den Sack nicht zugebunden kriegen, bringt er auch komplizierte Sachverhalte auf den Punkt, formuliert klar, ohne unzulässig zu vereinfachen. Die chronologische Erzählweise mag einer Strukturierung dienlich sein, aber Neureuter schafft es, sich nicht an der Fülle der von ihm in Kärrnerarbeit gesammelten Fakten zu berauschen, sondern sie dem größeren Erzählbogen unterzuordnen. Er formuliert flüssig, macht Sachverhalte nachvollziehbar, ohne dass er an Präzision verliert. 368 Seiten sind wenig für ein ganzes Jahr im Leben Brechts. Aber nach der Lektüre von Neureuter fühlt man sich fast, als wäre man dabei gewesen.

Stefan Hauck
Börsenblatt

Roger Bechtel. *Past Performance: American Theatre and the Historical Imagination*. Lewisburg, PA: Bucknell University Press, 2007. 287 pages.

"Für das historisierende Theater liegt alles anders," Brecht remarked apropos of historical drama. Roger Bechtel's ambitious and intelligent study of performance and history focuses (mostly) on American drama, so Brecht is present only peripherally, as a kind of dramaturgical talisman, the relic of a time before rampant collective anomie and cultural amnesia, when writing historical drama somehow still seemed possible. Bechtel's impulse to investigate present theatrical representations of history emerged, he tells us, from the attacks of September 2001 and the question of what that traumatic event did to our shared sense of time and memory in the context of its instant mediatization and commodification—a question which frames the book with a particular urgency. (Ironically, that urgency almost appears dated now by the subsequent election of Barack Obama.)

What Bechtel is after here is to examine "new and complex strategies for representing... history" (16) in a series of contemporary plays and productions, and to define how the viewer's "historical imagination" is challenged, exerted, and redefined by these strategies that he terms variously "traumatic," "theatrical," "allegorical," and "erotic" (28). In the introduction and first chapter, he sets up the discursive field by wrestling extensively with a series of critical and theoretical positions concerning history and historiography, memory and its representation. This section is a useful and well-informed survey of the "crisis of historicity" (45) that traverses (for example) Fredric Jameson's analysis of commodity capitalism, Francis Fukuyama's peremptory neo-Hegelianism, Gilles Deleuze's consideration of the Time-Image, and several others. While these are largely familiar positions, Bechtel succeeds in mining their relevance for his topic. Even so, given the complex mapping of historiography and its discontents Bechtel lays out, one might ask whether epistemological categories such as "historical imagination" or "historical experience" (in any intersubjective sense) are viable any longer.

Bechtel plainly believes so, and moreover he believes that the practice of performance can unlock and reconfigure our sense of experienced history. He first takes up America's "cultural repetition compulsion" (71) with respect to the Kennedy assassination, as it is reflected in Wendy McLeod's 1995 neo-gothic play *The House of Yes*, in which a pair of incestuous siblings re-enact a perversely sexualized version of America's national trauma, and Oliver Stone's controversial 1991 conspiracy yarn *JFK*, with its obsessive protagonist, Garrison. As they contend with the Lacanian Real of their compulsions, these characters "function...as representations *of* traumatic history" and "contribute significantly to the process of working through that history" (99). In his third chapter, Bechtel delivers a spirited defense of Tony Kushner's *Angels in America*, perhaps the preeminent history play of the post-Reagan era, whose progressive credentials came under attack just as its canonical status solidified. Here Bechtel performs a neat dialectical trick. He confronts head-on the accusation by *Angels'* critics that Kushner had sold out the revolutionary impulse summoned so powerfully by his ostensible idol Walter Benjamin in his "Theses on the Philosophy of History"—the familiar *Angelus Novus* passage inspired to some degree the titular beings of the play—only to substitute an indifferent liberal pluralism. Bechtel argues, on the contrary, that the play is essentially a post-ideological, pragmatic response to a historical constellation "in which revolution is not a conceivable option" (104). He does so by, in a Marxian turn, putting Benjamin back on his feet and finding in his theory of the dialectical image—and in Kushner's exploration of such images— an "aesthetic practice" that "stimulates our historical imagination, which operates as a prerequisite to political action" (122).

If up to this point in his study Bechtel has toyed with, but not truly explored the performative dimension that history plays, rather than merely dramatic (or cinematic) texts, in the subsequent chapter, "Brutus Jones 'n the Hood," he comes much closer to this stated aim. In this stimulating reading of the audacious 1998 production of Eugene O'Neill's *The Emperor Jones* by the Wooster Group, the perennial provocateur of the New York avant-garde, he traces the complex intersections of race, authorship, and commerce in the play's production history. While the original production by the Provincetown Players in 1921 had rattled the theatrical establishment both because of the boldness with which it presented its renegade black hero and because of its unexpected financial success, which precipitated O'Neill's rise and the group's decline, the Wooster Group echoed this uneasy dialectic of play and performance in their own postmodern riff in which race, gender, and culture were provocatively deconstructed and inverted (Jones was played by a white actress made up in blackface and wearing a kimono). Nowhere but on stage could this multivalent meeting of signs articulate itself: "What better term to give this particular history effect, this convergence of images, bodies, and text shot through with time, than *theatrical*?" (162).

The following chapter, focusing on Heiner Müller's *Hamletmaschine*, is a departure from his avowed limitation to American subjects, and Bechtel justifies it by discussing two productions of this play that have somewhat unaccountably entered the canon here. Reverting once more to Benjamin, this time of the *Trauerspiel* phase, he argues that Müller engages in an intricate strategy of creating a kind of allegorical palimpsest, as much to evade political censure as to emphasize the fragmentary nature of a historical moment he himself felt had become irretrievably stagnant. The play's "vortex," Bechtel writes, "becomes history itself, which it attempts to recuperate through its shrapnel-ridden and shattered allegorical construction" (192). I found little here that added to prior interpretive encounters with this text, and some misreadings were distracting. For example, it seems pointless to parse Müller's heading "Family Scrapbook" and give much exegetical consideration to both "scrap" and "book" if the German original is the comparatively innocuous "Familienalbum." The chapter's strength, however, lies in its contrasting reading of two U.S. productions that demonstrate distinctly opposite responses to the allegorical plenitude of *Hamletmaschine*: Robert Wilson's famous (Müller-sanctioned) version with its autonomous *mise-en-scene*, which managed to unlock the play's meanings precisely by ignoring them, and Fred Newman's production, which fell victim to an overdetermined literalism Bechtel identifies as quintessentially, naively American.

In a last chapter on Suzan-Lori Parks's remarkable play *Venus*, which offers a sensitive analysis of the text and what he calls its "chiasmatic" strategy of subversion, Bechtel returns to the great quandary of American history, race. Parks's critics, he feels, have missed the point of this play, which is its erotic dimension: "[I]t is a love story that goes wrong" (240). For Bechtel, who at this point becomes somewhat rhapsodic, the erotic gaze is redemptive and love has everything to do with salvaging history from despoliation: "As a mode of collective being, erotic history would counter the static destruction of catastrophic history with the dynamism of intersubjective potentiality" (242).

The book cannot deny its derivation from a dissertation, and consequently it suffers from some of the excrescences of that genre: in graduate school fashion, the extended Holy Family of modern and postmodern theory is trotted out, from Adorno to Žižek, with particular nods to Benjamin, Jameson, and Lacan. The need to gloss everything from the point of view of high theory sometimes renders Bechtel's prose rather fraught and plodding as it doggedly circles its theoretical quarry. I am also not certain it quite makes good on its ambition to articulate coherently the emergence of a new quality of "historical imagination" from its selected performances. Nonetheless, it is a substantial achievement.

Ralf Remshardt
University of Florida

Theresa Hörnigk und Sebastian Kleinschmidt, Hrsg. *Die Zukunft der Nachgeborenen: Von der Notwendigkeit, über die Gegenwart hinauszudenken. Brecht-Tage 2007.* Berlin: Theater der Zeit, 2007. 205 Seiten.

Es ist ein kluger Untertitel der Veranstalter Therese Hörnigk und Sebastian Kleinschmidt, der keine Versprechungen macht, sondern einen Prozess beschreibt, dem sich schon damals keiner mehr entziehen konnte. Wohl niemals zuvor in der Geschichte ist soviel mit dem *Zukunftsbegriff* operiert, manipuliert und profitiert worden, wie heute und wohl niemals zuvor mit so globalen katastrophalen Folgen. Das hängt vielleicht auch damit zusammen, dass sich unser zukünftiger Spielraum sprunghaft mehr und mehr verkürzt, drängend ein Morgen meint oder unaufschiebbar spätestens ein Übermorgen. Dies geschieht bei gleichzeitiger explosionsartiger Vervielfachung der Aufgaben und Ansprüche. Die Veranstalter der Brecht-Tage 2007 haben eine gute Arbeit geleistet. Das Jahrbuch ist praktisch und zum Widerspruch reizend, auf anregende Weise desillusionierend. Was will man mehr? Jedes der großflächig gewählten Tagungsthemen eröffnet einen weiten Komplex, der die eigenen Erfahrungen des Lesers mobilisiert. Geschickt und mit Bedacht sind die Widersprüche organisiert, die bei der Beschäftigung mit diesem Thema, wie Minen, im weiten Feld liegen.

Als das Symposium im Februar 2007 stattfand, war die Weltwirtschaft noch nicht zusammengebrochen. Die Katastrophe lag zwar in der Luft, war bereits vorauszuahnende Zukunft, und die Disputanten der Runde „Was man von der Zukunft wissen kann und was nicht?" (Norbert Bolz, Michael Großheim, Dieter Lethen und Stephan Schlak) zeigten auch bereits seismographisch einige Verwerfungszonen unseres Denkens auf, Bruchstellen in der Wahrnehmung der Realität, an denen sich Spannungen aufgestaut haben. Eben noch war man Zeuge beim Zusammenbruch des einen (sozialistischen) Halb-Weltlagers — wie schnell das alles in sich zusammenstürzte, lautlos und folgenreich, ohne Gegenwehr aber gründlich — und heute ist man überrascht, dass nun auch die andere Hälfte dieses kommunizierenden Systems, der Kapitalismus, wegbricht. Was eigentlich vorauszusehen war. Und dennoch, auch dies ist eine Chance zum Umdenken. Die vorletzte? Brecht setzte auf die endliche „Vernunft der Gattung." Heute muss sie unter Schmerzen, bei Androhung globaler Katastrophen, ihre Lektionen lernen. Und wir staunen erschüttert, mit welcher Kraft sich dem widersetzt wird: „Warum ich?" „Das Hemd ist mir näher als die Hose." „So schlimm wird es schon nicht werden." „Bis jetzt ging es auch immer weiter." Oder wie es in der DDR an der Basis, also unter den Leuten hieß: „Privat geht vor Katastrophe." Und somit hat sie uns dann doch wieder eingeholt, die abgewirtschaftete Utopie.

Die Zukunft. Nicht EINE Zukunft als Fixum, sondern die Zukünfte, der Zukunftsbegriff im Wandel des Lebens. Die ständigen Perspektivverschiebungen, die jeder erlebt, mit einem Zukunftsbegriff, der vor ihm her tanzt, wie ein flackernder Lichtstrahl im Dunkel. Dieter Schlenstedt untersucht mit wissenschaftlicher Akribie diesen Wandel bei Brecht: vom wild aufbegehrenden Begriff der Endlichkeit des Lebens, der Verneinung einer Zukunftshoffnung, das *Hier-und-Jetzt* einfordernd, gegen Vertröstungen auf das Kommende. Denn er selbst begreift sich als ein Kommender (die Zukunft des Kommenden ist die Gegenwart). Dieser junge Mann will den Tatsachen ins Auge sehen, blickt nicht nach rückwärts – und wenn, dann mit der ironischen Überlegenheit der jungen Nachgeborenen. Er begreift sehr früh, dass das 20. Jahrhundert das Massenjahrhundert wird. Ohne die Massen geht nichts. Er wird ihr treuer Begleiter und setzt große Hoffnung auf eine „Weisheit des Volkes," das sich als gestaltendes Subjekt begreift – begreifen soll – beim Aufbau einer besseren Welt.

„Muss muss muss." Er erlebt die Revolution 1918, die eine Sekunde, in der die Massen als Subjekt der Geschichte auftreten und dann doch nur wieder Spielball der Interessen der Mächtigen sind. *Der grässliche Fatalismus der Geschichte* holt ihn immer wieder ein. Der Dichter widersetzt sich. Mit aller Kraft. Schlenstadt legt diesen Prozess von Hoffnung und Enttäuschung bei Brecht mit kritisch-liebevollem Blick frei. Es ist der Blick von einem, dem dieser Autor sehr wichtig ist, dem er sich verbunden fühlt, der seinen Weg prägte und somit ist diese Bestandaufnahme über die Zukünfte des Herrn B. auch eine Bilanz der eigenen Denkmuster des Herrn Sch. in widerspruchsvoller Zeit. Das Verständnis für die Streckbank der Geschichte: gefesselt zwischen gläubiger Hoffnung und kritischer Erkenntnis des Scheiterns. *Die Enkel fechtens besser aus / kommt die D-Mark nicht zu mir gehen wir zu ihr*. Die Sache hatte sich also erledigt! Wirklich? Für immer? Aber die Enkel? Sie haben ein sehr anderes Weltbild, oder vielmehr nicht *ein* Bild von der Welt, sondern wohl eher mehrere stark differente Bilder der heutigen Welten, für die sie, ob sie wollen oder nicht, die Verantwortung tragen müssen. (Und da ist es wieder, dieses sezuanische „muss muss muss.") Doch wenn dereinst einer von ihnen „Brecht und die Zukunft" in die Internet-Suchmaschine *Google* eingibt, kann er froh sein, auf diesen Beitrag zu stoßen, denn er findet ein Arbeitsinstrument (schlag nach bei Schlenstedt).

„Was sind das für Zeiten, wo / [k]ein Gespräch über Bäume fast ein Verbrechen ist": Dieckmann schreibt über das Pflanzen der Pflanzen. Er beschreibt die *Erziehung der Hirse* als Referenz an eine klassische Pastorale, ein Hirtenlied. Da ist noch ein Hirte, der alles überschaut, alles im Blick hat, der das Experiment überwacht — der blutige Zuchtmeister in Moskau. Und seine willkürliche, vernichtende Auslese per Genickschuss wirkt fast handwerklich gegen die Anonymität einer entfesselten Gentechnologie heute, die sich anschickt, den Menschen radikal und scheinbar unumkehrbar an die Bedürfnisse des Marktes und der Technik anzupassen.

Hochzeit von Mensch und Maschine. Ich denke an das Bild der mutigen kleinen nackten Männer eines der letzten unentdeckten indigenen Stämme Amazoniens, die sich mit Pfeil und Bogen gegen ihre Entdecker in einem Hubschrauber versuchen zur Wehr zu setzen. „Verwisch die Spuren." Sie wollen namenlos bleiben. Vergeblich. Ihre Tage sind gezählt. Unsere Zukunft ist ihr Tod. Sie brauchen zu viel Raum. Die Normgröße der Zukunft hat japanische Abmessungen. Durchnummeriert und mit allen nötigen Kenncodes aus dem space verfolgbar und gespeichert in mächtigen, unkontrollierbaren Registraturen. Den ID-Chip implantiert. Gläsern. *Im Reich der Schneekönigin.*

Die Beziehung Brechts zur Weimarer Klassik, die Dieckmann kühn entwirft, und die mich 2007 heiter stimmte — heute scheint sie in der Vergangenheit zu verschwinden, sie scheint so wenig subversiv in dieser rasenden Katastrophenzeit. Und doch liegt gerade hier die Widerstandskraft der klassischen Zukunftsbegriffe: in der Entschleunigung. Pflanzenzeit. „Der Kommunismus ist das Mittlere," sagt der Dichter. Und „die Bäume," die Wälder, ganz gleich wo, sie sind für unser Überleben von existenzieller Bedeutung. Jetzt wissen wir es sogar wissenschaftlich; doch die Gewissheit der Expertise kann das Gewinnstreben nicht aufhalten. Die Pflanzen werden sich anpassen oder vergehen, neue Arten werden entstehen, sie werden vor der Erderwärmung weichen und sich wandeln. Wer diesen langen Marsch der Anpassung nicht mitmacht, geht zugrunde. Andere kommen durch. Aber bei unserer empfindlichen Spezies *Mensch* ist das wohl anders. „Keiner oder alle / alles oder nichts," wie es in Brechts „Lied der Commune" heißt.

Stellvertretend für den außereuropäischen Raum lenken die Veranstalter unseren Blick nach Lateinamerika. Gegen den „mainstream" des Marktes begibt sich dort wieder ein Theater auf den steinigen Weg der Erkenntnis und geht das Risiko ein, dialektisches Theater zu machen. Sergio de Carvalho und das *teatro latao* aus Sao Paulo, gehen aus der Megapolis zu den Landlosen. Sie beginnen dort, wo die Talkshow endet, wenn die ewig laufenden Fernseher abgeschaltet sind. Sie organisieren den Dialog, die vornehmste Aufgabe des Theaters und zugleich seine subversive Kraft. Sergio Carvalho war wohl mit Anfang 40 der jüngste Teilnehmer der Brecht-Tage 2007. Wie wäre es, über die *Zukunft der Nachgeborenen* mit der noch jüngeren Generation ins Gespräch zu kommen, mit denen, die unsere Zeche bezahlen müssen?

Alexander Stillmark
Berlin

Frank-M. Raddatz. *Brecht frißt Brecht. Neues Episches Theater im 21. Jahrhundert*. Berlin: Henschel, 2007. 284 Seiten.

Es war Heiner Müller, der in Auseinandersetzung mit dem „Fatzer"-Material den Ausdruck von der „Materialschlacht Brecht gegen Brecht" prägte. Auch Frank-M. Raddatz' neuste Veröffentlichung *Brecht frißt Brecht. Neues Episches Theater im 21. Jahrhundert* weist auf solche im brechtschen Werk angelegte Antagonismen hin und ist bemüht diese Differenzen und Widersprüche ins Produktive zu überführen. Zu diesem Zwecke sucht Raddatz das Gespräch mit ausgewählten Autoren, Theatermachern sowie Theoretikern. Eine illustre Herrenrunde ist da – bis auf eine sympathische Ausnahme (Helgard Haug von Rimini Protokoll) – zusammengekommen und wird systematisch durch Raddatz auf die je eigene Arbeitsweise, ihre, soweit vorhanden, theoretischen und biographischen Brecht-Bezüge sowie jene Aspekte abgeklopft, welche an Brechts Schreiben auch heute noch wichtig erscheinen. Vorangestellt sind diesen allesamt lesenswerten Gesprächsprotokollen zwei raddatzsche Texte (inkl. einer kurzen Vorbemerkung), welche allein schon über ein Drittel des Bandes umfassen. Unter den Überschriften „Das Theater der Täter" beziehungsweise „Die Anbindung an das Phantasma der Wissenschaft" entwickelt Raddatz jene Fragestellungen und Koordinaten seines Erkenntnisinteresses, welche auch die folgenden Interviews immer wieder prägen werden. Im Gespräch mit Friedrich Kittler fasst Raddatz dieses Interesse präzise zusammen: „Mir geht es darum, Brechts Thesen zu überprüfen und zu überlegen, was ist heute daran noch relevant, wo hat er Impulse gegeben, die noch lebendig sind, oder Entwicklungen beeinflußt, die anders verliefen als erwartet." (S. 166) Immer wieder stehen hierbei Brechts theatertheoretische Überlegungen im Mittelpunkt. Raddatz ergänzt im Gespräch mit Armin Petras durchaus paradigmatisch für seine generelle Herangehensweise: „Wenn man Brecht nicht als Theatertheoretiker, sondern als Autor sieht, ist er regelrecht abgeweidet." (S. 192) Dementsprechend stehen nicht die brechtschen Theatertexte oder seine Inszenierungsarbeit im Zentrum der Ausführungen, sondern primär Brechts theoretisches Werk. Stein des Anstoßes ist hierbei der Versuch Theater und Wissenschaft zusammen zu denken. Von diesem Punkt aus verfolgen die den Interviews vorangestellten Texte zunächst einige

Bruchlinien im theatertheoretischen Bau des „episch-wissenschaftlichen Theaters." (S. 115)

Zitatenreich und sprachlich pointiert zeigt Raddatz wie Brechts Versuche, das Theater aus den metaphysischen Verklammerungen mit Mythos, Bann, Suggestion und Projektion zu befreien, ihn letztlich zum Bündnis mit *der* Wissenschaft treiben, und bringt Brechts Auslassungen gegen das Theater der „Rauschgiftbuden" in einen produktiven Dialog mit Nietzsches Wagnerkritik, Benjamins Bemerkungen zum epischen Theater, Shakespeares „Der Sturm" sowie Adornos/Horkheimers *Dialektik der Aufklärung*. Wie bereits erwähnt, ist es Raddatz' Pointe das brechtsche Projekt (mit all seinen Stichworten des epischen Theaters) einer „Reform der Abbildungstechnik" beziehungsweise der „Destruktion ihres mythischen Kerns"(S. 25) in engste Verbindung mit einem problematischen Begriff der Wissenschaft zu bringen. Sind zunächst Ähnlichkeiten zwischen den massenmedienkritischen Theorien der Frankfurter Schule und Brechts Ansichten zu konstatieren, so treibt Brechts Kampf ihn laut Raddatz gegen die kultischen Reste beziehungsweise Ursprünge des Theaters letztlich in die Arme einer Wissenschaft, welche nur als Manifestation instrumenteller Vernunft begriffen werden kann. „Mit der Wissenschaft ist jene goldene Mistgabel gefunden, den Augiasstall tradierter Theaterkunst mit all ihren Halluzinationen und Zweideutigkeiten einer soliden, grundlegenden Reinigung zu unterziehen." (S, 62f.)

Raddatz' skeptischer, ebenso an Adorno und Horkheimer wie an Virilio geschulter Blick moniert beim Aufklärer Brecht, der seine Theatertheorie mit dem Projekt wissenschaftlicher Naturbeherrschung kurzschließt, das fehlende Bewusstsein der Verwerfungen und Schrecken, welche eben diese Wissenschaft zu verantworten hat. Kurz: „Bei Brecht findet sich keine Dialektik der Aufklärung. Nicht ansatzweise."(S. 171) Fortschritts-- als Beschleunigungs- und damit als Katastrophengeschichte spielt für Brecht in dieser Perspektive keine Rolle – das Theater des wissenschaftlichen Zeitalters wäre blind für die Schatten desselben, sein Wissenschaftsbegriff bliebe von Optimismus und schlichter Naivität geblendet. Dabei ist Brechts Theatertheorie für Raddatz eines der wenigen tragfähigen Modelle für eine ästhetische Praxis, welche Gegengewichte zur technisch-fortschrittlich provozierten Zerstörung von Erfahrung schaffen könnte: „Mit der Verfremdungstheorie entwickelt die darstellende Kunst eine Methode, die verstummte Erfahrung erneut zum Sprechen zu bringen." (S. 107) Diese Theorie der „Erfahrbarmachung des nicht länger zu Erfahrung gerinnenden"(S. 108) kann sich nicht zuletzt auf Benjamin berufen, der im Kontext der Lehrstücke die Zerlegung des Erlebnisspektrums sah, dessen Gewinn „die Farben der 'Erfahrung'" darstellen sollten. So vermessen die einführenden Texte den Spielraum zwischen einer produktiven Kritik des Theaterapparats und der problematischen Legitimation dieser Kritik durch den Rückgriff auf eine instrumentelle Rationalität, welche selbst nicht als Teil des Problems erkannt wird. „Eine politische Ästhetik, die das von Brecht für die Darstellende Kunst gewonnene Terrain verteidigen möchte, muß an die eben geschilderte Tatsache einer durch Technologie erzeugten Erfahrungslosigkeit und den damit verbundenen Reaktionsbildungen anknüpfen." (S. 117)

Die sich anschließenden Interviews mit Heiner Goebbels, Boris Groys, Durs Grünbein, Friedrich Kittler, Armin Petras, René Pollesch, Helgard Haug und Daniel Wetzel von Rimini Protokoll, Hans-Jürgen Syberberg, Theodoros Terzopoulos, Andres Veiel und Samuel Weber vertiefen nicht nur diese Aspekte, sie bringen darüber hinaus Anekdotisches, scharf Pointiertes und Faszinierendes zur je eigenen Arbeit, zu Brecht, zur Gegenwart, aber auch zur Zukunft seines Theaters an die Oberfläche. Das beginnt bei der so einfachen Feststellung Heiner Goebbels, wie wichtig es ist, „Brecht tatsächlich selber zu lesen und das eigene Brecht-Bild nicht von der Sekundär- und Tertiärliteratur oder der gängigen Aufführungspraxis prägen zu lassen," (S. 124) und führt oftmals hin zu ganz konkreten Fragen des Theaterproduzierens beziehungsweise -inszenierens. So wird u.a. die Potentialität der „Experten des Alltags" von Rimini Protokoll plastisch herausgestellt, während René Pollesch im Gespräch die Geschlechter- sowie Machtfragen problematisiert, welche bereits in einer Formulierung wie „Eine Frau betritt die Bühne." (S. 202) aufkommen. Die Vielzahl der ästhetischen wie theoretischen Umschreibungen und Aneignungen lässt sich dabei nur unter Ausklammerung der Lust an der Lektüre in eine griffige Formel packen, doch ist neben oftmals produktiven Differenzen eine besondere Konstante auszumachen: Wie auch Raddatz, so finden viele seiner Gesprächspartner noch am ehesten im Theoretiker Brecht einen Arbeitspartner – allzu sicher erscheint vielen von ihnen die Sprecherposition des Dramatikers. Armin Petras formuliert es so:

> In jedem Text gibt es verschiedene Strukturebenen und in jedem Text gibt es widersprüchliche Strukturebenen. Das ist mein Ausgangspunkt. Deshalb mache ich wahnsinnig gerne Kleist. Denn Kleist ist ein Autor, der etwas versucht und bei dem etwas anderes herauskommt, als er beabsichtigt hatte. Er macht beim Schreiben ständig einen Salto und widerspricht sich. Seine Figuren sind gerade nicht im brechtschen Sinne entworfen. Genau aus diesem Grund mag ich Brechts Theaterstücke auch nicht, weil sie dafür gebaut wurden, eine message an den Zuschauer zu bringen. (S. 190)

An solchen Stellen wird eine potentielle Schwäche des Bandes sichtbar, welche schon Raddatz einführende Texte kennzeichnet: Die Fokussierung auf das Thesenhafte, Theoretische der brechtschen Theaterarbeit führt teilweise unwillkürlich zum Ausblenden des konkreten (Text-) Materials, seiner Risse, Brüche und Verwerfungen – kurz: seiner eigenen Vorläufigkeit. Heiner Müller äußert zu Dürrenmatts Brecht-Kritik: „Brecht denkt unerbittlich, weil er an vieles unerbittlich nicht denkt. Das ist vielleicht richtig, aber man schreibt auch, was man nicht denkt." Inwiefern befördert beispielsweise die von Raddatz beschriebene und von Brecht betriebene Annäherung des Theaters an die Wissenschaft einen Prozess, welcher im brechtschen Text auf dem Feld der Rationalität selbst zu Verwerfungen führt? Auch dies würde zur Partie „Brecht frißt Brecht" gehören.

Raddatz' Suche nach den Problemen und Chancen, dem schwierigen wie auch produktiven Erbteil des brechtschen Theaters im 21. Jahrhundert trägt letztlich dazu bei Risse in den Gips eines Klassikers zu schlagen und liefert insbesondere aus der Perspektive der Theaterpraxis überzeugende Argumente Brecht offener und fragiler zu lesen, den Dialog mit seinen Texten und Setzungen auch heute, gerade heute, zu riskieren. Polemisch sagt es Durs Grünbein: „Auch wer Brecht in bestimmter Hinsicht zum Kotzen findet, kommt eines Tages nicht um diese Erkenntnis herum, wo er zugeben muß: 'Das ist schon interessant, wieviel dieser irrsinnige Typ wahrgenommen hat und auch sogleich formuliert und gestaltet.'" (S. 164) Über dieses Minimalprogramm hinaus macht *Brecht frißt Brecht* letztlich nicht nur Lust auf Brechts Texte, sondern auch auf das avancierte Theater der Gegenwart.

Michael Wehren
Leipzig

Joy H. Calico. *Brecht at the Opera*. Berkeley: University of California Press, 2008. xvi + 282 pages.

Joy Calico's new study of Brecht's work with, in, and against opera deserves to be celebrated across the scholarly spectrum of Brecht studies. Literary scholars will find a subtle, well-grounded, and revealing new exploration of Brecht's textual practices—including some new drafts and revisions of passages of text from his later opera projects that expand the available source material. Historians will find a careful reexamination of the cultural politics of the early GDR that is based on superb archival work. Musicologists will find impressive new material and interpretation of the work of Brecht's collaborators Hanns Eisler and Paul Dessau, and an approach that throws new light on Brecht's work with Kurt Weill. The growing interdisciplinary fields of opera studies and performance studies have also gained a brilliant new model of inquiry and writing.

Even those who are not specialists in Brecht studies, and who might be seeking a guide through the thickets of scholarly and political controversy surrounding the man, his work, and his network, will find in Calico's book a concise, lively, and superbly written survey of a vast swath of that scholarship. *Brecht at the Opera* is at once thoroughly critical but never tendentious, always scholarly but also sympathetically disposed to the fascinating and contentious creative personalities it treats.

Calico's thesis is multilayered, but clearly presented. The foundation of her argument, built on the basis of evidence drawn from across Brecht's career between the 1920s and the 1950s, reveals that Brecht's encounter with opera conditioned not only the well-known dramatic, operatic, and theoretical texts of the late 1920s and early 1930s, particularly the *Mahagonny* project and the *Threepenny Opera*, but the entirety of his dramatic and theoretical production. The conclusion that follows from the evidence to justify this argument is yet more challenging and fascinating: a great deal about the world of twentieth-century theater that we associate with or credit to Brecht traces significantly to Brecht's deep and lifelong engagement with opera. With characteristic verve Calico states her case this way: "to put it bluntly, modernist theater, of which epic theater has long been the standard-bearer, may be the illegitimate child of opera" (3).

Calico is not satisfied, however, to pursue her argument only in one direction. Her discussion of what Brecht owed opera would in itself be more than enough to give her book a central place in the scholarly literature. She nonetheless pushes her thesis much farther, and explores with energy and subtlety what opera today owes Brecht. Her conclusion is riveting: she argues that Brecht's work, ideas, and theories have made possible—and indeed make fascinating—the form of opera staging that creatively and sometimes disturbingly renews, refigures, and reinvents the represented stage world. She claims that it is on the opera stage, where productions against-the-grain thrive, that Brecht's principle of minor pedagogy—that is a theatrical practice that "empower[s] the audience in its engagement with conventional bourgeois theater repertoire" (141)—is most thoroughly alive and active. Opera has always presented numerous levels of potential estrangement, and Calico persuasively argues that today's opera stage has become the place where the qualities and valences of those estrangements are most variously and vigorously explored. Today's opera is therefore unimaginable without its saturation in the consequences of Brecht's theory and practice.

But wait, there's more. The new texts and documents that she explores allow Calico to reread the dynamics of Brecht's career, and then to expand our understanding of Brecht's influence on operatic practice today. Her scholarly energy allows her to iterate these themes yet further, to make sense of a gap in Brecht's own arguments about theater through today's more sophisticated theories of the nature of the vocalizing body. The recent scholarly literature has rightly shown renewed concern with Brecht's contested and multivalent concept of *Gestus*. Calico explores the primary and secondary sources of these debates carefully, and reveals that Brecht's thought and the commentary upon it rely centrally upon the concept of a "gestic split" between character and performer, between the shown and the act of showing, as the central means of generating the productive experience of estrangement (73). Calico argues, however, that much of this thought about *Gestus* treats the actor's body only as a visually signifying object in space, and thus fails to attend to the nature of the aurally signifying—singing—body in time (75). The crucial problem here is that the singing voice, overdetermined by the physical effort required to project it and therefore subject to a dissociation of the signifying content of the sung material from the sonic and tonal qualities of the sound itself, always becomes not just "voice," but also "voice-object." Calico's use of this crucial insight of recent opera theory uncovers a new layer in Brecht's ambivalence about opera and its voices: the voice is always more than that which it attempts to communicate. Calico's work thus adds an aspect of significance to Brecht's dramatic theories that he himself may have "underestimated" (74). As Calico shows, however, this unresolved tension in his thought served to deepen Brecht's struggle with the problems of opera throughout his career.

The final layer of Calico's argument is a historiographically significant exploration of the cultural politics of the early GDR, focused on the early 1950s when the nascent state was beginning to profile itself between the emerging poles of the Cold War era. She uses new archival material about the highly controversial Brecht and Dessau opera project that first bore the title *The Trial of Lucullus*, later becoming *The Judgment of Lucullus*. In this discussion a subtle approach to the history of the GDR emerges, one that is never satisfied with monochromatic explications of ideological investments or coercions. Brecht, Dessau, and their political interlocutors—including Wilhelm Pieck, who took a vigorous and personal interest in the Lucullus project—engaged in a dance of interests and ideologies both vested and overt, between party, administration, artists, theatrical institutions, the press in both East and West Berlin, and the two new actors in German affairs, the Soviet and Allied powers. This branch of the argument in particular makes *Brecht at the Opera* into a major new work in the recrudescence of critical GDR studies pursued by a number of young scholars in the United States.

It would be possible to go on about the exciting approaches that Calico takes to so many underappreciated corners of the Brechtian sphere. One chapter investigates three of the seven unrealized opera projects that Brecht pursued while in exile in the United States: the African-American

Threepenny Opera; the *Goliath* project with Hanns Eisler; and the *Voyages of the God of Happiness* that he pursued over decades with Dessau, who then attempted unsuccessfully in the decades after Brecht's death to complete the project with both Heiner Müller and Peter Hacks. Another chapter substantially clarifies the relationships between *Lehrstück*, music, and opera. But further detail is unnecessary in a review, especially a review of a book that is such a scholarly thrill to read. The organization is elegant, there is nary a word wasted in the concise treatment of the complex material, and the book therefore achieves an extraordinary depth of interpretive authority while remaining open and without pretension to totality, thereby providing an excellent basis for further research. This reviewer's mind is troubled by only one thing about the book: it achieves an almost culinary level of intellectual pleasure in its reading, and thus a nagging Brecht-inspired sense of self-skepticism cannot help but be awakened. But this, like everything in the book, drives further: if Brecht taught us one thing about opera, it is that we can only be opera lovers against—or at least in critical engagement with—our own judgment. Readers will find themselves enjoying the experience as their critical faculties are reawakened by Calico's brilliant scholarship. *Brecht at the Opera* therefore does well beyond full justice both to Brecht and to opera.

Kevin S. Amidon
Iowa State University

Peter Schweinhardt, ed. *Kompositionen für den Film. Zu Theorie und Praxis von Hanns Eislers Filmmusik.* Eisler-Studien – Beiträge zu einer kritischen Musikwissenschaft, Band 3. Wiesbaden: Breitkopf & Härtel, 2008. 280 pages.

Breitkopf & Härtel is the oldest music publisher in the world and one of the most reputable, so it was good news indeed when B&H began publishing the *Hanns Eisler Gesamtausgabe* (HEGA) for the Internationale Hanns Eisler Gesellschaft (IHEG). The scores are beautifully produced and expertly edited by leading scholars in cooperation with the Hanns-Eisler-Archiv located at the Akademie der Künste in Berlin. This series emends, and will ultimately supplant, Eisler's *Gesammelte Werke* published by Deutscher Verlag für Musik in the GDR. The HEGA wisely emulates its predecessor by including critical editions of both Eisler's music and his prose writings, and further enhances that enterprise with a third component: a series of musicological studies, each devoted to a specific work or aspect of Eisler's oeuvre, assiduously edited by Peter Schweinhardt (and, from this point forward, to be joined by two new coeditors, Johannes Gall and Oliver Dahin).

Schweinhardt's title, *Kompositionen für den Film*, is a clever play on Eisler and Adorno's *Composing for the Films* (*Komposition für den Film* in German) and aptly sums up the editor's agenda as put forth in the foreword, which is to privilege Eisler's *compositions* for film (praxis) over his ideas *about* composing for film (theory), the book's subtitle notwithstanding. In an effort to focus scholarly attention on Eisler's scores and soundtracks, Schweinhardt initially attempted to steer his contributors away from both the Rockefeller Film Music Project and the book, which serves as the Project's summation. In the end, the essential nature of *Composing for the Films*, which "forms the centre of gravity and key to important aspects of Eisler's work for film" (9), could not be denied, but the impulse to limit its presence is understandable. It is widely quoted, rarely read, and frequently misunderstood; by contrast, Eisler's film scores are seldom cited, rarely heard, and frequently misunderstood. They tend to be judged solely according to how well they embody specific traits of *Composing for the Films*, despite the fact that said book represents a particular historical moment midway through Eisler's thirty-year engagement with film. Nevertheless the authors largely disregarded those instructions, as the editor notes, "with good reason and to good effect" (9), so that setting the record straight on Eisler and Adorno's book is part of the agenda for most chapters.

Kompositionen für den Film consists of essays by eleven scholars, including the editor, and proceeds more or less in chronological order based upon the primary film(s) considered in each chapter. They range from documentaries to feature films for cinema and television, composed between 1931 and 1962. Each geopolitical phase of Eisler's life is represented: the Weimar Republic (*Niemandsland*, 1931); exile in England (*Abdul the Damned*, 1935); American exile (*Fourteen Ways to Describe Rain*, as part of the Rockefeller Project, 1941; and four Hollywood pictures: *Forgotten Village*, 1941; *400 Million*, 1944; *None But the Lonely Heart*, 1944; and *Scandal in Paris*, 1946); and the postwar period (two East German films: *Esther*, 1962; and *Der Rat der Götter*, 1950; and *Nuit et Brouillard*, made in Paris in 1956). There are also two chapters that break new ground by connecting Eisler's film work to soundtracks by Silvestre Revueltas (*Redes*, 1934-35) and Giovanni Fusco (*Hiroshima mon amour*, 1959). This is framed by an introductory chapter by the editor, in which he poses the partly rhetorical question, "was Eisler a good film composer?" and a grand finale by Barry Salmon, who presents a long overdue re-reading of Eisler and Adorno's book.

Several themes emerge from the otherwise quite disparate essays. One is that Eisler and Adorno's consideration of noise and music together as part of total soundtrack composition predates by thirty years the technology that would facilitate sound design as standard procedure (134-35). Another is the possibility of a film score retaining an internal musical logic as a semi-autonomous element of the whole. Eisler and Adorno had proposed this as one of the options for the soundtrack (but certainly not the only or most important one, as is sometimes claimed), and Oliver Dahin's chapter on the DEFA film *Council of the Gods* (*Der Rat der Götter*) uses extensive musical analysis to prove that Eisler availed himself of that option even while performing the function required of it by the image. A third recurring theme is that Eisler composed nearly continuous music for documentary films for a variety of genre-specific reasons (see Amy Lynn Wlodarski on *Nuit et Brouillard*), while his feature film soundtracks are often radically sparse. This has often been observed about *Hangmen also Die*, but these case studies confirm the significance of the absence of music for Eisler as sound designer. Consider these percentages: *Council of the Gods* is 120' long, and the soundtrack consists of 8'16" of music and 38" of noise, amounting to less than 10' of composed sound; *Esther* is approximately 60' long, and Eisler composed 5-6' minutes of music for it. (There are exceptions to this, of course; over 60% of *A Scandal in Paris* is scored.) The wide-ranging nature of such a collection makes fair assessment of each contribution impossible, and so I will note only a handful here.

Johannes Gall is at the forefront of research on Eisler and film, and his magisterial command of all resources pertaining to *Fourteen Ways to Describe Rain* is in evidence in his chapter. He edited and produced the remarkable DVD *Hanns Eislers Rockefeller-Filmmusik-Projekt 1940-1942* that accompanies the 2006 Suhrkamp edition of *Komposition für den Film*. Thanks to cooperation between the Nederlands Filmmuseum, the Ivens Foundation, and the IHEG, Gall is able to provide here an exhaustive reconstruction of Eisler's score and, more importantly, its synchronization with Ivens's film, based on the recently rediscovered original 1941 soundtrack preserved on 78s. He notes that the instrumentalists assembled for the recording included Schoenberg disciples Rudolf Kolisch and Eduard Steuermann, and astutely observes that their participation renders this recording "an exemplary and moving document of the Schoenberg School in American exile" (89). This is especially poignant since Eisler had been estranged from Schoenberg, his former teacher, for years, and this work was part of the rapprochement that was only possible once both were in Los Angeles. Gall's detailed analysis of each "way," or musical cue, describes the music as well as its interface with the visual, and constitutes an impressive centerpiece for this volume.

In their coauthored chapter "Composing for the Films, Modern Soundtrack Theory, and the Difficult Case of *A Scandal in Paris*," David Neumeyer and James Buhler do Eisler and Adorno's book the great service of re-contextualizing it within contemporary debates about "film-sound aesthetic" (131). Particularly important for future studies is their refutation of the facile binary opposition often derived from Eisler and

Adorno's book, the notion that synchronization and counterpoint are mutually exclusive and that Eisler never endorsed the former. They remind the reader that Eisler and Adorno endorsed "planning," which "requires a fundamental correspondence—a 'meaningful' rather than merely contingent connection—between music and image" in all circumstances (134). Instead, synchronization and counterpoint are points along a continuum of meaningful connections. In an analysis of three scenes from *A Scandal in Paris* they argue persuasively that Eisler "expanded the range of options for the interaction of music (and effects) with the image" by "experimenting with what can be done in the middle ground between the excessive fidelity of synchronization and the ambiguities of indifference of counterpoint" (141).

In "[Re]Composing for the Films: The Problem of Praxis," Barry Salmon situates Eisler and Adorno's book alongside *Dialectic of the Enlightenment* to striking effect. The juxtaposition of these two "seminal texts, extraordinarily prescient, collaborative, and co-authored at almost exactly the same time and in the same place," with Adorno as the common denominator, certainly gives one pause (247). Most importantly Salmon argues that the historical tendency to misinterpret *Composing for the Films* "as a how-to or better how not-to book" (248) can be traced to its editorial history. In the original 1947 edition from Oxford, and again in the 1994 reprint from Athlone, the section entitled "Report on the Film Music Project" was relegated to the appendix. The authors had written the "Report" as the seventh chapter, and when demoted to the appendix, the volume leaned disproportionately toward theory and away from praxis. The reintroduction of this material as chapter seven in the 2006 Suhrkamp edition restores the balance and confirms that "the book's theoretical framework is informed by the project's practice [Eisler's film scores] and not the other way around" (254); later Salmon reiterates that the book is "a report of the work and not a set of precepts" (265). This inversion is an important one.

Because so many of the contributors have done spade work in the Hanns-Eisler-Archiv (HEA) and elsewhere, the volume is generously illustrated with helpful cue sheets and musical examples. There is some musical analysis, but that should not discourage non-specialists from profiting from most chapters in this valuable book. Those looking for further exegesis on films that are well covered elsewhere, such as *Hangmen also Die* and *Kuhle Wampe*, will find little specifically devoted to them here, although there is plenty of relevant theoretical material to peruse (Schweinhardt, Kolb, and Faßhauer all discuss diegetic song; Heldt rightly notes that Eisler scholars have focused on musical material to the virtual exclusion of narratology; Ahrend analyzes musical structure as relevant to film narrative). The variety of methodologies invariably leads to contradictions between authors, but that seems perfectly in keeping with Eisler's own work habits and is quite productive. This reader wished for a comprehensive filmography and for an index, both of which would greatly increase the user-friendliness of the volume. Those quibbles aside, this collection is a vital contribution to Eisler scholarship. Given the centrality of *Composing for the Films* to cinema studies in general, the revisionist *Kompositionen für den Film* is poised to make a big noise in that discipline as well.

Joy H. Calico
Vanderbilt University

Erkki Tuomioja. *Da ich aber eine sehr unverwüstliche Frau bin...Hella Wuoljoki. Stichworte für Brecht.* Aus dem Englischen von Monika Zemke. Leipzig: Militzke Verlag, 2008. 368 Seiten.

Die von ihrem Enkel verfasste, 368 Seiten lange Biographie Hella Wuolijokis wirbt — etwas irreführend — mit Untertitel und dem berühmten Foto, das sie mit Brecht 1949 in Berlin zeigt. Der Beziehung der beiden Autoren sind nur wenige Seiten gewidmet, auf denen man eigentlich nichts Neues darüber erfährt. Aber Erkki Tuomioja ist kein Literaturwissenschaftler, sondern Politiker. Zwischen 2000 und 2007 war er finnischer Außenminister. Aus eigenem Interesse erforscht er vor allem das politische und private Porträt seiner 1886 als Ella Murrik im estnischen Taagepera geborenen Großmutter. Obwohl ihm weder der russische noch der britische Geheimdienst Einsicht in alle Akten über die 1954 Gestorbene gewährten, entstand ein detailliertes Bild ihrer vielfältigen Lebensaktivitäten, und indirekt wird auch deutlicher als aus allen bisher über sie auf deutsch verfügbaren Arbeiten — einschließlich ihrer eigenen Autobiographie —, wie imposant sie auf Brecht gewirkt haben muss.

Es ist durchaus für die Brecht-Forschung interessant, dass Tuomioja die Biographie von Hellas Schwester Salme (1888-1964) ausführlich dokumentiert, deren politische Entwicklung in eine ähnliche Richtung lief. Die hochbegabten Töchter eines Lehrers wuchsen in Ablehnung der deutschen Oberschicht Estlands auf und konnten in russischen Bildungsinstitutionen das damals für Frauen nur sehr schwer erreichbare Recht auf Universitätsbildung erwerben, die Salme nach Moskau verschlug. Um Folkloristik zu studieren, war Ella in das damals noch zum Russischen Reich gehörende Finnland gegangen, wo sie sich in Hella umbenannte und 1908 den sozialdemokratischen Parlamentsabgeordneten Sulo Wuoljoki heiratete, der als Gründungsmitglied der Sozialistischen Arbeiterpartei 1918 und 1920 in Haft kommen sollte. (Die Ehe wurde 1924 geschieden.) Salme, die sich in Russland mit Tuberkulose infiziert hatte, weshalb ihre Gesundheit lebenslang fragil blieb, kam auch bald nach Finnland und heiratete 1913 den später prominent werdenden Sozialisten Eino Pekkala. Irgendwann trat Salme in sowjetische Dienste, wurde Kominterndelegierte und lernte in diesem Zusammenhang Rajani Palme Dutt kennen, einen Engländer mit indisch-schwedischem Hintergrund, der 1920 zu den Gründungsmitgliedern der KP Großbritanniens gehörte und zu einer ihrer Führungsfiguren aufstieg. Die beiden heirateten 1924, und Salme wurde zu seiner ständigen Beraterin, die als graue Eminenz der KPGB galt. Lebenslang soll sie den Einfluss Moskaus auf die Partei gesichert haben, ohne selbst eine Funktion auszuüben. Salme Dutt war ebenfalls Autorin, wenn auch eher von politischen Schriften. Aber nach ihrem Tod erschien auch ein Band mit Gedichten. Über die aus dem Dutt-Kreis stammende Mary Moorhouse, die den von Salme verlassenen, aber mit Hella lebenslang befreundeten Pekkala heiratete und selbst ihre enge Freundin wurde, sollte WER? — eine Zeit lang von Stockholm aus — halboffiziell als sowjetische Agentin agieren. Über sie bestand eine Verbindung zu dem schwedischen Sozialdemokraten Georg Branting, der bei der Rettung Brechts zwischen seinem dänischen und finnischen Exil eine entscheidende Rolle spielte.

Bereits die blutjunge Ella-Hella war fähig, mit Menschen der verschiedensten politischen Richtungen Freundschaften zu unterhalten und dabei nach allen Seiten hin soviel Vertrauen zu erwecken, dass es ihr immer wieder gelang, selbst in zugespitzten Krisen als Kontaktperson und Unterhändlerin zu fungieren. Dabei spielten auch in der Jugend geknüpfte erotische Beziehungen eine Rolle wie die zu Jaan Tônisson, dem Anführer der liberal gesinnten estnischen Nationalisten, für dessen Zeitung sie schon in der Gymnasialzeit Artikel schrieb. Zu nennen ist auch der aus Georgien stammenden Meir Abramowitsch Trillisser („Anatoli"), der 1906 an einem bolschewistisch inspirierten Aufstand im finnischen Viapori beteiligt war und Hella damals zur disziplinierten Lektüre marxistischer Werke anregte. (Laut Tuomioja war ihr Ökonomieverständnis später auch stark von Keynes beinflusst, dessen Bedeutung sie wohl als erste in Finnland erkannte.) Trillisser verbrachte Jahre in zaristischer Haft und hatte später Funktionen im sowjetischen Staat, aber auch in der Tscheka und in den Auslandsgeheimdiensten inne. Bis zu seiner Verhaftung 1938 war er eine wichtige Kontaktperson zu Wuolijoki, aber auch zu Mary Moorhouse-Pekkala.

Für den Wuolijoki-Kreis war diese Verflechtung privater und politischer Loyalitäten typisch — wobei herzliche private Beziehungen auch aufrechterhalten wurden, wenn die politischen Überzeugungen auseinander drifteten. Natürlich war ein von einer Frau geführter Salon der ideale Ort, an dem politische Deals vorbereitet werden konnten. Aber Wuolijoki wollte schon über ihren ersten, 1918 in Helsinki eröffneten Salon, in dem sich Politiker jedweder Couleur und Diplomaten aus den verschiedensten Ländern begegneten, auch selbst politisch aktiv werden. Sie beherrschte die Klaviatur des Kompromisses auf höchster Ebene, denn sie behielt immer ihre Überzeugungen im Blick. Das war eine der Eigenschaften, die auch Brecht sehr schätzte.

Die detailreiche Biographie Wuolijokis trägt dazu bei, besser zu verstehen, weshalb Brecht mit seinem Tross 1941 ungeschoren das Vaterland der Werktätigen durchqueren konnte. Sicher spielte auch der Zeitpunkt—kurz nach dem Winterkrieg—eine Rolle. Absehbar war, dass zwischen beiden Ländern neue kriegerische Auseinandersetzungen bevorstanden, für die Stalin die Unterhändlerin bei Laune halten musste. Andere Freunde Wuolijokis waren nicht geschont worden wie Trilisser, der 1940 erschossen wurde, und Edvard Gylling, der bis 1935 Oberhaupt der Regierung der Karelischen Autonomen Sowjetrepublik gewesen war und 1938 hingerichtet wurde. Ein Hauptanklagepunkt gegen ihn war, dass er über Wuolijoki Kontakte zum britischen Geheimdienst unterhalten haben sollte. Dass Wuolijoki solche Kontakte hatte, scheint das NKWD nicht beunruhigt zu haben—nähere Zusammenhänge sind noch nicht ermittelbar. 1940 wurde auch Tônisson erschossen, der darum gerungen hatte, vor der Okkupation Estlands als Alternative zur kommunistischen Herrschaft eine Volksfront zu errichten.1939 war er auf Marlebäk und versuchte über Wuolijoki, Verhandlungsbereitschaft gegenüber der Sowjetunion zu signalisieren, wofür er freilich von seiner Regierung keine Rückendeckung hatte.

Das Buch informiert auch ausführlich über den von vornherein zum Scheitern verurteilten Versuch, im März 1942 eine sowjetische Fallschirmspringerin, die sich als Spionin betätigen sollte, über Wuolijokis neuem Gut Jokela nach Finnland einzuschleusen. Eine für die finnische Abwehr arbeitende Bedienstete fand das Funkgerät der Spionin. Obwohl es Wuolijoki zunächst eine Weile gelang, sich unter dem Vorwand zu verteidigen, dass sie selbst die Spionin nicht angezeigt hätte, um ihre für das Land so wichtige Mittlerfunktion weiter zu spielen, wurde sie schließlich doch des Hochverrats angeklagt. Die finnische Fähigkeit, sich über tiefste Gräben die Hand zu reichen, wenn es auch nur im Entferntesten im künftigen Interesse der Nation zu liegen scheint, brachte in dieser Situation auch Tanner zum Ausdruck. Er besuchte Wuolijoki im Gefängnis und trug dazu bei, dass sie dem Todesurteil entkam.

Obwohl man sich über die literarische Beziehung Wuolijoki-Brecht nach wie vor am besten bei Peter Neureuter informiert, ist es für die Brecht-Forschung doch von Nutzen, dass in Tuomiojas Buch Wuolijokis eigene Kontur als Autorin endlich einmal klar hervortritt. Damit ist der unhaltbare Zustand beendet, dass sie in Deutschland bislang nur durch die kritische Brille Brechts gesehen wurde. Seine Ästhetik war der Entwicklungsstufe einer modernen Industrienation entsprungen und er hatte offenbar keine Sensiblität dafür, dass sie schwerlich adaptiert werden konnte von einer Künstlerin mit dem Lebenshintergrund zweier noch weitgehend agrarischer Länder, deren Unabhängigkeit jung und weiterhin gefährdet war und die sich daher nicht nur mit sozialen, sondern auch mit Fragen der nationalen und kulturellen Emanzipation zu beschäftigen hatten. Das ging in einer künstlerischen Form vonstatten, die das individuelle Emanzipationsstreben in seiner ganzen Breite umfasste, einschließlich der von Brecht als sekundär betrachteten Liebeskonflikte.

Wuolijoki sprach und schrieb blumig und gefühlsbetont. Sie versuchte sich schon mit 13 Jahren als Dramatikerin, vernichtete aber das Resultat. 1913 wurde in Tallin erstmals ein Stück *Talulapsed* von ihr gespielt, das aber wegen seiner sozialkritischen Tendenz sofort verboten wurde. Dasselbe wiederfuhr der finnischen Übersetzung, die ein Jahr später in Helsinki Premiere hatte. Ihr erster, noch auf estnisch geschriebener Roman *Udutaguset* (`Die hinter dem Nebel`), der bereits ein ähnliches Gut beschreibt wie es im Mittelpunkt der späteren Niskavuori-Stücke stand, erschien 1914 und war erfolgreich. Dann beschäftigte sie sich mit der Zusammenfassung der zahlreichen pazifistischen Lieder aus der Folklore Estlands zu einem Nationalepos—eine Arbeit, die Brecht und Margarete Steffin 1940 unter dem Titel *Das estnische Kriegslied* ins Deutsche übersetzten.

Da sie zunächst vom Schreiben noch nicht leben konnte, schlug Wuolijoki 1914 die Karriere einer international agierenden Geschäftsfrau ein, in der sie über ein Jahrzehnt auch sehr erfolgreich war. Das betraf nicht zuletzt die Vermittlung von Geschäften der Sowjetunion mit Partnern in Amerika, England, Schweden und Finnland. Nebenher beschäftigte sie sich aber immer mit Literatur und schrieb auch ein wenig. Auf ihrem Gut Marlebäk, das Wuolijoki wie eine Minikolchose führte, ließ sie von den Angestellten eigene Stücke aufführen, zu denen Gäste und Dorfbewohner eingeladen wurden. Nach großen geschäftlichen Verlusten widmete sie sich ab 1931 wieder ganz dem Schreiben. Eines der ersten damals entstandenen Stücke war *Der Minister und der Kommunist*, in dem es darum ging, dass ein estnischer Minister einen Kommunisten Schutz vor Verfolgung gewährte. Das Stück wurde in Estland verboten, in Helsinki aber gespielt und vom Finnischen Theater schließlich auch in Tallin aufgeführt. In dem wenig später entstandenen Stück *Recht und Ordnung* ging es um eine Liebesgeschichte ohne Happy End zwischen einer sozialdemokratischen Parlamentsabgeordneten und einem bürgerlichen Senator vor dem Hintergrund des Bürgerkriegs. Das Stück verurteilte die Gewalt auf beiden Seiten, wurde deshalb von der Rechtspresse angegriffen und nach der zweiten Aufführung vom Justizministerium verboten.

Mitte der dreißiger Jahre waren in Finnland mächtige Arbeiterorganisationen auf dem Gebiet des Sports und der Kultur entstanden, darunter auch Theater mit professionellen Qualitäten. Das Arbeitertheater von Tampere brachte 1936 Wuolijokis Stück *Brennendes Land*, das in Estland 1905 spielte, aber auf finnisch geschrieben war. Im März desselben Jahres kam der entscheidende Durchbruch mit *Die Frauen von Niskavuori*, aufgeführt vom Kansanteatteri in Helsinki, das aus einem Zusammenschluss von einer Arbeiter- und einer bürgerlichen Bühne entstanden war. Als Regisseur fungierte Eino Salmelainen, der auch die späteren Niskavuori-Stücke zum Erfolg bringen sollte und 1940 – freilich vergeblich – versuchte, *Mutter Courage und ihre Kinder* zu inszenieren. Der Erfolg der „Niskavuori-Formel – Macht, komplizierte Liebesbeziehungen und der Konflikt zwischen Tradition und Moderne" war überwältigend. Wie es der Titel besagt, sind starke Frauen die bestimmenden Charaktere – Loviisa, die beherrschende alte Bäuerin von Niskavuori und Illona, die emanzipierte junge Lehrerin, deren Ankunft in der Dorfschule Aarne Niskavuori, den Hofbesitzer, dazu bringt, nicht nur zwischen seiner halbhysterischen Ehefrau Martta und seiner neuen Liebe zu wählen, sondern auch zwischen seinem Besitz und seiner Liebe. Das Stück war unter dem männlichen Pseudonym Juhani Tervapää herausgekommen. Wenn Kriminalpolizei und rechte Kritiker das Stück auch als unmoralisch und als verdeckte Werbung für eine Volksfront abkanzelten, wurde Tervapää zum meistgespielten Dramatiker Finnlands, der in den folgenden Jahren 60% aller im ganzen Lande ausgezahlter Tantiemen einnehmen konnte. Obwohl Wuolijokis Urheberschaft bald bekannt wurde, behielt sie das Pseudonym für die späteren Niskavuori-Stücke und auch für andere Arbeiten bei. Einige Stücke wurden auch erfolgreich verfilmt, eines 1947 sogar in Hollywood mit dem Titel *The Farmer`s Daughter* unter der Regie von H. C. Porter.

Von besonderem Interesse ist der Abschnitt über Wuolijokis Arbeit als Leiterin des einzigen damals existierenden finnischsprachigen Rundfunksenders Yleisradio, eine Funktion, die sie von 1945 bis 1948 ausübte, in einer Zeit also, in der Kommunisten, darunter ihr Schwager Eino Pekkala, in der Regierung waren. Aber sie versuchte nicht, die Rundfunkanstalt „zu einem kommunistischen Propagandainstrument" zu machen oder sie mit Menschen ihrer eigenen politischen Überzeugung zu füllen. Einige rechtsgerichtete Mitarbeiter, die sich als Kriegspropagandisten hervorgetan hatten, gingen von selbst, andere forderte sie in einer vielbeachteten Rundfunkrede auf, zu bleiben und übertrug ihnen neue Aufgaben. Sie richtete das Radio als öffentlichrechtliche Anstalt nach dem Vorbild der BBC ein und legte äußersten Wert auf Professionalität. Die bestehenden religiösen Sendungen tastete sie nicht an, führte aber populärwissenschaftliche Sendungen und Vorträge von hohem Niveau ein. Gefördert wurden von ihr besonders zwei Sparten: die klassische Musik, weil sie moderne Unterhaltungsmusik nicht mochte, und natürlich das Theater. Sie gründete ein Rundfunktheaterensemble, das unter anderem Stücke von Gorki, Brecht und natürlich auch von ihr selber einspielte, darunter 29 Episoden einer Serie über eine Arbeiterfamilie. Interessanterweise versuchte sie, dem Ensemble die in der finnischen Nationalkultur noch tief verwurzelten allzu emotionalen und melodramatischen Darstellungsformen etwas abzutrainieren. Weniger gelungen war das aus der Sowjetunion stammende Format „Die sprechende Zeitung," das damals von linksorientierten westeuropäischen Theatern übernommen wurde. Hier verlas sie auch eigene Leitartikel.

Nachdem aus den Parlamentswahlen 1948 ein sozialdemokratisches Minderheitskabinett unter Ausschluss der Kommunisten hervorging, war Wuolijokis Zeit als Chefin von Yleisradio vorbei. Bis zu ihrem Tod 1954 betätigte sie sich wieder als Autorin und brachte noch mehrere Niskavuori-Stücke auf die Bühne, die—ungeachtet herablassender Urteile des Brecht-Clans, darunter von Ruth Berlau—erneut Erfolg beim Publikum hatten. Hella Wuolijoki wird in Finnland bis heute gelesen und gespielt.

Sabine Kebir
Berlin

Stephen Brockmann, Matthias Mayer, Jürgen Hillesheim, Hrsg. *Ende, Grenze, Schluss? Brecht und der Tod.* Würzburg: Königshausen & Neumann, 2008. 235 Seiten.

Richard Faber brachte 1979 ein vorzügliches Büchlein heraus, dem er den Titel *Der Collage-Essay. Eine wissenschaftliche Darstellungsform. Hommage à Walter Benjamin* gab (2., nahezu unveränderte Auflage, Frankfurt am Main: Seifert, 2005). Ein komprimierter Text; eine Lehre aus Walter Benjamins Empfehlungen fürs wissenschaftliche Schreiben als Technikum *und* als Beleg für neue Wissenschaft (nicht *erneuerte*), wie Brecht sagen würde. Ich werde im Folgenden mich locker an Fabers Impuls halten und meine Rezension collagieren aus Material, das mir der Sammelband von Brockmann, Mayer und Hillesheim zur Verfügung stellt. Er selber ist für sich schon eine Collage vielfältiger Aufsätze/Ansätze, die Kleberänder und Bruchlinien sichtbar hält.

Eine gelenkige Montage kann sich ein Leser/eine Leserin herstellen; (s)eine interessierte Lesart dekonstruieren/konstruieren. So collagiere/montiere ich im Folgenden und zeige an, dass das hier vorgelegte Kompendium ein umfangreiches, elaboriertes, auch erfreulicherweise diskursives, widersprüchliches Angebot bereithält, das seine Qualität gerade dadurch belegt, dass es einen prismatischen Blick auf Brechts Todes-Lehren—seine Lehren vom Ende, von Grenzen, vom Schluss—wirft.

Brechts Lehren können als Versuche, als *Essais* (darüber einiges im Buch) verstanden werden. Seinen Überlegungen, Konkretionen und Arbeits-Kontexten begegnet zu sein, ist (s)eine Lehre, nicht ihr (Be-)Folgen: Das Gegnerische, der Widerspruch steckt noch — methodisch — im Begriff des Begegnens. Und auch Tod ist Begegnung: existenziell, politisch, biologisch, sozial, historisch, lebensgeschichtlich, ökonomisch, mental, ästhetisch.

* * * * *

War es, wie Walter Benjamin postulierte, der Zweck der bürgerlichen Gesellschaft, den Tod zu verdrängen, so liegt es nahe, dass das von Brecht avisierte und teilweise ins Werk gesetzte kommende Theater als Stätte der Ideologiezertrümmerung sich nicht zuletzt um ein anderes Bild des Todes und eine andere Auseinandersetzung mit ihm zu bemühen hatte (Müller-Schöll, 23).

Hat man einmal wahrgenommen, wie vertraut Brecht ganz offensichtlich zumindest mit einigen der Montaigneschen Schriften gewesen ist, so liegt es natürlich nahe, sich die Frage zu stellen, ob er sich nicht bereits zurzeit seiner Überlegungen zur „Sterbelehre" mit Montaigne beschäftigt hat. Für diese Hypothese spricht einiges: Zum einen, dass Brecht mit Montaigne der dezidiert antisystematische Zug seines Denkens und Schreibens verbindet, die Verknüpfung von aus der gesamten Weltliteratur teils unausgewiesen geborgten, teils explizit zitierten Sätzen und Weisheiten, die dabei gleichwohl nicht anders denn als Material eines im konkreten eigenen Leben und seiner richtigen Gestaltung orientierten Schreibens begriffen werden. Zum zweiten, dass beide für ihre bemerkenswerteste Publikationsform denselben Titel wählen: *Versuche.* Zum dritten, dass die ersten Pläne zum *Galilei* auf die Zeit der *Lehrstücke* zurückgehen, zum vierten und vor allem aber, dass beide eine vergleichbare Haltung zum Tod finden (Müller-Schöll, 29f.).

Die intellektuelle Konfrontation mit der Schreckensfantasie der eigenen Hinrichtung erweist sich hier als ausreichend und obendrein weitaus zukunftsträchtiger als die im Auftrag der Seeräuber-Jenny „gen Mittag" (Brecht, *Werke. Große Berliner und Frankfurter Ausgabe*, Bd. 2,249) ausgeführten

Massenexekutionen. Das von Ernst Bloch in der *Dreigroschenoper* als „so apokalyptisch" erlebte „Hoppla" hingegen mag man auch, freilich ohne eine derartig existenzielle Bedeutung „eine[r] der eindringlichsten geistigen Figuren in der Zeit" in den Mund legen: Karl Valentin, als er um 1923 in einer gemeinsam mit Brecht und Erich Engel ausgedachten Filmgroteske als nicht allzu fingerfertiger Friseur in den *Mysterien eines Frisiersalons* einführt: „Rrratsch, – ein kleines Malheur, oder warum man Friseure nicht erschrecken sollte," heißt es da im Zwischentitel und diese Exekution ist endlich keine in böser Absicht (Wilfinger, 51f.).

In einer frühen Notiz über Dialektik hat Brecht das Problem des Seins nach dem Tode sprachlich zugespitzt: „Mir wird das Leben entrissen. Bin ich dann noch da, wenn es weg ist?" (BFA 21, 522) Nach Epikur ist das zu verneinen. Aber die Umgangssprache scheint andere Vorstellungen auszudrücken. „Tragen Sie Herrn Walkers Leiche ins andere Zimmer! Also Herr Walker besitzt eine Leiche?" (BFA 21, 522) Das ist das Spiel mit einem Doppelsinn, tauglich allemal, die Vorstellung eines im Tod zurücktretenden Seelengespinstes zu imaginären, das eine sich entfernende Körpergestalt beobachtet (Wagner, 67).

Die völlig diesseitige Geschichte von Leben und Tod des Empedokles steht in vollkommenem Einklang mit der Natur der Dinge. Gegen die rational lückenlos verständliche Ereignisfolge – *notabene* in Brechts Gedicht von Empedokles selbst begründet – arbeitet aber eine allzu menschliche Schwäche, die Gläubigkeit …, demzufolge Empedokles nicht zu Tode gekommen sei. Gegen die wachsende Vergötterung des Philosophen – im Text durch die Klimax „Gerücht…Geheimnis… Geschwätz" (49-53) negativ hervorgehoben – kommt aber der Schuh ins Spiel, so dass man jetzt rückblickend versteht, warum Empedokles – so wie der Chronist Brecht – auf die scheinbar sekundäre Geste von dessen Zurücklassung so viel Wert gelegt hatte. Der Schuh wirkt als Gegengift der Gläubigkeit (Castellari, 73f.).

Eine dieser Ideen, die Brecht bei der christlichen Religion entlehnte, ist die Losung „memento mori" – „Gedenke des Todes"…Einige Texte Brechts – der bekannteste ist das Schlusskapitel aus der *Hauspostille*,

„Gegen Verführung" — könnten mit „memento mori" überschrieben werden...Dieser Text Brechts legt den Lesern nahe, des eigenen Todes zu gedenken, sich bewusst vor Augen zu führen, wie endlich das irdische Dasein ist. Allerdings akzentuiert dieses Gedicht, verglichen mit der christlichen Vorstellung, eine andere Schlussfolgerung aus der Erkenntnis, dass jeder sterben muss, denn die „Belohnung" im Jenseits wird angezweifelt. Stattdessen wird für ein klares Bekenntnis zum Diesseits plädiert, zum Leben, das „am größten" ist (Kugli, 122).

In den Epilogen seiner Stücke und großen Gedichtsammlungen nutzt Brecht auf höchst geschickte Weise den Zwischenzustand aus,...aus diesem vorläufigen Ende des Sprechens einen Anfang der Veränderung zu gewinnen...Besonders deutlich wird der Gestus der epilogischen Ansicht, wenn er sich an die Nachgeborenen richtet, wenn es um den künftigen Amselgesang geht, den das lyrische Ich nicht mehr selbst wird hören können, und dessen es sich doch schon freut. In dieser authentischen Auseinandersetzung mit dem eigenen Ende, das aber als Vorblick auf das Weiterleben der anderen nicht „ganz tot," sondern auch lebendig ist, verknüpft Brecht auf eine beispiellose Weise, derenthalben wir ihn so schätzen müssen, das Sprechen vom Ende und — das Ende des Sprechens (Mayer, 235).

Brechts Angst vor Selbstverlust und seine kompensatorische Gegenwehr, also wesentliche Selbsterfahrungen, bildeten die psychische Grundlage der gesellschaftlichen und politischen Sensibilität des Schriftstellers. Das, was er erspürte und erkannte, lässt sich allerdings nicht auf Psychologisches reduzieren; es verdankt sich auch den Eigengesetzlichkeiten der erkannten Wirklichkeit (Pietzcker, 144).

Brechts wichtigstes „Mittel" gegen die Todesangst war sein Schreiben. Es half „Pausen" überbrücken. Schreibend hielt er auf der Flucht nach vorn das anziehende Objekt gegenwärtig, spürte und meisterte die Gefahr. Indem er dessen Repräsentanten externalisierte, erschloss er gesellschaftliche Wirklichkeit (Pietzcker, 149).

Erinnern wir uns an die Schlachtmetapher als Baal einen Herzanfall in der Dachkammerszene erlebt:

„Stillgestanden, sagte der liebe Gott erst danach" (BFA 1, 35). Oder Brechts Tagebuchaufzeichnungen von 1916: „Ich kommandiere mein Herz. Ich verhänge den Belagerungszustand über mein Herz" (Räuker, 155).

Für die *Baal*-Fassung von 1955 hatte er eine bereits 1920 geschriebene Schlussszene ausgewählt, die an die Szene „Bretterhütte im Wald" gehängt wurde. Die beiden letzten Sätze aber streicht er (BFA 1, 526f.): „ERSTER [HOLZFÄLLER] Er [Baal] würde jetzt an seinem eigenen Leichnam sagen: Schaut euch das Licht zwischen den Stämmen an! VIERTER *ist aufgestanden:* Es ist schön, ganz einfach da zu sein" (Räuker, 163).

Der Kriegsheimkehrer Kragler kommt in *Trommeln in der Nacht* als lebender Toter in eine Welt zurück, die in Zeiten spartakistischer Revolution zwischen Tod sowie Neugeburt steht und deren Bewohner ein extremisiertes Verhältnis zum Gegensatz von Leben und Tod pflegen. Der Tod ist allgegenwärtig in dieser Komödie Bertolt Brechts, in der auch die „Legende vom toten Soldaten" als Song des Destillateurs Glubb eingearbeitet ist. Beide Texte durchzieht nicht nur der Antagonismus von Tod und Leben, sondern – als dessen Konzentrat – das Motiv des Wiedergängers (Bartl, 87).

Krieg ist das Stichwort..., das die Einflüsse der Totentanzthematik in Brechts Werk belegt: die *Kriegsfibel*. Sie allerdings greift weniger die Inhalte des Totentanzes auf als vor allem die äußere Form der Verbindung eines Bilds mit einem vierzeiligen, gereimten Text..., soll...die Einsicht des Betrachters wecken, die Zielorientierung seines Lebens grundlegend verändern und so die Änderung seines Lebenswandels bewirken(Scheinhammer-Schmid, 111).

Hatte das Kollektiv 1929 im *Lehrstück* den Sterbenden zurückgewiesen, ihn auf seine
„kleinste Größe" reduziert und ihm damit sein Sterben ermöglicht, so wird im *Badener Lehrstück* von 1930 der Sterbevorgang abgespalten, marginalisiert und hinter dem Pathos der technischen und der politisch-sozialen Revolution verborgen (Scheinhammer- Schmid, 117).

„Nicht, um Brecht...zu verunglimpfen" kann die *Maßnahme* durchaus als eine „Vorwegnahme der

Moskauer Prozesse" gelesen werden. Denn der kluge Brecht hatte — gerade wenn man jeden Mimesisverdacht von ihm fernhält — seinen Finger ja wirklich in eine klaffende Wunde der "kommunistischen Weltbewegung" gelegt... Die thematischen Aspekte dieses "Theaters der Zukunft" liegen auf der Hand: Frei ist ein jeder, sich dazu zu verhalten, wobei Samjatin und Solschenizyn [und Varlam Shalamov!] so wenig vergessen werden sollten wie die jüngere Stalinismusforschung. Ihren dort entschleierten Ungeheuerlichkeiten gegenüber bleibt Brechts luzide Antizipation, und die ist gewiss auch zeitbedingt, ein wahrhaft dünnes Süppchen! (BFA 3, 444f.) Der Terror, von dem er schreibt, war alles andere als "zufällig oder spontan, denn das Politbüro schrieb die Quoten der zu repressierenden Bevölkerungs- und Berufsgruppen immer vor... " [Zitat beim Autor aus Wladislaw Hedeler, "Die Szenarien der Moskauer Schauprozesse 1936 bis 1938," in *UTOPIEkreativ* 81.82 (1997)]. Umso größer in seiner ethischen Dimension ist der Satz: "Furchtbar ist es, zu töten!" (Kroker, 168f.).

* * * * *

Brecht überliefert uns: "Herr Keuner mied Beerdigungen." Die Autorinnen und Autoren des hier angezeigten Bandes sind keine Mitarbeiter eines Beerdigungs-Instituts: Brecht hat *überlebt* — und zwar in *solchem* Verständnis: "Schreiben Sie, daß ich unbequem war und es auch nach meinem Tod zu bleiben gedenke. Es gibt auch dann noch gewisse Möglichkeiten" (Bertolt Brecht, August 1956). Ein Sammelband, wie der vorliegende, ist auch solch eine Möglichkeit.

Gerd Koch
Alice-Salomon-Fachhochschule
Berlin

Robert Gillett and Godela Weiss-Sussex, eds. *"Verwisch die Spuren!" Bertolt Brecht's Work and Legacy. A Reassessment*. Amsterdamer Beiträge zur neueren Germanistik 66. Amsterdam and New York: Rodopi, 2008. 359 pages.

Curiously, the editors of this rich array of essays, which is intended to reassess Brecht's work and legacy, chose as their motto the title of a well-known poem from 1926, but the thrust of the poem would seem to contradict the purpose of a volume seeking to provide new readings of

Brecht's works. In the absence of a satisfactory answer to the questions raised by the editors' choice, it is particularly David Midgley who, in the context of his wide-ranging "Brecht on Mortality," provides a sensitive (re)appraisal of the poem "Verwisch die Spuren" by shifting the emphasis from the prevailing social, political, and psychoanalytical interpretations to a reading that emphasizes its complex nature as a "provocative thought experiment" hovering "between *memento mori*... and survival tactics," between "emotional impulses and...instruction," and between "ultimate oblivion...and eventual self-assertion" (275).

The volume assembles the papers delivered at a conference held in February 2006 at the University of London; it includes presentations by scholars who predominantly hail from academic institutions in the United Kingdom with a smattering of participants from Germany. Inevitably, the twenty-two authors represented (one of the twenty-one essays was coauthored) employ "multifarious" approaches that, as the editors put it in their concise "Introductory Note," range "from detailed exegesis to cultural criticism" (11) and reflect the diverse scholarly interests and emphases of the individual conference participants. In the absence of contributors' overt engagement with each other's argument or explicit acknowledgment of references to specific works by Brecht, a fairly comprehensive Index does facilitate orientation.

The following, necessarily rather cursory survey may provide an indication of the considerable thematic and methodological variety of the individual articles, which in general will be briefly discussed in the sequence in which they appear in the volume. Whereas the term "anti-Aristotelian" is usually associated with drama, Klaus-Detlef Müller analyzes the *Dreigroschenroman* and *Die Geschäfte des Herrn Julius Caesar* in terms of features that are designed to prevent or counteract readers' tendencies to receive the novels in question empathetically. Müller posits that Macheath does not appear as a great individual but rather as a smoothly functioning agent of the prevailing economic system; hence the actual protagonist of the novel is the economy—a situation that leads to a pronounced lack autonomy on the part of individuals with regard to the courses of action available to them. Whereas the autonomous individual has been questioned by other novelists of modernity, Brecht uses his critique as "Gestaltungsprinzip und...implizite[n] Kommentar" (32) and thereby transfers the *Gestus* from his drama theory to the novel. In his survey of Brecht's "Poetry of the Unexpected," Peter Hutchinson follows a somewhat similar line of argument by, for example, briefly referring to the poem "Ulm 1592" (33) as an example of how Brecht challenges the reader to draw his/her own conclusions by not providing a final stanza. As Ronald Speirs notes in his essay on the *Svendborger Gedichte*, such a final stanza might be expected in view of the Bishop of Ulm's both dogmatic and anachronistic concluding lines: "Der Mensch ist kein Vogel / Es wird nie ein Mensch fliegen" (198).

Martin Swales reflects briefly on "Brecht's Importance As a Dramatist" and summarily concludes that in contrast to the multiplicity of voices heard in traditional drama, the playwright manages to endow his plays with a voice, which is akin to that in epic and lyric, by dramatizing "the characters' realistic unknowingness and inarticulacy" as well as asserting "a (meta-realistic) knowingness and articulacy on their behalf" (55). As an example of this two-pronged approach, Swales cites the intervention of the Sänger in *Der kaukasische Kreidekreis* who verbalizes the emotions of the tongue-tied lovers Grusche and Simon at their reunion. On an entirely different note, Ernest Schonfield explores Brecht's use of the picaresque, a genre with which he became familiar through his reading of Grimmelshausen and Hašek's novels; subsequently, he employed features borrowed from both authors to a considerable extent in his own works beginning with *Aus dem Lesebuch für Städtebewohner*. In fact, Schonfield attributes major importance to Hašek's *The Good Soldier Schweik* and credits the novel with having contributed to "the development of Epic Theatre" via the employment of an "episodic structure[,] the emphasis on commentary and exposition...[and] the use of...*Verfremdungseffekte*" (66) — especially in *Mutter Courage und ihre Kinder*, a play in which Mother Courage exhibits a high degree of "picaresque resourcefulness" (72), but also in *Schweyk*. Schonfield concludes his case about the pervasiveness of the picaresque in Brecht's work with a reference to Azdak in *Der kaukasische Kreidekreis*, a figure that exhibits picaresque features indeed.

As presumably the only contributor who has been actively engaged in the production of a Brecht play, Marielle Sutherland writes about *Die Kleinbürgerhochzeit* and brings her experiences as a director to bear on her reading of the early one-act play in which the lower middle-class characters cling "to the ideals of pre-war Germany" (78) and perceive of themselves as "hard-working pillars of the community... whose interest represented the common good, [and who] were the defenders of decency, good citizenship and tradition" (79). The crumbling and collapse of the Wilhelmine value system is amply demonstrated by the gradual breakdown of the homemade furniture, but one may be skeptical regarding Sutherland's claim that the play is a forerunner of the *Lehrstück*. Such a claim tends to downplay Brecht's parodist intent in *Die Kleinbürgerhochzeit* — the "new level of theatrical and social awareness" attained by Sutherland's "production team" (91) during rehearsals and performances notwithstanding. In a rather concise essay Michael Patterson endeavors to establish "Brecht's Debt to Theatrical Expressionism" by drawing attention to, for example, the structural features of the "Stationendrama" that may well have inspired the playwright's insistence on the independence of each scene. Less convincing is Patterson's argument that the Cashier in Georg Kaiser's *Von morgens bis mitternachts* provided the "model for the Carpenter and the Policeman" (95) in *Der gute Mensch von Sezuan*. Apart from the fact that the two figures in Brecht's play have somewhat minor parts, Patterson concedes that the playwright was vehemently opposed to the notion of characters serving in an Expressionist vein as "generalized representative[s] of humanity" (95). In the post-Cold War climate Patterson's contention that Brecht's concern for the individual outweighed that for the collective may receive a favorable response. In a more differentiated approach than that used by Patterson, Frank Krause explores Kaiser's role as a kind of precursor of Epic Theater by (re)examining Brecht's literary-critical notes on Kaiser, which oscillate between respect and polemics, and his adaptation of Kaiser's *Gas* in a short-prose version. Perhaps most important of Krause's claims, is Brecht's recognition that Kaiser's dramas resist their stage production—a recognition that entailed the necessity for a synthesis of prose and drama in Epic Theater.

In his "Photography and Representation" Steve Giles discusses the respective positions of Kracauer, Brecht, and Benjamin within the context of the debate in Germany during the 1920s and early 1930s about the comparatively novel medium—a debate that resulted in two "polarized discourses," that is, "the documentary and fetishistic, [and] the scientific and the magical" (116). Whereas Kracauer tended to "characterize photography in Realist/Naturalist terms," his "conception of Art" was "radically anti-mimetic" (118) and shared Brecht's view that "'merely photographic' reproduction[s]" (122) cannot make visible the underlying social and economic aspects of life. Hence Brecht's *Verfremdungseffekt* seeks to "defamiliarize and thereby reveal the societal *Gestus*" (123). Benjamin essentially follows his "friend and intellectual sparring partner" Brecht in, for example, attributing to the camera the potential to "*shock* the viewer" (124) and thereby contribute to his/her departure from customary, uncritical ways of perception. In a sense, Giles's essay is supplemented and extended by Erdmut Wizisla's detailed, somewhat biographically oriented account of the relationship between Brecht and Benjamin, a notable friendship that spanned the gamut from theoretical disquisitions to playing chess in Skovsbostrand during Brecht's Danish exile in the 1930s.

The two essays by Ulrike Zitzlsperger and Andrew Webber are devoted to Brecht and the city in general and to Brecht and Berlin in particular. Zitzlsperger posits that Brecht's fascination with the metropolis of the 1920s, "des großstädtischen Pandämoniums" (148), changed to a historically oriented, pragmatic view after his return from exile that is evident, for example, in his request to Georg Henselmann, chief architect of the Stalinallee (today's Karl Marx-Allee), to provide a Water Closet in his flat as compensation for Henselmann's having uplifting verses by Brecht engraved in new buildings. Webber's view that other critics assume "that Berlin is merely one city amongst many for Brecht" (153) appears strange in view of the—mostly well-known—textual evidence he cites and that extends "Vom armen B.B." to *Kuhle Wampe* and beyond. However, particularly in later texts such as the "Vorspiel" to *Die Antigone des Sophokles* Brecht took an "allegorical turn" (161) that resulted in the haunting realization of the city's "constructedness" and the possibility of its "collapse into ruin" (167).

In "Poetry and Photography: Mastering Reality in the *Kriegsfibel*," Tom Kuhn seeks to "dispel" the notion that the *Kriegsfibel* is a "casual composition, a scrapbook of random images and hastily composed captions" (175); he redresses the comparative neglect with which critics have treated the work by making a convincing case for its "interventionist realism" via a "radically probing version of documentary" (189). A far better known collection of poetry, the *Svendborger Gedichte*, is the subject of Ronald Speirs's careful analysis in which he investigates Brecht's dealing with time—a process that gains poignancy by the poet's investing "the ancient existential theme of transience with new political significance" (191). Yet Speirs adopts a critical stance vis-à-vis Brecht's position with regard to the Soviet Union that resulted in a kind of "optimistic myth-making" that might have been necessary to counteract the "dark times" (204) of exile.

John and Ann White analyze the "'episierende[n] Elemente'" of the various versions of *Furcht und Elend des III. Reiches* and attribute Brecht's endeavors to develop an entire repertoire of such elements to the "chequered history" (205) of Brecht's efforts, which spanned virtually his entire exile period, to have the play produced and published. They attribute particular significance to the "Moorsoldaten" song by emphasizing its role in contributing to the concentration camp inmates' will to resist. In what appears to be the most radical attack on previous scholarship in the entire volume, Hans-Harald Müller castigates the alleged shortsightedness of previous interpreters of *Leben des Galilei* who failed to notice or offer a satisfactory explanation for Galilei's change from a "listige[r] Widerstandskämpfer" in the drafts and first version of 1938/39 to "sozialer Verräter" (227) in the American and even more radical Berlin version. Such a fundamental change, Müller contends, resulted in two different plays, and the change of Brecht's position can only be explained in terms of a "weltanschauliche Neuorientierung" on the part of the playwright who had abandoned his ethical concept that was based on logical empiricism and that he instead adopted a moralistic stance. Stephen Parker provides an analysis of Brecht's contributions to, as well as collaboration with, *Sinn und Form*, the GDR's prestigious cultural periodical designed to accumulate "cultural capital on the international stage" (239)—an enterprise that was often was in conflict with the demands on the part of the SED to amass political capital. Curiously, Parker writes, after the suppression of the uprising of June 17, 1953 (see also my remarks on the contribution by Robert Gillett, below), during which Brecht confirmed his allegiance to the SED, Brecht's position as well as that of *Sinn und Form* were strengthened, and they both achieved a "legendary status" (239).

David Midgley's essay has been briefly referred to above; Karen Leeder provides a survey of poetic tributes to and reminiscences of Brecht, who cast a sometimes "uncomfortably long shadow" (279). Among the tributes published after the *Wende* of 1989/90 were those by erstwhile GDR poets such as Volker Braun, Martin Pohl, Heinz Kahlau, B.K. Tragelehn, Peter Hacks, and Günter Kunert. Leeder concludes that, perhaps somewhat unexpectedly, after the *Wende* "the desire to portray or to address Brecht is as strong as ever, if not, indeed, more so" (293). Brecht's "Nachleben" is obviously not limited to poetry: Martin Brady explores "Brecht in Brechtian Cinema" by briefly analyzing films by Jean-Luc Godard, Alexander Kluge, and Jean-MarieStraub / Danièle Huillet who adopted the "Brechtian critical method and direct citation of the author" as an indication of their "allegiance to critical, self-reflexive, anti-illusionistic, authored film-making" (308). Obviously, Brecht's reputation in the non-German speaking world rests to a large extent on the fruits of translators' labors. Godela Weiss-Sussex introduces the comparatively little known Yvonne Kapp, whose work contributed significantly to Brecht's reputation to a wider audience in Britain. In the concluding essay of the volume, Robert Gillett rejects the customary reading of Günter Grass's *Die Plebejer proben den Aufstand* as a critique of Brecht's indecisive and cowardly attitude during the events of June 17, 1953 and posits that Grass employed Brechtian theatrical devices in order to show the genuine dilemma the "Chef" as a representative intellectual is facing in his theater when he is confronted with participants in the uprising. Hence, Gillett concludes apodictically, the play is "neither about nor against Brecht" but it is "simply a Brechtian play" (344).

To return to the initially cited motto: There can be no doubt that the contributors have been following Brecht's traces with diligence and perspicacity. Whereas some may consider the widely divergent methodological and thematic emphases a drawback, the volume as a whole is a genuine contribution to Brecht scholarship.

Siegfried Mews
University of North Carolina, Chapel Hill

Robert Savage. *Hölderlin after the Catastrophe. Heidegger–Adorno–Brecht.*
Rochester, NY: Camden House, 2008. 234 pages.

Die Konfiguration: Heidegger–Adorno–Brecht verspricht Spannung. Das Verbindende ihrer Zeitgenossenschaft besteht hauptsächlich in dem, was sie in determinierter Negation gegeneinander abgrenzt. Adornos Polemiken gegen Heidegger und den „Jargon der Eigentlichkeit" sind weithin bekannt und kommen auch in diesem Buch auf höchst originelle Weise zur Sprache. Benjamin und Brecht planten gemeinsam ein Projekt zur „Zertrümmerung" (nicht Vernichtung!) Heideggers („Es bestand hier der Plan, in einer ganz engen kritischen Lesegemeinschaft unter Führung von Brecht und mir im Sommer den Heidegger zu zertrümmern," 29. April 1930, an Scholem). Aber auch zu Adorno und der Frankfurter Schule hat Brecht immer wieder eine sehr distanzierte und gelegentlich auch ausgeprägt polemische Haltung eingenommen.

Dieses Buch, das diese drei Figuren in einer spannungsgeladenen Konfiguration zusammenbringt, im *Brecht-Jahrbuch* vorzustellen, ist nicht nur Brecht zuliebe angemessen. Um der originellen Eigentümlichkeit dieses Buches gerecht zu werden, darf keine der drei Figuren ihre je spezifische Gewichtigkeit verlieren. Und mehr noch: Das Verfahren des Autors, seine Art der Lektüre und Analyse, kann gerade auch in der Brecht-Forschung Beispiel gebend sein. Wenn nämlich im Reden über Brecht häufig noch Paraphrase und ein Zitieren, das die zitierten Wörter und Sätze als selbstverständlich hinstellt, gängig ist, stellt hier ein Verfahren sich vor, das in nachdrücklicher und nachdenklicher Insistenz Wörter und Sätze befragt. Befragen eher als „hinterfragen," welch letzteres immer sehr schnell in sterile „Ideologiekritik" abgleitet, ist der Grundgestus dieses Buches. Und gerade hier kann es wiederum vorbildliche Zeichen auch für die Brecht-Forschung setzen. Dies ist besonders ausgeprägt im ersten Kapitel über Heidegger. Gleich weit entfernt von kritikloser Apologetik wie von pauschaler Verurteilung lässt der Autor das komplexe Ineinander von politischer Verblendung und philosophischer Denkkraft zur Entfaltung kommen. Er folgt hier den Spuren der sehr genauen Lektüren und Analysen von Lacoue-Labarthe und führt sie auf eigene Weise weiter.

Determiniert ist die Konfiguration, wie der Titel ansagt, von der jeweiligen Haltung zu und Umgang mit Hölderlin „nach der Katastrophe." Kaum ein deutscher Autor war so extremer ideologischer Vereinnahmung ausgesetzt wie Hölderlin im zwanzigsten Jahrhundert, das ihn erst eigentlich als Dichter, ja als Dichter der Dichter entdeckte, aber in der Entdeckung ihn auch sogleich wieder unter ideologischen Nebeln verdeckte, von der patriotischen und faschistischen Ausbeutung im ersten und zweiten Weltkrieg bis hin zum radikalen politischen Wechsel eines Hölderlin als jakobinischer Revolutionär in den siebziger

Jahren. Das Problem, wie nach 1945 mit einem Werk umzugehen sei, das so sehr von nazistischer Propaganda und patriotischem Pathos entstellt und verstellt war, zeichnet sehr luzide die Einleitung des Buches nach. Die Konzentration auf die deutsche Situation muss dann freilich verständlicherweise größten Teils die wichtige und erstaunliche, um dieselbe Zeit einsetzende internationale Wirkung dieses Werkes ausblenden.

Die heikelste und schwierigste Aufgabe stellt da ohne Zweifel Heidegger, dessen Hölderlinbild auf den ersten Blick fast bruchlos aus dem Faschismus in die Nachkriegszeit hinüber gerettet zu sein scheint. Ihm ist denn auch das längste und ausführlichste Kapitel gewidmet, in dem es dem durchaus kritischen Blick des Autors gelingt, die feinsten Nuancen mit manchmal erstaunlichen Überraschungen herauszuarbeiten. Das Kapitel steht unter dem Motiv des Gesprächs. Überhaupt gehört es zur Originalität der Verfahrensweise, dass die Konfiguration der drei Namen in der Konstellation dreier Haltungen sich gewissermaßen objektiviert als *Gespräch*, als *Polemik* und als *Zitat*. Jeder dieser Begriffe nimmt dabei Züge an, die sie weit über ihre scheinbare Selbstverständlichkeit hinausheben. Bezeichnend auch für die Verfahrensweise dieser Studie ist es, dass jeder dieser Begriffe nicht aufgepfropft ist, sondern wesentlich dem Schreiben und Denken des jeweiligen Autors angehört.

„Das Sein des Menschen gründet in der Sprache; aber diese geschieht erst eigentlich im *Gespräch*," wird Heidegger zitiert. Die vielfältigen Wendungen und gleichzeitigen Konstanten von Heideggers „Gespräch" mit Hölderlin können hier nicht im Einzelnen ausgeführt werden. Eine Überraschung aber, die dieses Kapitel bringt, darf nicht übergangen werden: in einem Unterkapitel mit dem Titel „Heidegger's Silence" verweist das „Schweigen" nicht auf das erwartete und oft diskutierte Schweigen Heideggers nach 1945 über die Naziverbrechen und seine Implikation darin, sondern ein anderes Schweigen über Hölderlin während der Nazizeit. In all den Reden Heideggers während seiner Freiburger Rektoratszeit und seines intensivsten Engagements für den Nationalsozialismus finden sich zwar alle üblichen Markierungen der Nazi-Rhetorik von Clausewitz über Blut und Boden bis zu Langemarck, nicht aber der Name Hölderlin, der sonst so gerne von den Nazis evoziert wurde. Und wohl mit Recht schließt der Autor daraus, dass es sich hier nicht einfach um eine zufällige Auslassung handelt, sondern um eine dezidierte Weigerung, den Namen Hölderlin in diesem Kontext zu nennen. Es ist dies nur ein Beispiel für die hoch differenzierte Art, mit der diese durchaus kritische Studie mit ihrem Material umgeht. Weiter zu befragen wäre vielleicht noch die Kategorie des „Gesprächs": Ist ein Gespräch mit einem Text möglich? Oder gilt nicht vielmehr, was der Priester in Kafkas *Proceß* nach der Auslegung der Türhüterlegende sagt: „Die Schrift ist unveränderlich und die Meinungen sind oft nur ein Ausdruck der Verzweiflung darüber."

Umso genauer und erstaunlicher entfaltet sich die Kategorie *Polemik* im Adorno-Kapitel. Geht es zunächst noch um die manifeste Polemik gegen Heidegger im „Parataxis"-Vortrag vor der Hölderlin-Gesellschaft, nimmt der Begriff in der subtilen Analyse und im Rückgriff auf einen Vortrag Adornos von 1932, „Die Aktualität der Philosophie," eine ganz andere Wendung: „Keine rechtfertigende Vernunft könnte sich selbst in einer Wirklichkeit wiederfinden, deren Ordnung und Gehalt jeden Anspruch der Vernunft niederschlägt; allein polemisch bietet sie dem Erkennenden als ganze Wirklichkeit dar." Und im „Parataxis"-Vortrag heißt es dann: „Hölderlins Vorgehen legt Rechenschaft davon ab, daß das Subjekt, das sich als Unmittelbares und Letzes verkennt, durchaus ein Vermitteltes sei. Diese unabsehbar folgenreiche Veränderung ist jedoch polemisch zu verstehen, nicht ontologisch..." Die Frage, was es heißt, etwas „polemisch" und nicht „ontologisch" zu verstehen, entfaltet das Adorno-Kapitel in geduldiger und genauer Analyse, deren Resultat in des Autors Worten am besten sich zusammenfassen lässt: „The difference between polemical and ontological understanding would thus be that between an approach that locates art's latent critical force in its constitutive distance from other domains of the social, and one that attempts to abolish that distance by interpretive fiat..." Und in einer weiteren überraschenden Wendung, an denen dieses Buch reich ist, stellt sich die Polemik in eine determinierte Konstellation zur Rettung, was wiederum Ausgangspunkt für eine subtile Differenzierung zwischen Adorno und Benjamin wird.

Zitat ist die Kategorie und Haltung, an der sich das Kapitel über Brechts *Antigone des Sophokles: Nach der Hölderlinschen Übertragung für die Bühne bearbeitet* orientiert. Diese fast beiläufige und scheinbar wenig nachwirkende, erste Bühnenarbeit Brechts nach der Rückkehr aus dem Exil eröffnet in der genauen Analyse prägende Qualitäten von Brechts Werk. In witziger Weise findet die Marxsche Umkehrung der bisherigen Philosophie auf Brecht Anwendung: „Whereas philosophers had hitherto contented themselves with interpreting Hölderlin's words in various ways, in *Die Antigone des Sophokles* Brecht sets out to change them." *Die Antigone des Sophokles* sowie auch die Hölderlinsche Übersetzung zu ändern, besteht zunächst darin, den Wortlaut zu ändern. Jedoch bereits das Zitieren der *Antigone des Sophokles: Nach der Hölderlinschen Übertragung* ist als Zitat, wie Robert Savage sehr gut analysiert, schon nicht mehr einfache Wiederholung, denn das Zitat sprengt den ursprünglichen Textzusammenhang und schreibt sich in neue Konstellationen ein. Die Mehrschichtigkeit des Zitats wird hier sehr subtil entfaltet: in räumlicher Hinsicht als Dekontextualisierung und Rekontextualisierung, in zeitlicher Hinsicht als Verfremdung in der Wiederholung und in einer Art juristischen Dimension als ein Zitieren vor den Gerichtshof der Geschichte.

Diese eingehende Analyse des Status der Textbearbeitung als Zitat, wie auch die sehr originelle Analyse des Verhältnisses zwischen Prolog, der die antike Antigone in die Zeit des untergehenden Faschismus „übersetzt," und dem Zitat der Antigone des Sophokles, das auf den Prolog folgt, entfalten die ganze paradoxe Komplexität dieses Unternehmens, das weit entfernt davon ist, eine einfache Übertragung des mythischen Stoffes in die politische Gegenwart zu sein. Das zeigt sich in dem Abgrund zwischen dem unentschiedenen Ende des Prologs und dem darauf zitierten Spiel der Antigone. Antigone und die zweite Schwester kommen nie ganz zur Deckung. Was Brecht „durchrationalisieren" nennt, wie auch seine Adaptionen alter Stoffe in neuen historischen und politischen Kontexten verlieren so ihre häufig allzu selbstverständlich hingenommene Einfachheit und eröffnen sich als Probleme, worüber weiter nachzudenken ist.

Das Brecht-Kapitel ist zwar das kürzeste, aber keineswegs leichter gewichtig als die anderen. Am Schluss erscheint Brecht im Unterschied zu Heidegger und Adorno als das für uns bleibende Jetzt: „We live in a present for which the dreams of salvation spun out into philosophical concepts by Heidegger and Adorno are but a distant memory. Those dreams live on, broken and desacralized, in the citation. Brecht's now time may well be our time, too. "

Rainer Nägele
Yale University

Hartmut Reiber. *Grüß den Brecht. Das Leben der Margarete Steffin.* Berlin: Eulenspiegel, 2008. 383 pages.

Reading Hartmut Reiber's recently published biography of Margarete Steffin can evoke one gratifying "'Aha!' Erlebnis" after another. His work allowed me to connect some of my own literary findings with little-known, detailed social realities. Some of these illuminating realities will be somewhat familiar to readers, but only in general terms.

After more than 30 years of intensive studies and research on Steffin—Reiber started long before the "Wende"—he presents a complex and detailed overview of her life (1908-1941) as it was entwined with the political, social, theatrical, and cultural upheavals of the troubling first part of the twentieth century. He presents her life as a focal point of multifaceted proletarian, artistic, social, and personal politics. This book expands our general knowledge of Steffin by grounding it in facts based on extensive archival work, numerous interviews of her friends and collaborators, and Reiber's intricate knowledge of all the lectures and performances Steffin attended, as well as the texts she studied, wrote, and/or performed. He also includes numerous previously unpublished photos. The interviews in particular reveal new insights into Steffin's driven, intellectual, and artistically talented personality. Reiber presents Steffin's individual biography as an expression of the personal, political, and social discourses that marked it.

His introduction of Steffin's years in Berlin as a teenager and young adult offers a glimpse into the diverse political and social youth movements of the time. As a member of a proletarian family troubled by poverty, poor working conditions, and a father's alcoholism, Steffin's social and artistic ventures demonstrate her commitment to political change. Her father resisted higher education as a class privilege and refused to allow her to attend the *Lyzeum*. Reiber argues that his strong antipathy toward bourgeois education was typical at the time because workers saw no benefit in higher education and did not want their children to be alienated from their proletarian heritage. Reiber places these tensions in the context of leftist school reformers of the 1920s and their difficulties in overcoming workers' mistrust. However, Steffin found many educational alternatives in Berlin's youth movements that stimulated her intellectual and artistic developments and her emancipation from her family's narrow, proletarian mindset.

As an atheist and communist party member, Steffin's father had convinced her to distance herself from religious education in school and to sign up for the "Kindergruppe der Internationalen Arbeiterhilfe." She later became a member of the KPD, until she joined the "Naturfreunde im Bezirk Treptow" in 1923. Steffin's admiration for Hans Paasche's cultural and ecological criticism motivated her to join the "Naturfreunde." This group, originally founded by the SPD as a move against the unhealthy conditions of urbanization, quickly developed into an avant-garde collective that promoted nudity, sexual freedom, expressionistic theatrical productions, and recitations. Its politicized agitprop performances resulted in the group's exclusion from the "Naturfreunde" headquarters in Vienna in 1925, leading it to join with the "Arbeiter-Turn und Sportverein Fichte," affiliated with the communist party. In 1926 Steffin became head of this group and continued organizing a lecture series about politically and culturally diverse issues. More and more engaged with "Sprechchöre," agitprop, and street theater, she also organized and presented an individual recitation program. Reiber bases his findings on interviews, programs, and journal entries between 1925 and 1926 that list the texts Steffin and her friends studied and the speakers they invited. He places Steffin in the center of the development, from the poetry of oratory culture to collective collages produced by performing agitprop artists.

When Reiber introduces Steffin's first encounter with Brecht, he breaks with the stereotypical narrative of an initial romantic attraction. By quoting carefully from many sources, he argues that Steffin was first much more interested in Ernst Busch, especially since her Fichte collaborators were parodying Brecht's texts for *Die Maßnahme*. Reiber also presents evidence against the thesis of Brecht's total exploitation of Steffin (most vividly sketched by John Fuegi). Brecht organized the payment for most of Steffin's rehabilitation stays in Switzerland and Russia and he made sure that she received the best care possible for her tuberculosis. Letters and journal entries also list some income she received for her translations. During her exile she quickly learned several languages and translated Danish, Swedish, Finnish, and Russian texts.

At one evocative point Reiber explains how Steffin's friends visited her at the Neuköllner hospital in 1927 where she was hospitalized with tuberculosis. Instead of expressing pity, they sang "Kampflieder der Arbeiterbewegung" and shocked the other patients by identifying tuberculosis as a consequence of the conditions of their proletarian situation and lifestyle. This fact is doubly interesting. First, it demonstrates how the friends' interest in political agitation dominates rather than their sympathy for Steffin and how their friendships were based on a shared artistic, social, and political mission. Secondly, it shows a very realistic and concrete context for a series of Brecht's poems. For example, Brecht's poetic cycle "Appell," written in 1937, presents three dialogic poems entitled "Appell an einen kranken Kommunisten," "Antwort des kranken Kommunisten an seine Genossen," and "Appell an die Ärzte und Krankenpfleger." Here, communists insert political agitation into the hospital setting of a comrade who also suffers from tuberculosis. From Reiber's research one can conclude that Brecht's poems are not only a generalized reflection on Steffin's sickness, as the commentary of the "Berliner und Frankfurter Ausgabe" (BFA 12, 375) claims, but also a reflection on agitprop theater and "Sprechchöre" as a vibrant tradition during the Weimar years in which Steffin was actively involved.

Reiber's biography is clearly written and interesting for academics, as well as for the general public. It presents Steffin as a focal point of Berlin culture in the 1920s, as a strong supporter of Brecht's work, troubled by sickness and many years of homelessness during the exile years. It will not only function as a rich resource for Steffin and Brecht scholars, but also as a reference for cultural historians and general readers who are interested in the intersections of history, avant-garde culture, and personal life during the first part of the twentieth century. The book was highlighted at the 2008 conference in honor of Steffin's 100th birthday at the *Literaturforum* in Berlin.

Dorothee Ostmeier
University of Oregon

Heinrich Detering. *Bertolt Brecht und Laotse*. Göttingen: Wallstein Verlag, 2008. 111 pages.

"Sie werden lachen: Das Taoteking!" This chapter heading (21) switches the *Daodejing* for the Bible Brecht once "surprisingly" declared the text that most influenced him, and it summarizes a book whose last sentence wittily re-shapes the phrase that concludes Brecht's splendid poem about the origin of that work: "Darum sei am Ende Laotse auch gedankt: Er hat ihm das abverlangt" (90). Much as the poem has been admired, this book, whose own origin lies in a Göttingen Inaugural lecture (Darum sei der Uni auch gedankt), seeks to redress a lack of curiosity about Brecht's "Daoism."

A sophisticated analysis, generously acknowledging previous work, presents the issues, contextualizes sources, and culminates in a close reading of the poem "Legende von der Entstehung des Buches Taoteking auf dem Weg des Laotse in die Emigration," arguing that Daoist thought even pervades the poem's metrical and rhythmical structure, though somehow five foot trochees momentarily turn into iambics (85), and for a short time metrical confusion reigns. This final commentary also suggests a deeper correlation for the poem's prevalent five foot line, unwittingly, but also uncharacteristically, revealing what can warn readers off a significant topic. The number five, considered "holy" (84) in ancient Chinese philosophy and cosmogony, unifies nature, the human body and history—since there are five elements, senses, fingers, legendary rulers, colors, sounds, spices (incidentally, the basis for the popular Chinese five-spice stir-fry powder!)—and such counting, unless Detering is pulling our leg, is considered, in this double negative, "nowhere less unimportant than in Brecht" (84).

So what exactly *did* Laotse ask of him? Detering shows how paradigmatic Daoist thought articulates a continuing tension in Brecht's pre-Marxist and later writing. Starting from a remark in 1920 that Frank Warschauer, looking for meaning (*Sinn*) in everything, was astonished how Laotse appealed to Brecht as a necessary antidote to contemporary (Bolschevik) order (40), the tension implied by this juxtaposition is traced in various passages through to the late poetry.

Focussed by the contradiction between *Ruhe* and *Bewegung*, encompassing both rest and movement as well as peacefulness and struggle, whose incompatibility energizes the writing, the continuing clash of metaphors, philosophies, policies, and attitudes is embodied in the chronicle section of the *Svendborg Poems* by a diametrically opposed Lenin and Laotse and throughout Brecht's writing by variations of the *Fluß der Dinge*, the flow of things. We are told: "Unvereinbar sind Kampf und Wu-wei wie Feuer und Wasser—und zwar nicht nur in der chinesischen

319

Tradition, sondern auch in der deutschen Rezeptionsgeschichte von Döblin bis zu Klabund und in Brechts Gedicht selbst" (67).

Detering proposes a solution, not for resolving the intractable contradiction, for that would eliminate what drives the writing, but rather for explaining why it remained on Brecht's agenda, namely a formulation by Marx, in the Preface to *Capital*, that materialist dialectics grasps every form "in the flow of movement" (17). Aside from this allusion, the book locates Brecht on the horns of a personal dilemma, the absolute difference between Lenin and Laotse, Marxism and Daoism. I would modify this division between politics and philosophy, struggle and *wu-wei*, so provocative for standard readings of Brecht, by locating a significant part of it within Daoism itself.

Detering recognizes that Daoism cannot be equated with quietist resignation and is itself a form of resistance, a step on the path to victory. Yet this aspect tends to disappear as the argument for a philosophically radical alternative to Marxism develops, and Brecht's earlier "hopes of redemption" (54) rest on what is later called a Daoist "Manual of Forgetting" (79), even though it is earlier held to be incompatible with any kind of "salvation" (21). For me, Brecht's 1920s response was already existentially materialist, precluding salvationist escape clauses, and the problem was how to live in such a world. But a "political," rather than a "metaphysical" or "postchristian" (22), view of Daoism strengthens rather than undermines its significance for Brecht, without loosening the contradiction, and enables a more differentiated understanding of what is at stake in this encounter between East Asian and Western modes of thinking.

But what are the arguments for that absolute division between Laotse and Lenin and for keeping Daoism on one side of it? One asserts compatibility between Daoist and Christian teaching. Systematic evidence juxtaposes texts, and the historical argument involves the nature of the translations and interpretations, which purportedly influenced Brecht. (In a fine book on the theology of the art of living, Christoph Gellner differentiates Christian salvationism from the biblical wisdom teaching that is compatible with Chinese thought, which resonates in Brecht. (Christoph Gellner, *Weisheit, Kunst und Lebenskunst. Fernöstliche Religion und Philosophie bei Hermann Hesse und Bertolt Brecht* (Mainz: Matthias-Grünewald-Verlag, 1997). See *The Brecht Yearbook* 25, 442-448.)

Richard Wilhelm's versions of Daoist texts enabled Döblin's *Die drei Sprünge des Wang-lun* (1915), which so impressed Brecht. I once pointed to the similarity between a quotation in that novel, taken from Wilhelm's *Liä Dsi: Das wahre Buch vom quellenden Urgrund* (1911): "Übe dich im Schwachsein, so bist du stark," and Virginia's quotation in *Life of Galileo*, which Galileo refuses to interpret: "Wenn ich schwach bin, da bin ich stark" (BFA 5, 277). Detering rightly observes it could just as well have come from 2 *Corinthians*, 12,10, given that Luther's version is closer: "Denn wenn ich schwach bin, so bin ich starck." This shows, he argues, a commonality and how Daoist thought was then perceived within a Christian context. In respect of their effect, Wilhelm's translations are even compared with Luther's Bible (25). But they are syncretic, consciously and doubtless unconsciously adjusting the Chinese texts to Western cultural expectations. Döblin certainly accepted this amalgam, together with the notion of salvationist suffering introduced by Wilhelm, thereby surely anticipating his later religious conversion, which made Brecht so uncomfortable (BFA 27, 165), but I find no comparable acceptance in Brecht, quite the opposite.

Wilhelm translated *Dao* with *Sinn*, adjusting it to Faust's search for the *mot juste* as he struggles to translate the Bible, and *De* with *Leben*, a deliberate echo of St. John's Gospel 1, 4. Detering shows how Wilhelm adjusts the Daoist text to Christian assumptions, even including the forgiveness of sins (Wilhelm, *Laotse. Tao Te King*, chap. 62). Whatever that may have done for German readers a hundred years ago, it traduces the Daoist text. Unlike Döblin or Klabund, Brecht reflects none of this. Was it pure chance that he picked out that word, *Sinn*, to describe Warschauer's fruitless search for meaning? Maybe not.

Though distinguishing between a "skeptical" Brecht and a fervently enthusiastic Klabund, Detering finds Klabund's translations "seductively beautiful" (31) and claims that Brecht had him to thank for "some of his most important encounters with Chinese poetry and his first confrontation with Daoism elevated to a poetic manual of salvation" (33). Klabund's Laotse, a "Redeemer," revived older fantasies that the names for God the Father, Son, and Holy Ghost were literally inscribed in the Chinese text. The gulf is unbridgeable between Klabund's Litaipei, which Brecht parodies, not to mention between his other translations and Brecht's poetry, the rivers of whose early verse are strewn with disintegrating corpses. The tone of these poets is utterly different. *The Caucasian Chalk Circle* may well have come about because Brecht recalled Klabund's popular version of the Chinese play, but the difference between them matters, for Klabund turns his into an absurd fairy-tale, which traduces the significance of the Chinese work, turning it into something we would now call orientalist. One can construct a series of encounters, but such "literary history" (32), does not amount to much, unless it leads to sufficiently discriminating criticism. As for the impact of Liä Dsi, I have often wondered, with tongue in cheek, whether the second to the last verse of Peachum's "Song of the Insufficiency of Human Endeavor" (BFA 2, 291) was not perhaps suggested by this passage: "Wer diesen Sinn begehrt und sucht ihn mit Auge und Ohr, mit der Leiblichkeit und mit

Erkenntnis, der ist auf falscher Fährte. Er starrt nach vorne, und plötzlich ist er hinter ihm"(Liä Dsi: *Das wahre Buch vom quellenden Urgrund* (Jena: Dietrichs Verlag, 1911), p. 96.).

Brecht had his own take on Chinese culture, on history, *wu-wei*, and the flux of things. At issue is not the quality of German reaction to Daoist thought or the accuracy/infidelity of translations, but what Brecht's response signifies. Presumably in order to redress a now often dismissive view in German culture of an ideologically one-sided Brecht, Detering takes issue with Benjamin's "one-dimensional" commentary on the Laotse poem, which "flattens" its particularity, ignores its Daoist source, stresses a historical-philosophical meaning incompatible with Daoism, and refers to Laotse's "friendliness" towards the customs officer as an indication of necessary class solidarity (64). The word itself certainly does not occur in the poem, but what about: "Auch du?"

The suggestion that Brecht derives a political message implies a misreading of Daoism. Though a biographical resonance is obvious, Brecht is personified in Laotse as, we are told, there was demonstrably no white bread or tobacco in ancient China! The changes during the poem's composition, it is argued, not only suggest a "Lenin" within the poem— "Doch wer wen besiegt, das interessiert auch mich" (Lenin's who/ whom)—they produce that contradiction between *wu-wei* and necessary intervention, and hence they render Laotse's position incoherent. We are reminded that whoever understands Laotse must reject learning, "Er lernt das Nichtlernen" (79, Wilhelm, chap. 64), imitate his "Nichtwiderstreben" (non-resistance), and simply disappear (80). That, it is argued, is Daoism in action: the sage teaches without speaking (Wilhelm, chap. 2). But the Chinese text can be read in many ways, and even Wilhelm shows its concern for social well being ("Der Berufene versteht es immer gut, die Menschen zu retten" (Wilhelm, chap. 27). A better version would be: "The sage preserves the people, neglecting nobody").

There is a respectable tradition that Daoism was intent on preserving life, not escaping from society, and to absolutize divisions, like the real contrast between Confucianism and Daoism, is, on another level very un-Chinese, just as the "successful" administrator was a Confucian and the "unsuccessful" often the same person, a Daoist. If Brecht "revered" (40) Confucius, he surely hung those portraits on his wall as a warning that the admired teacher had capitulated and ceased to learn.

Any reading turns on an interpretation of *wu-wei*. The choice lies between abandoning all action and disappearing into "apathetic ecstasy" (42), or avoiding action that runs counter to nature (is that so far from the Bacon Brecht admired, for whom to "master" nature, you must first understand it?). Apart from sounding like good advice today, it also includes the possibility of tactical retreat, where Brecht's poem, in its historical moment, is situated. Chinese science, for a long time ahead of anything in the West, was developed by Daoists, while the Confucianists busied themselves with promoting their hierarchical, socially stabilizing virtues, which the Daodejing dismisses, as does Mother Courage. Like everything else in Chinese thought, "rest" is not absolute. When Brecht wrote that "in the Great Method rest is only an exception [*Grenzfall*] between struggle" (BFA 18, 104), he was speaking in terms familiar to Chinese minds. Though waiting for the moment of change may sometimes seem like *longue durée*, it will not last forever. There is more than one kind of knowledge. Daoism and the Daodejing do not reject knowledge, but the "knowledge" that leads to disaster: "In the wake of a mighty army / Bad harvests will follow without fail" (Wilhelm, chap. 30).

That is why I view Daoism as an expression of the social unconscious in Chinese culture (Tatlow, *Brechts Ost Asien*, Berlin: Parthas Verlag, 1998, 61), and why the passage I singled out years ago is still significant: "ihre lehre vom fluss der dinge / nicht nur dass alles fliesst, sondern wie es fliesst / und zum fliessen zu bringen ist" (BBA 328/10). This differentiates a Heraclitean from a Daoist flow. The reason why the final activating phrase is compatible with a Buddhist reading, which Detering questions, is that in philosophical Buddhism, unlike popular opinion or any Schopenhauerian world rejection, to seek *nirvana* is not to embrace obliteration, for nirvana can only be achieved by accepting and living relationally within *samsara* or the ceaseless flow of things, since there is no nothing. Such thinking could be called materialist, its social implications are apparent, and it resonates in Brecht.

If Albrecht Schöne found the *Song of the Moldau's* movement incompatible with the state of rest, as the goal of history supposedly envisaged in *Schweyk*, time somehow suspended in a Marxist paradise (59f.), Brecht never subscribed to such a view. How could he otherwise maintain that his work applies in bourgeois societies, in communist societies, "and in all subsequent social formations"?(Quoted by Reinhold Grimm in "Der katholische Einstein: Brechts Dramen- und Theatertheorie," in Walter Hinderer, ed., *Brechts Dramen. Neue Interpretationen* (Stuttgart: Reclam, 1984), 30). History is a path or Dao, not a goal or telos. As for the contradiction between following a teaching that advises you to abandon it, because those who speak do not know and those who know do not speak, not even "Laotse" believed that, and this is part of what Brecht's poem, and his own writing it, shows us.

Antony Tatlow
University of Dublin

Douglas Robinson. *Estrangement and the Somatics of Literature: Tolstoy, Shklovsky, Brecht*. Baltimore: The Johns Hopkins University Press, 2008. 317 pages.

One of the goals of Douglas Robinson's book *Estrangement and the Somatics of Literature: Tolstoy, Shklovsky, Brecht* is to demonstrate that despite the widely perceived opposition between the literary concepts of Viktor Shklovsky and Bertolt Brecht on one hand and those of Lev Nikolayevich Tolstoy on the other hand, all three authors can be considered major contributors towards a "somatic aesthetics of estrangement" (17). Even though Robinson claims that he himself already theorized the "somatics of language" in the mid-1980s, the major reference points throughout his book are the more recent theories of the U.S.-based Portuguese neurologist and bestselling author Antonio Damasio (*Descartes' Error*, 1995; *Looking for Spinoza*, 2003), which have been interpreted by many as conclusive scientific refutation of the mind-body dualism in Western culture. Damasio's "somatic marker" hypothesis suggests, for example, that any rational decision is influenced by the neural memory of feelings triggered by specific behavioral patterns and their predictable outcomes. The marking of these patterns on a somatic level allows for (effective) reasoning in the first place by reducing the vast complexity of possible behavioral options to a few alternatives. The human mind, according to this hypothesis, is not separate from the body but, on the contrary, the result of this neural-somatic process. Damasio also claims that the unconscious mimicking of other people's physical expressions in our own bodies (the contagious effect of someone yawning, for example) can be explained by what he calls the "as-if-body-loop" mechanism, that is, the nearly immediate simulation in one body of another body's inner condition through "an internal brain simulation that consists of a rapid modification of ongoing body maps" (Damasio, cited on 24).

In the first of three main parts of his book Robinson analyzes the "infection theory" of the late Tolstoy, which conceives of feeling as a physically infectious and socially regulatory force and reduces art to a mere transmitter of feeling. In Robinson's account Tolstoy not only precedes Damasio but also adds an aesthetic as well as moral dimension to the latter's hypotheses.

> The two most significant aspects of feeling for Tolstoy... are that it is *infectious* (can be transferred from body to body like a disease) and that it is a channel of behavioral and intellectual *guidance* (shapes how we think and act)...: by channeling feelings to readers, art channels moral guidance, for good or evil, which is to say, for psychological health or sickness(16).

The late Tolstoy had come to understand art as a homeopathic cure of alienation and depersonalization in a predominantly hedonistic and secular society, even going so far as to reject his earlier novels *War and Peace* and *Anna Karenina* as carriers of the disease. Through a close reading of Tolstoy's autobiographical passages in *What Is Art?* and his diary notes on the death of one of his daughters when he was already 78 years old, Robinson can convincingly show that the Russian writer himself never escaped the symptoms of alienation that he had analyzed so thoroughly.

Even though Tolstoy, Shklovsky, and Brecht share a similar diagnosis of depersonalization in the modern age, they provide radically different solutions for ending the disease. Whereas for Tolstoy alienation can only be effectively cured through "good" art, characterized by "powerful content, smooth form, and sincerity" (17), Shklovsky and Brecht "want to repersonalize their alienated or anesthetized audiences by intensifying and belaboring the aesthetic forms of depersonalization (or estrangement)" (xii) — in other words, by fighting alienation-as-disease with estrangement-as-cure.

In his two chapters on Shklovsky, Robinson examines the impact of Hegel's philosophy on the notion of *ostranenie* ("estrangement"), which Shklovsky first outlined in his essay on "Art as Device" in 1917. Robinson's discussion of this and later texts by Shklovsky aims at rescuing the latter's work from its narrow identification with Russian formalism as a depersonalizing, critical approach known for reducing literary texts from signs to dead things. Robinson distinguishes Shklovsky's early advocacy of socially responsive art from his later formalist, "futurist *zaum* aestheticism (art is self-purposive)" (90) and argues that the major purpose of the "estrangement device" in Shklovsky's early writings is not only to repersonalize the literary text but also to restore the physical sensation of things through aesthetic shocks that break the reader out of his/her anesthetic state caused by the conventionalization of perception.

Brecht's *Verfremdungseffekt* may very well be a translation of Shklovsky's *priyom ostraneniya* (as conveyed to Brecht by Sergey Tret'yakov), but Robinson acknowledges that earlier notions of estrangement by the German and British Romantics, Hegel's and Marx's theories, Brecht's attendance at Mei Lanfang's lecture-demonstration of *jingju* in Moscow in 1935, as well as his collaboration with Erwin Piscator in the 1920s may equally explain the provenance of the term. Robinson traces the problematic translation history of Shklovsky's *ostranenie* into German and Brecht's *Verfremdung* into Russian. Due to the tacit ideological agreement in the Soviet Union to shift from *ostranenie* ("estrangement") to *otchuzdhenie* ("alienation") after formalism was banned in the 1930s, the first mention of *Verfremdungseffekt* in a Russian text translates the word as *effekta otchuzhdeniya*, even though German translations of Shklovsky's texts, starting in the 1960s, consistently render *ostranenie* as *Verfremdung* (173f.). In this context Robinson also suggests a possible explanation for John Willett's decision to translate *Verfremdungseffekt* as "alienation effect" instead of "estrangement effect" (a decision that complicated the reception of Brecht's theories in the English-speaking world for decades to come): "Since he has just told us that Hegel's and Marx's term for alienation, *Entfremdung*, is Brecht's previous and now discarded term for the effect, this is a somewhat odd choice. Could it be that Willett's rendition was somehow influenced by the Soviet shift from *estrangement* to *alienation*" (173)? Robinson also describes how the absolute opposition of empathy and estrangement in Brecht's early work gradually changed over time.

Whereas Brecht equated "empathy with repressive right-wing politics...and estrangement with the liberatory left-wing politics of collective self-realization and self-transformation" (206) in his early theories and plays, this strict binary conceptualization gave way to a more permeable and dialectical understanding of the opposition towards the end of his career, when he conceded that empathy might be "good in small doses" (208). Robinson clearly overstates the softening of the late Brecht towards the emotional and empathic appeal of theater, but only by making this argument can he claim Brecht for a literary theory "based on the somatic mimeticism of empathy" (206). Brecht's historical-materialist reflections on emotion in the appendix to his 1940 essay on the "Short Description of a New Technique of Acting which Produces an Estrangement Effect" are interpreted by Robinson as "Brecht's clearest statement of the somatics of literature" (224), complementing and confirming not only the somatic theories of Damasio and Robinson himself, but also Raymond Williams's concept of "structures of feeling." Also, by repeatedly alluding to Brecht's own "infection theory," Robinson suggests a congruent rather than antithetical relationship between the aesthetic concepts of Tolstoy and Brecht. This is particularly problematic in his discussion of *Gestus* as an example for the "somatic transfer" between actors and spectators in Brecht's work: "people feel something on the inside and 'out' it, display or utter or express it outwardly (*äußern*), in the form of socially conditioned body language or the *Gestus*" (237); "setting bodies in motion gestically in order to instigate in audience members a change first in emotion, then feeling, then thought" (232). By shifting the definition of *Gestus* so heavily towards contagion, immediacy, expression of feeling, and emotional impact, Robinson misrepresents Brecht's understanding of the concept as well as his career-long concern with distance, readability (of gestic signs), critical analysis, and intellectual impact.

Brecht never uses the word "infection" affirmatively in his work (and certainly not to describe the desired effects of his plays!). Robinson derives Brecht's supposed "infection theory" from Willett's rendering of "wir müssen einem proletarischen Publikum *Lust machen*, die Welt zu verändern" (in his *Katzgraben* notes of 1953 — emphasis: M.W.) as "we must *infect* a working-class audience with the urge to alter the world" (cited on 228 — emphasis: M.W.). This is not the only instance where Robinson misconstrues the meaning of Brecht's original texts by either "bending" already existing translations or by providing his own, often narrowly literal versions. In his 1936 essay on "Estrangement Effects in Chinese Acting" Brecht discusses the sense of strangeness that accompanies the first encounter with Chinese theater as a hurdle that the Western spectator has to overcome to be able to imagine the workings of the estrangement effect in this different theater tradition: "es ist zunächst schwierig, sich, wenn man Chinesen sieht, freizumachen von dem Gefühl der Befremdung, das sie in uns, als in Europäern, errregen. Man muß sich also vorstellen können, daß sie den V-Effekt auch erzielen bei ihren chinesischen Zuschauern" (cited on 198). Whereas Willett, appropriately enough, translates Brecht's figurative usage of "freimachen" as "to discount," Robinson enforces the notion of a liberation from "bondage or slavery" (198) in his own translation and, by equating *Befremdung* with *Verfremdung*, extrapolates a meaning from this passage that runs counter to the actual sense of the text. Referring to Brecht's abovementioned phrase "freizumachen von dem Gefühl der Befremdung," Robinson comments, nonsensically: "why this talk of self-liberation from the V-effect?" (199).

Robinson takes issue with various "depersonalizing" discourses throughout his book (formalism, structuralism, post-structuralism, etc.), but he particularly disagrees with Fredric Jameson's *Brecht and Method* (1998) and states in his introduction that Jameson's notion of the self as a "mere construct of consciousness...is precisely the kind of philosophical position I attempt to undermine with the somatic theory" (xv). However, Robinson never provides a convincing counter argument to Jameson's claim that Brecht's theory of distanced, estranged acting "is the result of a radical absence of the self, or at least the coming to terms with a realization that what we call our 'self' is itself an object for consciousness, not our consciousness itself" (cited on 219). Robinson also seems to take for granted that Damasio's theories inevitably reconstitute the traditional notion of a coherent and centered self — but this does not automatically follow from the hypotheses of "somatic marking" and the "as-if-body-loop."

In the concluding chapter of his book, Robinson finally provides an example of "practical somaticist criticism" (253). Unfortunately, however, his somatic interpretation of scene ten of *Man Equals Man* only leads to rather trivial insights into the relationship between (body) language, socialization, and the (re-)construction of an individual's identity through a group's control and manipulation of the symbolic. The major fallacy here is Robinson's lack of distinction between reading

Brecht's play as a literary text and seeing it performed by live actors on stage. He even suggests that this difference is irrelevant with regard to the somatics of either genre, since literature can also be conceived "as felt interactive form" (251). Robinson goes so far as to claim that there is a somatic exchange between the reader of the dramatic text of *Man Equals Man* and the group of characters featured in scene ten of that play:

> Our somatic response to the Widow Begbick, Polly, Jesse, and Uriah...emerges out of our construction of an imaginary (proprioceptive) somatic exchange, in which all these characters are imaginatively present to us in the body and are putting pressure on us to conform to group norms through imagined body language, *and we are present to them in the body as well*, and responding to their pressure with our own feelings and body language (255 – emphasis: M.W.).

The degree of hypnotic transference presupposed by Robinson in this passage far surpasses any trance-inducing state of which Brecht would have even accused the illusionism of naturalist drama or Wagner's *Gesamtkunstwerk*. If, to speak with Brecht, "the proof of the pudding lies in the eating," Robinson's somaticist critique of *Man Equal Man* fails to demonstrate the relevance of his approach for literary or theater studies. Robinson never once provides a compelling example for the actual applicability of Damasio's hypotheses to either theatrical performance or literary/dramatic texts. In the end somatic theory comes across as a strangely disembodied version of materialism, drained of any concrete political dimension.

Markus Wessendorf
University of Hawai'i, Manoa

Robert Cohen. *Exil der frechen Frauen: Roman*. Berlin: Rotbuch Verlag, 2009. 622 pages.

The Brecht, Peter Weiss, and Anna Seghers scholar Robert Cohen has written a novel of a kind that those of us with similar aspirations may only dream of. I say it at the outset: This is a magnificent work. It is literary prose of great poetic sensibility and technical virtuosity, and at the same time a vast storehouse of knowledge that chronicles in exacting detail the, at first hopeful, and ultimately catastrophic period from the late 1920s to the 1940s. In the best tradition of the historical novel and essay, from Stendhal's *The Charterhouse of Parma* and Tolstoy's *War and*

Peace to Sebald's *Austerlitz*, it brings to life the momentum of an era in ways that most scholarly endeavor is forced to eschew.

Exil der frechen Frauen is the story of three German women who broke out of their conventional milieus to engage in the political struggles of their time: Olga Benario underwent military training in the Soviet Union, accompanied the revolutionary leader Luiz Carlos Prestes on his return to Brazil in 1935, after the failure of the planned uprising was arrested and extradited to Germany, incarcerated in the Berlin Barnimstraße women's prison (where earlier Rosa Luxemburg had been), the Ravensbrück concentration camp, and was killed in the gas chambers at Bernburg in 1942. Maria Osten worked with Wieland Herzfelde at Malik Verlag in Berlin, later for the *Deutsche Zentral-Zeitung* in Moscow, and as Paris editor of the journal *Das Wort*; her liaison with the *Pravda* editor Mikhail Koltsov, (executed by the Soviets), led to her own arrest and execution in Saratov on the Volga in 1942. Ruth Rewald was a journalist and author of children's books who spent the 1930s in exile in Paris; her husband Hans Schaul fought in Spain, and in the GDR became Vice-Chancellor of the Hochschule für Ökonomie; Rewald was deported to Auschwitz in 1942, her six-year-old daughter Anja in 1944.

Robert Cohen brings these women into the foreground of history. They are its actors and its martyrs. The novel's structure is like an undulating web whose threads are knotted by countless episodic encounters and interactions, communications through letters, published reports and hearsay, individual and collective memories, flashbacks as well as narrative interventions in a cinematic vein that jump cut or flash forward to the future course of events. The shuttle that moves every which way across this great web is the exilic motif of travel—by train, airplane and ship, by streetcar, metro and foot, and in the case of Benario, long runs incognito along the beaches of Rio de Janeiro. The narrative tempo is hectic when the urgency of events takes us from Berlin to Paris, Moscow, Amsterdam, Zurich, London, New York, Rio, Barcelona and Madrid, retarded at times of impending disaster—Benario in expectation of her arrest in Rio, Osten alone, idle, and shunned by her comrades in Moscow, Rewald in hiding from the Gestapo in France.

The novel's 622 pages unfold a huge canvas of characters whose work and reputation we know. Brecht is depicted in a generous light and does not feature as the *Übervater* he is in much of today's fiction and scholarship. We hear about his speech at the 1935 Writers Congress in Paris, about productions of his plays, about his work on *Das Wort*, about his worth as a mentor, collaborator, and lover in conversations between Margarete Steffin and Osten. Seven pages are devoted to the extended Brecht family stay in Moscow in 1941 where after their departure, as arranged with Brecht, Osten cares for Steffin in the hospital until her death, of which she informs him by telegram as he crosses Siberia.

Extended dialogic sections foreground conversations between the protagonists and other women: Steffin, Anna Seghers, Tina Modotti, the Comintern agent Elisabeth (Sabo) Ewert, the artist Eva Herrmann, the photographers Gerda Taro and Annemarie Schwarzenbach, and many more. Like most of their interlocutors the protagonists seek fulfillment not only in activism but also their emotional lives, their sexuality, and the nurturing of children, be it biological motherhood (Benario), adoption (Osten), or—in addition to mothering—writing for children (Rewald). Interspersed are myriad conversations with men: Brecht, Walter Benjamin, Wieland Herzfelde, Hermann Kesten, Ernst Ottwald, Willi Bredel, Lion Feuchtwanger, Alfred Kantorowicz, Ernst Busch, Joseph Losey, Robert Capa, Ilya Ehrenburg, Isaac Babel, Oscar Niemeyer, Claude Lévi-Strauss, Jorge Amado, and a host of others. These dialogues do not trespass beyond what is conceivable based on documented sources, indeed they rely directly on them. (Like Napoleon in *War and Peace*, even Stalin appears in conversation, here drawn from Feuchtwanger's report of his audience with him in *Moscow 1937*.)

What we call history is created by such human interactions that are living stories and, when embodied in cultural texts (verbal, musical, visual, corporeal), are passed down to us to forge a collective memory. Cohen's novel participates in this epic journey, and as the discreet guardian of its inheritance, reveals multiple intertextualities of its own. The montage of news from the year 1928 (29) recalls Alfred Döblin's *Berlin Alexanderplatz*; descriptions on board ship (79, 173) echo those in Anna Seghers's *Überfahrt*; the report of Walter Benjamin's suicide (568) recalls the narrator's reaction to the same in Seghers's *Transit*; conversations around the 1935 Paris Writers Congress cite the Expressionism debates; descriptions of the indigenous areas of Brazil bring to mind the writings of Jorge Amado and Claude Lévi-Strauss, and so forth.

All this is deliberate, as is the affinity to Peter Weiss's *Ästhetik des Widerstands*, which might be called the silent angel hovering over of this novel. Cohen's overall conception—time frame, narratological schema, ideological commitment, the story of an era told by its players, etc.—is surely indebted to Weiss. There are also great differences. It is not only that Cohen foregrounds the legacies of women, but the need to create a fictionalized self that will participate in events (as the authorial self might or should have done) is entirely absent in his novel. Nor does the *Kunstgespräch* dominate, instead everyday life. The novel opens with the excitement of twenty-year-old Maria Greßhöner (Osten) as she hurries through the streets of Berlin in 1928. Albeit the Pergamon Altar as well as Hodann in Spain (and the fictionalized young Weiss?) are featured on pages 439-42.

The more fluid narrative trajectory allows for breaks from the genre. A 1936 Party cell self-criticism in Moscow (319ff.) with Johannes R. Becher, Georg Lukács, Ernst Ottwald, Fritz Erpenbeck, Willi Bredel, Friedrich Wolf, and others has the absurdist affect of a scene from Weiss's play *Hölderlin*. A documentary section about the Ravensbrück and Bernburg concentration camps (569ff.) is cast in verse more or less in the style of Weiss's *Die Ermittlung*. On occasion the narrator inserts elegiac commentary, as before his report of the transport of Rewald's daughter to Auschwitz: "O dass dieses Kapitel zu Ende wäre. O dass die Sprache sich dem Bericht verweigerte" (606). There are classical moments. Worthy of the nobility of a grieving Hecuba is the depiction of Prestes's mother Dona Leocádia's efforts to rescue her fourteen-month-old granddaughter (born to Benario in the Berlin Barnimstraße women's prison). It details her reports about the child sent to her daughter-in-law in Berlin and her son in Brazil's Morro Santo Antônio prison, her safe passage with her daughter and granddaughter to Paris, then Mexico where she died in 1943, her funeral attended by the former Mexican president Lázaro Cárdenas, the procession to the cemetery by thousands of mourners; and at the gravesite the exiled Chilean poet Pablo Neruda recited the poem he wrote in her honor, quoted on page 473.

The novel closes with an epilog devoted to "die Glücklichen" — "Vertriebene," "Verbannte," "der Abschaum der Menschheit" (609) —, those able to depart Marseille in March 1941 on the *Capitaine Paul Lemerle*, headed for Martinique, that carries among its nearly 300 passengers and freight Anna Seghers, Alfred Kantorowicz, André Breton, Victor Serge, and Claude Lévi-Strauss. Lévi-Strauss's description of the journey in *Tristes Tropiques* is incorporated here and allusions are made to Seghers's novel *Transit*, which she began writing on this voyage. Their conversations on deck hold the memory of the protagonists intact — Lévi-Strauss had met Benario in Brazil, Seghers knew Osten and Rewald in France — and tie the threads that connect the vanishing indigenous peoples of northern Brazil and the victims of the genocide in Europe. The epilog ends with a tribute to Seghers's works that would later bear witness ("Zeugnis ablegen") to the dead and "würden die Hoffnung nicht preisgeben, dass die Menschheit jene große Sache einst verwirklichen werde, von der sie längst den Traum besaß" (621-22). Nor does Robert Cohen's novel, which bears witness to the same, relinquish that hope.

Helen Fehervary
The Ohio State University, Columbus

Meg Mumford. *Bertolt Brecht*. London and New York: Routledge, 2009. 188 pages.

Bertolt Brecht, by Meg Mumford, is the nineteenth addition to the Rutledge Performance Practitioners series of introductory handbooks on key twentieth century theater-makers. This popular series is intended to "provide an initial exploration before going on to further, primary research." Though undoubtedly useful to entry-level scholars, the target audience of this series is theater-makers, that is, theater practitioners, trainers, and practitioners-in-training. Accordingly, "primary research" is defined as performance based investigation. Furthermore, the author of each volume places, or attempts to place, theory in dialogic rather than oppositional relationship to practice. Clearly, Brecht is an important and necessary addition to the series. More than a few readers will look upon Mumford's subject as seminal to the entire project. In addition, the directive to unpack and explain the vast body of material published by and about Brecht to practitioners who do not yet see themselves as thinkers, much less theorists—and to convince them to do otherwise—is truly daunting. However, Mumford is a Brecht practitioner/convert as well as a scholar/teacher, and her ambition is faithful to her subject in that she sets out to educate and engage her uninitiated reader as a critical thinker. The scope of her task limits her success, but she does not disappoint. This is a useful book, constructed to withstand heavy use by rough hands in the interactive environment of the performance workshop or classroom.

The four-chapter structure, predetermined by the series' editors, includes biography, key theories, description of a production (a casebook study), and practical exercises. In each chapter, the author makes use of rare archival images and material, succinct quotations with precise German/English translations, carefully structured bullet points, targeted definitions (that are never condescending), and a flow of strategic questions and challenges to provide a pedagogical framework or springboard for workshop discussions and self-reflective critique. She uses what my students describe as "playable" directives to clarify difficult but crucial terms, including *Gestus* and *Verfremdung*. Pernicious misconceptions are debunked in straightforward language. I particularly applaud and appreciate her well-considered inclusion of selected passages of Brecht's poetry to flesh out theoretical concepts and to bridge effectively the theory/practice divide. In addition, the poetic passages are concrete evidence that clarity, wit, beauty, empathy, and emotion—even passion—figure prominently in Brecht's theater practice and theory. Mumford walks the talk in her practice as an author. For example, following two pages of engaging biographical information, clearly subject to an ideological affiliation, she abruptly interjects: "Now, let's stop this biographical flow for a moment. From the 'Born in the Lech' episode, what have you learned about the author's attitude towards her subject matter?" (4). The author concludes a flow of provocative questioning by admonishing the reader to "see if you can spot other features of the biographer's position, including the influence of socialist and feminist thought" (5). This is an example of playable action I can "play," since I too speak from a specific position. I am not a socialist but I am "motivated by the possibility of changing thought and behavior" (88). I write about performance and teach undergraduate practitioners-in-training. I also make theater for a living. My evaluative judgments of this text are almost wholly based on use value. From my position, this is an extremely useful text.

In Chapter I, "A Life in Flux," Mumford historicizes Brecht by placing him firmly in the heady world of early twentieth-century innovation, but she does so without sidetracking into largely academic questions of originality and artistic ownership—questions of little interest to energized theater-makers. For example, the author describes specific qualities and approaches of Expressionism that "proved easily transferable to what became his trademark—a theatre concerned with the lucid and critical demonstration of social attitudes and relations" (12). She presents Brecht's interactions with Piscator, Aristotelian and bourgeois "dramatic theater" in similar fashion. By presenting clear-cut information without elaborate editorial comment, Mumford opens up provocative questions about motivation, consequence, ethics, and authorship to group discussion. She concludes her biographical section with a précis of Brecht's appreciation of and response to Stanislavski's work. This short passage ignited an animated discussion that dominated the entire period of the class in which I introduced it. For a teacher who prefers the position of expert learner to that of resident expert, this is high use value.

In Chapter II, "Brecht's Key Theories," the author aims "to open up Brecht's strategies in such a way that they can be grasped and modified by a broad range of practitioners" (89). Mumford achieves a rare clarity and specificity in her discussions of *Gestus* and *Verfremdung* by modeling a structured performance critique that draws out commentary on social change and power structures. Her brief notations on Brecht's famous and much-used comparison between dramatic and epic form identify each listed item as "general world view," "views on dramatic structure and presentation," and reception and engagement. Historical notations also go directly to the point. For example, she calls particular attention to the fact that the opposition, "feeling/reason" was edited out of the text published in 1937, "which suggests that Brecht had grown weary of the mistaken suggestion that his theatre banished emotion and empathy" (80). On occasion, Mumford fails to acknowledge the extent to which contemporary reader-practitioners have already assimilated Brecht's techniques, if not his social commitment, into practice. Stanislavski-based methods of working on character from the inside out (emotional memory and psychological motivation) are no longer uncontested in actor training. Anne Bogart's Viewpoints technique, for example, urges practitioners to work from the outside (physical, social, or cultural relationships) inward. To students of this methodology, Brecht's interest in "comportment" (*Haltung*) defined by Mumford as "the socially conditioned relation to time, space and people of a thinking body," is perceived as a useful reminder of good or excellent performance technique unconnected to any social or political agenda.

Chapter III, "*The Caucasian Chalk Circle*: a Model Production," is the most scholarly and analytical chapter in the book and therefore, the most demanding and possibly, unfamiliar territory for theater practitioners. Nonetheless, Mumford's historical research, breadth of knowledge, critical scrutiny, and insightful analysis of Brecht's performance text combined with the transparency of her language offer an excellent and useful model for dramaturgical research and analysis. In addition, she provides the uninitiated reader with enough foundational information to ask, in her Epilogue: "But did this richly dialectical pudding actually challenge the culinary tastes and preferences of its historical audiences? And can Brecht's play and staging methods still provide a useful challenge to the way *we* produce and artistically represent our social world?" (126). Her affirmative answer is, as actor's say, "earned" but, at the same time, is constituted as a proposition rather than an assertion and therefore, generative of group action (discussion) and independent self-examination.

The chapter on practical exercises is mandated by the editors and a noticeable weak point in several of the volumes in this series. Not so here. Chapter IV, "Practical Exercises and Workshop" brings together the fragments of Brecht's directives and outlines a workshop project as one clarifying example of how training methods developed in Brecht's final years can be adapted to a contemporary setting. The author's canny interpolation of Epic theater techniques and agendas into otherwise conventional actor training exercises and design conceptualization is an original contribution to pedagogy in a study otherwise focused on reportage and synthesis.

Midway in her text, Mumford points out how Brecht's actors demonstrated "that *Verfremdung* is not about decoratively grafting artistic devices mentioned in essays like 'Short Description' onto a production. Rather, it is a matter of employing these devices in accordance with an interventionist interpretation" (65). Overall, this text renders Brecht's artistic devices accessible to the reader without erasing the complexity of theory or the passion of performance, and goes a long way toward opening up the possibility of an interventionist interpretation to the contemporary theater practitioner.

Julie Jackson
Marshall University, West Virginia

Books Received

J. Chris Westgate, ed. *Brecht, Broadway and United States Theatre*. Newcastle, UK: Cambridge Scholars Press, 2007.

Eric Bentley. *Bentley on Brecht*. 3rd ed. Evanston: Northwestern University Press, 2008.

Bertolt Brecht. *Life of Galileo*. Eds. John Willett and Ralph Manheim. Trans. John Willett, foreword Richard Foreman, introduction Norman Roessler. New York: Penguin, 2008.

Bertolt Brecht. *Herr Puntila und sein Knecht Matti*. Mit einem Kommentar von Anya Feddersen. Basisbibliothek. Frankfurt am Main: Suhrkamp, 2008.

Stephen Brockmann, Mathias Mayer, Jürgen Hillesheim, eds. *Ende, Grenze, Schluss? Brecht und der Tod*. Würzburg: Königshausen und Neumann, 2008.

Joy H. Calico. *Brecht at the Opera*. Berkeley: University of California Press, 2008.

Bert Cardullo. *Brecht, Pinter, and the Avant-Garde: Three Essays on Modernist Drama*. Newcastle, UK: Cambridge Scholars Publishing, 2008.

Robert Cohen. *Exil der frechen Frauen - Roman*. Berlin: Rotbuch, 2009.

Heinrich Detering. *Bertolt Brecht und Lao-Tse*. Göttingen: Wallstein Verlag, 2008.

Hanns Eisler. *Hollywooder Liederbuch / Hollywood Songbook*. Ed. and annotated by Oliver Dahin and Peter Deeg. Leipzig: Deutscher Verlag für Musik, 2008.

Tobias Fasshauer. *Ein Aparter im Unaparten: Untersuchungen zum Songstil von Kurt Weill*. Saarbrüken: Pfau-Verlag, 2008.

Robert Gillett and Godela Weiss-Sussex, eds. *"Verwisch die Spuren!" Bertolt Brecht's Work and Legacy: A Reassessment*. Amsterdam and New York: Rodopi, 2008.

Gad Kaynar and Linda Ben-Zvi, eds. *Bertolt Brecht: Performance and Philosophy*. Tel-Aviv: Assaph Books, 2005.

Isabella A. Kortz. *Bertolt Brecht in Skandinavien. Aufbruch zum künstlerischen Durchbruch.* Vdm Verlag Dr. Müller, 2007

Janine Ludwig. *Heiner Müller, Ikone West. Das dramatische Werk Heiner Müllers in der Bundesrepublik – Rezeption und Wirkung* (mit CD). Frankfurt am Main: Peter Lang, 2009.

Daniel Meyer-Dinkgräfe, ed. *Brechtian Theatre of Contradictions: Providing Moral Strength under Conditions of Dictatorship: A Festschrift for Heinz-Uwe Haus.* Newcastle, UK: Cambridge Scholars Publishing, 2007.

Meg Mumford. *Bertolt Brecht.* London and New York: Routledge, 2009.

Larson Powell. *The Technological Unconscious in German Modernist Literature: Nature in Rilke, Benn, Brecht, and Döblin.* Rochester: Camden House, 2008.

Hartmut Reiber. *Grüß den Brecht: Das Leben der Margarete Steffin.* Berlin: Eulenspiegel Verlag, 2008.

Douglas Robinson. *Estrangement and the Somatics of Literature: Tolstoy, Shklovsky, Brecht.* Baltimore: Johns Hopkins University Press, 2008.

Robert Savage. *Hölderlin after the Catastrophe: Heidegger, Adorno, Brecht.* Rochester: Camden House, 2008.

Ekkehard Schall. *The Craft of Theatre: Seminars and Discussions in Brechtian Theatre.* [Meine Schule des Theaters.] Trans. by Jack Davis. London: Methuen Drama / A & C Black, 2008.

Peter Schweinhardt, ed. *Kompositionen für den Film: Zu Theorie und Praxis von Hanns Eislers Filmmusik.* Wiesbaden: Breitkopf und Härtel, 2008.

Andrew Steinmetz. *Eva's Threepenny Theater.* Kentville, Canada: Gaspereau Press, 2008.

Erkki Tuomioja, *"Da ich aber eine sehr unverwüstliche Frau bin...": Hella Wuolijoki – Stichworte für Brecht.* Leipzig: Militzke, 2008.

Books Received

Contributors

Ehrhard Bahr is Distinguished Professor Emeritus of German at the University of California, Los Angeles (UCLA) with numerous publications in the areas of Goethe und Thomas Mann research as well as German exile literature in the United States. His last book, *Weimar on the Pacific: German Exile Culture in Los Angeles and the Crisis of Modernism* (Berkeley: University of California Press, 2007) has three chapters on Bertolt Brecht.

K. Scott Baker is Associate Professor of German at the University of Missouri - Kansas City, where he has taught since 2003. He received his PhD at the University of Washington in 2002 with a dissertation on Karl Gutzkow's dramas. A revised form was published in 2008 as *Drama and 'Ideenschmuggel': Inserted Performance as Communicative Strategy in Karl Gutzkow's Plays 1839-1849*. His teaching and research focus on theater history and dramatic theory in Germany from the Enlightenment to the early 20th century.

Dr. Bill Gelber is an Associate Professor and Head of Acting/Directing in the Department of Theatre and Dance at Texas Tech University. He holds a Ph.D. in Theatre History and an M.F.A. in Directing from the University of Texas at Austin, an M.Ed. in Curriculum and Instruction from Texas A&M University, and a B.A. in Drama from the University of Houston.

Jürgen Hillesheim is director of the Brecht-Forschungsstätte at the Staats- und Stadtbibliothek Augsburg and a member of the editorial board of the *Brecht Yearbook*. He has autored or edited more than 20 books about Brecht, Thomas Mann and Nazi literature; he is also the author of many essays on contemporary German literary history. With Jan Knopf, he is co-editor of the book series *Der neue Brecht*.

Kristopher Imbrigotta is a PhD candidate in German Studies at the University of Wisconsin–Madison. His dissertation "Framing Brecht: Photography and Experiment in the *Kriegsfibel, Arbeitsjournale*, and *Modellbücher*" explores how issues pertaining to the photographic image inform and complement Bertolt Brecht's theoretical ideas and how they are manifested in his lesser-studied works. His broader research interests include modern German literature, visual culture studies, and the intersections of history and topography. His current projects both involve Brecht: a comprehensive online bibliography of his works in English translation, and serving as moderator of the International Brecht Society listserve. His work has also appeared in *Monatshefte* and *Radical History Review*.

Peter Kammerer (*1938) studied economics in Basel and Munich. Since 1962 he has lived in Italy and since 1970 he has taught sociology at the University of Urbino "Carlo Bo". Among his fields of interest are labor migration, capitalist development, critical theories and the history of ideas. On these issues he has published extensively. He also translated Gramsci and Pasolini into German and, together with Graziella Galvani, works by Heiner Müller into Italian. Among his last publications: *Karl Marx: Antologia. Capitalismo, istruzioni per l' uso*, edited by E. Donaggio and P. Kammerer (Feltrinelli: Milan, 2007) and together with Ekkehart Krippendorff and Wolf Dieter Narr: *Franz von Assisi. Zeitgenosse für eine andere Politik* (Düsseldorf, 2008).

Joachim Lucchesi studied musicology at the Humboldt-Universität in Berlin. He has taught and worked at a variety of universities in Germany, Japan and the United States, and in 1997-1998 he was a musical dramaturge at the Berliner Ensemble. Lucchesi has published widely on musical, theatrical, and literary history, including some of the standard works on Brecht and music: *Musik bei Brecht* (1988, together with Ronald K. Shull); *Das Verhör in der Oper: Die Debatte um Brechts/Dessaus 'Lukullus' 1951* (1993), and *Die Dreigroschenoper: Der Erstdruck 1928 – Text und Kommentar* (2004). He is a member of the presidium of the Kurt Weill Society in Dessau and he also serves on the editorial board of the Augsburg Brecht journal *Dreigroschenheft*.

Hans-Bernhard Moeller teaches German and German cinema at the University of Texas, Austin. He is the author of "Literatur zur Zeit des Faschismus" in Bahr's *Geschichte der deutschen Literatur*, and editor of *Latin America and the Literature of Exile*. He has contributed critical film studies to numerous omnibus volumes and journals such as *Film Quarterly* and *Monatshefte*, among them essays on Brecht and film. In conjunction with the Stiftung Deutsche Kinemathek, for a decade he conducted the bi-annual surveys on "Der deutsche Film in amerikanischer Forschung und Lehre". His *Volker Schlöndorff's Cinema: Adaptation, Politics, and the "Movie-Appropriate,"* co-authored with George Lellis (2002), will be published in a revised, expanded German-language edition in 2010. Recent publications include an interview with Volker Schlöndorff (*Journal of Film and Video*) and essays in *Straight Through the Heart* and *Colloquia Germanica* ("Sophie Scholl and Post-WW II German Film: Resistance and the Third Wave").

Ulrich Scheinhammer-Schmid, born in Augsburg in 1947, studied German Literature and history at the University of Munich. His dissertation (1987) dealt with *Das Werk Karl Mays 1895-1905: Erzählstrukturen und editorischer Befund*. He co-edited and wrote a number of articles for *Zwischen Restauration und Revolution 1815-1848,* volume five of *Hansers Sozialgeschichte der deutschen Literatur,* published in 1998. He has written many articles on the social history of literature, especially on the baroque period, and on the history of music. His main field of interest also covers individual authors, among them Karl May and Bertolt Brecht.

Rudolf Schier, professor of literature at the Institute of European Studies in Vienna, is the author of *Die Sprache Trakls*. Professor Schier obtained his PhD in Comparative Literature from Cornell University. Subsequently he joined the Department of Germanic Languages and Literatures at the University of Illinois—Champaign/Urbana where he received tenure. Since 1980 he has been the director of the Institute of European Studies in Vienna. Professor Schier has published widely on lyric poetry and the drama of the 19th and 20th centuries in German, French, and English literature.

Margaret Setje-Eilers is Assistant Professor of German and Teaching Assistant Supervisor at Vanderbilt University in the Department of Germanic and Slavic Languages. She earned her Ph.D. in German at the University of Virginia with a dissertation on *Faces: Maps, Masks, Mirrors, Masquerades in German Expressionist Literature, Cinema, and Visual Arts*. She also holds degrees from Sarah Lawrence College, the University of Erlangen, and Indiana University. Her interests and publications focus on Brecht, theater, and German film. Recent articles include a contribution to *Approaches to Teaching Grass's 'The Tin Drum'* on Volker Schlöndorff's film adaptation, Brecht's "A Man's a Man" in *Women in German*, and Tom Tykwer's "The Princess and the Warrior" in *Colloquia Germanica*. An article on Brecht and censorship is forthcoming in *Theatre Journal*.

Karoline Sprenger, born on January 25th 1974 in Wuerzburg, passed her general qualification for university entrance in 1993 at the 'Werner-Heisenberg-Gymnasium' in the town of Garching near Munich, Germany. From 1993 to 1998, she studied German language and literature at Otto-Friedrich-Universität, Bamberg, and from 1996 to 1997 she spent two semesters at Universidad de Extremadura (Facultad De Filosofia y Letras) in Cáceres, Spain. In 2002, she did a doctorate in Bamberg on „Jean Paul's pedagogy – studies of Levana". Since then she has published several articles about Brecht.

Darko Suvin, writer, scholar, critic and poet, born in Yugoslavia, has taught in Europe and North America. He was Professor of English and Comparative Literature at McGill University, Montreal, and is now its Professor Emeritus and Fellow of The Royal Society of Canada. He has been vice-president of the Union Internationale des Théâtres Universitaires, editor of two scholarly journals, vice-president of International Brecht Society, Award Fellow of Humboldt Foundation, honorary fellow at 4 and visiting professor at 10 universities in N. America and Europe. He has written 14 books of scholarship and essays in Utopian and Science Fiction, Comparative Literature and Dramaturgy (especially Brecht and Japan), Theory of Literature and Theatre, and Cultural Theory; and hundreds of articles. Published three volumes of poetry, won poetry prizes in US and Canadian competitions. For the last 10 years or so he has been concentrating on Political Epistemology. Latest publication "Benjamins sogenannte Geschichtsphilosophische Thesen und der Stillstand der Geschichte: Epistemologie vs. Politik, Bild vs. Erzählung." *KultuRRevolution* no. 55/56 (2009): 73-87.

Peter Villwock, born in Germany 1962, studied German Literature, Philosophy and Musicology in Freiburg i. Brsg. and Geneva; Ph. D. in Freiburg 1992 with a thesis on Robert Walser. Worked at different Goethe Institutes in Germany, Argentina and Chile. Lectureships at the Universities of Freiburg, Tallinn, Mulhouse and Zurich. From 1996 to 2003 Co-Editor of the Historical-Critical Edition of Gottfried Keller. 2004 scientific assistant at the Bertolt-Brecht-Archiv (Berlin), since 2005 working there on a Critical Edition of Brecht's Notebooks. Since 2008 Custodian of the Nietzsche House in Sils Maria. Articles a. o. on Gottfried Keller, Friedrich Nietzsche, Walter Benjamin and Bertolt Brecht.